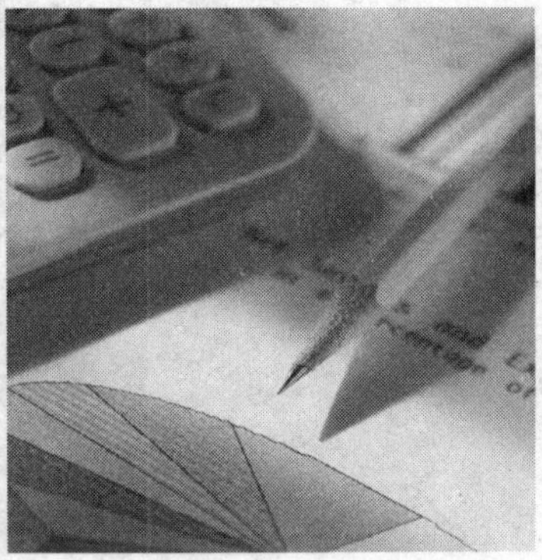

COST ACCOUNTING

成本会计学

主　编：马　琳
副主编：张五新　唐　艳　杨琬君

中国市场出版社
China Market Press

图书在版编目（CIP）数据

成本会计学/马琳主编. —北京：中国市场出版社，2012.1
ISBN 978-7-5092-0848-9

Ⅰ.①成… Ⅱ.①马… Ⅲ.①成本会计 Ⅳ.①F234.2

中国版本图书馆 CIP 数据核字（2011）第 275619 号

书　　名： 成本会计学
主　　编： 马　琳
责任编辑： 胡超平
出版发行： 中国市场出版社
地　　址： 北京市西城区月坛北小街 2 号院 3 号楼（100837）
电　　话： 编辑部（010）68037344　读者服务部（010）68022950
发行部（010）68021338　68020340　68053489
68024335　68033577　68033539
经　　销： 新华书店
印　　刷： 河北省高碑店市鑫宏源印刷包装有限责任公司
规　　格： 787×1092 毫米　1/16　22.5 印张　530 千字
版　　本： 2012 年 1 月第 1 版
印　　次： 2012 年 1 月第 1 次印刷
书　　号： ISBN 978-7-5092-0848-9
定　　价： 34.00 元

前　言

Cost Accounting

成本会计是企业会计核算的重要组成部分，是现代会计的一个分支。随着企业组织结构与管理思想的不断演变，现代成本会计与现代管理科学的结合越来越紧密，成本会计的内涵和外延都得到了拓展，成为多种学科相互渗透、相互结合的边缘学科。

本书的特点是：以成本核算为核心，以生产过程较为典型的制造业为例，对成本核算的基本原理和成本计算的基本方法、辅助方法及成本报表的编制与分析进行了较为详尽的讲解；结合国际成本会计前沿的理论和方法，对成本会计前沿性领域进行了梳理和探讨，主要包括作业成本法、质量成本管理和战略成本管理几个方面内容；论述问题力求深入浅出，层次清楚；本书各章节精选了成本管理的案例，学生能够体会到成本会计与现实联系的紧密性，加深对成本管理各项内容和方法的理解，培养学生专业思考能力和分析问题的能力；本书各章编写了学习目标、本章小结、重要概念等内容，并附有大量形式多样的练习题，习题的编写力求题型丰富、设计典型、重点突出，有利于教师更好地把握本书的重点和难点，提高课堂教学效率，同时引导学生对成本会计的各项内容进行思考和讨论，为巩固所学知识提供了平台，改变了传统灌输式的教学方法。

本书可作为成本会计的教材，也可作为从事会计实务工作人士的参考用书。

本书由马琳主编。参编人员具体分工如下：唐艳（第一章、第十章、第十一章），杨琬君（第二章、第九章），马琳（第三章、第四章、第七章），张五新

（第五章、第六章），谢荣军（第八章、第十二章）。杨进对全书提纲和初稿提出了修改意见。在本书编写过程中，得到了中南财经政法大学唐国平教授、袁天荣教授的大力指导和支持，在此一并表示诚挚的谢意。

由于编者学术水平的局限，书中对有些问题的论述，难免存在错误和疏漏，恳请读者批评、指正，以便再版时修正和完善。

编者

2011 年 8 月

教学课件与习题参考答案

本书配备有教学用 PPT 和习题参考答案，订购本教材的教师请与我社联系。敬请提供教师姓名、所在学校、联系电话等信息。

联系人：胡超平

电话：010-68037344，13611077880

E-mail：huchaoping1966@sina.com

本书知识要点及能力要求

章节	知识要点	能力要求		
		识记	理解	应用
第一章 成本会计概述	（1）成本的概念、术语及分类	成本、直接成本与间接成本、直接计入成本与间接计入成本的概念		
	（2）成本会计对象与职能	成本对象概念	成本会计职能之间的关系	
	（3）现代成本会计的内容	现代成本会计的内容	财务会计、管理会计与成本会计的区别与联系	
	（4）成本会计的职业环境与职业道德	成本会计工作的组织形式		
	（5）成本会计的发展历程		成本会计的产生与发展历程	
第二章 成本、费用核算的基本原理和一般程序	（1）成本核算的基本要求		成本核算应该划分清楚的各条界限	
	（2）成本、费用的分类	要素费用、成本项目、可控成本、相关成本的概念	成本、费用与支出之间的关系	
	（3）成本核算的一般程序	成本核算应该设置的账户	成本核算的一般程序	
第三章 生产费用的归集与分配	（1）各项要素费用的分配	（1）材料定额消耗量比例法 （2）材料定额费用比例法	（1）外购动力费用的分配 （2）职工薪酬的分配 （3）其他要素费用的分配	（1）分配标准的选择 （2）费用分配率的计算 （3）职工薪酬的计算
	（2）辅助生产费用的分配	（1）辅助生产的含义 （2）直接分配法的含义 （3）交互分配法的含义 （4）计划成本分配法的含义 （5）代数分配法的含义 （6）顺序分配法的含义	（1）辅助生产费用的归集 （2）辅助生产费用的分配方法	（1）编制辅助生产费用分配表 （2）进行会计核算
	（3）基本生产车间制造费用的分配	基本生产的制造费用的含义	制造费用分配方法	（1）编制制造费用分配表 （2）进行会计核算 （3）年度计划分配率法
	（4）废品损失和停工损失	（1）废品的含义及分类 （2）停工损失的含义	（1）不可修复废品损失的归集和分配 （2）可修复废品损失的归集和分配 （3）停工损失的归集与分配	（1）废品损失的归集和分配 （2）废品损失的核算

续表

章节	知识要点	能力要求		
		识记	理解	应用
第四章 生产费用在完工产品与在产品之间的分配	(1) 在产品数量核算	在产品的含义		在产品清查的账务处理
	(2) 完工产品与在产品之间费用的分配	各种分配方法的含义与适用范围	生产费用在完工产品和月末在产品之间的分配方法	约当产量比例法的运用
	(3) 期间费用的归集与成本的结转	(1) 期间费用的归集 (2) 完工产品成本的结转		
第五章 产品成本核算方法概述	(1) 生产类型和管理要求对成本计算的影响	产品生产的类型	生产特点和管理要求对产品成本计算的影响	
	(2) 产品成本计算的方法	产品成本计算的基本方法	基本方法与辅助方法的区别	
第六章 产品成本核算的基本方法	(1) 品种法	品种法的含义及适用范围	(1) 品种法的特点 (2) 品种法的成本核算程序	应用品种法进行会计核算
	(2) 分批法	分批法的含义及适用范围	(1) 分批法的特点 (2) 分批法的成本核算程序	应用简化分批法进行会计核算
	(3) 分步法	(1) 分步法的含义及适用范围 (2) 逐步结转分步法的含义 (3) 平行结转分步法的含义	(1) 分步法的特点 (2) 逐步结转分步法的成本核算程序 (3) 平行结转分步法的成本核算程序	应用分步法进行会计核算
第七章 产品成本核算的辅助方法	(1) 分类法	分类法的含义及适用范围	(1) 分类法的特点 (2) 分类法的基本核算程序 (3) 分类法下完工产品成本在各产品之间的分配方法	应用不同的分配方法对类内完工产品成本在各产品之间进行分配
	(2) 定额成本法	定额成本法的含义及适用范围	(1) 定额成本法的特点 (2) 定额成本法计算的基本内容	运用定额成本法进行会计核算
	(3) 标准成本法	标准成本法的含义及适用范围	(1) 标准成本法的特点 (2) 标准成本法的种类 (3) 标准成本系统的运作程序 (4) 计算和分析成本差异	(1) 标准成本法计算并分析各项成本差异 (2) 进行会计核算

续表

章节	知识要点	能力要求		
		识记	理解	应用
第八章 其他行业成本核算	(1) 商品流通企业成本核算	(1) 进价核算法的含义 (2) 售价核算法的含义	(1) 商品流通企业成本的核算方法 (2) 商品销售成本的核算	运用各种方法进行商品销售成本的核算
	(2) 施工企业成本核算	(1) 施工企业的含义 (2) 估价法的含义 (3) 约当产量法的含义 (4) 建造合同的含义	(1) 施工企业的特点 (2) 工程成本的分类 (3) 建筑安装工程成本核算对象 (4) 成本项目的分类 (5) 工程成本的核算 (6) 未完施工成本的确定 (7) 合同收入的核算与成本的结转	(1) 进行合同收入的确认与计量 (2) 合同收入与合同成本的会计处理 (3) 确认和核算建造合同的预计损失
	(3) 房地产开发企业成本核算	(1) 开发产品成本的构成 (2) 开发产品成本的账户设置	(1) 开发产品成本的核算对象 (2) 土地开发成本的核算 (3) 房屋及配套设施开发成本的核算 (4) 费用的归集分配与成本核算 (5) 代建工程开发成本的核算	(1) 对土地开发成本进行会计核算 (2) 对房屋及配套设施开发成本进行会计核算 (3) 对各项费用进行正确的归集与分配，并进行账务处理
	(4) 交通运输企业成本核算	(1) 公路运输成本 (2) 水上运输成本 (3) 港口业务成本 (4) 铁路运输成本 (5) 民航运输成本	(1) 交通运输企业生产经营的特点 (2) 交通运输企业成本核算的特点 (3) 交通运输企业营运成本的内容 (4) 交通运输企业成本的核算办法	
第九章 成本报表的编制与分析	(1) 成本报表概述	成本报表种类	成本报表的编制要求	
	(2) 成本报表编制	(1) 产品生产成本表的结构和内容 (2) 主要产品单位成本表的结构		掌握产品生产成本表和主要产品单位成本表的编制方法
	(3) 成本分析	成本分析的主要方法	(1) 产品生产成本表分析的方法及内容 (2) 主要产品单位成本表的分析方法及内容	(1) 据产品生产成本表对产品总成本进行分析 (2) 对主要产品单位成本变动情况、成本项目进行分析

续表

章节	知识要点	能力要求		
		识记	理解	应用
第十章 作业成本法	(1) 传统成本系统在现代环境下面临的困境		作业成本产生的背景	
	(2) 作业成本法的计算方法及基本流程	作业、作业链、成本库、作业中心、成本动因的概念	作业成本法的基本思路	作业成本法基本流程及运用
	(3) 作业成本法理论与实践的发展历程		作业成本法的发展历程	
	(4) 作业成本法理论研究与实践运用的突破方向		作业成本法的发展与经济环境密切相关	
第十一章 战略成本管理	(1) 新经济环境下传统成本管理的缺陷		传统成本管理方法已经不能满足现代管理的需要	
	(2) 战略成本管理兴起的时代背景及成本信息的应用	战略成本管理的时代特征		
	(3) 战略成本管理的内涵及作用	战略、战略管理、战略成本管理的概念	战略成本管理的实质	
	(4) 战略成本管理的核心、构成要素及基本模式	战略成本管理的构成要素	战略成本管理的基本模式	
	(5) 战略成本管理的主要分析方法	战略定位分析、价值链分析、标杆分析的概念	价值链分析的主要内容	
	(6) 战略成本管理在我国实施的关键因素分析		战略成本管理实施中的关键因素	
第十二章 质量成本管理	(1) 质量成本管理的历史演进及意义		战略性质量管理的特点	
	(2) 质量的定义及特征	质量的定义	质量的特征	
	(3) 质量成本的分类及动态本质	预防成本、鉴定成本、内部失败成本、外部失败成本、显性成本、隐性成本的概念		
	(4) 质量成本测量体系的构建		隐性质量成本的测量	
	(5) 质量报告体系构建的关键环节		识别质量问题的方法	

目 录

CONTENTS

第一篇 成本会计的基础

第二篇 成本归集与成本分配

第三篇 产品成本核算方法

第一篇　成本会计的基础

CHAPTER

1 第一章 成本会计概述

本章概要

本章主要介绍成本的含义及其相关术语，成本会计的对象和职能，职业环境和职业道德，成本会计的发展历程。成本会计是会计的一个分支，是以成本为对象，为管理者提供成本信息，有利于管理者对成本进行有效管理的一种专业会计。

通过本章学习，要求对成本会计有个全面的了解。掌握不同学科对成本的定义，理解成本的概念和相关术语；知晓成本的各种分类及适用情形；了解工业企业中成本会计的对象；理解成本会计的职能与作用；分析成本会计与财务会计、管理会计之间的区别与联系；了解成本会计的机构设置与层级构成；了解我国与西方成本会计人员的职业环境和职业道德；知晓成本会计思想产生和演进的历史进程。

第一节 成本的概念、术语及分类

一、成本在不同学科中的含义

在生活中成本、费用和支出似乎没很大的区分，而且生活中的“成本”一词与学术界所述的成本概念差别很大。即便是在学术界，对成本概念的内涵外延理解也不尽相同，在经济学、管理学、会计学中对成本的界定存在相互交叉与混用。

（一）成本在经济学、管理学中的含义

经济学研究的是稀缺资源条件下的经济运行规律，因此，不管是马克思的政治经济学还是加入边际理论的新古典经济学，亦或是以主流经济学的方法分析制度的新制度经济学，均强调成本的经济内涵，从劳动耗费、资本耗费、价值构成等多方面界定了成本的概念。

在企业管理中，成本通常被理解为一种企业生产、技术、经营活动的综合指标，这时所说的成本，通常是指成本—效益，就是在一定的消耗下获得最大的效益，或在既定的效

益下实现最小的消耗，这也正是企业管理所要追求的中心内容与目标。

（二）成本在会计学中的含义

会计学所理解的成本概念并不强调成本的经济实质，而是更多关注成本形成的原因和可能带来的后果，它是建立在对成本进行准确计量的基础之上的。会计学中的成本概念有狭义和广义之分。

二、成本的概念

当资源为某种目的而耗用时，就会发生成本（cost）。例如，一家生产厨具的企业有原料成本、人力成本及其他成本。成本是商品经济的价值范畴，是商品价值的组成部分。人们要进行生产经营活动或达到一定的目的，就必须耗费一定的资源（人力、物力和财力），其所费资源的货币表现及其对象化称为成本。它有以下几方面的含义：

（1）成本属于商品经济的价值范畴。即成本是构成商品价值的重要组成部分，是商品生产中生产要素耗费的货币表现。

（2）成本具有补偿的性质。它是为了保证企业再生产而应从销售收入中得到补偿的价值。

（3）成本本质上是一种价值牺牲。它作为实现一定的目的而付出资源的价值牺牲，可以是多种资源的价值牺牲，也可以是某些方面的资源价值牺牲。

随着商品经济的不断发展，成本概念的内涵和外延都处于不断的发展变化之中。成本就是为了获得某种利益或实现一定目的所发生的支出，只要这种支出是为了获得某种利益或实现一定目的，都代表一项成本。因此，从更广的含义看，成本是为达到一种目的而放弃另一种目的所牺牲的经济价值，在经营决策中所用的机会成本就有这种含义。因此，此时的成本是个广义的概念，正如美国成本管理专家查尔斯·T·霍恩格伦所定义的："成本是为了达到某一特定目标所失去或放弃的一项资源"，本书所讨论的成本主要是从计量角度出发，更强调成本的计量属性。

三、成本的相关术语

1. 成本对象

为了某种管理目的而将成本向其分配的任何产品、服务或组织单位称为成本对象（cost object）。一般地，产品和服务都是成本对象，而生产部门既可能是成本池也可能是成本对象，这取决于管理者更关注产品成本还是部门成本。成本对象是一个广泛的概念，它不仅包括产品、服务、部门，也包括一组产品、一组服务或一组部门，或者诸如顾客、供应商、电话服务提供商，等等。任何可以追溯成本并且在管理战略中有重要作用的项目，均可作为成本对象。

2. 成本动因

成本动因是指引起成本发生变动的原因，成本动因的变动会导致某一成本对象的成本变动。成本动因一般用于间接费用的分配，由于间接成本难以直接追溯到成本对象，因此，在分配间接费用至各成本对象时，需要以成本动因作为分配标准将间接费用分配计入。用于成本分配的成本动因常被称为分配基础（allocation bases）。

3. 成本归集与成本分配

按照马克思政治经济学理论，经济活动包括生产、交换、分配与消费四个环节。从价值形成和补偿的角度出发，相应地可以将成本计算分为两个阶段：（1）按性质分类和归集成本，如材料、人工、燃料等。因此，成本归集（cost accumulation）就是通过一定的会计制度对成本数据进行有组织的收集，反映为达到某一特定目标所耗费资源的货币价值；（2）将归集的成本分配给各个成本对象。因此，将成本归集到成本对象的过程称为成本分配（cost allocation）。直接成本一般较容易直接追溯到成本对象，而间接成本由于很难直接追溯到成本对象，因此，一般用成本动因来进行分配。

四、成本的分类

财务报表的外部使用者一般不关心成本的分类，而只关心资产负债表、利润表和现金流量表上排列的数据。但是，企业的经理对于同样的会计资料必须从各个不同的方面来重新排列和研究，以用于许多不同的内部用途，像产品成本计算、计划、成本控制和特别决策。因此，企业管理很重视成本的分类。

（一）直接成本与间接成本

成本和受益者之间形成一一对应的关系，这种成本叫做直接成本；成本与受益者之间形成一对多的关系，这种成本叫做间接成本。

1. 直接成本

直接成本（direct cost）可以很容易追溯到成本池或成本对象中，如生产一个特定产品所耗的材料便是直接成本，它可以直接追溯到这件产品。同样，航空公司乘客机票的成本也是所提供服务的直接成本。

材料成本通过成本池（生产部门）来归集，分配到每个产成品，产成品就是成本对象。航空公司材料成本分配到每个产品，可以追溯到客人（成本对象）。对于直接成本，成本动因就是成本的单位个数。譬如，宝洁生产的汰渍产品的包装或者达美航空公司617航班的乘客数，直接成本总额随纸盒个数或乘客人数成比例增加。

2. 间接成本

与直接成本相反，对间接成本（indirect cost）而言，以成本池追溯到成本对象便不容易了。间接成本是由两个或两个以上的成本对象负担，不便于将其直接追溯到任何一个成本池或成本对象中。一个极好的例子是产品监督成本和材料处理成本就很难追溯到单个产品。

尽管上述直接成本、间接成本的例子源自制造业，但这些概念对服务业同样适用。例如，对一家餐馆而言，它的成本对象是每一道饭菜，食物和准备食物的成本是直接成本，而购买、处理、储存食物的成本则是间接成本；同样，对律师事务所而言，专业劳动和材料成本是直接成本，而研究资料成本、非专业支持人员成本以及专业员工培训成本是间接成本。

（二）产品成本和期间成本

成本按费用发生与产品之间有无关系分为产品成本（product cost）和期间成本。一般在成本归集计算时采用此种分类。

1. 产品成本

产品成本是指与产品的生产直接相关的成本，它包括直接材料费用、直接人工费用和制造费用。产品成本往往在生产成本中占较大的比重，所以产品成本管理是成本管理中的一个重要组成部分。

2. 期间成本

期间成本经常也被称为期间费用，它是企业生产经营过程中所发生的，但是与生产环节没有关系的费用，一般包括管理费用、财务费用和销售费用。

（三）直接计入成本与间接计入成本

根据生产费用计入产品成本的方式，成本可分为直接计入成本和间接计入成本。

1. 直接计入成本

直接为生产商品和提供劳务等发生的直接材料、直接人工等其他直接费用，由于与产品生产之间存在着一种可追溯的关系，可以直接追溯到具体产品，因此，这类费用应该直接计入生产经营成本，如直接人工成本（direct labor cost）包括生产产品、提供服务的人工及一些正常的、不可避免的非工作时间，如咖啡时间和个人时间。

2. 间接计入成本

间接计入成本是指生产费用发生时，不能或不便于直接计入某一成本计算对象，而需先按发生地点或用途加以归集，待月终选择一定的分配方法进行分配后才计入有关成本计算对象的费用。制造费用，如车间管理人员的工资、车间房屋建筑物和机器设备的折旧费、租赁费、修理费、机物料消耗、水电费、办公费等，通常属于间接计入成本。停工损失一般也属于间接计入成本。

但需要注意的是：

（1）直接材料成本并不一定是直接计入成本，用于生产而未包含在成品中的材料，如生产工人使用的一些特殊用品（如抹布、小工具或者机器所需的材料，如润滑油），因其在发生时无法直接追溯至具体产品中，需要用一定的方法将其费用分配计入各产品，因而该材料成本为间接计入成本（indirect materials）。

（2）直接人工成本也不一定是直接计入成本，停工时间、培训和配置机器时间一般被作为间接成本，如监督、质量控制、检查、采购与接收、材料处理、房屋管理人员劳动与停工时间、培训与清理时间。由于成本对象不同，一个人工项目既可能是直接计入成本，也可能是间接计入成本。例如，对一个设备所在的生产车间，设备维护与修理的人工是直接人工，但对车间生产出的产品而言，这便是间接人工了。

（3）制造费用也不一定是间接计入成本，这也因成本对象的不同而异。一般情况下，制造费用需要分配计入产品成本，属于间接计入成本，但当一个车间只生产一种产品时，该制造费用就可直接计入该产品成本中，而无须分配计入了。

（四）产品成本和服务成本

产品成本和服务成本按照企业产品的类型是有形的还是无形的可分为两种：有形产品和服务。

1. 有形产品

有形产品（tangible product）是通过使用人工和诸如工厂、土地和机器等投入来将原材料转化生产出来的。电视机、汉堡包、汽车、计算机、衣服和都是有形产品的例子。

2. 服务

服务（services）是为顾客实施的任务或作业，或者顾客使用组织的产品或设备而实施的行为。服务也要利用原材料、人工和资源。保险业、医疗服务、牙齿护理和会计都是为顾客施行的服务行为。汽车租赁、音像租赁和滑雪都是顾客使用组织的产品或设备的服务的例子。服务与有形产品的区别表现在三个方面：无形、易逝性和不可分割性。

另外，成本还有其他的分类：根据成本与决策的关系可分为相关成本和无关成本；根据成本与业务量之间的关系，可分为变动成本、固定成本和混合成本；根据成本与产品生产工艺的关系可分为直接生产成本和间接生产成本；根据成本是否可以控制分为可控成本与不可控成本；根据决策方案变动时成本是否可避免分为可避免成本和不可避免成本，等等。

第二节　成本会计的对象与职能

一、成本会计的对象

成本会计的对象是指成本会计反映和监督的内容。从理论上讲，成本所包括的内容，就是成本会计应该反映和监督的内容。工业企业成本会计应反映和监督的内容可概括为工业企业生产经营过程中发生的产品生产成本和期间费用。下面以工业企业为例，结合企业的具体生产经营过程和现行会计制度的有关规定加以说明。

（一）工业企业成本会计的对象

工业企业基本生产经营活动中的生产耗费可概括为劳动资料与劳动对象等物化劳动耗费和活劳动耗费两部分。原材料等劳动对象，在生产过程中或者被消耗，或者被改变其实物形态，其价值也随之一次性转移到新产品中去，构成产品生产成本的一部分；劳动者对劳动对象进行加工才能改变原有劳动对象的使用价值，并且创造出新的价值来，因此，劳动者为自己劳动所创造的那部分价值，以工资形式支付给劳动者，这部分工资也构成产品生产成本的一部分。具体来说，在产品的制造过程中发生的各种耗费，主要包括原料及主要材料、辅助材料、燃料等支出，生产单位（分厂、车间）固定资产的折旧，直接生产人员及生产单位管理人员的工资，以及其他一些货币支出，都构成了生产费用，而为生产一定种类、一定数量产品而发生的各种生产费用支出的综合就构成了产品的生产成本。

企业为销售产品会发生各种各样的费用支出，如广告费、差旅费、保险费、展览费、包装费以及销售人员的职工薪酬等，这些费用称为销售费用；企业的行政管理部门为组织和管理生产经营活动，也会发生各种各样的费用，如企业行政管理部门的人员的薪酬、固定资产折旧、工会经费、业务招待费等，这些费用称为管理费用；此外，企业为筹集生产经营所需资金也会发生一些费用，如利息净支出、汇兑净损失、金融机构手续费等，这些费用称为财务费用。上述销售费用、管理费用和财务费用构成了企业的期间费用，其与产品生产没有直接联系，而是按照发生的期间归集，直接计入当期损益。

（二）成本会计对象的扩展

成本会计不仅应该按照现行企业会计制度的有关规定为企业正确确定利润和进行成本

管理提供可靠的生产经营业务成本和期间费用的信息，而且应该从企业内部经营管理出发，提供多方面的成本信息。例如，为了进行短期生产经营的预测和决策，应该计算变动成本、固定成本、机会成本和差别成本等；为了加强企业内部的成本控制和考核，应该计算可控成本和不可控成本；为了进一步提高成本信息的决策相关性，还可以计算作业成本，等等。

上述按照现行企业会计制度的有关规定所计算的成本（包括生产经营业务成本和期间成本），可称为财务成本；为企业内部经营需要所计算的成本，可称为管理成本。因此，成本会计的对象，总括地说应该包括企业的财务成本和管理成本。

二、成本会计的职能

（一）反映职能

反映职能是成本会计的首要职能。会计作为信息系统，其提供的信息为关心企业经营管理活动的各方关系人所使用。从对会计信息的需求角度分类，会计信息的使用者可分为内部使用者和外部使用者。成本会计的反映职能，就是从价值补偿的角度出发，反映生产经营过程中各种费用的支出，以及生产经营业务成本和期间费用等的形成情况，为经营管理者提供各种成本信息的功能。

1. 为财务报表提供成本会计信息

成本管理中的成本核算的结果要用于资产定价和收益确定，并且成本的形成、积累和结转的整个程序要纳入以复式记账为基础的财务会计框架。财务会计中资产负债表中的存货计价和利润表中收益的确定，都与成本计算的正确与否有着密切的联系，这种联系具体表现在：正确计算产品成本，是正确划分本期已销售产品成本和期末未销售产品成本的基础。产品成本费用在发生时，就被认定为现有存货的一部分，销售后，产品成本转化为销售成本。销售成本列入利润表，使之与本期实现的销售收入相配比，据以确定本期的净利润；而期末未销售产品的成本仍然属于存货，列入资产负债表，作为流动资产的一部分结转下期。因此，产品成本的计算正确与否，直接关系到本期已销售产品成本和期末未销售产品成本的划分是否正确，从而决定着本期收益计算和存货计价是否正确，最终表现为据以编制的资产负债表、利润表及现金流量表能否正确、真实地反映企业的财务状况和经营成果，从而关系到对外编制的会计报表的可信程度和财务会计的基本作用能否正确发挥。

2. 为企业管理决策提供成本管理相关信息

现代成本会计，不仅是要提供成本的数据和构成情况，更重要的是要服务于管理，满足企业对成本实施控制和管理的要求，因此，除了产品成本的计算以外，随着企业管理要求的不断提高，相关学科知识融入成本会计领域，促进了成本会计的进一步发展，逐步形成了成本预测、计划和控制、分析和考核以及成本决策等内容。也就是说现代成本管理是成本核算与生产经营管理的直接结合。从这个角度讲，成本会计又与管理会计相互交叉，因此，成本会计又是管理会计的有机组成部分。根据成本数据所进行的成本计划、成本控制和成本考核能为企业管理当局的内部决策提供依据，并对内部人员进行业绩评价，显然属于管理会计范畴。从服务于企业内部经营管理的功能角度看，成本会计要满足企业成本管理的要求，不受公认会计原则的约束。

（二）监督与管理职能

会计的管理功能作用最初集中体现在成本管理方面。20 世纪之前，尤其 19 世纪最后的 20 年，工业化大生产格局已基本形成，工厂的业主、经营者及其管理人员逐步认识到产品固定成本的增加对公司盈利的影响。人们开始研究并解决这方面的问题。20 世纪初期，不少公司的组织规模不断扩大，在一些大的工业企业重型机器设备在资产中所占比重越来越大，产品制造程序亦日趋复杂，于是，人们又开始着手研究和解决产品成本形成过程中的间接费用的分配问题。而随着经济竞争压力日益增大，一系列成本问题开始集中出现，人们开始考虑对产品制造成本的全面控制问题。

成本会计的监督，包括事前、事中和事后监督。成本会计要通过成本信息的反馈进行监督，通过对所提供的成本信息资料的检查分析，控制和考核有关经济活动，及时从中总结经验、发现问题，提出建议，促使有关方面采取措施，调整经济活动，使其按照规定的要求和预期的目标进行。

三、成本会计与现代财务会计、管理会计之间的关系

（一）财务会计的目标及特征

财务会计是在传统会计基础上形成的，但现代公司制度中的所有权与经营权的分离使得外部股东对企业会计信息的要求有别于内部管理者。为了满足企业外部利益相关者的要求，现代财务会计从传统会计中分离出来，形成了一套独特的理论体系和会计处理方法，并具有自己的特征。它是以企业已经发生的经济业务所引起的资金运动作为对象，对其进行核算、监督、编制会计报表，并且向企业外部利益相关者传递会计信息的一门学科。

财务会计的主要目标是通过定期编制对外会计报表，为企业外部同企业有经济利益关系的各种社会集团服务。企业的财务状况和经营成果是外部信息使用者共同关心的问题，又由于财务会计的信息使用者不直接参与企业的经营管理，只能从企业提供的会计报表获得相关信息。因此，为保障外部信息使用者的利益，就要求财务会计所反映的信息，必须公正、客观、真实；必须以统一的货币形式反映企业的经济活动，从凭证的填制、账簿的登记到会计报表的编制，必须严格遵循公认会计原则，按照一定的方法和程序进行，及时提供真实、公允的会计信息，保证财务会计的信息质量能取信于企业外部的利益相关者。

（二）管理会计的目标及特征

管理会计是以企业现在和未来的资金运动作为对象，以提高企业的经济效益为目的，为企业内部管理决策提供经济信息的一门学科。管理会计不同于财务会计，其主要目标侧重于为企业内部的经营管理服务，企业的管理部门是使用管理会计信息的主要单位，正是由于管理会计的主要功能是为内部经营管理者提供相关信息，管理会计便可以采用灵活而多样的方法和手段，无须受公认会计原则的约束。因此，管理会计也被称为事前决策会计和事中控制会计。

（三）成本会计与财务会计及管理会计的区别和联系

成本会计既不同于财务会计，又有别于管理会计，其与财务会计与管理会计有着千丝万缕的联系。传统的成本会计运用会计的一般原理、原则和方法，系统地记录某一企业生产产品过程所发生的各种生产费用，确定各种产品和劳务的总成本和单位成本，供企业管理者制定产销政策时参考。现代成本管理又给企业制定决策和获取核心竞争力提供相关的

成本信息。特别是现代管理会计的出现，使得成本计量在内涵与外延上都得到了极大的扩展。成本计量由过去只重视满足财务报告使用者的需要，转为开始重视内部管理决策和控制的需要；由只对实际成本的计量，扩展到对实际成本和未来预期成本的计量；由只建立单元成本计量模式，扩展为建立多元成本计量模式，满足多用户和多目标的需要。

财务会计是从历史的角度看问题，关注过去发生的事情，而管理会计强调未来，它除了提供历史报告外，还提供预算和其他预测信息。成本管理中的成本核算环节作为会计信息系统的一个子系统记录、计量和报告了部分成本的多项信息，这些信息既为财务会计提供资料，又为管理会计提供资料，因此，成本管理是介于财务会计和管理会计之间的桥梁。财务会计、成本会计和管理会计之间的关系如图 1-1 所示：

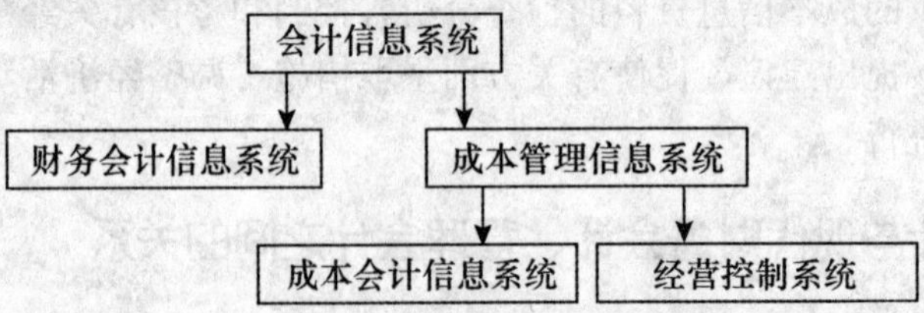

图 1-1 会计信息系统的子系统

第三节 现代成本会计的内容

从成本会计的产生与发展的历程看，原始的成本会计是运用会计核算的一般原理、原则和方法，对产品生产过程中所发生的各项生产耗费进行系统的记录，主要是以交易或数量为基础的成本计算系统，着重于直接材料、直接人工等直接成本的计算与控制，对间接计入费用则按照一定的标准在各成本计算对象间进行分配、汇总，确定各种产品和劳务的总成本和单位成本。随着经济的发展、科学技术的进步、企业组织结构与规模的变化，以及随着管理思想的演变，成本会计的内涵和外延都发生了拓展，现代成本会计与现代管理科学的结合越来越紧密。

现代成本会计的基本内容构成了成本会计的环节，包括：成本核算、成本预测、成本决策、成本计划、成本控制、成本分析和成本考核。如图 1-2 所示。

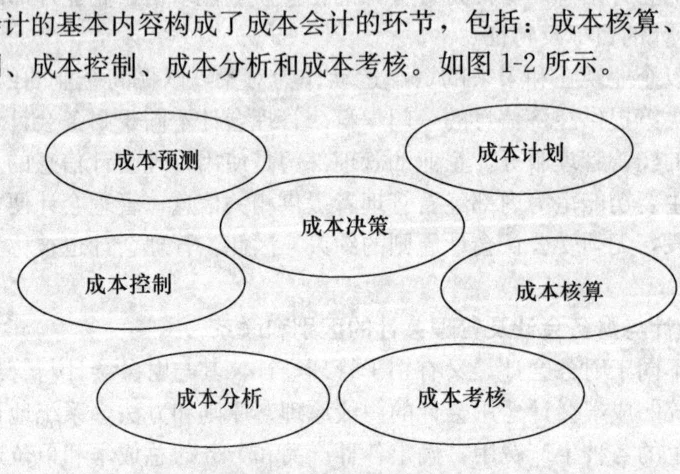

图 1-2 成本会计的环节

一、成本核算

成本核算是现代成本管理的基础，有了成本核算提供的数据，才能够及时了解成本的信息，包括各项生产耗费的支出，各成本项目在产品成本中所占的比重。通过不同时期的成本数据的分析对比，可以看到影响成本的各因素的变化。有了成本核算资料，结合市场产品供需情况的变化，也为企业进行成本的预测和决策提供了资料。企业为了生存发展，在激烈的竞争中占有主动权，就要及时掌握成本信息，加强成本控制，努力降低成本，寻求更高的经济效益。

二、成本预测

(一) 成本预测的含义和分类

预测之所以可能，就是由于事物的发展过程具有连续性和规律性的特点。我们可以根据事物的诸多信息特征，加上规律性判断对未来作出某种预测。成本预测是微观经济预测的一种，是依据成本与各种技术经济因素的依存关系，结合发展前景与采取的各种措施，利用一定的科学方法，对未来成本水平及其变化趋势作出的科学估计。

成本预测按其时间范围，可分为短期成本预测和长期成本预测。短期成本预测一般只对成本的完成情况进行估计，不要求全面考虑降低成本的措施。长期成本预测，通常只是指出方向，不可能十分具体。只有年度成本预测不仅要预测成本计划的完成情况，而且还要全面考虑降低成本的各项措施。成本预测的结果具有一定的时效性，客观条件变化时，预测本身也要不断地修改。为了不失时机地提供预测数据，要尽可能地缩短预测时间，使预测数据在事前控制和推动经营目标的实现中起到应有的作用。

(二) 成本预测的方法

成本预测的方法可分为定性预测和定量预测。

1. 定性预测方法

定性预测方法是由预测者根据已有的历史资料和现实资料，依靠个人专业知识、实践经验和综合分析能力，对成本的形成、发展趋势、可能达到的水平所作出的判断。因而此法也称为直观判断预测，或简称直观法。

2. 定量预测方法

定量预测方法是利用历史成本资料以及成本与影响因素之间的数量关系，通过数学模型来推测、计算未来成本的可能结果。所谓成本定量预测的数学模型是指在某些假定条件下，把影响经济活动变化、相互制约、相互依存的几个主要因素，按一定的数量关系结合起来，借以描述某种经济活动变化规律的一组数学关系式。常用的成本定量预测的数学模型有时间关系模型、因果关系模型、结构关系模型三类。

三、成本决策

(一) 成本决策的含义

成本决策是指为了实现成本目标，根据成本预测提供的数据和其他有关资料，运用决策理论和方法，从多个成本备选方案中抉择最佳成本方案的过程。成本决策是在预测的基础上，通过比较各种预测方案，结合企业的实际情况，进行研究作出的科学决策。

（二）成本决策的分类

1. 根据涉及的时间长短

成本决策按其涉及的时间长短可分为长期成本决策和短期成本决策。凡决策方案对企业经济效益的影响在一年以上的成本决策，称为长期成本决策。它的主要特点是对若干期的收支产生影响，一般需投入大量资金且见效慢。决策方案对企业经济效益的影响在一年以内的成本决策，称为短期成本决策。它的主要特点是充分利用现有资源进行成本决策，且见效比较快。

2. 根据条件的肯定程度

成本决策按其条件的肯定程度可分为确定型成本决策、风险型成本决策和不确定型成本决策。确定型成本决策是指决策条件已知且一个方案只有一个确定结果的成本决策。这类成本决策只要进行比较分析即可。风险型成本决策是指与决策相关的因素的未来状况不能完全肯定，只能预计大概情况，无论选择哪一种方案都带有一定的风险。这类决策的分析一般是以概率表示其可能性的大小，以尽可能做到近似地符合实际情况。不确定型成本决策是指决策条件未知，而且其概率无法估计的成本决策。这类决策只能凭决策人员的经验和主观估计进行，难度较大，需要决策人员具有较高的理论知识水平和丰富的实践经验。

四、成本计划

企业为了对产品的生产耗费加以有效控制，在成本决策之后，通过成本计划将成本目标具体化，为实际执行提供控制的标准，以利成本差异的揭示。因此，在研究了成本预测、成本决策之后，还必须进一步研究成本计划和成本控制。

成本计划是以货币形式规定的企业在计划期内产品生产耗费和各种产品的成本水平，可比产品成本的降低程度以及降低成本所采取的主要措施的书面方案。成本计划属于成本的事前管理，它以货币形式规定企业在一定时期内完成生产任务所需耗费的生产费用数额，以及所确定的各种产品的成本水平，是对成本预测的数据运用决策手段进行调节和平衡的结果。

成本计划的内容可分为两大类：一类是按生产费用要素以及生产费用用途反映企业的生产耗费，编制费用预算；另一类是按产品品种编制，反映计划期各种产品的预计成本水平的产品成本计划。产品成本计划一般包括主要产品单位成本计划和全部商品产品成本计划。除计划表格之外，成本计划还应附有简要的文字说明，对成本计划指标的确定理由、方法，以及保证措施进行说明和论证。

五、成本控制

所谓控制，就是按既定的条件和目标，对于一项过程或一系列事件施加影响，使其达到既定目标的一种行动。一个控制系统，可分为施控系统和受控系统两部分。控制是一个系统，控制要进行调节，必须依靠信息，控制同信息紧密联系在一起。

成本控制就是按既定的成本目标，对成本形成过程的一切耗费（受控系统）进行严格的计算、调节和监督（施控系统），揭示偏差，及时纠正，保证成本目标的实现。成本控制具有三层含义：一是对目标成本本身的控制；二是对目标成本完成的控制和过程的监督；三是在过程控制的基础上，着眼于未来，为今后成本的降低指明方向。

六、成本分析

成本分析和考核是成本管理的重要组成部分，是在一定时期成本核算提供的实际成本的基础上，与企业的成本计划、成本定额等有关资料进行比较，揭示影响产品成本变动的因素，并对其进行综合评价的成本管理方法。

（一）成本分析的内容

成本分析的基本内容包括以下四个方面：（1）商品产品成本的分析，包括按成本项目反映的商品产品成本的分析和按产品种类反映的商品产品成本的分析；（2）主要产品单位成本的分析，包括主要产品单位成本的一般分析和主要产品单位成本项目的分析；（3）主要技术经济指标对产品成本影响的分析，包括原材料、能源动力消耗、工时利用、设备性能等各项技术经济指标对产品成本的影响分析；（4）其他成本费用的分析，包括制造费用的分析和经营管理费用的分析。

（二）影响产品成本变动的因素

影响产品成本变动的基本因素有两类：一类是来自企业外部的因素；另一类是来自企业内部的因素。

影响产品成本变动的外部因素主要包括：企业所处的地理位置和资源条件、企业的生产经营规模和技术装备水平，以及企业专业化和协作的水平。此外，产品市场需求的变动、生产资料市场价格的变动、国家的产业政策、国民经济的增长速度、宏观调控目标、固定资产投资规模、货币供应量与信贷规模、流通体制、社会保障体制，以及宏观管理体制的改革、宏观决策的正确与否等，都会对企业成本的变化产生直接或间接的影响。

影响产品成本变动的内部因素主要有劳动生产率水平的高低、材料、燃料和动力的利用效果、生产设备的利用效果、产品质量水平和工资水平与制造费用水平。此外，企业经营管理水平，经营决策的正确与否，材料、燃料和动力的管理体制，产品开发与科研工作的进展，信息网络的建立情况，职工人员的素质等，均对企业产品成本水平有着直接或间接的影响。

七、成本考核

成本考核的主要方法为：（1）利用可比产品成本降低额和降低率指标考核企业的成本；（2）利用销售成本费用率、单位产品制造成本、单位产品总经营成本、单位产品主要材料消耗等指标考核企业的成本。

在实际工作中，有的部门用销售成本费用率作为考核指标，有的企业则用单位产品制造成本对分厂或车间进行成本考核。

综上所述，可以看出，成本会计的各个环节是互相联系、互相补充的。这些环节一般均应贯穿企业生产经营活动的全过程并发挥作用。

在成本会计的各个环节中，成本核算是基础。没有成本核算，成本的预测、决策、计划、控制、分析和考核，都无法进行，因而也就没有了成本会计。成本会计的这些其他环节，正是在成本核算的基础上，随着企业经营管理要求的提高和管理科学的发展而不断完善。

第四节 成本会计的职业环境和职业道德

一、我国成本会计的职业环境

为了充分发挥成本会计各个环节的作用，完成成本会计的任务，必须科学地组织成本会计工作。为此，必须在企业中设置成本会计机构，配备成本会计人员，并且按照与成本会计有关的各种法规和制度进行工作。

企业在组织成本会计工作时，应该考虑自身规模的大小、企业机构的设置和生产经营业务的特点等具体条件；应该在保证工作质量的前提下，尽量节约成本会计工作的时间和费用，提高成本会计工作的效率。

（一）成本会计工作的机构层级设置

由于成本会计工作是会计工作的一部分，因而企业的成本会计机构一般是企业会计机构的一部分。以工业企业为例，厂部的成本会计机构一般设在厂部会计部门中，是厂部会计处的一个科，或者厂部会计科的一个组。厂部供、产、销等职能部门和下属生产车间等，可以设置成本会计组或者配备专职或兼职的成本会计或成本核算人员；这些单位的成本会计机构或人员，在业务上都应接受厂部成本会计机构的指导和监督。

（二）成本会计机构内部的组织分工

成本会计机构内部的组织分工，可以按成本会计的环节进行，如厂部成本会计科可分为成本预测决策组、成本计划控制组、成本核算组和成本分析考核组；也可以按成本会计的对象分工，如分为产品成本组、经营管理费用组和专项成本组。为了科学地组织成本会计工作，还应按照分工建立成本会计岗位责任制，使每一项成本会计工作都有人负责，每一个成本会计人员都明确自己的责任。

企业内部各级成本会计机构之间的组织分工，有集中工作和分散工作两种方式。

1. 集中工作方式

（1）集中工作方式的组织分工。集中工作方式是指成本会计工作中的预测、决策、计划、控制、核算、分析和考核各环节的工作，主要由厂部成本会计机构集中进行；车间等其他单位的成本会计机构或人员只负责登记原始记录和填制原始凭证，对它们进行初步的审核、整理和汇总，为厂部进一步工作提供资料。在这种方式下，车间等其他单位大多只配备专职或兼职的成本会计或核算人员。

（2）集中工作方式的优缺点。采用集中工作方式，厂部成本会计机构可以比较及时地掌握企业有关成本的全面信息，便于集中使用计算机进行成本数据处理，还可以减少成本会计机构的层次和成本会计人员的数量；但不便于实行责任成本核算，不便于直接从事生产经营活动的各单位和职工及时掌握本单位的成本信息，因而不利于调动他们自我控制成本费用、提高经济效益的积极性。

2. 分散工作方式

(1) 分散工作方式的组织分工。分散工作方式，也称非集中工作方式，是指成本会计工作中的计划、控制、核算和分析工作，分散由车间等其他单位的成本会计机构或人员分别进行；成本考核工作由上一级成本会计机构对下一级成本会计机构逐级进行。厂部成本会计机构负责对各下级成本会计机构或人员进行业务上的指导和监督，并对全厂成本进行综合的计划、控制、分析和考核工作，以及对全厂成本进行汇总核算工作。成本的预测和决策工作一般仍由厂部成本会计机构集中进行。

(2) 分散工作方式的优缺点。分散工作方式的优缺点与集中工作方式的优缺点恰好相反。企业应该根据规模大小，内部各单位经营管理的要求，以及这些单位成本会计人员的数量和素质，从有利于充分发挥成本会计工作的作用、提高成本会计工作的效率出发，确定采用哪一种工作方式。大中型企业一般采用分散工作方式，中小型企业一般采用集中工作方式。为了扬长避短，也可以在一个企业中结合采用两种方式，即对某些单位采用分散工作方式，而对另一些单位则采用集中工作方式。

（三）成本会计机构与企业内部各单位之间的相互关系

成本会计机构的工作与直接从事生产经营活动的各单位的工作有着密切的联系。成本会计机构要做好成本会计工作，必须加强同这些单位的协作，培训和依靠有关单位的职工，执行成本会计的法规和制度，正确、及时地填制有关的原始凭证和原始记录，做好各项基础工作；应该组织职工群众管好用好财产物资，充分发挥机器设备的效能，提高劳动效率，结合本职工作厉行节约，降低成本、费用，提高经济效益。企业内部各单位也应遵守有关的法规和制度，会同、协助和配合各级成本会计机构做好成本会计管理工作，支持本单位的成本会计人员做好本职工作。

为了充分发挥成本会计机构的职能作用，企业的总会计师和会计主管人员应该加强对成本会计机构的领导，经常研究成本会计工作，督促和检查成本会计机构做好各项业务工作，支持成本会计人员履行职责，帮助解决工作中存在的问题，并且以身作则，遵守有关的规章、制度。

（四）成本会计师应具备终生学习能力

随着成本会计与管理科学相结合，成本管理逐步发展形成。成本核算是原始的或初级的成本会计，也是狭义的成本会计。包括上节所述各个环节的成本会计是现代成本会计，已突破狭义的成本会计，属于广义的成本会计，实际上也就是成本管理。

“一个组织的学习能力和快速学以致用的能力，是最持久的竞争优势。”通用电气的前总裁杰克·韦尔奇强调了不断学习的重要性，它对成本会计师一样有用。成本会计师必须持续地提高技能，使他们的执业水平、正直品性和工作的态度保持较高水准。许多职业组织，如我国注册会计师协会都鼓励其会员考取相关证书，参加职业发展计划并不断反省他们在工作中的道德情况。

成本会计师的职业环境受两类组织的影响：一类是为成本会计师事务所制定指南和准则的组织，另一类是提高成本会计师专业技能和竞争力的组织。企业成本会计机构的成本会计人员，应该在总会计师和会计主管人员的领导下，按照上述各种法规和制度的规定，分工协作、互相配合，并且组织职工群众，共同做好成本会计工作，充分发挥成本会计的作用。

二、国外成本管理的职业环境

（一）影响管理会计师执业的组织机构

以美国为例，成本管理师属于管理会计师的范畴，被称为管理会计师。其职业环境受如下两类组织的影响：

第一类组织包括一些联邦机构，如国内税务总署，它制定与税务有关的产品成本核算准则；还有联邦贸易委员会（FTC），它能限制竞争、保护贸易，规范定价以保护企业基于成本定价；另外，证券交易委员会（SEC）负责制定财务报告的法规准则。

民间组织中，财务会计准则委员会（FASB）和美国注册会计师协会为财务报告实务制定准则。美国注册会计师协会还以新闻、简报、杂志、专业研讨会和技能讲座等形式为管理会计师提供教育机会。

成本会计准则委员会（CASB）由国会在 1970 年建立（公共法 91-3FG），并由联邦采购政策办公室运作，其宗旨是制定、颁布、修改和终止成本会计的准则和解释，以使联邦政府所签合同中的成本计量、归集与分配保持一致。CASB 的目的是保证政府供应商所使用的成本会计准则前后一致，并减少欺诈和滥用。现在 CASB 已有 20 项成本会计准则，覆盖了成本会计相当范围的问题。

另一类组织旨在促进管理会计师实务的提高和专业性，美国管理会计师协会（IMA）是美国致力于此的主要组织，它拥有杂志、新闻简报、研究报告、管理会计实务报告、专业发展研讨会以及为管理会计师提供继续教育的每月技能讲座等多种平台。英国的注册管理会计师协会与加拿大的管理会计师协会扮演类似的角色。世界上其他许多国家也有类似的组织，比如西班牙管理会计协会、法国会计协会、爱尔兰、澳大利亚、苏格兰、印度的特许会计师协会。

在与管理会计职能相关的领域中，财务经理协会（FEI）为财务人员（包括总会计师和财务经理）提供类似的服务。既然管理会计师进行管理控制时的一项职责是建立有效系统，检查和防止会计核算中错弊的发生，管理会计师自然也就与一些控制性组织（如内部审计师协会）联系紧密。

（二）职业证书

职业证书的作用是为管理会计师的经验、培训和业绩提供一个具体的衡量指标，证书是管理会计师显示专业业绩和成果的一种途径。与管理会计师相关的有三种证书：

第一种是美国管理会计师协会发的注册管理会计师证书（CMA），这一证书在通过资格考试并拥有一定背景和经验后颁发。考试涉及管理会计师实务的四个方面：（1）经济学、财务和管理学；（2）财务会计与报告；（3）管理分析与报告；（4）决策分析与信息系统。

第二种相关证书是美国管理会计师协会的注册财务经理证书（CFM）。CFM 证书要求财务经理承担更广泛的责任，包括一些财务总监的责任。考试内容除了 CMA 的内容之外，还包括企业财务管理的相关内容。

第三种证书是注册会计师证书（CPA）。像 CMA 和 CFM 一样，CPA 也必须通过资格考试，并符合一定的背景、工作经验和后续教育要求。但不像 CMA 是一项国际化的认定，CPA 由美国各州指定和监督，各州自有一套标准。CPA 对于做审计的会计师很重要，而 CMA 一般被认为是处理成本管理问题的。许多国家都具有 CPA 考试。

三、成本会计师的职业道德

职业道德是成本会计师工作和职业中的重要问题，成本会计师的职业道德可以认为是对提供管理有用的承诺。这一承诺意味着成本会计师应服务于管理实力、诚实品质、保密性和客观性。

成本会计人员有权要求企业有关单位和职工认真执行成本计划，严格遵守有关的法规和制度；有权参与制制企业生产经营计划和各项定额，参与与成本有关的生产经营管理的会议；有权督促检查企业内部各单位对成本计划和有关法规、制度的执行情况。

成本会计人员应不断提高自身素质，认真履行自己的职责，正确行使自己的职权。既要从国家利益和企业降低成本费用、提高经济效益出发，坚持原则，执行有关的法规和制度，又要结合实际向有关人员和职工宣传、解释国家有关的方针、政策、法规和制度，防止主观武断，滥用职权。此外，还应以身作则，模范地遵守这些法规和制度。为此，成本会计人员应努力学习建设有中国特色社会主义理论以及国家有关的政策、法规和企业有关的制度，刻苦钻研业务，不断提高自身的理论水平和业务能力。

本节附录：延伸资料阅读——美国管理会计师协会的道德准则

美国管理会计师的道德行为受美国管理会计师协会道德准则的指导，美国管理会计师协会规定了指导管理会计师并鼓励高层次专业水平的最低行为标准。通过遵守这些标准，管理会计师提高他们的职业水平，并建立与管理者及其他人的信任关系。

管理会计师的道德行为规范受管理会计师学会颁布职业道德条款的指导，这些条款对管理会计师的行为标准提出具体要求，它旨在指导管理会的职业行为，激励并提升他们到更高的职业水准。遵从这些标准，管理会计师们提高了其执业能力，促进与其他管理者之间互信关系的发展。IMA 的道德包括四个主要部分：(1) 能力；(2) 保密；(3) 正直；(4) 客观性。能力标准要求管理会计师发展并维持自身领域所需的技能，并随着企业成长及环境的日趋复杂不断充实自己；保密性要求严守有关数据通信的政策，以保守企业的商业机密和其他信息；正直指严格按职业规范行事（杜绝不公平雇佣玷污企业或职业的行为），并避免利益冲突（如不接应商或客户的礼物）；客观性指必须保持公正处理（支持自己认为错误的决策）。

如何实施 IMA 道德准则？道德问题管理起来很棘手且令人沮丧，使用以下步骤将有所帮助：

第一，管理会计师必须相信能力、正直、保密性和客观性这些道德准则都可以执行；另外，牢记道德目标对维持管理者的信心很重要；管理会计师必须理解道德问题的解决会影响管理者对管理会计师的信任和依赖。

第二，管理会计师应该与上级讨论道德问题。如果这位上级也是当事人之一，那么管理会计师便应找出企业内承担同等或更高责任的人，如人力资源部经理或审计委员会成员。在执行保密性原则时，会计师不应与企业外人士讨论这些问题，除非发生以下第四点所述情况。

第三，如果冲突无法解决，或者情况严重，管理会计师应向企业辞职，并向相应管理人员汇报情况。

第四，如果辞职，管理会计师必须明确：他们有责任向法定机构或外部审计人员汇报情况。

第五节　成本会计的发展历程

我们关于成本会计的概念和思想是如何而来的？如果缺乏历史的相关知识，我们就只能以自己有限的经验作为思想和行为的基础。历史推动人们去思考现实问题。对成本会计历史的学习和了解，对成本管理思想演变的研究，将有助于我们了解各种成本方法和理念的起源，通过对其发展历史的追溯，可以有利于提供文化环境方面的观察视角，从而有利于形成一幅更加合理的、与当代相符合的完整图像。在构建决策方案时，历史为目光敏锐的人提供了其他备选答案。因此，对于成本会计的学习者来说，成本管理有很多方面需要学习，其中重要的一课就是，将过去的研究作为未来的序幕。

一、成本会计的萌芽期（1885 年以前）

（一）成本会计出现的时代背景

在 1885 年之前，成本计量的发展进程是十分缓慢的。随着 16 世纪意大利的复式簿记从商业领域向工业领域逐渐渗透，产生了被马克思称为“混合的工场手工业”的生产方式。工场手工业生产组织的特点在当时意大利的呢绒工业中表现得最为明显。工场主把许多作坊结合起来，雇用工人对羊毛进行初步加工，然后分发给城市或乡村的手工业者，由他们在家里纺成毛线和织成毛呢。

（二）成本记录与会计账簿出现相结合的迹象

最初的成本会计正是在这种生产方式下，为适应其生产组织形式和管理控制的要求而产生的。从现存的拉法埃洛·迪弗朗切斯科·迪美奇合伙企业（Raffaello di Francesco di, Medici & co）的账簿记录和有关文件中可以看到成本会计的雏形。虽然该账簿系统和现代成本会计系统有很大的距离，但管理者从该企业的账簿记录中可以比较粗略地了解其生产成本，已呈现出成本会计的雏形特征。

（三）该阶段成本会计的特征

1. 成本核算方法被视为商业秘密

正如迈克尔·查特菲尔德在《会计思想史》一书中所述及的，在 1885 年以前，业主们将自己的成本核算方法视为工业秘密。簿记教科书一般都忽视成本计量问题，没有一部英语的教材涉及成本会计，而且，论及该问题的屈指可数的教科书对后来的实务几乎没有影响，加纳（Garner）认为，成本会计萌芽时期阻碍成本会计制度以教科书的方式广泛传播的一个原因是，业主们认为这样做会损害企业的竞争优势。“对一个公司有利的账务处理方法被视为私有的，是不能为竞争对手知悉的商业秘密”。尽管业主后来开始关注生产过程的成本信息，但成本计量的目的主要是提供为完成财务会计记录和报告所必要的期末存货数据。对成本构成要素认识不足，特别是对间接费用认识肤浅，认为其产生与生产过程无关。

2. 成本记录与会计账户相分离

1530—1885年之间，成本记录并未再进一步尝试与会计账簿结合。迈克尔·查特菲尔德称“文艺复兴时期至18世纪末，成本会计方法几乎没有得到发展”。虽然，在这期间，还是有一些先驱式的成本计量方法被人们提出，但对现代成本会计没有任何追溯影响。成本资料主要是借助于统计方法取得，成本记录大都是在会计账户体系之外进行的。在1885年之前的很长一段时期内，会计账簿的记录中几乎没有成本概念。会计记录既不区分资本性支出和收益性支出，也不考虑成本计量单位的一致性，甚至都不划分会计期间。成本记录与会计账户体系是相分离的。

二、成本会计的发展期（1885—1920年）

这段时间是工业成本会计的形成时间，也是成本计量理论和实践的大发展时期，被会计史学家公认为“成本会计的繁荣时期”。产业革命的完成和科学管理的兴起是成本会计迅速发展的社会经济背景。

（一）时代背景

1. 英国工业革命中工业成本会计的出现

这个时期的背景是英国工业革命和科学管理运动正处于新兴阶段。大型重机械大量引入、企业生产规模扩大和生产率大大提高、管理人员和设备费用的增加，要求建立严格的管理和控制体系，先前的成本记录与会计账户体系相分离的模式已无法满足科学化管理的需要，由此产生了工业成本会计。

2. 美国工业革命促进了成本计量理论和实践的继续发展

19世纪的美国处于工厂体制蓬勃发展和扩张的时代。早在19世纪开始之前的24年，美国还是强大的英帝国的殖民地，在其迈向世界工业领先地位的道路上，又经历了5年的内战（1861—1865年），其内战时期是一个悲剧性的停顿阶段。但到了19世纪末，美国却成为世界上最重要的政治和工业力量。美国工业革命及其所导致的工业发展变革中相关思想和理论的形成不得不引起我们的关注。

内战之前大多数美国公司都是家庭所有和管理的，它们规模很小，而且技术比较落后。此时，一场交通和通信革命已蓄势待发，其系统管理思想的形成始于铁路业。作为一名管理者，一部分职能是工程师，一部分职能是企业领导者，还有一部分职能是会计师。其中，工程师扮演了重要角色，他们经常成为企业的管理者。而铁路行业以由蒸汽为动力源，引导了一场交通革命，电报和跨洋电缆创造了一次通信革命。这些因素联合起来导致了大型组织的成长。

（二）成本会计的标志性成果

英国的成本会计师为最初的成本管理思想和成本核算的程序作出了较大的努力和探索。另外，该阶段中对成本会计做出贡献的不仅有会计师，还有工程师，而且，尤其是在美国表现为工程师而非会计师控制着成本会计。在此期间，美国金属制造企业的工程师等管理人员在分析生产效率和产品利润中提出了新的成本计算技术。事实上，许多成本会计问题就是由他们提出并和会计师共同努力而得到解决的。这段时期的成本会计也被称为“核算型成本会计”。其标志性成果包括以下几方面：

1. 关于成本记录是否应与财务会计结合的争论基本结束

1887 年，英国电力工程师埃米克·加克（Emile Garcke）和会计师约翰逊·费尔斯（John. M. Fell）撰写了《工厂会计》（Factory accounting），最早提出按照复式簿记法记录所有成本账户，如材料账户、工资账户、设备账户、产品账户等，并将成本记录与财务会计相结合，从而拉开了成本记录是否与财务会计账户结合的争论的序幕，该争论一直持续到 1920 年前后。不过到了 20 年代后期反对者的声音似乎变得越来越弱，成本记录与会计账户的结合已成为大势所趋。争论的结果是成本会计系统不仅为财务会计的存货计量提供成本信息，而且还定期向企业管理层提供制造成本表和成本费用明细表。成本记录和会计账户的一体化，创立了成本会计。

2. 间接费用分摊的方法基本形成

1885 年以前，人们对间接费用的理解不够深刻，只是把它看成一种生产损失而不加到产品价值中去。工业革命后期，工厂大量使用重型设备，间接费用的急剧增加、生产过程的复杂化形成了间接费用种类的多样化，因此，间接费用的处理成为人们所关注的问题。1889 年英国的诺顿所著《纺织工厂簿记》，主张制造成本与非制造成本分别进行核算。1896 年，英国工厂会计师斯莱特·刘易斯（Slater Lewis）在所编写的《工厂的商业组织》一书中提出间接费用可以在会计期末作为一个单位来处理，其主张将成本分为主要成本和间接费用两大部分，主要成本按产品进行分配，间接费用则直接结转到损益账户。1898 年，英国特许会计师托马斯·贝特斯比（Thomas Battersby）对生产费用进行了分类，将生产费用分成直接费用和间接费用。1901 年，英国管理专家哈米尔顿·丘奇（Hamilton Church）第一个将成本计量放在整个生产过程中考察，对间接费用进行了系统的研究。在工程杂志上发表了六篇有关间接费用分配的文章。从此以后，制造费用被计入产品成本，从而使收入和成本更好地配比。

3. 标准成本设计的提出

1913 年斯科维尔（Scovell）提出，按间接费用分配率计算固定成本，最终导致量本利分析、弹性预算和直接成本计算的产生。这个阶段中预算控制、标准成本、差异分析等技术方法被运用到成本会计中，产生了用于成本控制和分析的标准成本法，即事先制定成本标准，据以进行日常的成本控制和定期的成本分析，使成本会计的职能由成本核算扩展到成本控制和分析。

4. 分批成本法或分步法出现

在这一时期，为适应纺织、冶金行业及装配式生产企业的需要，系统化的分步成本计算法和分批成本计算法相继产生。随后，分批法和分步法被逐渐运用于计算产品成本，完整的成本计算方法体系已趋成熟。

5. 建立材料领发管理办法

这段时期成本会计的主要特点是：对生产过程中消耗的材料、制造费用进行系统的汇集和计算，用来确定产品生产成本和销售成本。

三、成本会计的沉寂期——成本会计体系逐渐形成（1920—1987 年）

该阶段是以科学管理时代的到来为序幕的。第一次世界大战后，为了应付经济萧条，美国广泛地推行泰罗的科学管理方法。当弗雷德里克·温斯洛·泰罗（Frederick Winslow

Taylor，1856—1915）走上美国工业舞台时，正值企业家和管理家所有的小公司向大规模、一体化的企业转变，泰罗推动了这个转变的形成，并以《科学管理原理》一书，开始了以著名的科学管理为特征的系统管理的推广。在该书中，泰罗提出了“以计件工资和标准化工作原理来控制工人生产效率”的思想。随后，美国会计师卡特·哈里逊第一次设计出一套完整的标准成本会计制度，从此使标准成本脱离实验进入了实施阶段。标准成本会计的形成，差异分析和控制预算等基础构建了管理会计的雏形，也标志着成本会计进入一个新的发展阶段。对成本计量来说，管理会计的产生，使成本计量在内涵和外延上都得到了扩展。在以后的五六十年间，成本会计师一直致力于改进成本会计方法。成本计量的发展使得管理会计理论和实践发生了翻天覆地的变化。

至此，成本会计已经形成了包括成本核算、责任成本会计、成本预测、成本决策、损益平衡分析、预算成本、成本控制和成本分析等一系列内容的成本会计体系。

四、多维成本计量模式的出现——成本会计与财务会计的分离（1987 年至今）

进入 20 世纪 80 年代以后，工业社会正在消退，信息化社会正向我们走来，由于企业外界经营环境的巨变，引起现代管理理论与方法的创新，原有的成本会计已呈现出众多“冲突”，成本会计改革呼声骤起，成本会计研究进入了一个“百家争鸣”的时期。成本会计正经历着前所未有的变化。

（一）时代背景

为什么进入 20 世纪下半页以后，特别是 80 年代以后，成本管理系统会面临如此之大困惑呢？从企业所处外部环境的变化可窥见一斑。20 世纪 80 年代以后，随着科学技术的不断进步和经济的不断发展、全球信息网络和全球化市场的形成以及技术变革的加速，企业间的竞争也日益国际化、白热化，企业所面临的社会、经济、制造环境与客户需求也已经发生了巨大的变化。“今天有三种力量，它们或者独立，或者合在一起，正在驱使今天的企业越来越深地陷入令多数大董事和经理惊恐不安的陌生境地。”这三种力量就是顾客(customers)，竞争（competition）和变化（change)，即所谓“3C”。在企业的发展过程中，比利润更重要的是市场份额，比市场份额更具根本意义的是竞争优势，即企业面对市场变化做出反应的能力。

（二）成本会计系统相关性的丧失

20 世纪 80 年代以来，由于企业面临着各种浪潮的冲击，其管理思想和管理方法都发生了巨大的变化，仍停留在 20 世纪 50 年代的成本会计方法已经远远落后了。

1987 年，美国哈佛大学商业管理学院教授罗伯特·卡普兰和托马斯·约翰逊在合著的《相关性已消失：管理会计的兴衰》一书中写道：“就当前企业所处的环境而言，目前企业所采用的成本管理会计系统远远满足不了企业管理的需要，在当今科技飞速发展、国内及全球性竞争日益激烈的时代，伴随着对巨大信息量的需要，成本管理会计系统对于企业的过程控制、产品成本的计算以及对管理人员业绩的评价，已不能及时地提供有用的信息。”“今天的成本管理会计信息是被企业财务报告系统的循环程序牵着鼻子走，落后并歪曲了企业管理者的计划和控制决策的相关性”。该书的出版，拉开了成本管理思想改革的序幕，标志着传统经典的成本管理会计理论和方法将要寿终正寝，新的成本管理会计理论和方法正在新的管理思想和信息技术的推动下构建新的理论体系和框架。1987 年以后，成本会计在沉寂了近 60 年以后进入了“第二个繁荣时期”。

（三）成本会计的理论拓展和实践创新

新经济环境下的管理思想也促进了成本管理理论和方法的变革。如适时制（JIT）、全面质量管理（TQM）、供应链管理（SCM）、基准管理和持续改进、约束理论、目标管理和战略管理理论等。成本会计系统必须要经过重新设计，以支持并促进新管理方法和信息技术在企业中的运用。

近 20 年来会计实务界和理论界都在致力于改革，提出了很多全新的思想。主要体现在：(1) 作业成本法（activity-based costing，ABC）；(2) 流程再造（reengineering）；(3) 全面质量管理（total quality management，TQM）；(4) 标杆竞争与持续改进(benchmarking & continuous improvement)；(5) 约束理论（theory of constraints，TOC）；(6) 大规模定制（mass custermization）；(7) 目标成本法（target costing）；(8) 产品生命周期法（life-cycle costing）；(9) 平衡计分卡（balanced scorecard）；(10) 战略成本管理（Strategy Cost Management）；(11) 环境成本会计。

本章总结

本章对成本会计进行概述。首先，通过对成本的概念和相关术语的学习，我们可以知晓工业企业生产经营中的成本内涵不同于我们生活中的成本概念，这就需要我们了解企业生产经营中的成本概念、相关术语和主要分类。其次，介绍了成本会计对象的狭义内容和广义内容。现代成本会计具有反映、监督和管理的职能，其不同于财务会计和管理会计，但作为会计的一个重要分支，成本会计与财务会计及管理会计有着千丝万缕的联系，其是财务会计与管理会计之间的桥梁，为两者提供所需成本信息。现代成本会计具有反映、管理和监督的职能，其具体内容由成本核算、成本预测、成本决策、成本计划、成本控制、成本分析和成本考核七方面构成。同时，本章还介绍了我国和西方成本会计人员的职业环境和职业道德要求。最后，通过对成本会计产生与发展的历史演进的梳理，我们应学会以历史观来洞察成本成本管理思想的演进，这将有助于我们了解各种成本方法和理念的起源，思索成本管理今后的发展主题和发展方向。

重要概念

成本	成本对象	成本动因	直接成本	间接成本
直接计入成本	间接计入成本	产品成本	期间成本	成本预测
成本决策	成本计划	成本核算	成本控制	

精选案例

1. 戴尔的成本节省之道

得克萨斯奥斯丁戴尔旗舰工厂的日班经理 Shayne Myhand 要做许多的接待工作。他一天要接待四五拨公司的高层或者中层巡视官员，这些官员来此的目的是为了保证这家装配工厂更有效率地运转。

31岁的Myhand每次都走同样的巡视道路，最后他进入显示器车间，在这里，他会摸一摸墙上那枚已经不太光鲜的木制纪念章，那是为了纪念1991年最后3个月，戴尔的个人电脑产量突破49 269台而设立的。他说："供应高峰时，我们将超过这一数字。"说这话时，Myhand脸上带着微笑。Myhand对来访者说，即使在目前的圣诞节时期，一个上午9时达到工厂的订单，他们也能够保证在下午1时让它完成上路。

在戴尔这家世界最大的电脑生产公司之中，企业官员们用Alfred Kinsey劳动强度理论去研究自己的组装流水线。戴尔用视频设备将工作小组的每个组装步骤录像，然后看有没有多余或者浪费的步骤。戴尔工作流程设计师甚至令一件产品不出现一颗多余的螺丝钉，因为，一颗螺丝钉的出现将浪费一台机器大约4秒钟的装配时间。

在戴尔，最能干的工人称为"熟练工"，他们的工作步骤将被摄像机录下来，然后供其他工人学习。

这套流程非常的严格。在美国的经济学家、政客都在为美国的制造业前途担忧的时候，戴尔的举动并不是多余的。这种流程有助于建立起一套标准。Needham & Company公司的分析师Charles R. Wolf说："当每个人都在热衷于外包的时候，戴尔继续在美国进行生产工作，因为，过去的20年，戴尔已经积累了相当精细的经验，他们知道如何廉价、智能地进行生产。在制造方面，戴尔确实处于21世纪的先进水平。"

在美国，除了戴尔，没有哪家电脑厂商进行生产。很久之前，戴尔的头号对手，惠普公司就已经将电脑组装工作外包至第三方，这些厂家多位于亚洲。随后，世界头号PC厂商IBM也步其后尘。IBM 1981年创造了PC市场，不久，IBM宣布将自己的PC部门卖给中国计算机巨头联想公司。戴尔创始人兼主席Michael Dell说："我们的竞争对手已经久不亲自生产电脑了。"

戴尔正相反，他们在美国拥有三家组装工厂，其中两家位于奥斯丁，另外一家在纳什维尔。戴尔的每家组装厂的面积都足有6个足球场那么大。此前，戴尔宣布，他们将开设第四家工厂，据悉，第四家工厂的规模比前三家大两倍。戴尔还在积极谋划第五家工厂。戴尔的首席执行官Kevin Rollins上周三表示，戴尔所有面向美国市场的电脑将在美国境内生产。戴尔笔记本电脑由海外进行组装。

戴尔加大美国的生产力度并不是出于爱国。戴尔的官员透露，他们此举是建立在理性分析的基础之上的。他们认为，让计算机设备更贴近用户将更有效率。

许多分析师对IBM出售个人电脑业务的一个疑问是，位于北京的联想如何在中国以外的地方同戴尔进行较量，这些分析师认为，戴尔可以将自己的产品成本控制得相当的低。

戴尔1998年已经在中国厦门开设了一家工厂，但这家工厂的产品主要销售给亚洲地区的用户。同样，戴尔在爱尔兰工厂生产的产品也主要售往欧洲市场。本月，戴尔宣布，他们可能在欧洲开设第二家工厂。

在另外一个方面，戴尔也是逆世界潮流而动。当越来越多的美国公司将呼叫中心外包给印度时，戴尔却宣布，将在美国的俄克拉荷马开设新的客户服务机构。戴尔在加拿大的Edmonton开设了一家呼叫中心。

戴尔专门负责制造的官员Dick Hunter说："我总是对员工们说，我们在进行成本的赛跑，如果我们在和亚洲等地厂商的成本赛跑中落败的话，我们自己的安全就会有危险了。”

自从 Michael Dell 1984 年开设戴尔公司以来，这家公司取消了中间商，通过电话或者互联网直销等手段向顾客销售价格低廉的个人电脑。戴尔能够继续保持低价电脑市场的一个最主要原因是，它总是想方设法去节省每一分钱。戴尔也许不是我们这个时代的亨利福特，但它一定是高科技行业的沃尔玛。

毫无意外，戴尔工厂是那些尊崇杜绝浪费观念人士的天堂。Needham & Company 公司的 Wolf 说，他参观完戴尔工厂后的感受是“震惊与敬畏”。

2000 年，当戴尔这家工厂才开工的时候，工厂里的设备没有超过 10 英尺高的，4 年之后，这家工厂使用三层传送带，40 英尺高的设备到处都是，成百的员工遍布于流水线旁。当机器组装完毕，传送带会将它们运送至发货区域。在这里，电脑被装箱、运输，大型卡车每 30 分钟会满载着戴尔电脑离开。

10 几年前，戴尔会保持大约 30 天的部件库存期，像外壳、主板、处理器等部件，而现在，戴尔的奥斯丁工厂再没有任何库房，戴尔要求供货商在 90 分钟之内能够提供 8～10 天的部件供应，事实上，戴尔 48 支卡车运输车队就是它的库房。Myhand 说：“如果送货的卡车晚来 4 分钟，那么我们的整个生产线就会停下来等待。”

从技术角度讲，库存最小化极大地节省了戴尔的成本，这还意味着，当戴尔进行产品转型时，他们不需要对旧部件进行消化。

这种模式却给戴尔的供应商带来了巨大的负担，有人将戴尔比成是沃尔玛，虽然它的采购量巨大，但供货商却失去了价格、条件以及送货等协商余地。

虽然涉足打印机业务的时间还不长，但戴尔在这方面的成绩却令人刮目相看。

10 月，戴尔又推出了 42 英寸高清晰等离子电视，其售价大约为 2 000 美元，比其他竞争对手的产品价格要低。

研发是戴尔保持成本的一个途径。戴尔将 2%的收入投入研发之中，这一数字远远低于其竞争对手。戴尔创新的重点主要集中在产品如何生产、包装以及如何进行市场营销，而不是在产品本身的改进上面。Rollins 说，戴尔的竞争对手将收入的 5%～6%花在研发上面，但戴尔的研发模式与众不同。

要求：阅读上述资料，讨论戴尔公司发展过程中对成本控制所采取了哪些策略，给我们哪些启示？

2. 戴尔公司如何能保持其辉煌

戴尔是 20 世纪 90 年代最成功的公司之一。1995—2000 年，它的股价大大超过主要竞争对手惠普、IBM、康柏、英特尔和思科。首席执行官 Michael Dell 是《商业周刊》1999 年度最佳管理者。戴尔在公司业绩的各个方面都取得成功：利润增长，股价上涨，经营效率与速度和服务十分成功。这些胜利为公司带来了巨大收益，在两年内销量翻番。股价在整个 90 年代都以 100%的速度递增——是 10 年内表现最好的股票！然而，2000—2001 年戴尔风光不再，但是它主要的盈利指标仍然保持强劲增长。譬如，销售增长率仍然持在 30%或更高，这是一个令许多公司欣喜的业绩，但在截至 2000 年 7 月底的季度中，戴尔的销量增长速度下跌至行业平均水平，这可能是因为戴尔过于依赖有下滑迹象的个人电脑市场。戴尔也许需要重新考虑某些战略——新的商务领域可能包括戴尔原来放弃的家用个人电脑的低端市场；另外，它的海外销售额占总销售额的比重较低，与其他海外销售额占总销售额50%的个人电脑生产商相比相形见绌。（有关戴尔的最新财务信息，请见 http://yaho market. guide. com/）

问题：戴尔应该怎么做——继续维持在个人脑邮购市场上的优势地位，还是寻求新的战略发展？本章的哪些成本管理理念能够帮助戴尔？你还能从成本管理的角度想到其他潜在的战略改变吗？

思考练习题

（一）讨论题

1. 说明成本会计、财务会计及管理会计各自的目标、特征及相互之间的关联。

2. 区别直接成本与间接成本，直接计入成本与间接计入成本。

3. 阐述成本会计产生、发展的基本历程和趋势，讲述各时期成本会计思想形成的历程及标志性成果。

（二）单选题

1. 下列各项中不应计入产品成本的是（　　）。

A. 企业行政管理部门用资产的折旧费用　　B. 车间厂房的折旧费用
C. 车间生产用设备的折旧费用　　D. 车间辅助人员的工资

2. 下列各项中应计入制造费用的是（　　）。

A. 构成产品实体的原材料　　B. 产品生产工人工资
C. 车间管理人员工资　　D. 生产工艺用燃料

3. 成本会计最基本的职能是（　　）。

A. 进行成本预测，编制成本计划
B. 进行成本核算，提供实际成本的核算资料
C. 审核和控制各项费用的支出
D. 进行成本分析和考核

4. 下列各项中，属于销售费用支出的是（　　）。

A. 利息支出　　B. 广告费支出
C. 购买材料的运杂费　　D. 偿还应付款

（三）多选题

1. 下列各项中属于直接生产费用的（　　）。

A. 产品生产工人的工资及福利费　　B. 机器设备的折旧费
C. 车间厂房的折旧费　　D. 几种产品共同消耗的原材料费用
E. 车间机物料消耗　　F. 辅助生产工人工资及福利费

2. 下列各项中属于直接计入费用的有（　　）。

A. 几种产品共同负担的制造费用　　B. 一种产品负担的辅助材料费用
C. 生产工人计件工资　　D. 直接材料费用
E. 能够分清用于哪种产品生产的直接生产费用和间接生产费用

3. 成本会计的职能包括（　　）。

A. 成本预测、决策　　B. 成本核算、分析

C. 成本计划　　　　D. 成本控制

E. 成本考核

（四）判断题

1. 用于几种产品生产共同消耗，构成产品实体的材料费用，可以直接计入各种产品成本。（　）

2. 企业发生的其他费用支出，如差旅费、办公费、水电费等，应该计入产品成本。（　）

3. 成本是为一定目的而发生的耗费，是对象化的耗费。（　）

4. 企业的各项支出就是成本和费用。（　）

5. 成本会计是工业化的产物。（　）

6. 成本会计是对外提供会计信息的一种会计方法。（　）

7. 成本预测是成本决策的基础。（　）

8. 成本会计不受公认会计准则的约束。（　）

CHAPTER

2 第二章 成本、费用核算的基本原理和一般程序

本章概要

本章主要介绍成本核算的要求，成本、费用的分类，及成本核算的一般程序。

通过本章的学习，要求理解成本费用核算的基本要求，产品成本核算的程序和各个步骤的内容。产品成本和期间费用的核算是成本会计的基础工作，成本、费用的核算要满足企业管理的需要，要正确划分成本和费用的界限；结合企业生产经营的特点，设置有关的账户，掌握有关账户核算的内容和账户用途，熟悉和掌握成本核算的一般程序。

第一节　成本核算的基本要求

产品成本、费用核算是成本会计的基础工作，是企业现代成本管理工作的主要组成内容。成本、费用核算正确与否，不仅会直接影响到成本、费用的预测与决策，还会影响成本计划、控制、分析和考核等成本会计诸多方面工作的质量，而且成本计算的结果也直接影响着企业当期和以后期间的损益计算，影响企业经营决策的正确性。

成本、费用核算的过程，既是对企业生产经营过程中各种耗费的发生进行归集和分配的过程，也是为了满足企业成本管理所需的信息反馈的过程和对企业成本、费用计划（预算）的实施与进行调整的过程，同时也对企业经营决策目标的实现起着重要的作用。因此，在成本、费用核算工作中应注意贯彻以下几项要求。

一、成本、费用核算与成本管理相结合

成本、费用核算应根据成本的定义，对企业的各项费用进行审核和控制，对有关开支计划进行事前审核，确定其是否应该支出。对于已经发生的支出，审核其支出的合理性以及费用支出的属性，审核其是否应计入生产经营管理费用。应计入生产经营管理费用的，审核其是否应计入产品成本。

在审核中，首先应对不合理、不合法、不利于提高经济效益的超支、浪费或损失严格

加以制止。如果已经发生，要追究有关部门和人员的责任，采取措施以杜绝再发生此类情况；对于定额或计划脱离实际情况而形成的差异，要按规定程序进行修订。

其次，要对已经发生并应计入企业生产经营管理费用的耗费进行归集。生产费用要按产品进行归集，计算各种产品成本，以便为产品成本的定期分析和考核、进一步挖掘降低成本的潜力提供数据。经营管理费用按相应期间进行归集，并直接计入当期损益。成本、费用核算既不能为算而算，搞繁琐哲学；也不能过于简化，应遵循满足企业生产经营管理需要的原则。

二、正确划分各种费用界限

为了正确地核算产品生产成本和企业损益，企业对生产费用和经营管理费用的核算必须正确划分以下五个方面的费用界限。

（一）正确划分应计入成本、费用与不应计入成本、费用的界限

企业的经济活动是多方面的，除了生产经营活动之外，还有诸如投资等其他方面的经济活动。因而，企业发生的费用其用途也是多方面的，并非都计入产品成本和期间费用。企业发生的各项支出，应该按其用途的不同，确定哪些应计入产品成本和期间费用，哪些不应计入产品成本和期间费用。只有用于产品生产和销售、用于组织和管理生产经营活动以及用于筹集生产经营资金的各种费用，即为取得当期收益而发生的支出，才能计入产品成本和期间费用。对于资本性支出或不是由于企业日常生产经营活动而发生的费用，则不应计入产品成本和期间费用。例如，企业购置和建造固定资产、无形资产和其他资产的支出，对外投资的支出，企业固定资产盘亏损失和清理损失，非正常原因造成的停工损失，自然灾害造成的损失，以及罚款支出和捐赠支出等都不应计入产品成本和期间费用。

（二）正确划分各月的费用界限

企业发生的一些支出，有些属于应由本期产品成本或费用负担的，有些则不应该由本期成本或费用负担。例如，本年度支付的下年度的财产保险费用，尽管是在本年度支付，但这笔费用应该计入下年度的费用。再如，上年度（或上月）应该负担的费用，本月支付。这种情况下，为正确计算各期的成本和费用，正确计算各期的损益，属于本期的费用，不管是否有货币支出，都应该计入本期的成本和费用；不属于本期的费用，尽管在本期发生货币支出，也不应该计入本期的成本和费用。而通过设置有关的账户，按照权责发生制的原则进行调整处理。为了满足这一要求，首先，本月发生的费用，要全部在本月记账，不应延至下月记账，也不应提前结账。对应由本月和以后月份成本、费用负担的待摊费用或预提费用，根据费用的受益期限，分别由本月和以后月份的成本、费用合理负担，以便真实反映各月成本、费用水平，防止利用待摊和预提方法人为地调节各月成本、费用的高低。正确划分各月费用界限，是正确计算各月产品成本、期间费用的基础。

（三）正确划分产品费用和期间费用的界限

生产经营的费用，包括应计入产品成本的费用和构成期间费用的费用，两者之间必须划清界限。其中，直接材料费用、直接工资费用、制造费用等为生产产品而发生的费用，应计入产品生产成本，随着产品的陆续销售实现收入，其销售成本才得以补偿。销售费用、管理费用和财务费用与一定期间相联系，期间费用应直接计入当期损益，通过收入一次全部得到补偿。正确划分产品费用和期间费用的界限，是保证正确计算产品成本和核算

各期损益的基础。

（四）正确划分各种产品的费用界限

为了分析和考核各种产品成本计划或成本定额的执行情况，应该分别计算各种产品的成本。为此，应该对计入本月产品成本的生产费用在各种产品之间进行划分。属于某种产品单独发生、能够直接计入该种产品成本的生产费用，应该直接计入该种产品成本；属于几种产品共同发生，不能直接计入某种产品成本的生产费用，则应采用合理的分配方法，分配计入这几种产品的成本。

（五）正确划分完工产品和在产品的费用界限

通过以上费用界限的划分，确定了各种产品本月应负担的生产费用。月末，对于既有完工产品，又有在产品的产品，就需要采用适当的分配方法，将各成本项目的费用在完工产品和在产品之间进行分配，分别计算出完工产品应负担的费用和在产品应负担的费用。为了划清这一费用界限，首先要正确计算完工产品与在产品的数量，然后在数量计算的基础上进行费用的分配，要防止任意多留或少留在产品成本，人为调节当月完工产品成本的错误做法。能否正确划分上述几个方面的费用界限，是保证成本、费用核算正确与否的关键，也是检查和评价成本、费用核算工作是否正确合理的重要标准。实际上，成本、费用核算的过程，也就是正确划分这几个方面费用界限的过程。

三、正确确定财产物资的计价和价值结转的方法

制造业拥有的财产物资，绝大部分是生产资料。它们的价值要随着生产经营过程中的耗费，转移到产品成本和期间费用中。因此，这些财产物资计价和价值结转的方法，也会影响成本和费用。其中，与固定资产有关的有：固定资产原值确定方法、折旧方法、折旧率的种类和高低等；与流动资产有关的有：原材料成本的组成内容，在实际成本计价的情况下，发出材料单价的确定方法、在计划成本计价情况下材料成本差异率的分类等都会对产品成本计算产生影响。为了正确计算成本和费用，对于这些财产物资的计价和价值结转方法都应既合理又简便。国家有统一规定的，应采用统一规定的方法。在可选择的若干方法中，企业一经选择了某种方法，要保持相对稳定性，不得随意改变，以防止人为地调节成本和费用的错误做法。

四、加强成本核算的基础工作

为了进行成本审核和控制，正确计算产品成本和经营管理费用，还必须做好以下各项基础工作。

（一）科学地制定各种消耗定额，加强定额管理

对企业的原材料、燃料、动力以及工时制定合理的定额，能够为编制成本计划，加强成本核算和分析提供重要的依据，促使企业有效地使用人力、物力和财力等资源。在定额制定以后，要经常分析其执行情况，同时，根据企业设备条件和技术水平的变化情况，充分考虑职工的积极因素，及时对现有各项定额进行合理的修订，使之具有先进性和可行性，充分发挥定额的作用。

（二）建立和健全原始记录

原始记录是对企业生产经营活动的具体事项所做的最初记载，是编制成本计划，进行

成本核算，分析消耗定额和成本计划完成情况的依据。为此，应该制定既符合各方面管理需要，又符合成本核算要求；既科学又易行，讲求实效的原始记录制度。做好原始记录的登记、传递、审核和保管工作，以便正确、及时地为成本核算和其他有关方面提供所需原始资料。

（三）严格财产物资的计量验收工作

企业在生产经营活动过程中，发生的原材料的收发、领退，在产品、半成品的内部转移以及产成品入库等，必须经过严格的计量、验收，办理必要的凭证交接手续，才能成为成本计算的正确依据。因此，企业的计量器具应配备齐全，并定期维护与调试，保证成本核算的真实性。

（四）根据企业的生产特点和管理要求，确定所应采用的产品成本计算方法

产品成本是在生产过程中形成的。生产工艺的不同特点和要求以及不同的生产组织方式，对产品成本的计算有着不同的要求，因此，产品成本的成本计算，要根据企业的生产特点和管理的要求，采用不同的产品成本计算方法。

第二节　成本、费用的分类

成本、费用的核算过程，既是对生产经营过程中各种耗费发生进行归类反映的过程，也是为满足企业管理要求进行信息反馈的过程，同时，还是对成本计划的实施进行检验和控制的过程。因此，在成本核算过程中，除了遵循会计核算原则外，还应对成本进行合理的分类以及正确划分各种费用界限。

由于“成本是一种耗费”，因此成本与费用有着密切关系；而费用又与支出有关。因此，要深刻理解成本会计的对象，就必须对支出、费用、成本之间的关系有明确的认识。支出、费用、成本是三个关系极为密切的概念，做好成本核算工作应把握好这三者之间的关系和分类。

一、支出的类别

支出是指企业在经济活动中发生的一切开支与耗费。一般而言，企业的支出可分为资本性支出、收益性支出、所得税支出、营业外支出和利润分配支出五大类。

资本性支出是指该支出的发生不仅与本期收入有关，也与其他会计期间的收入有关，而且主要是为以后各期的收入取得而发生的支出。如企业购建固定资产、无形资产以及递延资产、对外投资等。

收益性支出是指一项支出的发生仅与本期收益的取得有关，因而，它直接冲减当期收益，如企业为生产经营而发生的材料、工资等开支。

所得税支出是指企业在取得经营所得与其他所得的情况下，按税法规定向政府缴纳的税金支出。所得税支出作为企业的一项费用，也直接冲减当期收益。

营业外支出是指与企业的生产经营业务没有直接联系的支出，如企业支付的罚款、违约金、赔偿金以及非常损失等。这些支出尽管与企业生产经营活动没有直接联系，但是与其他收入的取得还是有关系的，因而它也被作为当期损益的扣减要素。

利润分配支出是指在利润分配环节的开支，如支付股利等。

二、费用的分类

费用是指企业在获取收入的过程中，对企业拥有或控制的资产的耗费。产品成本是对象化的费用集合。因此，为了正确计算产品成本，科学地进行成本管理，必须对企业的费用进行合理的分类。工业企业的费用一般有如下两种分类方法。

（一）按费用的经济内容或经济性质分类

工业企业发生的各种费用按其经济内容（或性质）划分，主要有劳动对象方面费用、劳动手段方面费用和活动劳动方面费用三大类。这三大类构成工业企业费用的三大要素。为了具体地反映工业企业各种费用的构成和水平，还可在此基础上进一步划分为以下九个费用要素：

（1）外购材料：指企业耗用的一切从外部购进的原料及主要材料、半成品、辅助材料、包装物、修理用备件和低值易耗品等。

（2）外购燃料：指企业耗用的一切从外部购进的各种燃料，包括固体、液体、气体燃料。从理论上说，外购燃料应该包括在外购材料中。但由于燃料是重要能源，需要单独考核，因而单独列作一个要素进行核算。

（3）外购动力：指企业耗用的从外部购进的各种动力。

（4）职工薪酬：指企业应计入生产费用的职工工资、福利费等应付的职工薪酬。

（5）折旧费：指企业按照规定计算的固定资产折旧费用。

（6）修理费用：指企业为修理固定资产而发生的支出。

（7）利息费用：指企业的借款利息费用减去利息收入后的净额。

（8）税金：指企业应缴纳的各种税金，包括房产税、车船税、印花税和土地使用税等。

（9）其他费用：指不属于以上各要素的费用，如邮电费、差旅费、租赁费和外部加工费等。

上述费用要素反映的费用，称为要素费用。按照要素费用分类核算工业企业费用的作用在于：可以反映工业企业在一定时期内共发生了哪些费用，数额各是多少，据以分析各个时期各种费用的结构和水平；可以反映外购材料和燃料费用以及职工工资的实际支出，因而为编制企业的材料采购资金计划和劳动工资计划提供资料；可以为企业核定储备资金定额和考核储备资金周转速度，提供资料；可以划分物质消耗和非物质消耗，为计算工业净产值和国民收入提供资料。

这种分类核算的不足之处是：不能反映各种费用的经济用途，因而不便于分析这些费用的支出是否节约、合理。因此，对于工业企业的这些费用，还必须按其经济用途进行分类。

（二）按费用的经济用途分类

工业企业各种费用按其经济用途，可分为计入产品成本的生产费用和不计入产品成本的生产费用。计入产品成本的生产费用按其用途不同，还可进一步划分为若干个项目。这些项目作为产品成本的构成内容，会计上称为成本项目。成本项目的内容，具体可分为直接材料、直接燃料、直接动力、直接人工、制造费用、废品损失、停工损失等。但根据生产特点和管理要求，企业一般可简化设立如下三个成本项目：

(1) 直接材料：指直接用于产品生产，构成产品实体的原材料、主要材料、燃料以及有助于产品形成的辅助材料等。

(2) 直接人工：指直接从事产品生产人员的工资以及福利费等薪酬。

(3) 制造费用：指直接或间接用于产品生产，但不便于直接计入产品成本，因而没有专设为成本项目的费用。这些费用是企业内部各生产单位为组织和管理生产所发生的。它包括的主要内容将在以后章节阐述，这里从略。

企业为了使设置的成本项目更好地适应管理要求，可对上述成本项目进行适当调整，如将“燃料及动力”单设一成本项目等。但在确定或调整成本项目时，应注意考虑以下几个问题：

(1) 费用在管理上有无单列的必要。

(2) 费用在产品成本中所占比重的大小。

(3) 为某种费用专设成本项目所增加的核算工作量的大小。

在计入产品成本的生产费用中，凡能分清哪种产品所耗用的、能直接计入某种产品成本的费用，称为直接计入费用，简称为直接费用，如生产甲产品领用A材料10万元等。不能分清由哪种产品耗用，因而在费用发生时不能直接计入某种产品成本而必须按照一定标准分配计入各种成本的费用，称为间接计入费用，简称为间接费用，如机物料消耗、厂房折旧费等。

直接生产费用大多是直接计入费用；间接生产费用大多是间接计入费用。但并不是绝对的，如在生产一种产品的生产单位中，直接生产费用和间接生产费用都可以直接计入该种产品成本，因而都是直接计入费用；而在用同一种材料同时生产几种产品的关联产品生产单位中，直接生产费用和间接生产费用都不能直接计入某种产品成本，因而都是间接计入费用。不计入产品成本的间接费用，包括销售费用、管理费用和财务费用。这三种费用的内容在财务会计中已作了说明，这里不再重述。

费用按经济用途分类，可以促使企业按经济用途考核各项费用定额或计划的执行情况，分析费用支出是否合理节约；同时，也是企业按照费用发生的对象进行成本计量的基础。

三、成本的分类

成本按照不同的目的、不同的标准可以划分为以下几种类型。

（一）按照特定成本对象的关系划分

成本按照特定成本对象的关系可以分为直接成本和间接成本。

1. 直接成本

直接成本是指与某一特定成本对象（如产品、劳务、批次以及加工步骤或部门）之间具有直接联系，按照特定标准将其直接归属于该对象的成本，如直接材料、直接人工等。由于直接成本可直接归属于某一特定成本对象，因此又称为可追溯成本。

2. 间接成本

间接成本与直接成本不同，其与某一特定成本对象之间没有直接的联系，而是与许多成本对象都有联系，必须选择适当的标准在各成本对象之间进行分配，如那些不能直接归属的制造费用等，只有经过合理分配才能归属于某一特定成本对象，故又称为共同成本。

需要注意的是，某一成本到底属于直接成本还是间接成本，常常是不固定的。例如，制造部门管理人员的工资对该部门来说是直接成本，但对该部门生产的某种产品来说却是间接成本，所以我们区分直接成本、间接成本时一定要把它们与特定的成本对象联系起来。

将成本划分为直接成本和间接成本，有助于正确计算产品成本。直接成本是必须根据原始凭证直接计入该种成本计算对象的成本，而间接成本则首先要按照一定的要求选择适当的分配标准，然后将其分配给相关的成本计算对象。分配标准是否恰当，将直接影响成本计算的准确性。

（二）按成本习性分类

成本习性是指成本总额与业务量之间的依存关系。这里的业务量可以是产量或销量，也可以是反映工作量的人工小时或机器工时等。成本按成本习性可分为变动成本、固定成本和混合成本。

1. 变动成本

变动成本是指成本总额随着业务量的变动而成正比例变动的成本，而单位变动成本则是固定不变的。变动成本总额包括变动生产成本、变动管理费用、变动销售费用等，其中变动生产成本包括直接材料、直接人工、其他直接支出和变动制造费用等。

2. 固定成本

固定成本是指在一定时间和范围内其成本总额保持固定不变的成本，但单位固定成本则随业务量的增减变动而成反比例变动。固定成本总额包括固定制造费用、固定管理费用、固定销售费用等。根据形成的原因，固定成本可进一步划分为约束性固定成本和酌量性固定成本。约束性固定成本（也称经营能力成本），是指同企业生产经营能力的形成及其正常运行相联系的固定成本，具体是指厂房、设备和关键人员的成本，包括折旧、租金、保险费、财产税和关键人员的工资与福利等。这些成本取决于企业的长期计划、长期资本预算、长期生产和市场决策，一般不会改变，即使在企业业务萧条等严重困难时期也不会减少。酌量性固定成本（又称随意性固定成本），是指企业根据经营方针，由企业高层管理者确定的一定时期内的预算额而形成的固定成本，包括研究和开发成本、广告费、推销费和职工培训等。在不影响企业正常经营的情况下，可根据实际情况酌量增减。

需要注意的是，只有在业务活动相关范围内，成本关系才是有效的，在超过业务活动范围不多时，成本是固定的，而超过范围较大时就有可能增加。

3. 混合成本

混合成本是指其虽受业务量变动的影响，但其变动幅度并不与业务量的变动保持严格比例的成本。即混合成本兼有变动成本和固定成本的特性，可进一步划分为半变动成本和阶梯式成本（半固定成本）。

所谓半变动成本，是指这种成本通常有一个初始量，相当于固定成本，在此基础上，随着业务量增加而相应增加，又类似变动成本，如电话费、电费等。

所谓阶梯式成本，是指业务量在一定范围内增长，其发生额固定不变，当业务量增长超过一定限度后，该成本就会跳跃上升到一个新的水平，然后在新业务量的一定范围内又保持不变，直到出现新的跳跃。

成本按成本习性分类，反映了成本的高低与生产经营业务量之间的关系，从而为成本的预测、决策、分析和考核提供了基础资料。

（三）按相关性分类

成本按是否与特定决策相关可分为相关成本和不相关成本。

1. 相关成本

相关成本是指与某一特定决策相关的成本，是决策时必须加以考虑的未来成本。例如，当决定是否引进一条新的生产线时，引进该条生产线所需发生的各种费用就是相关成本。相关成本取决于决策，随决策的变化而变化，如付现成本、重置成本、差量成本、机会成本、边际成本、专属成本、可避免成本、可分成本等。这些成本一般不必记录在凭证和账簿上，但是在企业进行决策时，必须对它们进行认真研究，从而达到有效地对各个备选方案进行比较和选择的目的，否则就可能造成决策上的失误。

2. 不相关成本

不相关成本是指与特定决策不相关的成本，决策时可不予考虑。不相关成本常指过去已经发生，或虽未发生但对未来决策没有影响的成本。例如，当决定是否引进一条新的生产线时，原有的固定成本就属于不相关成本，因为即使不引进这条新的生产线，这些固定成本照样发生，即不相关成本对决策不具有影响。常见的不相关成本有沉没成本、原始成本、共同成本、不可避免成本、联合成本等。另外，在决策过程中，凡是项目一致、金额相同、为各个备选方案所共同拥有的未来成本，也属于不相关成本。

以下是对与制定决策相关或无关的各种成本概念的解释。

按照成本的实效性可划分为：（1）沉没成本，是指已经发生、不可能改变的成本，又称"旁置成本"或"历史成本"；（2）重置成本，是指目前从市场上购买同一项资产所需支付的成本，其中净重置成本是指购买新旧程度完全一样的资产所需支付的成本，而完全重置成本是指购买一个全新的资产所需支付的成本。

按照成本的差异性可划分为：（1）差量成本，是指对两种不同的方案只考虑成本不同的部分，不考虑成本相同的部分，又称"差别成本"或"差额成本"；（2）边际成本，是指在现有的基础上每增加单位产品使总成本增加的部分。

按照成本的排他性可划分为：（1）机会成本，本质上是一种未得到的收益，又称"择机成本"；（2）实支成本，即实际支付的成本，其与付现成本的区别是实支成本不一定当期付现，付现成本是当期付现。

按照成本的可避性可划分为：（1）可避免成本，是指企业的管理当局能够改变其发生额的成本；（2）不可避免成本，是指企业的管理当局不能改变其发生额的成本，如折旧、租金。

按照成本的可递延性可划分为：（1）可递延成本，是指能够推迟发生的成本，如拖延发放工人工资等，又称"可延缓成本"；（2）不可递延成本，是指不能推迟发生的成本，如租金等，又称"不可延缓成本"。

按照成本的可溯性可划分为：（1）专属成本，是指可明确归属于某种、某批或某个部门的成本，又称"特定成本"；（2）共同成本，是指需由几种、几批产品或几个有关部门共同分担的成本。

按照成本的可分性可划分为：（1）联合成本，是指联产品或半成品在进一步加工前所发生的成本（联产品是指在同一生产过程中以相同原料同时生产出来的几种主要产品）；(2) 可分成本，是指联产品或半成品在进一步加工阶段所需追加的成本。

决策时一定要区分相关成本和不相关成本，减少不必要的浪费，把重心放在收集和分析相关成本上。

(四) 按可控性分类

成本按可控性分为可控成本和不可控成本。

1. 可控成本

可控成本是指能由一个责任单位（包括部门、生产车间、工段、班组等）或个人在职责范围内加以调节、掌握和控制，受其工作好坏所影响的成本。

2. 不可控成本

不可控成本是指不能由一个责任单位或个人在职责范围内加以调节、掌握和控制，不受其工作好坏所影响的成本。

需要注意的是，首先，成本是否可控并不是固定针对某一项目而言，而必须与同一个具体责任单位或个人的职责联系起来。某项成本对某一责任单位或个人来说是不可控成本，但对另一个责任单位或个人来说则可能是可控成本。例如，机器的保险费，对车间主管人员来说是不可控成本，而对企业负责保险事务的主管人员来说则可能是可控成本。其次，理解成本可控性还必须同成本发生的时间联系进行考察。例如，在产品设计阶段、成本的决策和计划阶段，成本尚未发生，基本上都是可控的；在产品生产过程中，产品成本只是部分可控；而在产品完工后，成本已基本形成，也就无所谓可控不可控了。所以，事前控制应作为成本控制的重点。

成本按其可控性分类，反映了成本的发生水平与责任单位或个人之间的关系，为明确经济责任、加强成本控制和成本考核提供了基础。这样，可以促使各成本责任单位增强成本意识，积极采取有效措施，不断降低可控成本。

此外，成本还可以按其他标志进一步加以分类，如按照因果关系分为作业成本和非作业成本，按照与环境的关系分为环境成本、质量成本和社会成本等。这些成本的概念将在以后的章节中加以介绍，这里不展开。

四、支出、费用与成本的关系

(一) 费用以及费用与支出的关系

企业在生产经营活动中，为获取营业收入需要提供商品或劳务，会发生各种耗费，如原材料、动力、机器设备和人工耗费等。这些耗费或为制造产品而发生，或为实现产品销售而发生，或为以后确定的期间取得收入等而发生。费用按其同产品生产的关系，可划分为生产费用和期间费用两类。生产费用是指产品生产过程中发生的物化劳动和活动劳动的货币表现，如直接材料、直接人工和制造费用等耗费，它同产品生产有直接关系。期间费用是指同企业的经营管理活动有密切关系的耗费。它与产品生产没有直接关系，但与发生的期间配比，作为当期收益的扣减，如销售费用、管理费用、财务费用等。

费用是企业支出的构成部分。在企业支出中，凡是同企业的生产经营有关的部分，即可表现或转化为费用；否则，不能列为费用。例如，企业用于购建固定资产、无形资产、其他资产及购买材料等与生产经营有关的支出，就能表现或转化为费用；而像长期的投资支出、利润分配性支出以及营业外支出等，因同企业的生产经营活动没有直接的关系，所以不能视作费用。

（二）生产费用与产品成本的关系

生产费用和产品成本是两个既相互联系又相互区别的概念。生产费用按一定的产品加以归集和汇总，就是产品成本。所以，生产费用是产品成本的基础，而产品成本则是反映某一时期内某种产品所应承担的费用。根据权责发生制原则，企业某一时期发生的生产费用与归属产品的期间并不完全一致。所以，企业某一会计期间实际发生的生产费用总和，不一定会等于该期产品成本的总和。

工业企业的支出、费用、产品成本之间的关系如图 2-1 所示。

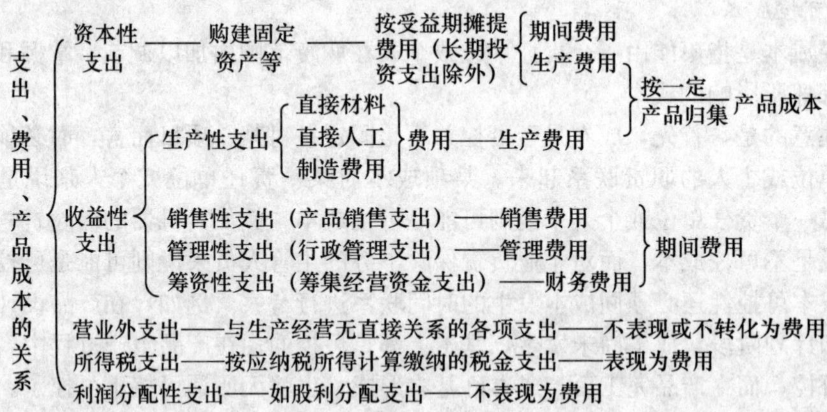

图 2-1 支出、费用与产品成本的关系

第三节 成本核算的一般程序

一、成本核算的账户设置

无论采用哪一种成本计算方法，都有赖于一定的账户以归集生产费用和计算产品成本，都要分设成本项目以反映产品成本的构成。

（一）成本核算的总分类账户

成本核算的总分类账户的设置，要既能总括核算和监督各项成本费用的发生情况，又有利于实行全面经济核算，正确计算产品成本。进行产品成本核算应设置的总分类账户主要有“生产成本”账户和“制造费用”账户。

（1）“生产成本”账户，用来核算企业各种工业产品（包括产成品、自制半成品、工业性劳务等）、自制材料、自制工具及自制设备等所发生的各项费用。该账户属于成本类账户。企业发生的各项生产费用，能够确认为某一成本计算对象的，即直接材料、直接人工和其他直接费用，应记入该账户的借方；不能直接计入成本计算对象的间接费用，应先通过“制造费用”等账户归集，然后按一定标准分配后转入该账户的借方；制造完成并验收入库的产成品、自制半成品等的实际成本，以及提供劳务的实际成本，应记入该账户的贷方。该账户的月末借方余额表示尚未加工完成的各项在产品的成本。该账户应设置“基本生产成本”和“辅助生产成本”两个二级账户。企业发生的各种生产费用，应按成本核算对象和成本项目分别归集。属于直接材料、直接人工等直接费用，直接记入“基本生产成本”；属于企业辅助生产车间为生产产品提供动力等直接费用，应在“辅助生产成本”明细账户核算后，再转入“基本生产成本”明细账户；其他间接费用先在“制造费用”以及其他相关账户汇集，月份终了再按一定的标准，分配记入“基本生产成本”明细账户的借方。

企业根据管理要求，一般可以将“基本生产成本”和“辅助生产成本”两个二级账户，分别作为一级账户用以核算企业基本生产车间和动力、修理、运输等辅助生产车间所发生的生产费用。

(2)“制造费用”账户，用来核算企业为生产产品和提供劳务而发生的各项间接费用。该账户属于成本类账户，借方登记各车间、部门制造费用的发生额；贷方登记按企业成本核算办法的规定，分配记入“基本生产成本”、“辅助生产成本”账户借方的制造费用额。除季节性生产企业外，该账户月末一般应无余额。“制造费用”账户应按不同的车间、部门设置明细账，进行明细核算。

(二) 成本核算的明细分类账户

成本的总分类账户提供了生产费用的总括核算资料，为了反映生产费用发生的详细情况并计算各种产品、各批产品或各步骤产品的成本，还必须设置有关的明细账。

(1) 基本生产成本明细账，又称产品成本明细账，是按照产品成本计算对象设置，单独按成本项目设置专栏，以便归集各成本计算对象所发生的各项生产费用，用以计算产品总成本、单位成本和期末在产品成本。产品成本明细账应根据有关原始凭证和各种费用分配表，如材料、工资、燃料、动力等费用分配表和间接制造费用分配表等进行登记。

基本生产成本明细账的具体格式因产品成本计算方法和成本核算组织形式的不同而有所区别，一般都采用多栏式，按照成本项目设置专栏，其格式如表 2-1 所示。也可以采用成本计算单（卡）的形式替代基本生产成本明细账，其格式如表 2-2 所示。

表 2-1　　　　生产成本明细账

生产车间或步骤：　　　　年　月　　　　产品名称或批别：

年		凭证字号	摘要	成本项目				合计
月	日			直接材料	直接人工	制造费用	…	

表 2-2　　　　产品（或劳务）成本计算单

产品（或劳务）名称：　　　　××年×月　　　　单位：元

项目	月初在产品费用	本月生产费用	生产费用合计	完工产品成本	月末在产品成本
直接材料	4 000	6 000	10 000	6 500	3 500
燃料和动力费	1 000	3 000	4 000	2 500	1 500
直接人工	2 000	4 500	6 500	4 000	2 500
制造费用	1 500	2 500	4 000	2 800	1 200
合计	8 500	16 000	24 500	15 800	8 700

在提供总括资料的“基本生产成本”账户和按产品品种、批别、加工步骤等设置的生产成本明细账之间，企业还可根据产品生产的特点和成本管理的需要，设置基本生产成本的二级明细账，按成本项目汇总反映各类产品、各批别产品的成本，作为核对有关账簿记录的依据。若按车间和成本项目设置生产成本二级账，还可配合车间经济核算，为考核和分析各车间的产品总成本提供资料。

（2）制造费用明细账。是按车间、部门分别设置，账内按费用项目设专栏，根据有关的原始凭证和材料、工资、燃料、动力、固定资产折旧等费用分配表归集各车间、部门为组织和管理生产所发生的各项费用，月末汇总全部发生额后分配结转。制造费用的明细项目，应结合企业的具体情况和成本管理的需要，以有利于成本分析和考核为原则进行设置。制造费用明细账通常也采用多栏式的格式，具体格式如表 2-3 所示。

表 2-3　制造费用明细账

车间或部门：　　　　　　年　月

年		凭证字号	摘要	成本项目								合计
月	日			工资	折旧费	修理费	物料消耗	水电费	运输费	值易耗品摊销	…	

二、产品成本核算的一般程序

成本核算就是指生产费用计入产品成本的过程。在这个过程中，耗用的原材料、燃料和动力，发生的工资，计提的折旧费等生产费用，有的直接计入产品成本，有的通过一定程序归集后，再按一定标准分配计入产品成本；月终，有的产品完工，有的没有完工，要将产品成本在完工产品和在产品之间进行划分以确定产成品成本和在产品成本，完工产品要从生产过程转入仓库。由于生产费用和产品之间的特定关系，在计算具体的产品成本时，就必须对各项生产费用作出具体分析，设置不同账户分别归集，并在归集的基础上进行分配，最终形成完工产品的成本。将生产费用计入产品成本的过程一般要经过以下几个步骤：

（1）对所发生的生产费用进行审核，在此基础上确定应计入产品成本的费用和应计入各项期间费用的数额。

（2）将应计入产品成本的各项生产费用区分为直接材料、直接人工和制造费用，对直接材料、直接人工及可直接归属的制造费用按企业所生产的产品名称或其他标志归集；对于不可直接归属的共同制造费用按照费用项目如折旧费、修理费等归集。

（3）对于几种产品共同耗费的生产费用，通过上述归集后，在一定会计期间结束时，应按照一定的分配标准和方法进行分配，分别计入当期所生产的各种产品成本。

（4）期末，对在产品和产成品进行盘点核实数量，再按照一定方法，将按产品归集的生产成本在制造完工产品和在产品之间进行分配。

（5）对于当期制造完工产品，应按照其分配的生产成本，编制产品生产成本计算表，以反映所生产各种产品的总成本和单位成本。

（6）根据产品生产成本计算表（单）编制会计分录，将已完工产品应负担的生产成本从生产成本的有关账户转入“库存商品”账户，见图 2-2。

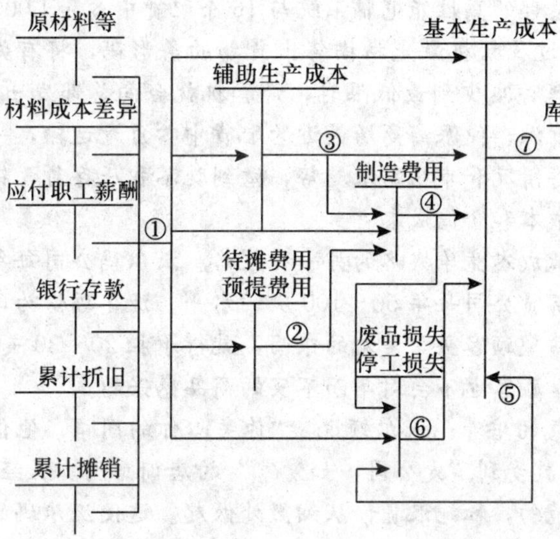

图 2-2

①各项要素费用的分配；②摊销待摊费用、提取预提费用；③分配辅助生产费用；④分配制造费用；⑤结转不可修复废品成本；⑥分配废品损失和停工损失；⑦结转产成品及自制半成品成本；⑧结转已销产品成本。

需要说明的是，《企业会计准则——应用指南》中的会计科目没有设立“待摊费用”和“预提费用”两个账户，但企业在制定企业会计制度时，为了满足管理和核算的需要也可以设立这两个会计账户，实践中有的企业也是这样做的。本教材是按照设立这两个账户进行会计处理说明和举例的。如果不设立这两个账户，对于核算上需要“摊提”的费用可以在一些流动资产或流动负债类账户进行核算。

本章总结

通过本章学习，应该了解和掌握成本、费用核算的基本要求，根据企业生产经营的特点，对于发生的各项费用进行审核，将属于生产经营性的费用按照权责发生制的要求，正确地进行归集和分配。成本、费用的归集和分配，有其特定的规律和程序，通过逐步地归集和分配费用，最终为成本计算打下基础。根据企业生产经营的特点，设置相关的成本核算账户，通过总账和明细账来提供企业管理所需要的成本资料，为成本的预测、决策、计划、控制、分析、考核等服务。

重要概念

要素费用　　成本项目　　直接成本　　间接成本　　资本性支出　　收益性支出

精选案例

1962 年，山姆·沃尔顿开设了第一家沃尔玛商店。迄今沃尔玛商店已成为世界上知名的综合商店。沃尔玛取得成功的关键在于商品物美价廉，对顾客的服务优质上乘。沃尔玛始终保持自己商品的售价比其他商店便宜，是在压低进货价格和降低经营成本方面下功夫的结果。沃尔玛直接从生产厂家进货，想尽一切办法把价格压低到极限成交。公司建有最先进的配货和存货系统，公司总部的高性能电脑系统与 16 个配货中心和 1 000 多家商场的 POS 终端机联网，每家商场通过收款机激光扫描售出货物的条形码，将有关信息记载到计算机网络当中。当某一货品库存减少到最低限时，计算机就会向总部发出购进信号，要求总部安排进货。总部寻找到货源，便派离商场最近的配货中心负责运输，一切安排有序，公司能够迅速掌握商品进销存情况和市场需求趋势，做到既不积压存货，销售又不断货，加速资金周转，降低了资金成本和仓储成本。

压缩广告费用是沃尔玛保持低成本竞争战略的另一种策略。沃尔玛公司每年只在媒体上做几次广告，大大低于一般的百货公司每年 50～100 次的水平。沃尔玛认为，价廉物美的商品就是最好的广告，我们不希望顾客买 1 美元的东西，就得承担 20～30 美分的宣传、广告费用，那样对顾客极不公平，顾客也不会对华而不实的商品感兴趣。

沃尔玛也重视对职工勤俭风气的培养。沃尔顿说："你关心你的同事，他们就会关心你。"员工从进公司的第一天起，就受到"爱公司，如爱家"的店训熏陶。从经理到雇员，都要关心公司的经营状况，勤俭节约，杜绝浪费，从细微处做起。这使沃尔玛的商品损耗率只有 1%，而全美零售业平均损耗率为 2%，从而使沃尔玛大量降低成本。

沃尔玛每周召开经理人员会议，研究商品价格情况。如果有报告说某一商品在其他商场的标价低于沃尔玛，会议可决定降价，保证同种商品在沃尔玛价格最低。沃尔玛成功运用低成本竞争战略，在激烈的市场竞争中取胜。

要求：沃尔玛是一家商业性公司，根据上述介绍，分析一下沃尔玛营销的策略和其成功的经验，这些对成本有着重要影响的信息在会计工作中应如何体现出来？并对如何利用上述有关影响成本的信息进行成本的控制和管理，谈一下自己的想法。

思考练习题

（一）讨论题

1. 为正确核算产品成本，应如何做好成本核算的基础工作？
2. 产品成本核算应遵循哪些原则？
3. 何谓生产费用？它包括哪些内容？
4. 生产费用按经济用途可分为哪几类？
5. 产品成本核算应划清哪几条界限？
6. 简述产品成本核算的一般程序。
7. 红旗自行车厂是一个只有 20 名职工的小厂，专门生产儿童三轮车。本月为生产产品发生了下列支出：

钢管 50 000 元，橡胶轮胎 10 000 元，油漆 1 000 元，其他配件 2 000 元，车间用电费 2 000 元，厂部用电费 1 000 元，工人工资 20 000 元，厂长等管理人员工资 8 000 元，设备租金 2 000 元，机器修理费 500 元，生产设备折旧费 2 000 元。何海虹是到该厂财务科进行课程实习的会计专业大学生，科长要求他对上述费用进行分类。最后何海虹分类的结果为：

结果一：外购财料 630 000 元；外购动力 3 000 元；职工薪酬 28 000 元；折旧费 2 000 元；修理费 500 元；

结果二：产品成本 90 500 元；生产费用 90 500 元；期间费用 9 000 元；

结果三：直接材料 66 000 元；直接人工 20 000 元；制造费用 4 500 元；

同样的支出怎么会有三种分类结果？这到底是怎么回事呢？

8. 将你学校食堂的食品制作看作一项简单生产，那么在成本项目设定上，是否可以设立"直接材料"、"直接人工"、"制造费用"项目？如果可以，哪些是"直接材料"、"直接人工"、"制造费用"？请举例说明。

（二）单选题

1. 用来核算企业为生产产品和提供劳务而发生的各项间接费用的账户是（　　）。

A. 基本生产　　B. 制造费用　　C. 销售费用　　D. 财务费用

2. 不在"财务费用"账户核算的项目是（　　）。

A. 金融机构结算手续费　　B. 利息费用

C. 汇兑损失　　D. 业务招待费

3. 基本生产车间的制造费用应分配转入（　　）账户。

A. 基本生产成本　　B. 辅助生产成本

C. 管理费用　　D. 财务费用

4. 下列各项中不应计入产品成本的是（　　）。

A. 厂部汽车的折旧费　　B. 车间厂房的折旧费

C. 车间生产用设备的折旧费　　D. 辅助生产人员的工资

5. 下列各项中，属于间接计入产品成本的费用是（　　）。

A. 直接材料费用　　B. 制造费用

C. 直接人工　　D. 销售费用

6. 为了保证按每个成本计算对象正确地归集应负担的费用，必须将应由本期产品负担的生产费用正确地在（　　）。

A. 各种产品之间进行分配　　B. 期初产品和期末产品之间进行分配

C. 盈利产品与亏损产品之间进行分配　　D. 可比产品与不可比产品之间进行分配

7. 下列各项中属于费用要素的是（　　）。

A. 直接材料　　B. 直接人工　　C. 折旧费　　D. 制造费用

8. 下列各项中属于成本项目的是（　　）。

A. 外购动力　　B. 利息支出

C. 管理费用　　D. 直接材料

（三）多选题

1. 下列属于成本项目的有（　　）。

A. 直接人工　　B. 直接材料　　C. 废品损失　　D. 制造费用

E. 停工损失

2. 要素费用中的税金有（　　）。

A. 房产税　　B. 增值税　　C. 印花税　　D. 营业税

E. 车船税

3. 计入产品成本的生产费用按计入方式不同分为（　　）。

A. 间接计入费用　B. 直接人工　C. 直接计入费用　D. 间接计入费用

E. 制造费用

4. “制造费用”账户核算的内容有（　　）。

A. 车间的固定资产折旧费　B. 广告宣传费

C. 企业的业务招待费　D. 印花税

E 车间机器设备维修费

5. 下列各项中属于辅助生产费用的有（　　）。

A. 广告费　B. 辅助生产车间消耗的材料

C. 辅助生产车间办公费　D. 专设销售机构的办公费

E. 辅助生产车间人员工资

6. 企业成本核算的一般步骤有（　　）。

A. 各项要素费用的分配　B. 辅助生产费用的分配

C. 基本生产车间制造费用的分配

D. 本月完工产品与月末在产品之间的费用分配

E. 期间费用的结转

7. 为了正确计算产品成本，应做好的基础工作包括（　　）。

A. 定额的制定与修订　B. 建立健全原始记录

C. 正确选择各种分配方法　D. 材料物资的计量验收工作

E. 确定所应采用的成本计算方法

8. 下列属于核算产品成本的账户有（　　）。

A. 基本生产成本　B. 辅助生产成本

C. 制造费用　D. 管理费用

E. 废品损失

（四）判断题

1. 要素费用中的外购材料与成本项目中的直接材料费用内涵是一致的。（　　）

2. 企业在生产经营活动中发生的一切费用支出都应计入产品成本。（　　）

3. 凡是在生产过程中发生的、与产品生产有关的所有直接或间接耗费，均应作为生产费用计入产品成本。（　　）

4. 成本项目是生产经营费用按经济内容的分类。（　　）

5. 制造费用即间接费用，直接材料、直接人工即直接费用。（　　）

6. 用于几种产品生产共同消耗，构成产品实体的材料费用，可以直接计入各种产品成本。（　　）

7. 成本核算要以权责发生制为基础，正确核算本期费用和本期支付费用的区别。（　　）

8. 生产车间管理人员与企业管理人员的工资应该计入管理费用。（　　）

第二篇　成本归集与成本分配

CHAPTER

3 第三章 生产费用的归集与分配

本章概要

本章主要介绍生产经营费用的归集和分配的基本原理与方法。产品的生产过程也是一个消耗的过程，生产的产品是物化劳动和活劳动的结晶，按经济内容划分的各项要素费用，按其用途计入本期产品的生产费用和本期的期间费用。生产费用的归集和分配，是按照产品生产的流程和一定的顺序，通过设置的有关账户来归集和分配的，最终确定本期完工产品的成本和月末在产品的成本。对于期间费用，则在期末转入“本年利润”账户，计入当期损益。

通过本章学习，掌握各项要素费用的归集与分配的基本原理与分配方法；掌握辅助生产费用的归集与分配；了解制造费用的归集与分配；了解废品损失与停工损失的归集与分配。

第一节 要素费用的归集与分配

制造业在一定时期内发生的费用，从经济内容或性质上划分，可归纳为料、工、费三大要素，具体可以分为外购材料、外购燃料、外购动力、职工薪酬、折旧费、修理费、利息支出、税金和其他支出等要素费用，每一项要素费用发生后，应按其“经济用途”分别归属到相应的成本、费用中。在归集和分配过程中，应正确划分费用界限，并确定费用归属的账户。即对于发生的各项要素费用要按其发生的地点和用途进行归集与分配。

一、要素费用分配概述

（一）产品明细账的设置

产品明细账是按产品品种设置和登记的，账内按成本项目（要素费用）分设专栏，在进行明细账的登记时应处理和区分好直接费用与间接费用的关系，注意直接费用与直接计入费用的关系，即直接费用不一定是直接计入费用。例如，生产领用材料——直接材料——直接费用，当一种产品耗用——是直接计入费用；两种产品共同耗用——就是间接计入费用。又如，制造费用——间接费用，当生产一种产品时——是直接计入费用；生产两种产品时——就是间接计入费用。

（二）间接费用的分配

间接费用分配的方法主要有：（1）直接追溯法。对于直接用于产品生产（指基本生产的产品）而且专设成本项目的直接生产费用，应单独记入“基本生产成本”总账科目。对于直接用于产品生产但没有专设成本项目的各项费用，应先记入“制造费用”总账科目及所属明细账有关的费用项目，然后通过一定的分配程序，转入或分配转入“基本生产成本”总账及所属明细账制造费用等成本项目。（2）分摊法。对于多部门、多产品共同发生的消耗，应选择适当的方法，遵循受益原则在各部门和各产品间进行分配。费用分配标准是影响费用分配方法是否合理的重要因素，因此，选择分配标准应考虑标准与成本多少的关联性，即分配依据的标准与分配对象有比较密切的联系，使分配结果比较合理，而且分配标准的资料比较容易取得，计算比较简便。分配间接计入费用的标准主要有三类：一是成果类，如产品的重量、体积、产值、面积、产量等；二是消耗类，如生产工时、机器工时、原材料消耗量或原材料费用、生产工资等；三是定额类，如定额消耗量、定额成本、定额工时等。（3）动因追溯法。以成本产生的动因为标准来分配费用的方法。

费用分配公式如下：

费用分配率＝待分配费用总额÷分配标准总额

某分配对象应分配的费用＝该对象的分配标准额×费用分配率

要素费用分配的一般程序为：（1）将发生的要素费用按用途进行汇总。一方面要在各要素账户（如原材料）的贷方反映费用的支出情况，另一方面，要按照其费用的用途，分别记入各成本费用账户（如基本生产成本）的借方，对于不应计入本期成本的消耗，应该记入跨期摊配账户的借方。（2）生产部门发生的直接材料、直接人工属于基本生产车间的应记入“基本生产成本”，属于辅助生产车间的应记入“辅助生产成本”，各车间发生的制造费用记入各车间的“制造费用”。（3）记入生产成本账户的费用，直接费用直接记入，间接费用要按上述费用分配公式进行分配后记入各产品成本及其相应的成本项目。（4）用于产品销售、行政管理部门的费用以及筹资费用，属于期间费用，应分别记入“销售费用”、“管理费用”、“财务费用”账户，然后转入“本年利润”账户，计入当期损益。

各项要素费用的分配是通过编制各项费用分配表进行的，并根据各项费用分配表编制会计分录，据以登记各种成本、费用总账及其所属明细账。

二、材料费用的归集与分配

材料是企业生产过程中的劳动对象。材料一经投入生产过程，在一个生产经营周期内要全部被消耗，或构成产品的实体，或有助于产品的形成，或创造正常的劳动条件。从而其价值要一次、全部地发生转移，或转移到新生产的产品中去，构成产品生产成本的一个重要组成部分，或转移到期间费用中去，直接计入当期损益。企业在生产过程中使用材料所发生的材料的转移价值就是材料费用。材料费用的核算是成本核算的重要内容之一。

材料成本在产品成本中所占比重较大，其成本归集与分配的正确与否对产品成本计算的准确性影响很大。企业生产经营过程中消耗的材料品种多样，主要包括原料及主要材料、辅助材料、燃料、修理用备件、半成品、包装物、低值易耗品等。因此必须认真做好材料采购、收入和发出等环节的核算工作。企业耗用的原材料，无论是外购材料，还是自制材料，都根据审核后的领、退料凭证，按照原材料的用途进行分配，将材料费用计入产品成本或期间费用。

（一）做好各项基础工作

1. 材料的计价

材料的核算，关键是对材料进行正确的计价。材料的计价，是指在进行材料核算时，按照一定的价格计算材料的价值。材料收发结存的日常核算，可以根据企业成本管理的要求，按照材料的实际成本计价，或按照材料的计划成本计价。（1）材料按实际成本计价。指每种材料的收入、发出、结存都按采购过程中发生的实际支出进行计价。该计价方法可以比较准确地核算产品成本中的材料费用和材料资金的实际占用额。但由于采购时间和供货商不同，同一种材料的实际采购成本会发生变动，要采用不同的方法计算每批发出材料和结存材料的实际成本。相应会增加核算工作量。因此该法一般适用于生产规模不大、材料品种单一、采购业务不多的企业。（2）材料按计划成本计价。指每种材料的收入、发出、结存都按事先确定的计划单位成本计价。该计价方法可以加速材料和减轻材料的日常核算工作。按照制造成本法原理，企业在计算产品成本时，材料成本也应该是按实际成本计算的。所以，在该种计价方法下，企业应设置“材料成本差异”账户，用以核算材料实际成本与计划成本之间的差异，并按月分摊，将全月发出材料的计划成本调整为实际成本。该法一般适用于生产规模较大、材料品种繁多、采购收发业务频繁的企业。

2. 建立健全材料的盘存制度

材料的盘存制度有两种：一是永续盘存制（账面盘存制），在这种盘存制度下，期末结存数量等于期初结存量加上本期收入数量减去本期发出数量，该结存数量可以与材料明细账中的账面结存量进行核对，以保证账实相符。二是实地盘存制（定期盘存制）。这种盘存制度下，本期发出数量是按照期初结存量加上本期收入数量减去期末结存数倒挤出来的，实际结存数与账面结存数为同一指标，不具备稽核性。企业应根据不同材料选择合适的盘存制度。

3. 建立健全材料的收发凭证制度

（1）材料收入凭证。企业收入的材料，主要是外购的材料，对于这些材料的入库，应由收料部门及时填制收料凭证，办理材料的验收入库手续，据以明确经济责任。根据不同来源，主要的收料凭证有：收料单、材料交库单、退料单等。

（2）材料发出凭证。企业发出的材料主要用于生产产品和生产的管理，也有直接对外销售的。为了保证企业财产物资的安全完整，正确计算产品成本，节约材料资金，对于材料的发出应该加强管理，明确责任，办理有关发料手续。企业通常使用的领料凭证有：领料单、汇总领料单、限额领料单、材料销售凭证等。

（二）原材料费用的归集与分配

1. 原材料费用的归集

企业生产经营过程中发生的材料费用有不同的种类（原料、半成品、辅助材料、包装物、修理用备件、低值易耗品等），这里主要介绍原材料费用。对原材料费用的归集按发生的地点和用途进行。企业平时根据领料凭证逐笔登记材料明细账，以反映各种材料的收支和结存余额，月末按照发出材料的用途和所确定的发出材料的单价汇总编制发料凭证汇总表，财会部门据以分别借记“基本生产成本”、“辅助生产成本”、“制造费用”、“管理费用”等科目，贷记“原材料”科目。记入基本生产和辅助生产明细账即产品成本计算单的原材料费用，是构成产品实体的原材料及主要材料、外购半成品和有助于产品形成的辅助材料，应列入原材料项目。属于直接计入费用的，可根据领料凭证直接计入各种产品成本的原材料项目。属于间接计入费用的，应选择恰当的分配标准，在几种产品之间计算分配后，才能计入各种产品成本的原材料项目。

【例 3-1】

信诚公司发料凭证汇总表的格式如表 3-1 所示（按实际成本计价）。

表 3-1 **发料凭证汇总表**

单位名称：信诚公司 2009 年 8 月 单位：元

应借科目	原材料发出
基本生产成本	212 100
辅助生产成本	16 968
制造费用	15 150
销售费用	2 020
管理费用	5 050
合计	251 288

财会部门据以编制如下会计分录：

借：基本生产成本　212 100
　　辅助生产成本　16 968
　　制造费用　15 150
　　销售费用　2 020
　　管理费用　5 050
　贷：原材料　251 288

如信诚公司按计划成本计价，其发料凭证汇总如表 3-2 所示。

表 3-2 **发料凭证汇总表**

单位名称：信诚公司 2009 年 8 月 单位：元

应借科目	计划成本	成本差异（差异率：1%）
基本生产成本	210 000	2 100
辅助生产成本	16 800	168
制造费用	15 000	150
销售费用	2 000	20
管理费用	5 000	50
合计	248 800	2 488

财会部门据以编制如下会计分录：

(1) 借：基本生产成本　210 000
　　　辅助生产成本　16 800
　　　制造费用　15 000

销售费用　2 000
管理费用　5 000
贷：原材料　248 800
(2) 借：基本生产成本　2 100
辅助生产成本　168
制造费用　150
销售费用　20
管理费用　50
贷：材料成本差异　2 488

如为节约差异，差异额应用红字表示。

2. 原材料费用的分配

原材料费用的分配，应根据审核后的领退料凭证，按照材料用途把费用计入各成本计算对象。并分别登记有关各成本计算对象的生产成本明细账。为了确保原材料费用计入产品成本的正确性，在进行原材料费用分配时，应遵循以下要求：

(1) 客观性。凡是能直接计入产品成本对象的材料费用应直接记入该产品成本明细账中的直接材料项目，以反映产品成本的真实水平。

例如，生产A产品300件耗用甲材料20 000元，会计分录为：

借：基本生产成本——A产品　20 000
贷：原材料——甲材料　20 000

对几种产品共同耗用的材料费用，在领用时无法确定每种产品耗用多少时，应选择合理的分配标准并按分配标准在各产品间分配。例如，生产A产品300件、B产品100件共耗用甲材料20 000元。第一步，确定分配标准，这里使用产量；第二步，计算材料费用分配率，材料费用分配率＝20 000÷(300＋100)＝50；第三步，分配各产品耗用的材料费用，A产品应分配的材料费用＝300×50＝15 000(元)，B产品应分配的材料费用＝100×50＝5 000(元)；第四步，归集已分配的材料费用。

借：基本生产成本——A产品　15 000
——B产品　5 000
贷：原材料——甲材料　20 000

由于无论采用何种标准分配费用都带有主观假定性，难以做到完全合理，所以产品生产直接消耗的材料费用应尽可能直接计入有关产品成本。

(2) 重要性。对于在产品成本中有重大影响，所占比重较大的费用项目，应作为重点，单独设置成本项目进行反映，力求精确；对于在产品成本中不太重要的琐碎项目，可以从简处理。充分体现重要性原则。

(3) 一致性。由于同一种材料因采购地点不同其成本也不一致，这就要求企业采用一定的方法来确定发出材料的实际成本。企业一旦确定某种方法，就应该在各个会计期间保持前后一致，使各期的成本资料有统一的口径，相互可比。否则就会影响成本的正确性。

(4) 按实际成本计价。产品生产所消耗的各种材料，都应该按其实际消耗数量和实际单位成本计算。对于日常收发核算采用计划成本计价的企业，月末按产品消耗材料计划成本的比例，分摊材料成本差异，把消耗材料的计划成本调整为实际成本，以满足现行制度对成本核算的要求。

材料费用的分配方法取决于所选择的分配标准。材料费用分配的标准主要有：定额耗用量比例、生产量比例、产品的体积、产品的重量、材料定额费用的比例等。费用分配的一般程序为：(1) 确定费用分配标准；(2) 计算分配率；(3) 分配各产品应负担的材料费用（该程序适用于所有要素费用的分配)。

(1) 定额耗用量比例分配法（多种产品耗用一种材料)，是按各种产品的材料消耗定额分配材料费用的一种方法。它适用于各种材料消耗定额比较健全且相对准确的企业或产品。单位消耗定额指单位产品可以消耗的数量限额；定额消耗量指一定产量下按照单位消耗定额计算的可以消耗的数量。采用该法具体计算步骤如下：第一，计算各种产品直接材料定额的消耗量；第二，计算直接材料消耗量分配率；第三，计算某种产品应分配的材料实际消耗量；第四，计算各种产品应分配的材料实际费用。计算公式如下：

某种产品的定额消耗量＝该种产品实际产量×产品的单位消耗定额
材料消耗量分配率＝材料实际消耗总量÷各产品定额消耗量之和
某种产品应分配的实际材料数量＝该种产品原材料定额消耗量×材料消耗量分配率
某种产品应分配的实际材料费用＝该种产品应分配的实际材料数量×材料单价

【例3-2】

某企业本月生产A、B两种产品，共同消耗甲材料5 000千克，每千克单价12元。本月生产A产品200件，B产品400件；A产品单位产品消耗定额为10千克，B产品单位产品消耗定额为7.5千克。原材料费用分配计算如下：

(1) 每种产品的材料定额消耗量。

A产品材料定额消耗量＝200×10＝2 000(千克)
B产品材料定额消耗量＝400×7.5＝3 000(千克)

(2) 材料消耗量分配率＝5 000÷(2 000＋3 000)＝1

(3) 每种产品应分配的材料数量。

A产品应分配的材料数量＝2 000×1＝2 000(千克)
B产品应分配的材料数量＝3 000×1＝3 000(千克)

(4) 每种产品应分配的材料费用。

A产品应分配的材料费用＝2 000×12＝24 000(元)
B产品应分配的材料费用＝3 000×12＝36 000(元)

从上述计算过程提供的资料中可以看出，不仅需要计算每种产品应该分配的材料费用，而且还需要计算每种产品材料的实际消耗数量。这有利于考核材料消耗定额的执行情况，以便加强原材料消耗的实物管理，但这种计算较复杂。实际工作中为了简化计算工作，也可以采用按定额消耗量比例直接分配材料费用的方法，其计算分配程序为：第一，计算出各种产品直接材料定额的消耗量；第二，计算单位产品材料定额消耗量应该分配的材料费用（即材料消耗量的费用分配率）；第三，计算各种产品应分配的材料实际费用。计算公式如下：

某种产品的定额消耗量＝该种产品实际产量×产品的单位消耗定额

材料消耗量的费用分配率＝材料实际费用总额÷各产品定额消耗量之和

某种产品应分配的实际材料费用＝该种产品材料定额消耗量×材料费用分配率

以例题3-2资料计算如下：

(1) 各种产品原材料定额消耗量（计算同上）。

(2) 材料费用分配率＝(5 000×12)÷(2 000＋3 000)＝12

(3) A产品应分配的材料费用＝2 000×12＝24 000(元)

B产品应分配的材料费用＝3 000×12＝36 000(元)

上述两种分配方法计算结果相同，但第二种分配方法不能提供各种产品材料的实际消耗量资料，不便于加强原材料消耗的实物管理，企业应根据具体情况选择使用。

上例讨论的是生产多种产品消耗一种材料的情况，在生产多种产品共同消耗多种材料的情况下，就要采用其他方法了。

(2) 定额费用比例分配法（多种产品共同耗用多种材料），是按照产品材料定额费用分配材料实际费用的一种方法。一般程序为：第一，计算各种产品原材料定额费用；第二，计算单位原材料定额费用应分配原材料实际费用（即材料费用分配率）；第三，计算各种产品应分配的原材料实际费用。在几种产品共同耗用原材料种类比较多的情况下，为简化分配计算工作，也可以按照各种材料的定额费用的比例分配原材料实际费用，计算公式如下：

某种产品原材料定额费用＝该种产品实际产量×单位产品原材料费用定额

原材料费用分配率＝各种产品原材料实际费用总额÷各种产品原材料定额费用之和

某种产品应分配的实际原材料费用＝该种产品原材料定额费用×原材料费用分配率

【例3-3】

某企业生产A、B两种产品，共同领用甲、乙两种主要材料，共计41 040元。本月投产A产品150件、B产品120件。A产品材料消耗定额：甲材料6千克，乙材料8千克；B产品材料消耗定额：甲材料9千克，乙材料5千克。甲材料单价10元，乙材料单价8元。计算分配如下：

(1) A、B产品材料定额费用。

A产品：甲材料定额费用＝150×6×10＝9 000(元)

乙材料定额费用＝150×8×8＝9 600(元)

A产品材料定额费用合计　　18 600(元)

B产品：甲材料定额费用＝120×9×10＝10 800(元)

乙材料定额费用＝120×5×8＝4 800(元)

B产品材料定额费用合计　　15 600(元)

(2) 材料费用分配率。

材料费用分配率＝41 040÷(18 600＋15 600)＝1.2

(3) A、B产品应分配材料实际费用。

A产品=18 600×1.2=22 320(元)

B产品=15 600×1.2=18 720(元)

在实际工作中，各种产品应负担的原材料费用的分配是通过编制材料费用分配表进行的。材料费用分配表按车间、部门和材料类别，据归类后的领料凭证和其他有关资料编制。

1. 按实际成本计价材料费用分配表的编制与账务处理

材料按实际成本核算时，各生产车间和部门的材料费用分配表应据各种领料单中登记的实际成本汇总编制。某产品生产直接发生的费用，直接计入该产品成本；几种产品共同消耗的材料费用，应按上面所述分配方法进行分配后登记材料费用分配表。在各生产车间和部门材料费用分配表的基础上，编制材料费用汇总分配表，据此进行材料费用分配的总分类核算。各车间、部门的材料费用分配表可作为登记有关明细账的依据。

【例3-4】

某企业有两个生产车间，基本生产车间和辅助生产车间，根据各车间材料费用分配表编制的材料费用汇总分配表如表3-3所示。

表3-3 材料费用汇总分配表

编制单位：信诚公司　　2009年8月　　单位：元

应借科目	直接计入金额	分配计入金额		合计
		定额消耗量（千克）	分配金额（元）分配率12	
基本生产成本——A产品	1 000	4 000	48 000	49 000
——B产品	1 500	6 000	72 000	73 500
小计	2 500	10 000	120 000	122 500
辅助生产成本——机修车间	1 600			1 600
——运输车间	3 000			3 000
小计	4 600			4 600
制造费用——基本生产车间	1 100			1 100
合计	8 200		120 000	128 200

根据材料费用汇总分配表作账务处理如下：

借：基本生产成本——A产品　　49 000

——B产品　　73 500

辅助生产成本——机修　　1 600

——运输　　3 000

制造费用——基本生产车间　　1 100

贷：原材料　　128 200

2. 按计划成本计价材料费用分配表的编制与账务处理

材料按计划成本核算时，各生产车间和部门的材料费用分配表除根据各种领料凭证中所登记的计划成本汇总外，还应将各项材料的计划成本加减分摊的差异，计算消耗材料的实际成本。其中几种产品共同消耗的材料费用，也应按上述分配方法分配后登记。

【例 3-5】

承例 3-4，假设材料成本差异率为−1%。材料费用汇总分配表如图表 3-4 所示。

表 3-4 **材料费用汇总分配表**

编制单位：信诚公司 2009 年 8 月 单位：元

应借科目	直接计入			分配计入			合计		
	计划成本	成本差异	实际成本	计划成本	成本差异	实际成本	计划成本	成本差异	实际成本
基本生产成本——A 产品	1 000	10	990	48 000	480	47 520	49 000	490	48 510
——B 产品	1 500	15	1 485	72 000	720	71 280	73 500	735	72 765
小计	2 500	25	2 475	120 000	1 200	118 800	122 500	1 225	121 275
辅助生产成本——机修	1 600	16	1 584						1 584
——运输	3 000	30	2 970						2 970
小计	4 600	46	4 554						4 554
制造费用——基本生产	1 100	11	1 089						1 089
合计	8 200	82	8 118	120 000	1 200	118 800	128 200	1 282	126 918

根据材料费用汇总分配表作账务处理如下：

(1) 借：基本生产成本——A 产品 48 510
——B 产品 72 765
辅助生产成本——机修 1 584
——运输 2 970
制造费用——基本生产车间 1 089
贷：原材料 126 918

(2) 借：材料成本差异 1 282
贷：基本生产成本——A 产品 490
——B 产品 735
辅助生产成本——机修 16
——运输 30
制造费用——基本生产车间 11

(三) 燃料费用的分配

如果燃料费用在产品成本中比重较大，可以与动力费用一起专设“燃料和动力”成本项目。直接用于产品生产的燃料费用，如热处理、烘干、溶解等所耗的燃料费用，分别直接计入或间接分配计入各种产品的“燃料和动力”项目。辅助生产所耗燃料费用，以及基本生产车间、行政管理部门取暖等耗用的燃料费用，则需先按辅助生产费用、制造费用和管理费用等进行归集。如果燃料费用在产品成本中此重很小，则合并在制造费用中进行核算。燃料费用的分配也可以编制燃料费用分配表，再根据此表编制会计分录，并据以登记有关账簿。

【例3-6】

假设在单独设置燃料成本项目的情况下，只有供水车间耗用燃料9 000元，应编制如下会计分录：

	借方	贷方
借：辅助生产成本——供水车间	9 000	
贷：燃料		9 000

（四）低值易耗品费用的分配

低值易耗品费用的分配，应结合其摊销方法，可以一次摊销，全部计入当月产品成本或期间费用，按费用的用途分别归集于辅助生产和制造费用、销售费用、管理费用。当需要分期摊销时，则应将领用低值易耗品的价值通过“待摊费用”账户进行归集，期末确定应由本期负担的费用进行摊销。

【例3-7】

假设本月有关车间和部门领用工具1 200元，其中：供水车间120元，供电车间300元，基本生产车间400元，销售部门180元，企业管理部门200元。采用一次摊销法，应编制会计分录如下（低值易耗品领用汇总表略）：

	借方	贷方
借：辅助生产成本——供水车间	120	
——供电车间	300	
制造费用——基本生产车间	400	
销售费用	180	
管理费用	200	
贷：低值易耗品		1 200

三、外购动力费用的归集和分配

外购动力费是企业为从事生产经营活动从外部购买各种动力而支付的费用，如电力费、热力费、煤气费等（自制部分的核算将在辅助生产费用的核算中讲解）。

（一）外购动力费的归集

企业外购的动力，有的直接用于产品生产，有的用于生产单位（车间或分厂）照明，有的用于经营管理部门照明或取暖等。在安装有仪器、仪表计量的情况下，应根据各部门计量仪器所显示的耗用的动力数量和动力单价计算，按发生地点归集。在没有安装仪器、仪表计量的情况下，要按照一定的标准（如生产工时比例、机器工时比例、定额耗用量比例等）在各种产品之间进行分配。

（二）外购动力费的分配

为了加强对能源消耗的核算和控制，企业生产工艺用动力一般与生产工艺用燃料合并设置一个专门的成本项目，即“燃料及动力”成本项目。企业发生的动力费用，一般按发生的地点和用途进行分配。凡是直接用于产品生产的动力费用，应该单独记入相关产品“基本生产成本”总账所属的“燃料及动力”成本项目；直接用于辅助生产又单独设置“燃料及动力”项目的费用，应记入“辅助生产成本”总账及所属的“燃料及动力”成本项目；用于产品生产车间和辅助生产车间以及行政管理部门和销售部门的照明用电等，应该分别记入“制造费用”、“管理费用”、“销售费用”等总账及所属的明细账有关项目。若企业未专设“燃料及动力”成本项目，则用于基本生产的动力费用计入制造费用。外购动力费的分配步骤：

（1）计算动力费用的分配率。

动力费用分配率＝实际支付的动力费总额÷各部门实际耗用量之和

（2）按部门分配动力费。

某部门应分配的动力费＝该部门实际耗用量×分配率

（3）基本生产车间生产用动力费，应按产品生产（机器）工时在各产品之间分配。

动力费用分配率＝动力费用总额÷各种产品生产(机器)工时之和

某产品应分配的动力费＝该产品生产(机器)工时×分配率

实际工作中，供应单位定期抄录耗用数量，开列账单向使用单位收取所供动力费用。由于开列账单的起讫日期与会计期间不一致，企业可将实付动力费用作为暂付款处理，月底据仪表显示的全月动力消耗量和单价计算实际发生额，作为本月的动力费用。

账务处理如下：支付动力费时借记“应付账款”账户，贷记“银行存款”账户，月底，按发生地点和用途分配记入不同账户，借“基本生产成本”（制造费用、管理费用等）账户，贷记“应付账款”账户。平时各月“应付账款”账户可能会有余额。如果每月支付动力费用的日期基本固定，而且每月付款日到月末的应付动力费用相差不多，也可以不通过“应付账款”账户核算，而是在付款时直接借记各成本、费用账户，贷记“银行存款”账户。

【例3-8】

信诚公司 2009 年 8 月耗电合计为 60 000 千瓦时，每千瓦时 0.5 元，共计金额 30 000 元。其中用于 A、B 两种产品生产消耗 40 000 千瓦时，没有分装电表，按机器工时比例分配。A 产品机器工时为 5 500 小时，B 产品机器工时为 4 500 小时。该公司专设“燃料及动力”成本项目。A、B 产品动力费用的分配计算如下：

动力费用分配率＝(40 000×0.5)÷(5 500＋4 500)＝2

A 产品应分配的动力费用＝5 500×2＝11 000(元)

B 产品应分配的动力费用＝4 500×2＝9 000(元)

在实际工作中，外购动力费用的分配是通过编制外购动力费用分配表进行的。公司其他部门消耗量如表 3-5 所示。

表 3-5　外购动力费用分配表

编制单位：信诚公司　2009 年 8 月　单位：元

应借科目	成本或费用项目	机器工时（分配率：2）	数量（千瓦时）	单价（元/千瓦时）	金额（元）
基本生产成本——A 产品	燃料及动力	5 500		0.5	11 000
——B 产品	燃料及动力	4 500		0.5	9 000
小计		10 000	40 000		20 000
辅助生产成本——机修	水电费		5 000	0.5	2 500
——运输	水电费		2 000	0.5	1 000
小计			7 000		3 500
制造费用——基本生产	水电费		4 500	0.5	2 250
——机修	水电费		1 500	0.5	750
——运输	水电费		1 500	0.5	750
小计			7 500		3 750
管理费用	水电费		3 500	0.5	1 750
销售费用	水电费		2 000	0.5	1 000
合计	水电费		60 000		30 000

编制会计分录如下：

借：基本生产成本——A 产品　11 000
　　　　　　　　——B 产品　9 000
　　辅助生产成本——机修　2 500
　　　　　　　　——运输　1 000
　　制造费用——基本生产　2 250
　　　　　　——机修车间　750
　　　　　　——运输车间　750
　　管理费用　1 750
　　销售费用　1 000
　贷：应付账款（或银行存款）　30 000

四、职工薪酬的归集与分配

职工薪酬是企业因职工提供服务而支付或放弃的所有对价。企业在确定应当作为职工薪酬进行确认和计量的项目时，需要全面综合地考虑，严格审核企业的各项职工薪酬支出的合法性，以确保企业人工成本核算的完整性和准确性。一般而言，企业职工薪酬主要包括以下内容：

(1) 职工工资、奖金、各种津贴和补贴。该部分是指按工资总额的构成应支付给职工的计时工资、计件工资、超额劳动报酬和增收节支的劳动报酬、为补偿职工特殊或额外的劳动消耗以及保证职工工资水平不受物价影响而支付给职工的物价补贴等。其中，计时工资是指按计时工资标准（即每一职工在单位时间内应得的工资额）和工作时间支付给企业职工的劳动报酬。计件工资是指按职工所完成的工作量和计件单价（即完成单位工作量应得的工资）计算支付给职工的劳动报酬。奖金是指支付给职工的超额劳动报酬和由于增收节支而给予职工的奖励。包括生产奖、节约奖、劳动竞赛奖、机关事业单位的奖励工资、其他经常性奖金等。津贴和补贴是指为补贴职工特殊的劳动消耗和因其他特殊原因支付给职工的津贴，以及物价补贴，包括补贴职工特殊或额外劳动消耗的津贴、保健性津贴、技术性津贴、其他津贴、各种物价补贴等。

（2）职工福利费。是指用于职工福利方面的开支。主要包括职工生活困难补助、职工因公伤外地就医的路费、未实行医疗统筹企业的职工医疗费用以及按规定发生的其他职工福利支出。

（3）医疗保险费、养老保险费等社会保险费用。该部分是指企业按照国家规定的基准和比例计算，向社会保险经办机构缴纳的医疗保险费、养老保险费、失业保险费、工伤保险费和生育保险费等。

（4）住房公积金。是指企业按照国家规定的基准和比例计算，向住房公积金管理机构缴存的住房公积金。

（5）工会经费和职工教育经费。是指企业为了改善职工文化教育生活，为职工学习先进技术和提高文化水平主业务素质，用于开展工会活动和职工教育及职业技术培训等相关支出。

（6）非货币性福利。是指企业以自己的产品或外购商品发放给职工作为福利，企业提供给职工无偿使用自己拥有的资产或租赁资产。如提供给企业高级管理人员使用的住房、以低于成本的价格向职工出售住房等。

（7）因解除与职工的劳动合同关系而给予职工的补偿。这种补偿又称为"辞退福利"。指由于企业生产经营发生重大变化，如实施主辅分离、资产重组或改组等原因，企业在职工劳动合同没有到期之前解除与职工的劳动关系，或者为鼓励企业职工自愿接受裁减而提出补偿建议的计划中给予职工的经济补偿。

（8）其他与获得职工提供的服务相关的支出。是指除上述七种薪酬以外的其他为获得职工提供的服务而给予职工的薪酬。

（一）工资费用核算的原始记录

为了正确地计算职工工资，并按其用途将工资费用计入产品成本，每个企业都应该根据管理要求和生产工艺特点，确定工资核算所需原始凭证与记录的种类、格式、登记方法以及凭证传递的程序，认真做好各项原始记录的统计工作，为企业考核劳动消耗定额执行情况，加强劳动纪律，提高出勤率和工时利用率，进行成本分析和成本决策提供依据。工资核算的原始记录主要有以下内容。

1. 考勤记录

考勤记录是登记职工出勤和缺勤情况的记录，它是计算职工计时工资的重要原始依据，同时也是分析考核职工工作时间利用情况的依据。企业对职工的考勤记录可以采用多种多样的方式，如考勤簿、考勤卡等。无论采用哪一种形式，职工只要有缺勤就应该向考勤人员递交有关部门审批的证明，以便正确计算工资。

2. 产量和工时记录

产量和工时记录是登记工人或生产班组在出勤时间内完成产品的产量和消耗生产工时的原始记录，它可以记录个人或班组完成的产品数量、质量、完成每项工作所消耗的实际工时，是企业计算计件工资的重要依据。产量记录可以为工资费用、制造费用的分配提供统计资料，可以反映在产品在生产过程中的转移情况，监督企业生产作业计划的执行情况，加强在产品的实物管理，也可以考核和监督企业劳动消耗定额的执行情况。产量记录的内容和形式多样，企业应该根据各生产车间的工艺过程和生产组织的特点以及产品的性质采用不同格式的产量记录。主要形式有：(1) 工作通知单 (2) 工序进程单 (3) 个人工作台账 (4) 工作班产量记录等。

3. 工资卡

工资卡也称为职工工资目录，它按企业的每一职工设置，上面主要记录每个职工的工资级别和工资标准、工龄、应享受的各种津贴等。

(二) 工资费用的计算

计算工资并按一定的用途分配工资费用，是工资费用核算的主要内容。在职工薪酬中，计时工资和计件工资是工资总额的主要组成部分，需要采用一定的方法进行计算。

1. 计时工资的计算

职工的计时工资是指根据每一职工的考勤记录所登记职工的出勤或缺勤日数，按每个职工的工资等级、工资标准以及其他有关资料计算出来的工资。计时工资适用于不能采取计件的工人、管理人员和服务人员等工资的计算。在计时工资制下，工资标准按照其计算时间的不同，又分为按月计算的月薪制和按日计算的日薪制。

(1) 月薪制，不论各月日历天数多少，只要职工每月按规定出全勤，就可以获得固定的月标准工资。若发生病假、事假和旷工缺勤，则将缺勤工资从全勤工资中扣除。又称“扣缺勤法”。月薪制的计算公式为：

应付工资＝月标准工资－缺勤扣款

缺勤扣款＝事假天数×日工资标准＋病假天数×日工资率×病假扣款率

日工资率＝月标准工资÷月工作日数

为了按照职工出勤或缺勤计算应付的职工月工资，还应该根据月工资标准计算日工资率，即每日平均工资。在实际工作中，由于各月的日历天数不同，为了简化工资的计算工作，日工资率一般按以下两种方法之一进行计算：

第一，无论大月小月，每月工作日数固定按 30 天计算。日工资率可用月标准工资除以 30 日求得。该方法下，只要职工的月标准工资不变，各月份日工资是相等的。但由于日工资率的计算没有扣除双休日和法定节假日，所以双休日和法定节假日均视为出勤，照付工资，但若在连续的缺勤期间包含有双休日和节假日，应按缺勤处理，扣发工资。

第二，每月按法定工作日数 20.83 天计算。(365－104－11)/12 (104 天为全年双休日，11 天为法定节假日) 日工资率可用月标准工资除以 20.83 日求得。该方法下，只要职工的月标准工资不变，计算出来的各月份日工资也是相等的。但由于日工资率的计算已扣除双休日和节假日，即双休日和节假日没有计算工资，所以若在连续的缺勤期间包含有双休日和节假日，也就不存在扣发工资的情况。

关于缺勤应扣工资的有关规定：对旷工和事假缺勤应按 100%扣发缺勤日的全部工资；对因公负伤、探亲、婚丧、产假等缺勤，不扣工资；对病假缺勤，则应按病假期限和工龄的长短扣发一定比例的工资。扣发标准如表 3-6 所示。

表 3-6　　病假发放工资比例

工龄	不满 2 年	2～4 年	4～6 年	6～8 年	8 年以上
病假应得工资（%）	60	70	80	90	100

（2）日薪制，每月按职工月实际出勤日数和日工资率计算职工应得计时工资。病、事假规定如前。这种方法又称为“出勤工资累计法”。

应付计时工资＝月出勤日数×日工资＋病假应发工资

病假应发工资＝病假日数×日工资×应发比例

日工资的计算方法与月薪制相同。可按 30 天计算，双休日和法定节假日视为出勤，工资照付，但缺勤期间的双休日和节假日也应按缺勤处理，按比例发放工资；也可按 20.83 天计算，无论大月小月，每月应计工作日数均固定按 20.83 天计算，双休日、节假日不付工资，缺勤期间的双休日和节假日也不付工资。

综上所述，应付计时工资的计算方法有以下四种：第一，月薪制下，日工资按 30 天计算；第二，月薪制下，日工资按 20.83 天计算；第三，日薪制下，日工资按 30 天计算；第四，日薪制下，日工资按 20.83 天计算。采用哪种方法，由企业根据自身实际情况确定，一经确定，一般不宜任意变动。

【例 3-9】

假定某工业企业某工人的月标准工资为 2 400 元。某月份 31 天，该工人病假 4 天，事假 2 天，周末休假 8 天，出勤 17 天。该工人工龄为 5 年，病假工资按工资标准的 80%计算。该工人病假和事假期间没有节假日。按照上述应付计时工资的四种计算方法分别计算该工人该月份的应付工资。

（1）采用月薪制，按 30 天计算日工资率。

日工资率＝2 400÷30＝80(元)

应付计时工资＝2 400－2×80－4×80×20%＝2 176(元)

（2）采用月薪制，按 20.83 天计算日工资率。

日工资率＝2 400÷20.83＝115.22(元)

应付计时工资＝2 400－2×115.22－4×115.22×20%＝2 077.38(元)

（3）采用日薪制，按 30 天计算日工资率。

日工资率＝2 400÷30＝80(元)

应付计时工资＝(17＋8)×80＋4×80×80%＝2 256(元)

（4）采用日薪制，按 20.83 天计算日工资率。

日工资率＝2 400÷20.83＝115.22(元)

应付计时工资＝17×115.22＋4×115.22×(1－20%)＝2 327.44(元)

从以上计算结果可知，四种计算方法结果各不相同且各有利弊。按 20.83 天计算日工资率，节假日没有计算工资，更能体现出按劳分配原则，而且在一般情况下，企业职工的出勤天数总是比缺勤天数要多，计算缺勤工资要更容易些，所以按 20.83 天计算日工资率，采用月薪制扣除缺勤工资的方法相对而言更合理些。

2. 计件工资的计算

职工的计件工资是指企业按照生产工人生产的合格品数量，凭据劳动定额预先规定的计件单价进行结算而支付给工人的劳动报酬。它不仅反映不同等级工人之间的差别，而且反映同等级工人之间的劳动差别，对促进劳动者从物质利益上关心自己的劳动成果，学习技术、改进技艺、充分利用时间、提高劳动生产率，以及提高企业经营管理水平等有着重要的意义。

在计算计件工资时，对由于材料（半成品）质量不合格等客观原因产生的废品（即料废），应该照付计件工资；对由于生产工人操作不当等本人过失原因所产生的废品（即工废），不但不能支付计件工资，还应该根据具体情况由生产工人赔偿损失。计件工资按支付对象的不同，可以分为个人计件工资和集体计件工资两种。

（1）个人计件工资的计算。个人计件工资应根据产量记录中登记的每一工人完成的产品产量和规定的计件单价进行计算。如果该工人在月份内只生产一种产品，其计件工资按以下方法计算：

$$\text{应付计件工资}=(\text{合格品数量}+\text{料废数量})\times\text{计件单价}$$

如果该工人在月份内生产多种产品，且各种产品计件单价不相同，其计件工资按以下方法计算：

$$\begin{matrix}\text{应付}\\\text{计件工资}\end{matrix}=\sum\left[\left(\begin{matrix}\text{某种产品}\\\text{合格品数量}\end{matrix}+\begin{matrix}\text{该种产品}\\\text{料废数量}\end{matrix}\right)\times\begin{matrix}\text{该种产品}\\\text{计件单价}\end{matrix}\right]$$

以上公式中的计件单价是根据加工单位产品所耗用的定额工时和加工该产品所需某种等级工人的小时工资率计算求得的。计算公式如下：

$$\begin{matrix}\text{计件}\\\text{单价}\end{matrix}=\begin{matrix}\text{制造某种产品}\\\text{所需定额工时}\end{matrix}\times\begin{matrix}\text{制造该种产品所需某种}\\\text{等级工人的小时工资率}\end{matrix}$$

【例 3-10】

某工人本月加工 A、B 两种产品，A 产品 200 件，B 产品 150 件。验收时发现 A 产品料废 6 件、工废 4 件；B 产品料废 3 件。该工人月标准工资为 2 400 元，制造 A 产品定额工时为 30 分钟，B 产品定额工时为 1 小时，试计算该工人本月份应得的计件工资。

该工人小时工资率＝2 400÷30÷8＝10

A 产品计件单价＝30÷60×10＝5(元/件)

B 产品计件单价＝1×10＝10(元/件)

应付计件工资＝(200－4)×5＋150×10＝2 480(元)

如果工人在月份内生产多种计件单价不同的产品，为简化核算手续，也可将各种产品的产量折合为定额工时，再乘以小时工资率计算，其计算公式如下：

$$\text{应付计件工资}=\text{各种产品定额工时总额}\times\text{小时工资率}$$

以例 3-10 资料计算如下：

各种产品定额工时总额＝(200－4)×30÷60＋150×1＝248(小时)

应付计件工资＝248×10＝2 480(元)

以上不同方法计算的结果是相同的，但由于产量记录中有每种产品的定额工时数，而且每一工人完成的各种产品的定额工时数可以加总，因而后一种计算方法比较简便。

(2) 集体计件工资的计算。集体计件工资的计算可以分两步进行。首先按集体完成工作量和计件单价计算整个集体应得的计件工资总额，其计算方法与个人计件工资的计算相同；然后采用一定的方法，将集体计件工资总额在集体成员内部进行分配。分配时应考虑各成员的工作时间长短和工作质量的高低。工作质量的高低一般可以各成员的工资等级差别来确定。集体计件工资分配可按计件工资和计时工资的比例分配。即在计算计件工资分配率的基础上，按职工计时工资的比例分配计件工资。其计算公式如下：

某职工应付计件工资＝该职工应付计时工资×计件工资分配率

某职工应付计时工资＝该职工实际工作小时数×小时工资率

计件工资分配率＝集体实得计件工资总额÷集体职工应付计时工资之和

【例 3-11】

某工业企业某生产小组由四个不同工资等级的工人组成，他们共同完成了某项生产任务，按本月份完成产品产量和计件单价计算的该生产小组计件工资总额为 9 680 元。该小组各成员的实际工作时间、工资等级以及应得计件工资的分配计算如表 3-7 所示。

表 3-7　集体计件工资内部分配表

2009 年 8 月

姓名	工资等级	小时工资率	实际工作时间	计时工资（元）	分配率	应付计件工资（元）
甲	4	12	200	2 400	9 680/8 705 ＝1.11	2 664
乙	3	11.5	210	2 415		2 680.65
丙	2	11	190	2 090		2 319.9
丁	1	10	180	1 800		2 015.45*
合计	—	—	790	8 705		9 680

* 尾差 17.45 元计入丁工人的应付计件工资。

计时工资和计件工资以外的属于工资总额组成的各种奖金、津贴、补贴、加班加点工资，以及特殊情况下支付的工资，应该按照国家和企业的有关规定计算。

(三) 工资费用的分配

记入“应付职工薪酬”账户的工资费用要按发生的地点和用途进行分配。其中企业生产经营所发生的工资费用，应该计入产品成本或期间费用。对于多种产品共同消耗的工资费用还要按各产品实际消耗的生产工时或定额生产工时在各产品间进行分配。

在实行计件工资以及实行计时工资只生产一种产品的情况下，直接从事产品生产人员的工资费用，属于直接计入费用，其工资总额应直接记入各产品成本计算单中的“直接人工”成本项目。在实行计时工资且同时生产多种产品的情况下，直接从事产品生产人员的工资费用，属于间接计入费用，通常以各产品的实际耗用生产工时比例或定额生产工时比例为标准，分配后记入“直接人工”成本项目。借记“基本生产成本——某产品（直接人工)”账户，贷记“应付职工薪酬”账户。计算公式如下：

$$\text{工资费用分配率}=\text{某车间生产工人计时工资总额}\div\text{该车间各种产品实际(定额)生产工时总额}$$

$$\text{某产品应负担的人工费用}=\text{工资费用分配率}\times\text{该产品实际或定额工时}$$

【例 3-12】

某企业生产 A、B 两种产品，本月生产工人工资为 60 000 元，其中 A 产品本月耗用工时 2 000 小时，B 产品耗用工时 3 000 小时，按实际工时比例法进行工资费用的分配。

工资费用分配率＝60 000÷(2 000＋3 000)＝12

A 产品应分配工资费用＝2 000×12＝24 000(元)

B 产品应分配工资费用＝3 000×12＝36 000(元)

生产车间管理人员和技术人员的工资，应该记入“制造费用”账户。其他各部门人员的工资，不计入产品成本，而是分别记入“销售费用”、“管理费用”等账户。

按产品的生产工时比例分配生产工人工资费用，能将产品所分配的工资费用与劳动生产率联系起来。某种产品如果单位产品消耗的生产工时少，说明劳动生产率高，其所分配的工资费用就应减少；如果单位产品消耗的生产工时增加，说明劳动生产率降低，其所分配的工资费用就应增加。因此，该分配标准较为合理。

工资费用分配是通过编制工资费用分配表进行的，根据工资费用分配表编制会计分录，并据以登记有关总账和明细分类账。

【例 3-13】

信诚公司 2009 年 8 月工资费用分配表如表 3-8 所示。

表 3-8 **工资费用分配表**

单位名称：信诚公司 2009 年 8 月 金额单位：元

应借科目	成本或费用项目	直接计入	分配计入			工资费用合计
			生产工时	分配率	分配金额	
基本生产成本——A 产品	直接人工	12 000	2 000	12	24 000	36 000
——B 产品	直接人工	18 000	3 000	12	36 000	54 000
小计		30 000	5 000		60 000	90 000
辅助生产成本——机修	职工薪酬	12 000				12 000
——运输	职工薪酬	10 000				10 000
小计		22 000				22 000
制造费用——基本生产	职工薪酬	15 000				15 000
——机修	职工薪酬	10 000				10 000
——运输	职工薪酬	10 000				10 000
小计		35 000				35 000

续表

应借科目	成本或费用项目	直接计入	分配计入			工资费用合计
			生产工时	分配率	分配金额	
管理费用	职工薪酬	25 000				25 000
销售费用	职工薪酬	15 000				15 000
小计		40 000				40 000
合计		127 000			60 000	187 000

（四）其他职工薪酬的分配

其他职工薪酬包括的内容较多，这里主要介绍职工福利费用、各种保险费、住房公积金、工会经费、职工教育经费的分配。按照现行制度的有关规定，上述职工薪酬应该按照工资总额的一定比例提取，并根据受益对象计入相关资产的成本或当期费用。

【例 3-14】

承例 13-3，假定信诚公司 2009 年 8 月应付职工的工资数额如表 3-8 所示。根据企业所在地政府的规定，企业分别按工资总额的 10%，12%，2%和 10.5%计提医疗保险、养老保险、失业保险和住房公积金；根据上年实际发生的职工福利费用情况，企业预计本年应该承担的职工福利费金额为职工工资总额的 2%；企业分别按工资总额的 2%和 1.5%计提工会经费和职工教育经费。

根据表 3-8 和上述计提比率计算公司 8 月份其他职工薪酬如下：

应记入“基本生产成本”账户的其他职工薪酬金额为：

A 产品：36 000×(10%＋12%＋2%＋10.5%＋2%＋2%＋1.5%)＝14 400(元)

B 产品：54 000×(10%＋12%＋2%＋10.5%＋2%＋2%＋1.5%)＝21 600(元)

应记入“辅助生产成本”账户的其他职工薪酬金额为：

机修车间：12 000×(10%＋12%＋2%＋10.5%＋2%＋2%＋1.5%)＝4 800(元)

运输车间：10 000×(10%＋12%＋2%＋10.5%＋2%＋2%＋1.5%)＝4 000(元)

应记入“制造费用”账户的其他职工薪酬金额为：

基本生产车间：15 000×(10%＋12%＋2%＋10.5%＋2%＋2%＋1.5%)＝6 000(元)

机修车间：10 000×(10%＋12%＋2%＋10.5%＋2%＋2%＋1.5%)＝4 000(元)

运输车间：10 000×(10%＋12%＋2%＋10.5%＋2%＋2%＋1.5%)＝4 000(元)

应记入“管理费用”账户的其他职工薪酬金额为：

25 000×(10%＋12%＋2%＋10.5%＋2%＋2%＋1.5%)＝10 000(元)

应记入“销售费用”账户的其他职工薪酬金额为：

15 000×(10%＋12%＋2%＋10.5%＋2%＋2%＋1.5%)＝6 000(元)

根据以上计算可编制信诚公司其他职工薪酬费用分配表，如表 3-9 所示。

表 3-9 其他职工薪酬费用分配表

编制单位：信诚公司 2009 年 8 月 单位：元

应借科目	成本或费用项目	工资总额	计提其他职工薪酬
基本生产成——A 产品	直接人工	36 000	14 400
——B 产品	直接人工	54 000	21 600
小计		90 000	36 000
辅助生产成本——机修	职工薪酬	12 000	4 800
——运输	职工薪酬	10 000	4 000
小计		22 000	8 800
制造费用——基本生产	职工薪酬	15 000	6 000
——机修	职工薪酬	10 000	4 000
——运输	职工薪酬	10 000	4 000
小计		35 000	14 000
管理费用	职工薪酬	25 000	10 000
销售费用	职工薪酬	15 000	6 000
小计		40 000	16 000
合计		187 000	74 800

根据上述费用分配表编制以下会计分录：

借：基本生产成本——A 产品 14 400
　　　　　　　　——B 产品 21 600
　　辅助生产成本——机修 4 800
　　　　　　　　——运输 4 000
　　制造费用——基本生产 6 000
　　　　　　——机修 4 000
　　　　　　——运输 4 000
　　管理费用 10 000
　　销售费用 6 000
　贷：应付职工薪酬 74 800

以上的工资费用分配表和其他职工薪酬费用分配表也可以合并编制。

五、其他费用的分配

要素费用中的其他费用是指除上述各项费用以外的费用支出，包括固定资产折旧费用、利息费用、税金、差旅费、运输费、办公费、水电费、保险费、业务招待费等。这些费用有的构成产品成本，有的构成期间费用，其中属于产品成本构成部分的费用，应专门设置成本项目，在发生这些费用时，根据有关的付款凭证，按照费用发生的地点和用途进行归集，分别记入“制造费用”、“管理费用”、“辅助生产成本”、“销售费用”等账户的借方。记入“银行存款”等账户的贷方。

（一）固定资产折旧费用

固定资产是工业企业的主要劳动资料，它能在若干个生产周期发挥相同的作用，而不改变其原有的实物形态。但它的价值随其参加生产过程的磨损程度，逐渐地、部分地转移到所生产的产品中，构成产品成本的一个组成部分。这部分转移的价值，应按一定的会计期间（一般是按月）计入产品成本和有关费用项目。这种按月计入产品成本和有关费用的固定资产转移价值，称为固定资产折旧费。

在固定资产有效的使用年限内按月计提一定的折旧费用，不仅是为了使企业将来有能力重置资产，维持再生产的进行，更主要的是为了把购置的固定资产的支出分配于各个受益期间，以便正确计算各期产品成本，实现收入与费用的正确配比。《企业会计准则第4号——固定资产》规定，企业应对所有的固定资产计提折旧，已提足折旧仍继续使用的固定资产和单独计价入账的土地除外。在实际工作中，企业某种产品的生产可能要使用多种机器设备，而某种机器设备也可能会生产多种产品。为了简化成本计算工作，固定资产折旧费一般没有专设成本项目，而是按使用部门分别记入“制造费用”、“管理费用”、“销售费用”等账户的借方，计提的折旧总额，记入“累计折旧”账户的贷方。企业应该根据确定的折旧计算方法和计提折旧的范围提取折旧费用。折旧费用的分配是通过编制折旧费用分配表来完成的，企业据该表编制会计分录，登记有关总账和所属的明细账。折旧费用分配表的格式如表3-10所示。

【例3-15】

信诚公司2009年8月份的折旧费用分配表如表3-10所示。

表3-10　　折旧费用分配表

单位名称：信诚公司　　2009年8月　　单位：元

应借科目	车间、部门	本月应提折旧费用
制造费用——基本生产	基本生产车间	20 000
——机修车间	机修车间	4 000
——运输车间	运输车间	5 200
管理费用	行政管理部门	3 000
销售费用	专设销售机构	1 500
合计		33 700

企业编制会计分录如下：

借：制造费用——基本生产　　20 000
　　　　　　——机修　　4 000
　　　　　　——运输　　5 200
　　管理费用　　3 000
　　销售费用　　1 500
　贷：累计折旧　　33 700

（二）利息费用

要素费用中的利息费用不是产品成本的构成部分，属于期间费用中的财务费用，是指计入财务费用的短期借款利息和长期借款的利息。

(1) 短期借款利息。企业的短期借款利息通常是按季度结算支付。按照会计处理基础，应该采用分月计提，季末实际支付的方法进行核算。实际支付的利息费用与预提费用之间的差额，调整计入季末月份的财务费用。每月计提利息费用时，借记“财务费用”账户，贷记“应付利息”账户；季末实际支付利息费用时，借记“应付利息”账户，贷记“银行存款”账户。季末调整实际费用与按计划预提费用之间的差额。如果利息费用数额不大，可以采用简化的方法，不需预提，而是将季末实际支付的利息费用全部计入当月的财务费用，借记“财务费用”账户，贷记“银行存款”账户。

(2) 长期借款利息。企业的长期借款利息费用一般是采用每年计算一次应付利息，到期一次还本付息的方法进行核算的。每年计算结转应付利息时，借记“财务费用”、“在建工程”账户，贷记“长期借款”账户；到期还本付息时，借记“长期借款”账户，贷记“银行存款”账户。

(三) 税金

要素费用中的税金，不是产品成本的构成部分，是指计入管理费用的各种税金，如印花税、房产税、车船税、土地使用税等。应交房产税根据房产固定资产账面原值或租出房屋的租金收入，按一定方法和规定的税率计算。应交车船税按照车船种类、数量、吨位等和规定的征收定额计算，应交土地使用税因用地所在地区市政建设状况、经济繁荣程度等条件不同，按用地面积和不同等级的计税标准计算。以上各税种按规定计算应缴税金，借记“管理费用”账户，贷记“应交税费”账户。

印花税是对书立、购销、加工、租赁、借款等合同和营业账簿等凭证行为征收的税款，根据不同征税项目的性质分别按比例税率或计税定额计算。根据会计制度规定，企业缴纳的印花税不通过“应交税费”账户核算，购买印花税票金额较小时，借记“管理费用”账户，贷记“银行存款”账户。若一次购买金额较大时，可通过“待摊费用”账户核算，根据使用情况和合理负担的原则，分摊到当月和以后各月的管理费用中。对于一些需要预先计算应交金额，然后再行缴纳的税种，如房产税、车船税、土地使用税等，在计算应交税额时借记“管理费用”账户，贷记“应交税费”账户；实际缴纳时借记“应交税费”账户，贷记“银行存款”账户。

【例3-16】

某企业本月购买印花税票140元，应交房产税3 500元、车船税1 100元、土地使用税2 800元。应编制的会计分录如下：

借：管理费用　　7 540

　贷：应交税费——应交房产税　　3 500

　　　　　　——应交车船使用税　　1 100

　　　　　　——应交土地使用税　　2 800

　　　银行存款　　140

(四) 其他费用的分配

其他费用主要是指差旅费、运输费、办公费、水电费、保险费、业务招待费等。这些费用有的构成产品成本，有的为期间费用的组成部分，即使是应计入产品成本的部分，也没有单独设立成本项目，所以，这些费用发生时，只有根据有关的付款凭证，按照发生的地点和用途进行归集，记入“制造费用”、“辅助生产成本”、“管理费用”、“销售费用”等成本、费用账户的借方，以及“银行存款”等账户的贷方。如果费用支出数额较大，受益期限较长，为了保证成本计算的准确性，应采用待摊或预提的方法进行相应的处理。在实际工作中，这些费用支出的凭证较多，为了简化记账手续，也可以根据这些费用发生的凭证汇总编制其他费用分配表，据以登记有关的生产费用明细账。其格式如图表 3-11 所示。

【例 3-17】

假设表 3-11 中的费用全部用银行存款支付，可编制如下会计分录：

借：制造费用——基本生产　2 600

　　　　　　——机修　4 900

　　　　　　——运输　11 100

　　管理费用　14 600

　　销售费用　3 700

　贷：银行存款　36 900

表 3-11　**其他费用分配表**

编制单位：信诚公司　2009 年 8 月　单位：元

应借科目	成本或费用项目	金额
制造费用——基本生产	办公费	800
	劳动保护费	1 200
	其他	600
——机修	水电费	1 500
	劳动保护费	3 200
	其他	200
——运输	劳动保护费	3 800
	水电费	6 500
	其他	800
管理费用	办公费	1 800
	差旅费	5 800
	业务招待费	5 300
	水电费	1 300
	其他	400
销售费用	办公费	1 600
	水电费	2 100
合计		36 900

除以上费用外，按照权责发生制要求，为了正确确定各月的费用界限，本月支付应由本月和以后各月负担的费用，应该按一定的标准分配摊销计入本月和以后各月的相关成本与费用；本月尚未支付但应由本月负担的费用，应该采用预提的方式计入本月的成本费用，以体现权责发生制对成本、费用核算的要求。

第二节　辅助生产费用的归集和分配

一、辅助生产及其特点

辅助生产是指为基本生产车间、企业行政管理部门等单位服务而进行的产品生产和劳务供应，如为基本生产提供工具、模具，修理用备件的制造，供电、供水以及运输、修理等劳务服务。

辅助生产虽然不直接加工、制造产品，但能为产品的形成提供必要的条件，有助于产品形成。其主要任务是为本企业基本生产和管理部门服务，但有时也对外销售其产品和劳务。另外，辅助生产的服务方式呈现多样化的特点。

（1）只生产一种产品或提供一种劳务的车间，如供水、供电、供汽等车间。其特点是：①该类车间的产品和劳务全部耗用于当期的生产过程，没有期初和期末在产品。②成本计算期内发生的全部生产费用都是直接费用。③辅助生产成本按车间设明细账，并开设成本专栏项目。④当期汇集的生产费用总额，即为该期的产品劳务总成本。

（2）生产多种产品或提供多种劳务的车间，如工具、修理等车间。发生的费用分为直接费用和间接费用。车间间接费用应先在“制造费用——辅助生产车间”中进行核算，月终按一定的标准分配计入有关产品成本和劳务成本计算单。

（3）辅助生产车间彼此间相互提供劳务。辅助生产为基本生产提供产品和劳务所发生的各项费用，是产品生产劳动耗费的一部分。其成本的高低，会影响到企业产品成本和期间费用的水平，因此，正确组织辅助生产费用的核算，对于节约费用、降低成本，完整、准确计算产品成本都有着重要的意义。

二、辅助生产费用的归集

辅助生产费用对于受益的基本生产车间和管理部门来说，仅是其成本、费用的一项，为了加强辅助生产费用的控制和合理分配，必须先对辅助生产发生的费用单独进行归集与核算，然后再按受益对象进行分配。

辅助生产费用的归集和分配是通过“辅助生产成本”账户进行的。该账户的借方登记为进行辅助生产所发生的各项费用；贷方登记向受益部门分配的费用；该账户期末余额表示辅助生产在产品成本（只提供单一劳务的辅助生产期末一般无余额）。该账户一般按车间以及产品或劳务的种类设置明细账，账内按成本项目设置专栏，进行明细分类核算。其归集程序有以下两种：（1）对于生产多种产品或提供多种劳务的辅助生产车间，为了正确计算各产品或劳务的成本，管理上要求单独归集辅助生产车间的间接费用，即先通过“制造费用”科目归集各项间接费用，月末再按一定的分配方法分配后转入“辅助生产成本”科目借方。（2）对于只生产一种产品或只提供一种劳务的辅助生产车间，为了简化核算工作，可不设置“制造费用”科目，只需将发生的制造费用直接记入“辅助生产成本”科目有关项目内。该程序适用于企业辅助生产车间规模较小，发生的制造费用较少，且辅助生产不对外销售商品或提供劳务服务的情况。以上两种程序的主要区别在于辅助生产制造费用归集的程序不同。

【例 3-18】

信诚公司 2009 年 8 月份辅助生产成本和辅助生产车间制造费用明细账如表 3-12～表 3-14 所示（表 3-12 和表 3-13 为单独设置制造费用的格式，表 3-14 为不设制造费用的格式）。表中数据为前面例题中各项费用分配表的有关资料。

表 3-12　辅助生产成本明细账

辅助车间：机修车间　2009 年 8 月　单位：元

摘要	直接材料	直接燃料和动力	直接人工	制造费用	合计	转出
材料费用分配表	1 600				1 600	
外购动力费用分配表		2 500			2 500	
工资分配表			12 000		12 000	
其他职工薪酬分配表			4 800		4 800	
制造费用分配表				23 650	23 650	
辅助生产成本分配表						44 550
合计	1 600	2 500	16 800	23 650		44 550

表 3-13　制造费用明细账

辅助车间：机修车间　2009 年 8 月　单位：元

摘要	燃料和动力	职工薪酬	折旧费	劳保费	其他费用	合计	转出
外购动力分配表	750					750	
工资分配表		10 000				10 000	
其他职工薪酬分配表		4 000				4 000	
折旧费用分配表			4 000			4 000	
其他费用分配表				3 200	1 700	4 900	
制造费用分配表							23 650
合计	750	14 000	4 000	3 200	1 700	23 650	23 650

表 3-14　辅助生产成本明细账

辅助车间：机修车间　2009 年 8 月　单位：元

摘要	原材料	燃料和动力	职工薪酬	折旧费	保险费	其他	合计	转出
材料分配表	1 600						1 600	
外购动力分配表		3 250					3 250	
职工薪酬分配表			30 800 (16 800＋14 000)				30 800	
折旧费用分配表				4 000			4 000	
其他费用分配表					3 200	1 700	4 900	
辅助生产成本分配表								44 550
合计	1 600	3 250	30 800	4 000	3 200	1 700	44 550	44 550

三、辅助生产费用的分配

期末，辅助生产车间根据所生产的产品和提供的劳务数量，将已经归集在“辅助生产成本”及其明细账的本期费用，按照分配对象的受益程度采用一定的方法进行分配。由于辅助生产车间提供的产品、劳务以及受益对象的情况各有不同，其成本及费用分配结转的方法和程序也不相同。

（一）辅助生产提供可以入库的产品

对于生产工具、模具、自制材料和修理用备件等产品的辅助生产车间，可以分别采用“品种法”、“分批法”计算产品成本，并将完工的产品办理入库手续，从“辅助生产成本”账户的贷方转入“原材料”、“低值易耗品”账户的借方，待领用时再按其用途将费用一次或分次转入有关成本账户。

（二）辅助生产提供不能入库的产品或劳务

对于提供水、电、气和修理等服务的辅助生产车间，根据当期归集的费用和完成的全部劳务量计算单位成本，按各受益单位实际耗用量进行分配，并从“辅助生产成本”账户的贷方转入“制造费用”、“管理费用”、“销售费用”账户的借方。对于向本单位以外的其他单位提供的产品和劳务服务，应该分别核算销售收入、增值税和销售成本。辅助生产提供的产品和劳务，主要是为基本生产车间等服务的。在实际工作中，也存在某些辅助生产车间相互提供产品和劳务的情况，如供水车间向供电车间提供水，供电车间向供水车间提供电力。为了计算供水成本，就要确定电力的成本；如要计算电力成本，同样也要确定供水成本。为了正确计算辅助生产产品和劳务的成本，在分配辅助生产费用时，应首先在彼此相互提供劳务服务的各辅助生产车间之间进行费用的相互分配，然后再对辅助生产车间以外的各受益单位分配费用。

辅助生产费用的分配步骤如下：(1) 计算各车间劳务的单位成本（分配率）；(2) 将生产成本分配到各受益部门；(3) 作出相应的账务处理。辅助生产费用的分配，应根据各辅助生产车间生产产品和提供劳务的具体情况，选择合适的分配方法。辅助生产费用的分配方法通常有直接分配法、顺序分配法、交互分配法、代数分配法和计划成本分配法。实际工作中，辅助生产费用的分配，是通过编制辅助生产费用分配表进行的，并以此表作为转账的原始凭证。各种费用分配表的格式及内容，在以下各种分配方法中详细介绍。

1. 直接分配法

直接分配法，是将各辅助生产车间发生的费用，直接分配给除辅助生产车间以外的各受益产品和受益单位，对各辅助生产车间相互提供的劳务费用不进行交互分配的一种分配方法。有关的计算公式如下：

$$\text{某车间对外分配劳务的单位成本(分配率)}=\text{该车间待分配费用总额}\div\text{对外提供劳务总量}$$

某受益单位应分配的劳务费用＝该单位耗用劳务数量×该项劳务单位成本

【例 3-19】

某企业有供水和供电两个辅助生产车间，主要为本企业基本生产车间和行政管理部门等服务。根据“辅助生产成本”明细账汇总的资料，供水车间本月发生费用 1 600 元，供水总量为 400 立方米，其中供电车间耗用 80 立方米，基本生产车间一般性耗用 300 立方米，行政管理部门耗用 20 立方米。供电车间本月发生费用为 4 000 元，供电总量为 20 000 千瓦时，其中供水车间耗用 4 000 千瓦时，基本生产车间 A 产品生产耗用 12 000 千瓦时，车间一般照明耗用 2 000 千瓦时，行政管理部门耗用 2 000 千瓦时。要求据以上资料，采用直接分配法分配辅助生产费用，并编制辅助生产费用分配表。

辅助生产费用的分配步骤如下：

（1）计算各车间提供劳务的单位成本（分配率）。

单位成本(分配率)＝待分配辅助生产费用÷对外提供劳务总量

供水单位成本＝1 600÷(400－80)＝5(元/立方米)

供电单位成本＝4 000÷(20 000－4 000)＝0.25(元/千瓦时)

（2）对受益单位分配费用。

受益方应负担的费用＝受益劳务量×提供劳务的单位成本

分配结果如表 3-15 所示。

表 3-15　　辅助生产费用分配表（直接分配法）

项目		供水	供电	合计
待分配辅助生产费用（元）		1 600	4 000	5 600
供应辅助生产以外的劳务数量		320	16 000	
单位成本（分配率）		5	0.25	
基本生产——A 产品	耗用数量		1 200	
	分配金额		3 000	3 000
基本生产车间	耗用数量	300	2 000	
	分配金额	1 500	500	2 000
行政管理部门	耗用数量	20	2 000	
	分配金额	100	500	600
合计		1 600	4 000	5 600

（3）根据辅助生产费用分配表编制会计分录。

借：基本生产成本——A 产品　　3 000

　　制造费用　　2 000

　　管理费用　　600

　贷：辅助生产成本——供水　　1 600

　　　　　　　　　——供电　　4 000

直接分配法的特点是，各辅助生产车间费用只对外分配一次，计算十分简便。但在计算对外分配单位成本时，因为没有考虑各辅助生产车间内部相互提供劳务的情况，所以分配结果不够准确。如本例中，供电车间分配费用时，没有包括所耗用水的费用；供水车间分配费用时，没有包括耗用电的费用。因此，该方法在辅助生产内部相互提供产品或劳务不多，不进行费用的交互分配对辅助生产成本和产品制造成本影响不大的情况下采用。

2. 交互分配法

将辅助生产车间的费用分配分为对内、对外两次进行。第一次分配只在有交互关系的各辅助生产车间之间进行；第二次分配是将各辅助生产车间交互分配后的实际费用（交互分配前的费用加上交互分配转入的费用，减去交互分配转出的费用），对辅助生产车间以外的各受益单位进行分配。其计算原理如下：

（1）第一次交互分配的计算公式（也可称为对内分配）：

$$\text{交互分配单位成本（对内分配率）}=\text{各车间交互分配前待分配费用}\div\text{该车间提供的劳务总量}$$

$$\text{某车间应分配转入的劳务费用}=\text{该车间接受其他车间的劳务量}\times\text{耗用劳务的交互分配单位成本}$$

$$\text{某车间应分配转出的劳务费用}=\text{该车间为其他车间提供的劳务量}\times\text{该车间交互分配单位成本}$$

（2）第二次分配的计算公式（也可称为对外分配）：

$$\text{辅助生产车间对外分配单位成本(对外分配率)}=\text{各车间交互分配后的实际费用}\div\text{该车间对外提供的劳务总量}$$

其中：

$$\text{各车间交互分配后的实际费用}=\text{各车间交互分配前待分配费用}+\text{其他车间分配进来的费用}-\text{该车间分给其他车间的费用}$$

$$\text{辅助生产车间以外受益单位应分配劳务费用}=\text{该受益单位实际耗用劳务量}\times\text{提供劳务车间对外分配劳务单位成本}$$

【例 3-20】

承例 3-19，计算分配辅助生产费用，并编制辅助生产费用分配表如表 3-16 所示。

具体计算如下：

（1）交互分配。

供电车间单位成本＝4 000÷20 000＝0.2(元/千瓦时)

应分配给供水车间费用＝4 000×0.2＝ 800(元)

供水车间单位成本＝1 600÷400＝4(元/立方米)

应分配给供电车间费用＝80×4＝320(元)

（2）对外分配。

供电车间对外分配率＝(4 000－ 800＋320)÷16 000＝0.22(元/千瓦时)

应分配给基本生产车间产品的生产费用＝12 000×0.22＝2 640(元)

应分配给基本生产车间的照明费用＝2 000×0.22＝440(元)

应分配给行政管理部门的费用＝2 000×0.22＝440(元)

供水车间对外分配率＝(1 600＋ 800－320)÷320＝6.5(元/立方米)

应分配给基本生产车间一般性耗用的费用＝300×6.5＝1 650(元)

应分配给行政管理部门费用＝20×6.5＝130(元)

采用交互分配法分配辅助生产费用，其账务处理如下：

表 3-16 **辅助生产费用分配表**（交互分配法） 金额单位：元

<table>
<tr><td colspan="3">项目</td><td colspan="3">交互分配</td><td colspan="3">对外分配</td></tr>
<tr><td colspan="3">辅助车间名称</td><td>供水</td><td>供电</td><td>合计</td><td>供水</td><td>供电</td><td>合计</td></tr>
<tr><td colspan="3">待分配辅助生产费用</td><td>1 600</td><td>4 000</td><td>5 600</td><td></td><td></td><td></td></tr>
<tr><td colspan="3">劳务供应数量</td><td>400 立方米</td><td>20 000 千瓦时</td><td></td><td>320</td><td>16 000</td><td></td></tr>
<tr><td colspan="3">费用分配率（单位成本）</td><td>4</td><td>0.2</td><td></td><td>6.5</td><td>0.22</td><td></td></tr>
<tr><td rowspan="4">辅助生产车间耗用</td><td rowspan="2">供水车间</td><td>耗用数量</td><td></td><td>4 000 千瓦时</td><td></td><td></td><td></td><td></td></tr>
<tr><td>分配金额</td><td></td><td>800</td><td></td><td></td><td></td><td></td></tr>
<tr><td rowspan="2">供电车间</td><td>耗用数量</td><td>80 立方米</td><td></td><td></td><td></td><td></td><td></td></tr>
<tr><td>分配金额</td><td>320</td><td></td><td></td><td></td><td></td><td></td></tr>
<tr><td colspan="2" rowspan="2">基本生产车间 A 产品耗用</td><td>耗用数量</td><td></td><td></td><td></td><td></td><td>12 000 千瓦时</td><td></td></tr>
<tr><td>分配金额</td><td></td><td></td><td></td><td></td><td>2 640</td><td></td></tr>
<tr><td colspan="2" rowspan="2">基本生产车间耗用</td><td>耗用数量</td><td></td><td></td><td></td><td>300 立方米</td><td>2 000 千瓦时</td><td></td></tr>
<tr><td>分配金额</td><td></td><td></td><td></td><td>1 950</td><td>440</td><td></td></tr>
<tr><td colspan="2" rowspan="2">企业管理部门耗用</td><td>耗用数量</td><td></td><td></td><td></td><td>20 立方米</td><td>2 000 千瓦时</td><td></td></tr>
<tr><td>分配金额</td><td></td><td></td><td></td><td>130</td><td>440</td><td></td></tr>
<tr><td colspan="2">分配金额合计</td><td></td><td></td><td></td><td></td><td>2 080</td><td>3 520</td><td>5 600</td></tr>
</table>

（1）交互分配。

借：辅助生产成本——供水车间 800

　贷：辅助生产成本——供电车间 800

借：辅助生产成本——供电车间 320

　贷：辅助生产成本——供水车间 320

实际工作中，上述辅助生产费用内部结转也可以不编制会计分录，直接在明细账中登记。

（2）对外分配。

借：基本生产成本——A 产品 2 640

　　制造费用——基本生产 440

　　管理费用 440

　贷：辅助生产成本——供电车间 3 520

借：制造费用——基本生产 1 950

　　管理费用 130

　贷：辅助生产成本——供水车间 2 080

运用交互分配法对辅助生产费用进行了两次分配，反映了辅助生产车间相互提供劳务、产品的交互关系及实际成本，提高了分配结果的正确性。但在辅助生产车间较多，且存在交互关系复杂的情况下，计算较繁琐，且增加了计算工作量。

3. 计划成本分配法

计划成本分配法是按各辅助生产车间提供产品或劳务的计划单位成本和受益单位实际

耗用产品或劳务数量分配辅助生产费用的一种方法。采用该法，某辅助生产车间实际成本除包括该车间直接发生的费用外，还包括其他辅助生产车间转入的计划成本，实际成本与已对外分配计划成本之间的差额，也就是辅助生产产品或劳务的成本差异，可以追加分配给辅助生产以外的各受益单位，也可以在期限末全部转入“管理费用”账户。其计算原理如下：

$$\text{某辅助生产车间分配的计划成本}=\text{该车间提供的产品或劳务总量}\times\text{产品或劳务的单位成本}$$

$$\text{某车间(部门)应分配的费用}=\text{该车间(部门)实际耗用劳务数量}\times\text{提供劳务的计划单位成本}$$

$$\text{某辅助生产车间的实际成本}=\text{该车间待分配费用}+\text{其他车间分配转入的计划成本}$$

$$\text{某辅助生产车间的成本差异}=\text{该车间实际总成本}-\text{该车间分配的计划成本}$$

【例3-21】

承例3-19，假设每千瓦时电的计划单位成本为0.25元，每立方米水的单位成本为4元，按计划成本分配法计算分配辅助生产费用。并编制“辅助生产费用分配表”如表3-17所示。

具体计算如下：

(1) 按计划单位成本分配供电车间费用。

基本生产成本应分配电费＝12 000×0.25＝3 000(元)

基本生产车间一般消耗应分配电费＝2 000×0.25＝500(元)

管理部门应分配电费＝2 000×0.25＝500(元)

供水车间应分配电费＝4 000×0.25＝1 000(元)

供电车间分配劳务计划成本＝20 000×0.25＝5 000(元)

(2) 按计划成本分配供水车间费用。

基本生产车间一般消耗应分配水费＝300×4＝1 200(元)

管理部门应分配水费＝20×4＝80(元)

供电车间应分配水费＝80×4＝320(元)

供水车间分配劳务计划成本＝400×4＝1 600(元)

(3) 供电车间劳务成本差异＝(4 000＋320)－5 000＝－680(元)

(4) 供水车间劳务成本差异＝(1 600＋1 000)－1 600＝1 000(元)

根据以上计算，编制辅助生产费用分配表，根据分配表编制会计分录：

(1) 按计划成本分配。

借：基本生产成本——A产品　3 000

　　制造费用　500

　　管理费用　500

　　辅助生产成本——供水　1 000

贷：辅助生产成本——供电　　5 000

借：制造费用　　1 200

管理费用　　80

辅助生产成本——供电　　320

贷：辅助生产成本——供水　　1 600

（2）结转辅助生产车间成本差异。

借：管理费用　　320

贷：辅助生产成本——供电　　680

——供水　　1 000

表 3-17　**辅助生产费用分配表**（计划成本分配法）　金额单位：元

辅助生产车间名称			供水车间	供电车间	合计
待分配辅助生产费用			1 600	4 000	5 600
劳务供应数量			400 立方米	20 000 千瓦时	—
计划单位成本			4	0.25	—
制造费用	供水车间	耗用数量		4 000 千瓦时	
		分配金额		1 000	1 000
	供电车间	耗用数量	80 立方米		
		分配金额	320		320
	基本生产车间	耗用数量	300 立方米	2 000 千瓦时	
		分配金额	1 200	500	1 700
基本生产成本	A 产品生产	耗用数量		12 000 千瓦时	
		分配金额		3 000	3 000
管理费用	企业行政管理部门	耗用数量	20 立方米	2 000 千瓦时	
		分配金额	80	500	80
按计划成本分配合计			1 600	5 000	6 600
辅助生产实际成本			2 600	4 320	6 920
辅助生产成本差异			1 000	−680	320

采用计划成本分配法，由于辅助生产车间的产品或劳务的计划单位成本有现成的资料，不需要计算实际单位成本，能够简化和加速分配的计算工作。同时，通过辅助生产费用差异的计算，便于考核和分析各受益单位的经济责任，还能反映辅助生产车间产品或劳务的实际成本脱离计划成本的差异。但是采用该种分配方法，分配费用的准确性较差。一般适用于各辅助生产车间提供的产品或劳务量以及实际成本较稳定、计划单位成本估算比较准确的企业。

4. 代数分配法

代数分配法是指运用代数中多元一次联立方程组的原理，通过解联立方程组计算各辅助生产车间产品或劳务的单位成本，并按所计算的单位成本进行辅助生产费用分配的方法。

该方法建立联立方程的恒等原理为：

$$\text{某辅助生产车间待分配费用}+\text{其他辅助生产车间分配转入的费用}=\text{某辅助生产车间应该分配转出的费用}$$

或

$$\text{某辅助生产车间待分配费用}+\text{该车间耗用其他辅助生产车间的劳务量}\times\text{耗用劳务的单位成本}$$
$$=\text{该辅助生产车间提供的劳务总量}\times\text{该辅助生产车间提供劳务的单位成本}$$

设每个辅助生产车间“提供产品或劳务的单位成本”为未知数，依据上述恒等原理就可以建立联立方程式，并计算辅助生产产品或劳务的单位成本，然后，根据各受益单位（包括辅助生产内部和外部各单位）耗用产品或劳务的数量和单位成本，计算分配辅助生产费用。

【例 3-22】

承例 3-19，计算分配辅助生产费用。并编制“辅助生产费用分配表”如表 3-18 所示。

具体计算如下：

设每千瓦时电的单位成本为 x，每立方米水的单位成本为 y，则建立的二元一次方程组为：

$$\begin{cases}4\,000+80y=20\,000x\\1\,600+4\,000x=400y\end{cases}$$

解方程组求得

$$\begin{cases}x=0.225(\text{元/千瓦时})\\y=6.25(\text{元/立方米})\end{cases}$$

根据以上计算结果编制辅助生产费用分配表，根据辅助生产费用分配表编制会计分录：

借：基本生产成本——A 产品　　2 700
　　制造费用　　2 325
　　管理费用　　575
　贷：辅助生产成本——供电　　3 600
　　　　　　　　　——供水　　2 000

表 3-18　　**辅助生产费用分配表**（代数分配法）　　金额单位：元

<table>
<tr><td colspan="2" rowspan="3">项目</td><td rowspan="3">单位成本</td><td rowspan="3">费用合计</td><td colspan="4">辅助生产车间</td><td colspan="5">基本生产车间</td><td rowspan="3">行政管理部门</td></tr>
<tr><td colspan="2">供水车间</td><td colspan="2">供电车间</td><td colspan="2">产品耗用</td><td colspan="3">车间一般耗用</td></tr>
<tr><td>数量</td><td>金额</td><td>数量</td><td>金额</td><td>数量</td><td>金额</td><td>数量</td><td>金额</td><td>数量</td></tr>
<tr><td colspan="2">待分配费用</td><td></td><td></td><td>400</td><td>1 600</td><td>20 000</td><td>4 000</td><td></td><td></td><td></td><td></td><td></td><td></td></tr>
<tr><td rowspan="2">费用分配</td><td>供水车间</td><td>6.25</td><td>2 000</td><td></td><td></td><td>80</td><td>500</td><td></td><td></td><td>300</td><td>1 875</td><td>20</td><td>125</td></tr>
<tr><td>供电车间</td><td>0.225</td><td>3 600</td><td>4 000</td><td>900</td><td></td><td></td><td>12 000</td><td>2 700</td><td>2 000</td><td>450</td><td>2 000</td><td>450</td></tr>
<tr><td colspan="2">合计</td><td></td><td>5 600</td><td></td><td>2 500</td><td></td><td>4 500</td><td></td><td>2 700</td><td></td><td>2 325</td><td></td><td>575</td></tr>
</table>

采用代数分配法分配辅助生产费用时，由于各辅助生产车间交互关系的存在，按所计算的单位成本对外部受益单位分配费用时，会出现个别辅助生产车间分配转出的费用高于或低于已归集的费用。如本题中，供电车间实际发生的费用为 4 000 元，对外部受益单位分配的费用为3 600 元，相差 400 元；供水车间实际发生的费用为 1 600 元，对外部受益单位分配的费用为 2 000 元，也差 400 元。差额是因为辅助生产车间内部相互提供劳务所分配的金额不均衡造成的，但两差额相抵后，辅助生产费用分配的总额还是相等，本题分配前与分配后的费用合计均为 5 600 元。

按代数分配法分配辅助生产费用，其分配结果最正确，但在辅助生产车间较多的情况下，其计算工作比较复杂，因而这种分配方法适宜在计算工作已经实现电算化的企业采用。

5. **顺序分配法**

顺序分配法也称梯形分配法，是按各辅助生产车间相互提供劳务费用多少的顺序排列，将受益少的车间排列在前面，并将其费用分配给排列在其后的受益大的辅助生产车间和辅助生产之外的受益单位的一种分配方法。各辅助生产车间之间的费用分配是按照受益价值量多少的顺序依次排列，而不是以实物量大小确定。

在分配费用时，排在前面的辅助生产车间向排在后面的辅助生产车间和外部受益单位分配费用。排在后面的辅助生产车间归集本车间发生的直接费用和前面车间分配转入的费用，再对外部受益单位和排列在本车间后面的辅助生产车间分配，而不需向前面返回分配。

【例 3-23】

承例 3-19，供电车间与供水车间按受益价值量的大小排序，供电车间受益量要小于供水车间，应排列在前，供水车间受益量较大应排列在其后。计算如下：

供电车间费用分配率＝4 000÷20 000＝0.2(元/千瓦时)

供水车间费用分配率＝(800＋1 600)÷(400－80)＝7.5(元/立方米)

据此编制的辅助生产费用分配表如表 3-19 所示。

表 3-19　辅助生产费用分配表（顺序分配法）　金额单位：元

项目	辅助生产车间						基本生产				行政管理部门	
	供电车间			供水车间			A 产品		基本生产车间			
车间部门	劳务量	待分配费用	分配率	劳务量	待分配费用	分配率	消耗量	分配金额	消耗量	分配金额	消耗量	分配金额
	20 000	4 000		400	1 600							
分配电费	−20 000	−4 000	0.2	4 000	800		12 000	2 400	2 000	400	2 000	400
分配水费				−320	−2 400	7.5			300	2 250	20	150
分配金额金额合计								2 400		2 650		550

根据费用分配表编制会计分录：

借：基本生产成本——A 产品　　2 400

制造费用　　400
管理费用　　400
辅助生产成本——供水车间　　800
贷：辅助生产成本——供电车间　　4 000
借：制造费用　　2 250
管理费用　　150
贷：辅助生产成本——供水车间　　2 400

以上结转分录中，供水车间对外分配费用 2 400 元，既有本车间当期直接发生的费用 1 600 元，又有供电车间分配进来的电费 800 元。供电和供水两辅助生产车间向外部受益单位分配的费用合计数仍为 5 600 元。

顺序分配法在辅助生产车间之间按受益价值量大小排出顺序后，由前向后单向分配费用，比直接分配法的分配结果要准确一些。该法适用于各辅助生产车间相互提供劳务且受益程度有明显差别的企业。当辅助生产车间提供劳务的受益程度不明显时，就难以正确进行排序，这样会造成费用分配不合理的现象。采用顺序分配法能有重点地反映辅助生产部门交互提供服务的关系，但是由于这种方法使得排在前面的辅助生产部门不负担排在后面的辅助生产车间的费用，造成费用归集不完整，导致辅助生产部门之间交互服务的关系反映不全面，影响了分配结果的准确性。

综合以上介绍的各种辅助生产费用分配方法，企业各辅助生产车间如果没有相互提供劳务时，选择采用直接分配法比较适宜；如果存在相互提供劳务的情况，只要具备一定的条件，选用交互分配法、代数分配法以及计划成本分配法较适宜。

第三节　制造费用的归集和分配

一、制造费用的归集

制造费用是指应由产品成本负担的，但又没有专设成本项目、不能直接计入各产品成本的各项生产费用。即企业各生产单位为组织和管理生产而发生的各项间接费用。主要包括生产车间管理人员的薪酬费用，生产单位房屋、建筑物和机器设备的折旧费用，修理费用，机物料消耗，低值易耗品摊销，生产单位照明费、水费、取暖费、办公费、差旅费、保险费、运输费、设计制图费、试验检验费、劳动保护费、季节性停工和固定资产修理期间停工损失等。企业生产单位的动力费用，如果没有专设成本项目也不单独核算，也应该在制造费用中进行核算。

制造费用的内容较复杂，可以分为：(1) 直接用于产品生产，但管理上不需要或不便于单独核算，因而未专设成本项目的费用，如机器设备折旧费、租赁费、修理费、机物料消耗、生产用低值易耗品摊销费等；(2) 间接用于产品生产的费用，如生产单位房屋建筑物的折旧费、修理费，车间用的照明、取暖费，劳动保护费，季节性修理期间停工损失；(3) 为管理和组织生产发生的费用，如车间管理人员的薪酬，车间水电费、办公费、差旅费等。上述费用一般与产品生产加工以及工艺没有直接联系，所以制造费用又称为间接生产费用。

企业发生的各项制造费用是通过设置“制造费用”账户进行归集与分配的。企业本期发生制造费用时，根据有关的付款凭证、转账凭证以及前述各种费用分配表，借记“制造费用”账户，贷记“原材料”、“应付职工薪酬”、“累计折旧”、“银行存款”等账户。月末，将借方归集、汇总的各项费用编制制造费用分配表，按企业成本核算办法的规定，选择一定的标准分配计入有关的成本核算对象。分配时借记“基本生产成本”账户，贷记“制造费用”账户。“制造费用”账户除季节性生产企业外，期末应该没有余额。

企业除设置“制造费用”总账进行核算外，还应按车间、部门设置明细分类账，账内按照费用项目设置专栏或专行，分别反映各车间、部门各项制造费用的支出情况。由于制造费用内容较复杂、项目也较多，在开设费用项目专栏时，应力求简化、便于核算和计划的考核、分析。在实行成本二级核算的企业，各车间或分厂应单独设“制造费用”账户核算本单位发生的制造费用，月末将本期发生和分配的制造费用汇集于企业财会部门进行核算和分析。制造费用明细账的格式如表 3-20 所示。

表 3-20 **制造费用明细分类账**

车间名称： 2009 年 8 月 单位：元

年		凭证		摘要	费用项目					
月	日	字	号		动力费用	职工薪酬	折旧费	保险费	其他	合计
				合　计						

正确、及时地归集制造费用，是反映和监督制造费用计划执行情况的需要，也是正确及时分配制造费用、计算产品成本及存货成本的需要。

二、制造费用的分配

企业各单位发生的制造费用内容一般都不相同，在分配已归集的制造费用时，应该本着手续简单、易计算、较公正的原则进行分配。在同一企业或者生产车间只生产一种产品，且不分步骤或班组计算和考核时，所有的制造费用都是直接费用，不需要在各产品间进行分配，可直接记入该产品生产成本明细账“制造费用”项目内。但在同一基本生产车间生产多种产品或管理上需要按步骤、分班组进行成本计算、考核的情况下，各基本生产车间所汇集的制造费用应按照一定的分配标准，分配计入各产品、步骤或班组生产成本。辅助生产车间单独核算其制造费用时，汇总在“制造费用——辅助生产车间”账户的数额，在只生产一种产品或提供一种劳务的辅助生产车间，直接计入该辅助生产产品或劳务的成本；在生产多种产品或提供多种劳务的辅助生产车间，则应采用适当的方法，分配计入辅助生产产品或劳务的成本。由于各企业或各车间生产情况不相同，各车间制造费用水平也不同，各车间应该根据成本管理要求和成本计算对象特点，选择合理、准确的分配标准分配制造费用。而不得将各车间的制造费用统一在整个企业范围内分配。通常采用的分配方法有：生产工人工时比例法、机器工时比例法、生产工人工资比例法、年度计划分配率分配法等。制造费用的分配方法一经确定，不宜经常变动。

(一) 生产工人工时比例法

生产工时比例法是以各种产品所耗用生产工人工时为基础分配制造费用的一种方法。其计算公式如下：

制造费用分配率＝应分配的制造费用总额÷各种产品生产工时之和

某种产品应负担的制造费用＝该种产品的生产工时×制造费用分配率

【例 3-24】

某企业一车间生产 A、B 两种产品，某月汇集的制造费用总额为 10 000 元，A 产品生产工时 3 000 小时，B 产品生产工时 2 000 小时。采用生产工人工时比例法分配制造费用如下：

制造费用分配率＝10 000÷(3 000＋2 000)＝20

A 产品应分配的制造费用＝3 000×20＝6 000(元)

B 产品应分配的制造费用＝2 000×20＝4 000(元)

据此编制制造费用分配表如表 3-21 所示。

表 3-21　　制造费用分配表

车间：一车间　　2009 年 8 月　　单位：元

应借科目	生产工时（小时）	分配率	分配金额
基本生产成本——A 产品	3 000	20	6 000
——B 产品	2 000	20	4 000
合计	5 000	20	10 000

根据制造费用分配表，编制会计分录为：

借：基本生产成本——A 产品　　6 000

——B 产品　　4 000

贷：制造费用　　10 000

生产工人工时比例法是较为常用的一种制造费用的分配方法，它能将劳动生产率的高低与产品负担费用的多少联系起来（因为时间因素是制造费用增减的重要因素），分配结果比较合理。而且大部分企业都有产品生产的时间记录，资料较容易取得。但必须正确组织好产品生产工时的记录和核算等基础工作，以保证生产工时正确、可靠。

(二) 机器工时比例法

机器工时比例法是以各种产品所用机器设备运转工时为基础分配制造费用的一种方法。其计算公式如下：

制造费用分配率＝应分配的制造费用总额÷各种产品耗用机器总工时

某种产品应分配制造费用＝该种产品本期耗用机器工时×制造费用分配率

采用该种方法，是由于制造费用中的折旧费、修理费、机物料消耗等一般都与机器耗用工时密切相关，机器设备自动化程度越高，制造费用中的折旧费、修理费所占比重越大。这种方法一般适用于机械化程度较高并且各种机器设备耗用工时记录较准确的车间。如果同一车间中既有手工操作又有机械生产，应将制造费用分为两部分：一部分与机器有关的费用（折旧费、修理费、消耗材料等）按机器工时比例分配；另一部分与机器无关的费用（工资、福利、办公费等）按生产工时比例分配，以提高分配的合理性。

（三）生产工人工资比例法

生产工人工资比例法是以支付给各种产品的生产工人工资为基础分配制造费用的一种方法。其计算公式如下：

制造费用分配率＝应分配的制造费用总额÷各种产品生产工人工资总额

某种产品应分配制造费用＝该种产品生产工人工资×制造费用分配率

由于生产工人工资记录等资料较容易取得（反映在工资费用分配表中），所以该方法简单易行，而且从成本计算的程序上看，直接人工成本一般是按工作量来积累的，所以该方法较合理。但在产品生产设备机械化程度相差较大，岗位设置和定员不健全的情况下，这种分配方法也会影响制造费用分配的合理性。如折旧费、修理费对于机械化程度较高的岗位，由于所需工人人数相对较少，工资也相应较少，导致负担的制造费用反而较少的不合理情况。所以该方法适用于生产人员工资可以直接计入产品成本，且各种产品机械化程度大致相同，各岗位职工工资率大致相同，而工资的多少又大体与制造费用的发生有联系的企业或部门。如果生产工人的计时工资是按照生产工时比例分配的，按照生产工人工资比例分配制造费用，实际上就是按生产工时比例分配制造费用。

（四）年度计划分配率分配法

年度计划分配率分配法是以年度制造费用预算和年度计划产量、定额工时确定的年度计划分配率分配制造费用的一种方法。这种方法无论各月实际发生的制造费用是多少，每月分配转出的制造费用均按年初确定的计划分配率计算。其计算公式如下：

$$\frac{\text{年度制造费用}}{\text{计划分配率}}=\frac{\text{年度制造费用}}{\text{预算总额}}\div\frac{\text{年度各成本计算对象}}{\text{计划产量的定额总工时}}$$

$$\frac{\text{某月某成本计算对象}}{\text{应分配制造费用}}=\frac{\text{该月该成本计算对象}}{\text{实际产量的定额工时}}\times\frac{\text{年度制造费用}}{\text{计划分配率}}$$

【例3-25】

某企业某车间全年计划生产A产品2 000件、B产品3 000件，单位产品的工时定额为A产品6小时、B产品4小时，全年制造费用预算数为60 000元。年度制造费用计划分配率计算如下：

年度制造费用计划分配率＝60 000÷(2 000×6＋3 000×4)＝2.5(元/小时)

采用该方法分配制造费用，可在分配制造费用时，暂不考虑各月份实际发生的制造费用数额，只按年初确定的计划分配率和当期实际发生的产量和定额工时计算制造费用。这种方法，考虑了制造费用中的固定费用，避免了因季节性生产形成的旺季产量大，单位产品分配的费用少，淡季产量小，单位产品分配的费用多的现象，使存货（产成品）单位成本不因季节性而产生较大的波动。同时，由于每月按计划分配率分配结转制造费用，减少了计算工作量，并且有利于日常的控制和考核。该方法适用于季节性生产和计划（定额）较准确的企业。

在使用这种方法分配制造费用时，由于“制造费用”账户借方归集的是当期实际发生的制造费用，贷方反映的是当期按年度计划分配率计算分配的制造费用，由此产生的差异，会造成“制造费用”账户月末出现借方余额或贷方余额。如为借方余额，表示年度内累计实际发生的制造费用大于按计划分配率分配累计的转出额，是该月超计划的待分配的预付费用；如为贷方余额，表示年度内按计划分配率分配累计的转出额大于累计的实际发生额，是该月按计划多分配的应付未付费用，即预提费用。无论是借方还是贷方余额，月末均应在资产负债表的相关项目中列示。年末，制造费用全年实际发生额与计划分配额之间的差额，除其中属于为明年开工生产作准备的可留待明年分配外，其余都应调整计入本年度产品成本。如果差额较小，也可直接将差额部分记入 12 月份“制造费用”账户。实际发生额大于计划分配额，借记“基本生产成本”账户，贷记“制造费用”账户；实际发生额小于计划分配额，借记“制造费用”账户，贷记“基本生产成本”账户，或用红字冲减。采用该种分配方法，应在年度内经常检查、考核计划分配情况，如果发现全年制造费用的实际数和产品的实际产量与计划数产生较大的差额时，应及时调整计划分配率，保证分配的准确性与合理性。

【例 3-26】

某季节性生产企业的制造费用按年度计划分配率法进行分配，全年生产 A、B 两种产品，1—11 月份累计实际制造费用 60 000 元，累计生产工时 50 000 小时，其中，A 产品 30 000 小时，B 产品 20 000 小时，年度计划费用分配率为 1.1 元/小时。12 月份发生的实际制造费用 6 400 元，生产工时耗用为甲产品 3 500 小时，乙产品 2 500 小时。全年差异全部由本年 A、B 两产品负担。要求计算分配 12 月份的制造费用并调整全年差异。

（1）分配 12 月份的制造费用。

A 产品制造费用＝1.1×3 500＝3 850(元)

B 产品制造费用＝1.1×2 500＝2 750(元)

借：基本生产成本——A 产品　　3 850
　　　　　　　　——B 产品　　2 750
　贷：制造费用　　6 600

（2）结转制造费用累计实际金额与累计已分配计划金额之间的差异。

全年累计实际金额＝60 000＋6 400＝66 400(元)

全年按计划分配率已分配的制造费用金额＝(50 000＋3 500＋2 500)×1.1
＝61 600(元)

或　＝ 50 000×1.1＋6 600＝61 600(元)

全年差异＝66 400－61 600＝4 800 元(超支差异)

(3) 差异按工时比例在 A、B 两产品之间分配。

A 产品应负担差异＝(30 000＋3 500)÷(50 000＋6 000)×4 800
＝2 871.43(元)

B 产品应负担差异＝4 800－2 871.43＝1 928.57(元)

借：基本生产成本——A 产品	2 871.43
——B 产品	1 928.57
贷：制造费用	4 800

对制造费用的分配，不论采用哪种方法，都应根据成本管理的需要和成本计算对象的特点，选择合理、准确的分配基础分配制造费用。可以一个车间选择一种分配方法，也可以将制造费用分解后分别选择若干种分配方法计算分配。并根据计算分配的结果，编制制造费用分配表，据以进行制造费用的总分类核算和明细分类核算。除采用按年度计划分配率分配法的企业外，“制造费用”账户月末应没有余额。

第四节 废品损失及停工损失的核算

由于加工的原因或者是由于原料质量的问题，企业会在生产过程中或生产完成后发现产品有问题而导致损失。由于出现废品造成的损失以及生产过程中因停工造成的损失，统称为生产损失，应根据其造成损失的大小，对产品成本产生的影响大小，采用适当的方法进行核算和反映。由于这些生产损失与产品生产直接相关，因此生产损失应由产品制造成本承担，是产品制造成本的组成部分。如果企业生产损失经常发生，在产品成本中所占的比重较大，对产品成本的影响也较大，为了加强对这部分损失的控制与管理，则需要单独进行核算，即单独归集生产损失，计算发生的生产损失数额，必要时还可设置“废品损失”、“停工损失”成本项目，在产品成本组成中单独列示。

一、废品损失的核算

(一) 废品的含义及分类

废品是指产品制造过程中，其质量不符合规定的技术标准，不能按原定的用途使用，或者需要加工修理后才能使用的在产品、半成品和产成品等，包括生产过程中发现的废品和入库后发现的废品。

废品按其报废程度和经济上是否具有修复价值可分为可修复废品和不可修复废品。可修复废品是指技术上可以修复，且所需修复费用在经济上是合算的废品，经过修复可以成为合格产品。不可修复废品是指技术上不可修复或者技术上可以修复但所需修复费用在经济上不合算的废品。

废品按其产生的原因可分为“工废”和“料废”。“工废”是指工人操作不当或技术不熟练所产生的废品，属于本工序操作人员的责任；“料废”是指因原材料或半成品质量缺陷所形成的废品，责任应由材料采购部门或上一工序的操作人员承担。将废品分为“工废”和“料废”，便于计件工资的计算。

废品按其控制要求可分为正常废品和非常废品。正常废品是指在现有生产技术和管理水平下，管理者愿接受的某一废品率范围之内的废品。这种废品在短期内是不可控制的。非常废品是指在现有生产技术和管理水平下，管理者预计不会产生的废品，这种废品在短期内是可控制的。将废品分为正常废品和非常废品，能够体现企业管理水平和管理者对废品的控制能力，也是区分废品损失是否计入成本的界限。

（二）废品损失的核算范围

废品损失是指由于产生废品而发生的损失。包括不可修复废品的生产成本扣除回收残料价值及各种赔偿后的净损失和可修复废品在返修过程中发生的修复费用。废品损失是质量成本的重要构成内容。

企业在制造产品过程中，有因生产者操作不当造成的废品，有因材料或半成品本身质量不符合标准造成的废品，也有因工艺设计上不能完全消除废品而形成的废品等。废品造成的损失作为一种经济损失，应根据其性质和内容界定计入成本的限度和范围。

生产过程中的正常废品，是为取得一定数量的合格产品而随之产生的一种必要劳动耗费。其不可修复废品生产成本扣除回收材料价值及各种赔偿后的净损失和可修复废品在返修中所追加的各项费用费用是合格产品成本的一部分，应该列入产品成本。

生产过程中的非常废品，是能够通过一定措施加以控制的，而不是选用生产工艺中固有的。因此，在生产过程中或产品入库后发现废品时，应及时填写废品通知单，列明废品种类、数量、产生的原因，及时查明原因，分清责任。凡属于管理不当或设备故障造成的废品，应将其损失列入管理费用，不计入产品成本；凡属于生产操作人员责任事故形成的废品，应按管理制度，由个人赔偿的部分计入其他应收款，从废品损失中扣除；凡属于意外事故或自然灾害形成的废品，扣除保险公司赔偿后的净损失列入营业外支出。下列费用或损失不列入废品损失：（1）实行包退、包修、包换的三包企业发生的“三包”费用损失，作为管理费用处理；（2）产品验收入库后发现的废品，视为存货毁损和报废，列入管理费用；（3）经质检部门鉴定不需返修即可降价出售的不合格产品、等外品，其售价低于合格品售价的损失直接体现在当期损益中，不再作废品损失处理。

质量检验部门填制并审核后的废品通知单，是进行废品损失核算的原始凭证。废品通知单应列明废品的种类、数量、产生原因和过失人等。

（三）废品损失的核算

为了满足产品质量管理和控制、分析废品产生的需要，企业应设置“废品损失”账户单独核算废品损失成本变动情况。废品损失的归集和分配，应根据废品通知单、废品交库单、领料单、工作通知单等原始凭证进行。“废品损失”账户应按车间设置明细账，账内按产品品种和成本项目登记废品损失的详细资料。发生废品损失时，将不可修复废品的生产成本（据不可修复废品损失计算表资料提供）从“基本生产成本”中转出，借记“废品损失”账户，贷记“基本生产成本”账户；对可修复废品的修复费用，根据各种费用分配表所列废品损失数额，借记“废品损失”账户，贷记“原材料”、“应付职工薪酬”、“辅助生产成本”、“制造费用”等账户。确认赔偿及残料入库时，冲减废品损失金额，借记“原材料”、“其他应收款”账户，贷记“废品损失”账户。月末，应将“废品损失”账户借贷双方相抵后的净额从该账户转出，由本月生产的同种合格产品负担其废品损失，借记“基本生产成本”账户，贷记“废品损失”账户。经过上述归集和分配后，“废品损失”账户月末应没有余额。对非常废品不多的企业，也可以在“基本生产成本”账户中直接核算废品损失成本，即直接在“直接材料”项目中扣除材料残值，实质上是合格品负担了废品损失成本。

1. 不可修复废品损失的核算

不可修复废品损失是指截至报废时已经发生的废品生产成本扣除残值和过失人承担的赔偿部分后的损失。由于不可修复废品在确认报废之前所发生的各项费用是与合格品一起记入产品明细账的有关成本项目的，所以对不可修复废品损失进行计算时，应先计算截至报废时累计发生的各项费用中废品应分摊的部分，即不可修复废品的生产成本，然后再扣除回收材料的价值和过失人的赔款，从而计算出废品的净损失。废品损失成本的确定方法有两种：一是按废品所耗实际费用计算；二是按废品所耗定额费用计算。

（1）按废品所耗实际费用计算。采用该法就是要将废品报废以前与合格品一起所耗用的全部实际费用，采用适当的方法，在合格品与废品之间进行分配，计算出废品的实际成本。由于不可修复废品负担的各项费用受其加工程度的影响，如果废品是完工后发现的，单位废品负担的各项费用应与单位合格品完全相同；如果废品是在完工前发现的，应根据废品的已加工程度，计算其应负担的各项费用。其中材料费用的分配注意投料程度，其他费用的分配注意加工程度。

当材料为生产开始时一次投入时，直接材料成本可按合格品与废品的实际产量比例进行分配；其他项目成本按合格品与废品的工时比例分配。计算公式如下：

直接材料分配率＝材料成本总额÷实际产量

其中，

实际产量＝合格品数量＋废品数量

废品应该负担的直接材料成本＝废品数量×直接材料分配率

其他项目分配率＝其他项目成本额÷全部生产工时

其中，

全部生产工时＝合格品所耗工时＋废品所耗工时

废品应该负担的其他项目成本＝废品所耗工时×其他项目分配率

【例 3-27】

某企业第一生产车间生产 A 产品 500 件，验收入库发现其中 10 件为不可修复废品。A 产品成本计算单所列本期合格品与废品共同发生的费用为：直接材料 35 000 元，直接人工 20 000 元，制造费用 15 000 元。废品回收材料价值 200 元。共耗用工时 10 000 小时，其中废品所耗工时为 150 小时。原材料为生产开始时一次投入。直接材料费用按合格品与废品的实际产量比例进行分配；其他费用按合格品与废品的工时比例分配。

根据上述资料，编制不可修复废品成本计算表如表 3-22 所示。

表 3-22　　不可修复废品成本计算表（按实际成本计算）

车间名称：第一车间　　2009 年 8 月　　产品名称：A 产品

项　目	产量（件）	直接材料（元）	生产工时（小时）	直接人工（元）	制造费用（元）	合计（元）
生产费用总额	500	35 000	10 000	20 000	15 000	70 000
费用分配率	—	70	—	2	1.5	—
废品成本	10	700	150	300	225	1 225

根据不可修复废品成本计算表和回收材料入库凭证，编制会计分录和登记废品损失明细账，如表 3-23 所示。

表 3-23　　废品损失明细账

车间名称：第一车间　　2009 年 8 月　　产品名称：A 产品

2009 年		凭证字号	摘要	直接材料	直接人工	制造费用	合计
月	日		分配直接材料费用	700			
8	31		分配直接人工费用		300		
			分配制造费用			225	
			不可修复废品成本	700	300	225	1 225
			回收材料价值	−200			−200
			月计	500	300	225	1 025
			结转废品净损失	−500	−300	−225	−1 025

（1）根据不可修复废品成本计算表编制结转废品成本。

借：废品损失——A 产品　　1 225

　贷：基本生产成本——A 产品　　1 225

（2）回收材料入库。

借：原材料　　200

　贷：废品损失——A 产品　　200

（3）根据废品损失明细账确定废品净损失，明确责任后，编制会计分录。

借：基本生产成本——A 产品　　1 025

　贷：废品损失——A 产品　　1 025

假设本企业确定的废品率为 2%，则 10 件废品的净损失应由完工产品负担。A 产品成本计算单如表 3-24 所示。

表 3-24　　产品成本计算单

产品名称：A 产品　　2009 年 8 月

产量：490 件　　单位：元

成本项目	本月生产费用合计	废品损失			产品成本	
		废品损失成本	其中：废品残值	废品净损失	总成本	单位成本
直接材料	35 000	700	−200	500	34 300	70
直接人工	20 000	300	—	300	19 700	40.2
制造费用	15 000	225	—	225	14 775	30.15
废品损失	—	—	—	—	1 025	2.09
合计	70 000	1 225	−200	1 025	69 800	142.44

通过以上计算可以看出，总成本虽然降低了200元（69 800－70 000），但是合格产品的单位成本比不发生废品情况下的单位成本上升了2.44元（142.44－70 000/500），合格产品单位成本上升是因为负担了10件废品的净损失。如果本例10件废品损失中，经确认5件为正常废品，5件为非常废品并由责任人赔偿，只需将5件正常废品的净损失由“废品损失”账户转入“基本生产成本”账户，即合格产品只负担5件废品净损失；将非常废品净损失直接从“废品损失”账户转入“其他应收款”账户。

假设例3-27中10件废品只加工了部分，未完成全部生产过程。假设加工程度为40%，而原材料已一次全部投入，则不可修复废品成本计算如下：

材料成本＝(3 5 000÷ 500)×10＝700(元)

人工成本＝20 000÷(490＋10×40%)×(10×40%)＝162(元)

制造费用＝15 000÷(490＋10×40%)×(10×40%)＝121(元)

10件不可修复废品损失成本为983元（700＋162＋121），账务处理同前。

按废品所耗的实际费用计算废品成本，符合实际，但核算工作量较大，并且要等“基本生产成本”账户实际生产成本汇总后才能计算、结转废品的实际生产成本。

(2) 按废品所耗定额（计划）费用计算。该法又称为按定额成本计算法，就是按不可修复废品的数量和废品的各项费用定额计算废品的定额成本，再将废品的定额成本扣除废品残值的回收价值，即可计算出废品损失，而不考虑废品实际发生的费用。

【例3-28】

承例3-25，假设废品成本按定额成本计算。其原材料费用定额为75元，每小时的费用定额为：直接人工1.8元；制造费用1.3元，其他条件不变。则根据资料编制不可修复废品成本计算表如表3-25所示。

表3-25　　不可修复废品成本计算表（按定额成本计算）

车间名称：第一车间　　2009年8月　　废品数量：10件

产品名称：A产品　　废品所耗工时：150小时　　单位：元

项目	直接材料	直接人工	制造费用	合计
单位定额费用	75	1.8	1.3	—
废品定额成本	750	270	195	1 215
减：回收材料价值	200	—	—	200
废品净损失	550	270	195	1 015

材料定额成本＝废品数量×直接材料单位定额费用

人工定额成本＝废品所耗工时×直接人工单位定额费用

制造费用定额成本＝废品所耗工时×制造费用单位定额费用

根据不可修复废品成本计算表，编制废品净损失结转的会计分录。

借：基本生产成本——A产品　　1 015

　贷：废品损失——A产品　　1 015

假设例3-27中10件废品只加工了部分，未完成全部生产过程。假设加工程度为40%，而原材料已一次全部投入，各成本项目的定额资料同例3-28，则不可修复废品成本计算如表3-26所示。

表3-26　　不可修复废品成本计算表（按定额成本计算）

车间名称：第一车间　　2009年8月　　废品数量：10件

产品名称：A产品　　单位：元

项目	直接材料	直接人工	制造费用	合计
单位定额费用	75	1.8	1.3	—
废品定额成本	750	108	78	936
减：回收材料价值	200	—	—	200
废品净损失	550	108	78	736

材料定额成本＝废品数量×直接材料单位定额费用

人工定额成本＝废品所耗工时×加工程度×直接人工单位定额费用

制造费用定额成本＝废品所耗工时×加工程度×制造费用单位定额费用

按定额成本计算废品损失，由于单位费用定额事前已经确定，使废品损失的计算和结转较简便，还可以使计入合格品成本的废品损失较稳定，不受实际费用水平高低的影响，即废品损失大小只受数量差异的影响，不受废品成本差异的影响，从而有利于废品损失和产品成本的分析与考核。采用该法，必须具备比较准确的消耗定额成本资料，否则会影响成本计算的准确性。

2. 可修复废品损失的核算

可修复废品损失是指废品在修复过程中所发生的各项修复费用。可修复废品经返修后可达到合格品质量标准，其返修之前所发生的各项费用，不是废品损失，不必计算其生产成本和数量，仍保留在“基本生产成本”账户内。发生的各项返修费用，可根据各种费用分配表和有关凭证，记入“废品损失”账户借方进行归集。如属于正常废品，可将返修费用扣除残值和各种赔偿款后的净损失从“废品损失”账户的贷方转入“基本生产成本”账户的借方；如属于非常废品，可将返修费用从“废品损失”账户贷方转入“待处理财产损溢”、“其他应收款”等账户，查明原因后进行处理。对于正常废品较少的企业，为了简化核算，可不单独设置“废品损失”账户，在回收废品残料时，借记“原材料”账户，贷记“基本生产成本”账户，并从所属有关产品明细账的“直接材料”成本项目中扣除残料价值。这种方法虽然简便，但由于合格品的成本项目中都包括不可修复废品的生产成本和可修复废品费用，没有对废品损失进行单独的反映，因而会对废品损失的分析和控制产生不利的影响。辅助生产一般不单独核算废品损失。

【例3-29】

某基本生产车间在乙产品入库时发现可修复废品5件，当即进行修理，发生修理用材料230元，应分配的工资为100元，应负担的制造费用120元，修复过程中回收残料20元。根据所给资料，编制如下会计分录：

(1) 返修时发生的费用。

借：废品损失——乙产品　450

　贷：原材料　230

　　应付职工薪酬　100

　　制造费用　120

(2) 回收废品的残料价值。

借：原材料　20

　贷：废品损失——乙产品　20

(3) 计算废品的净损失＝450－20＝430（元）

(4) 将废品净损失转入合格产品成本。

借：基本生产成本——乙产品（废品损失）　430

　贷：废品损失——乙产品　430

二、停工损失的核算

停工损失是指企业基本生产车间或车间内部分岗位（班组）在停工期间发生的各项费用，包括停工期间发生的燃料和动力费用、支付的生产工人的薪酬费用、机器设备的维护费、应负担的房屋建筑物的折旧费和制造费用，以及因停工而报废的材料费等。为了简化核算，一般停工不满一个工作日的，不计算停工损失。

引起停工损失的原因有很多，如电力不足而实行的计划让电、停工待料、机器设备发生故障、发生非常灾害、计划压缩产量等。对停工所造成的损失，应按停工的原因分别进行处理。属于非常灾害引起的停工损失，按规定扣除保险公司赔偿后的损失费用计入营业外支出；属于人为事故造成的停工损失费用，应由责任人赔偿，计入其他应收款；属于计划减产、原材料供应不足、机器设备故障等原因造成的停工损失费用，应计入产品成本；属于季节性生产或固定资产大修理期间的停工损失费用，不作为停工损失，应先计入制造费用，待以后各期分配计入产品成本。

为了反映和控制停工损失，企业可单独设置“停工损失”账户，并在成本计算单中增设“停工损失”项目。该账的户借方归集本月发生的停工损失，贷方分配结转停工损失，月末一般无余额。“停工损失”账户应按车间设置明细账户，账内按计划内停工和计划外停工分设专栏进行核算。

在停工期间发生的各项费用，根据有关费用分配表，填制停工损失报告单，写明停工原因、时间和过失人或单位等事项，经财会部门审核后，据以计算停工损失。停工期间发生的应计入停工损失的各种费用，记入“停工损失”账户的借方，然后按造成停工的原因，从“停工损失”账户的贷方分别转入“基本生产成本”、“其他应收款”、“营业外支出”等账户的借方。应由责任者（或单位）和保险公司负担的赔款，应借记“其他应收款”账户，贷记“停工损失”账户；因非常灾害和计划减产使主要生产车间连续停产一个月以上或整个企业连续停产十天以上造成的停工损失，应从“停工损失”账户贷方转入“营业外支出”账户的借方；季节性生产或固定资产大修理发生的计划内停工损失，一般应通过预提、待摊的方式分期计入开工期间的产品成本，在“制造费用”账户核算，不单独核算停工损失；对于其他计划外的停工损失，应全部计入当月生产的产品成本，在月末分配结转停工损失时，应借记“基本生产成本”账户，贷记“停工损失”账户。如果生产车间生产多种产品时，应按一定的方法在各种产品之间进行分配，分配后，“停工损失”账户月末应无余额。只有在车间发生全月停工的情况下，停工损失可保留在“停工损失”账户中，由下月生产的产品负担，否则，停工损失都应由当月完工产成品负担，在产品和自制半成品不负担停工损失。

在生产经营较稳定的企业，也可以不单独设置“停工损失”账户，偶然发生的停工损失费用，可直接记入“制造费用”账户或“营业外支出”等账户。这样核算比较简单，但不利于停工损失的分析和控制。

【例 3-30】

某企业一车间本月初由于暴雨使车间被淹致使停产一个月，本月份该车间发生制造费用 6 000 元、职工薪酬 23 000 元、原材料 15 000 元。保险公司按投保金额赔偿 36 000 元。

(1) 根据停工损失报告单编制会计分录。

借：停工损失——一车间	44 000	
贷：原材料		15 000
应付职工薪酬		23 000
制造费用		6 000

(2) 经审批结转停工损失并编制会计分录。

借：其他应收款——保险公司	36 000	
营业外支出——非常损失	8 000	
贷：停工损失		44 000

(3) 收到保险公司赔偿款时，编制会计分录。

借：银行存款	8 000	
贷：其他应收款——保险公司		8 000

从上述废品损失和停工损失的核算中可以看出，各种损失都是时间上的浪费，都会给国家和企业带来经济损失。因此，企业应该加强废品和停工的日常控制，特别是非常原因造成的各种损失。对已经发生的各项损失费用要及时进行反映、归集和分配处理，力求使损失费用控制在最低限度内，以达到降低产品成本的目的。

本章总结

通过本章学习应了解和掌握的内容有：要素费用分配的基本原理，根据各项要素费用的特点，结合各项要素费用的用途，采用适当的分配方法将各项费用合理地分配给各车间并分配到各种产品，掌握直接费用和间接费用的特点，对于间接费用要合理地选择分配标准。在费用的归集过程中，掌握好“基本生产成本”、“辅助生产成本”、“制造费用”总账及明细账的核算内容，以及成本项目的划分。

成本核算中，注意权责发生制核算基础，对属于本期的费用，不管何时支付，都应该正确确定本期应该负担的费用，掌握期末费用调整的内容与方法。

了解辅助生产的类型和特点，不同的辅助生产类型，成本核算对象以及费用分配上有其相应的要求，对于生产工具等辅助生产车间需要计算的是产品的成本，其计算原理与基本生产车间相同。对于提供劳务或不能入库的产品（如水电等）则应将本期辅助生产费用采用合理的分配方法进行分配。对于归集辅助生产费用是否设置辅助生产车间的制造费用，则要根据企业实际情况进行选择。其归集和分配的原理与基本生产车间相同，本章不专门举例。辅助生产费用的归集通过“辅助生产成本”账户进行，辅助生产费用有五种分配方法：直接分配法、交互分配法、计划成本分配法、代数分配法和顺序分配法，这五种方法都要将辅助生产费用分配到辅助生产车间以外的各受益单位，主要区别在于辅助生产车间之间相互提供的劳务是否需要交互分配，如果交互分配，对内对外分配率是否一致。各种分配方法有各自的适用范围，企业应根据自身的生产特点选用。

制造费用按费用项目在“制造费用”账户借方归集，制造费用的分配方法主要有生产工时比例法、生产工人工资比例法、机器工时比例法、年度计划分配率法等，前三种方法都是实际费用分配法，分配原理一致，将当月实际发生的制造费用按一定的分配标准进行分配，月末“制造费用”账户无余额。年度计划分配率分配法是每月按计划分配率分配制造费用，因此每月会出现实际发生数额与计划分配数额不一致的情况，对于其差额，月末不需调整，年末再将其一次调整计入 12 月份产品成本，年末“制造费用”账户无余额。

对于需要进行生产损失考核和管理的企业，可以设置“废品损失”和“停工损失”账户，归集和分配这些生产损失。并单独设置成本项目进行反映。

重要概念

要素费用　成本项目　辅助生产　交互分配法　制造费用
期间费用　顺序分配法

精选案例

邯钢的低成本竞争战略案例

企业竞争优势的来源之一是低成本优势。如果企业进行的所有生产经营活动的成本累计低于竞争对手的成本，企业就具有了低成本优势。如果企业的低成本优势对于竞争者而言是难以模仿和复制的，则其低成本优势就会持久。如果企业向买方提供可以接受的价格水平，以使其低成本优势不被售价低于竞争者所抵销，成本优势就会带来超额收益。

低成本竞争的战略价值取决于其持久性。低成本优势只有在企业持续执行时才能产生高于平均水平的效益。如果不能持久地改善企业的相对成本地位，那么企业只能保持成本等价或成本近似，要获得低成本优势就必须找到低成本优势的持久来源。企业的低成本优势源于其生产经营活动的成本行为，成本行为取决于影响成本的一些结构性因素，包括企业的规模经济、学习能力、生产能力利用模式、相互关系、整合、时机选择、自主政策、地理位置、机构因素等。这些结构性因素结合起来决定一种既定生产经营活动的成本，因此，保持对成本起主要作用的基本因素的长期优势，就可能实现低成本竞争的战略优势。

邯郸钢铁股份有限公司（简称邯钢）是1958年建成的老厂，1990年邯钢生产28种钢材有26种亏损。1991年开始实行低成本目标管理战略，以“模拟市场核算、实行成本否决”为核心，加大了企业技术改造力度，加强了内部经营管理，坚持走集约化经营的道路。勤俭节约使效益大幅度提高，实力迅速壮大。邯钢成本管理的经验在我国经济体制转型过程中产生了较大的影响。

“模拟市场核算”的具体做法：一是确定目标成本，由过去以“计划价格”为标准的“正算法”改变为以市场价格为依据的“倒算法”，即将过去从产品的原材料进价，按厂内工序逐步结转的“正算”方法，改变为从产品的市场售价中减去目标利润开始，按厂内工序反向逐步推算的“倒推”方法，使目标成本等项指标真实地反映市场的需求变化。二是以国内先进水平和本单位历史最好水平为依据，对成本构成的各项指标进行比较，找出潜在的效益，以原材料和出厂产品的市场价格为参数，进而对每一种产品都定出科学、先进、合理的目标成本和目标利润等项指标。三是针对产品的不同情况，确定相应的目标利润，原来亏损但有市场的产品要做到不亏或微利，原来盈利的产品要做到增加盈利。对成本降不下来的产品，坚决停止生产。四是明确目标成本的各项指标是刚性的，执行起来不迁就、不照顾、不讲客观原因。

“成本否决”的具体做法：一是将产品目标成本中的各项指标层层分解到分厂、车间、班组、岗位和个人，使厂内每一个环节都承担降低成本的责任，把市场压力及涨价因素消化于各个环节。二是通过层层签订承包协议，联利计酬，把分厂、车间、班组、岗位和个人的责、权、利与企业的经济效益紧密结合起来。三是将个人的全部奖金与目标成本指标完成情况直接挂钩，凡目标成本完不成的单位或个人，即使其他指标完成得再好，也一律扣发有关单位和个人的当月全部奖金，连续3个月完不成目标成本指标的，延缓单位内部工资升级。四是为防止成本不实和出现不合理的挂账及待摊，确保成本的真实可靠，总厂每月进行一次全厂的物料平衡，对每个单位的原材料、燃料进行盘点。以每月最后一天的零点为截止时间，次月2日由分厂自己校对，3日分厂之间进行核对，在此基础上总厂召开物料平衡会，由计划、总调、计量、质量、原料、供应、财务等部门抽调人员深入到分厂查账。账实不符的，重新核算内部成本和内部利润；成本超支、完不成目标利润的，否决全部奖金。

调整内部机构设置，保证低成本目标实现。一是精简机构。二是充实和加强财务、质量管理、销售、计划、外经、预决算、审计等管理部门，进一步强化和理顺了管理职能。三是实行“卡两头，抓中间”的管理方法。一头是严格控制进厂原材料、燃料的价格、质量；另一头是把住产品销售关，坚持集体定价；抓中间就是抓工序环节的管理，不仅抓生产过程的“跑、冒、滴、漏”，而且将各项技术经济指标进行横向比较，以同行业先进水平为赶超目标。

要求：在市场经济中，竞争是正常的商业行为，而每个企业要想竞争取胜，必须制定竞争战略，取得竞争优势地位，而竞争有利地位取决于成本行为，成本行为取决于影响成本的驱动因素，因此，控制成本驱动因素，重构价值链，寻求一切低成本来源，在竞争中取胜。结合邯钢的做法，谈一下成本控制的意义。

思考练习题

（一）讨论题

1. 各项要素费用分配的顺序如何确定？
2. 辅助生产有哪些类型和特点，费用分配上应该注意哪些问题？
3. 辅助生产费用分配有哪些方法？
4. 辅助生产费用的直接分配法和交互分配法主要差别是什么？
5. 季节性生产企业制造费用的分配需要考虑什么？
6. 可修复废品损失与不可修复废品损失有哪些区别？
7. 停工损失包括哪些内容？

（二）单选题

1. 适用于季节性生产企业的制造费用分配方法为（　　）。

A. 生产工时比例法　　B. 生产工资比例法
C. 年度计划分配率分配法　　D. 机器工时比例法

2. 下列项目中，不能计入产品成本的是（　　）。

A. 生产工人工资　　B. 管理费用
C. 燃料和动力　　D. 原材料

3. 所需修复费用在经济上是不合算的废品，属于（　　）。

A. 不可修复废品　　B. 可修复废品
C. 次品　　D. 等外品

4. 计算计件工资费用时，应以（　　）记录为依据。

A. 考勤　　B. 时间　　C. 统计　　D. 产量和质量

5. 辅助生产车间计提的固定资产折旧费，应借记（　　）账户。

A.“制造费用”　　B.“基本生产成本”
C.“管理费用”　　D.“待摊费用”

6. 由于（　　）而造成的停工损失，应列入营业外支出。

A. 季节性生产　　B. 自然灾害　　C. 原材料短缺　　D. 机器设备大修理

7. 经鉴定不需要返修可以降价出售的不合格品，其售价与生产成本之间的差额，体现为（　　）。

A. 废品损失　　B. 当期损益　　C. 修复费用　　D. 营业外支出

8.“制造费用”账户（　　）。

A. 一般有借方余额
B. 一般有贷方余额
C. 除季节性生产企业外，期末应无余额
D. 直接转入“本年利润”账户

9. 某企业8月有可修复废品20件，发现废品之前已发生生产成本5 000元，该月该产品的可修复成本为1 600元，废品残料入库计价100元，应由责任人赔偿200元。该废品的净损失为（　　）元。

A. 1 300　　B. 6 300　　C. 6 600元　　D. 1 500元

10. 如果辅助生产的制造费用不通过“制造费用”科目核算，则应全部借记（　　）。

A.“辅助生产成本”科目　　B.“原材料”总账科目

C.“制造费用”总账科目　　D.“基本生产成本”科目

11. 下列各项目，应在制造费用中核算的是（　　）。

A. 生产工人工资　　B. 直接耗用材料

C. 厂部管理人员工资　　D. 生产工具摊销

12. 废品损失不包括（　　）。

A. 不可修复废品的损失　　B. 实行“三包”的损失

C. 修复废品人员工资　　D. 修复废品领用材料

13. 采用交互分配法分配辅助生产费用时，对外分配的费用总额是（　　）。

A. 交互分配前的费用

B. 交互分配前的费用加上交互分配转入的费用

C. 交互分配前的费用加上交互分配转入的费用，减去交互分配转出的费用

D. 交互分配前的费用加上交互分配转出的费用

14. 基本生产车间照明用电应借记（　　）科目。

A.“管理费用”　　B.“基本生产成本”

C.“制造费用”　　D.“辅助生产成本”

15. 间接生产费用通常是指（　　）。

A. 管理费用　　B. 制造费用　　C. 财务费用　　D. 销售费用

16. 外购动力费用分配时，贷方科目是（　　）。

A.“原材料”　　B.“应付账款”　　C.“待摊费用”　　D.“预提费用”

17. 辅助生产费用交互分配是在下列哪项之间的分配（　　）。

A. 企业内部各生产车间　　B. 辅助生产车间及基本生产车间

C. 企业各生产车间、部门　　D. 各辅助生产车间

18. 不可修复废品的生产成本，应借记“废品损失“科目，贷记（　　）科目。

A.“原材料”　　B.“基本生产成本”

C.“制造费用”　　D.“产成品”

19. 下列应计入产品生产成本的费用是（　　）。

A. 利息支出　　B. 租入固定资产的租赁费

C. 期间费用　　D. 生产工人工资

20. 辅助生产费用的顺序分配法，是指各辅助生产车间的费用分配应按照辅助生生产车间顺序分配（　　）。

A. 费用多的排列在前，费用少的排列在后

B. 费用少的排列在前，费用多的排列在后

C. 受益多的排列在前，受益少的排列在后

D. 受益少的排列在前，受益多的排列在后

21. 采用辅助生产费用的按计划成本分配法，辅助生产实际成本应根据待分配的费用（　　）。

A. 加上其他辅助生产车间分配转入的费用计算

B. 减去其他辅助生产车间分配转出的费用计算

C. 加上分配转入的费用减去分配转出的费用计算

D. 加上分配转出的费用减去分配转入的费用计算

22. 下列各项损失中，属于废品损失的是（　　）。

A. 入库以后发现的生产中的废品的损失

B. 可以降价出售的不合格品降价的损失

C. 产成品入库以后由于保管不善发生的损失

D. 产品出售以后发现的废品由于包退、包换和包修形成的损失

23. 应该计入产品成本的停工损失是（　　）。

A. 由于暴雨造成的停工损失

B. 由于地震造成的停工损失

C. 可以由保险公司赔偿的停工损失

D. 季节性和固定资产修理期间的停工损失

24. 下列各项中，不属于制造费用内容的是（　　）。

A. 试验检验费用　　B. 在产品盘亏损失

C. 修理期间的停工损失　　D. 固定资产报废损失

25. 不应记入“废品损失”账户借方的费用是（　　）。

A. 不可修复废品的生产成本　　B. 可修复废品报废前的材料费用

C. 可修复废品发生的工资费用　　D. 可修复废品的全部修复费用

26. 制造费用（　　）。

A. 是直接生产费用

B. 是间接生产费用

C. 是间接计入费用

D. 既包括间接生产费用，又包括直接生产费用

27. 专设成本项目的生产费用都是（　　）。

A. 直接生产费用　　B. 间接生产费用　　C. 直接计入费用　　D. 间接计入费用

28. 辅助生产费用的各种分配方法中，能分清内部经济责任，有利于加强企业内部经济核算的是（　　）。

A. 交互分配法　　B. 计划成本分配法

C. 直接分配法　　D. 顺序分配法

29. 工业企业发生的废品损失，最终应计入（　　）。

A. 管理费用　　B. 制造费用　　C. 基本生产成本　　D. 辅助生产成本

30. 在企业未设置“燃料及动力”成本项目的情况下，生产车间发生的直接用于产品生产的动力费用，应借记的账户是（　　）。

A. “管理费用”　　B. “基本生产成本”

C. “生产费用”　　D. “制造费用”

31. 月末编制材料费用分配表时，对于退料凭证的数额，可采取（　　）。

A. 冲减有关成本费用　　B. 在下月领料数中扣除

C. 从当月领料数中扣除　　D. 不需考虑

32. “基本生产成本”月末借方余额表示（　　）。

A. 本期发生的生产费用　　B. 完工产品成本

C. 月末在产品成本　　D. 累计发生的生产费用

33. 下列项目中，属于产品成本项目的是（　　）。

A. 外购燃料　　B. 外购动力　　C. 制造费用　　D. 折旧费用

34. 生产过程中或入库后发现的各种产品的废品损失，不包括（　　）。

A. 修复废品人员工资　　B. 修复废品领用材料

C. 不可修复废品的报废损失　　D. 实行“三包”损失

35. 停工损失中，应由过失人或过失单位和保险公司赔偿的款项应从“停工损失”账户的贷方转入（　　）账户的借方。

A. 营业外支出　　B. 制造费用

C. 原材料　　D. 其他应收款

（三）多选题

1. 制造费用的分配方法有（　　）。

A. 生产工时比例法　　B. 生产工资比例法

C. 机器工时比例法　　D. 年度计划分配率法

2. 不形成产品价值的损失，也计入产品成本的有（　　）。

A. 自然灾害造成的损失　　B. 三包损失

C. 废品损失　　D. 停工损失

3. 材料费用的分配标准有（　　）。

A. 材料定额消耗量　　B. 产品产量

C. 产品材料定额成本　　D. 产品重量

4. 与“废品损失”科目借方对应的科目可能是（　　）。

A. 原材料　　B. 其他应收款

C. 制造费用　　D. 基本生产成本

5. 以下项目中属于成本构成要素的有（　　）。

A. 外购材料　　B. 燃料和动力　　C. 税金　　D. 折旧费

6. 生产经营过程中领用的材料，按照用途进行分类，生产产品耗用、生产车间耗用、企业行政管理部门耗用，分别记入下列账户（　　）。

A.“基本生产成本”　　B.“管理费用”

C.“制造费用”　　D.“销售费用”

7. 按30日计算日工资率的企业（　　）。

A. 出勤期间的节假日不算工资

B. 事、病假缺勤期间的节假日不扣工资

C. 出勤期间的节假日也按出勤计算工资

D. 事、病假缺勤期间的节假日也按缺勤扣工资

8. 属于工业企业制造费用核算范围的有（　　）。

A. 机器设备的折旧费用　　B. 融资租赁费用

C. 车间机物料消耗　　D. 分厂的试验检验费

9. 辅助生产车间一般不设置“制造费用”账户核算，是因为（　　）。
A. 辅助生产车间规模小，发生的费用少　B. 没有必要
C. 辅助生产车间不对外销售产品　D. 为了简化核算工作
10. 辅助生产费用的交互分配法，具有（　　）的特点。
A. 核算工作简便　B. 计算结果较准确
C. 计算工作量较大　D. 分配及时
11. 辅助生产车间分配转出的成本，可以（　　）。
A. 借记“原材料”账户　B. 借记“基本生产成本”账户
C. 借记“辅助生产成本”账户　D. 借记“管理费用”账户
12. 下列各项中，属于管理费用的有（　　）。
A. 董事会费　B. 坏账损失
C. 业务招待费用　D. 包装费用
13. 辅助生产费用的直接分配法（　　）。
A. 优点是计算工作量较小
B. 优点是分配结果较准确
C. 适用条件是辅助生产车间之间相互受益不多
D. 适用条件是辅助生产车间之间相互提供劳务很少
14. “停工损失”账户借方的对应账户可能有（　　）。
A. “原材料”　B. “应付职工薪酬”
C. “制造费用”　D. “管理费用”
15. 辅助生产费用按计划成本分配法的优点有（　　）。
A. 简化成本计算工作
B. 便于考核辅助生产成本计划完成情况
C. 便于考核各受益单位成本
D. 有利于分清企业内部各单位的经济责任
16. 分配辅助生产费用的方法有（　　）。
A. 直接分配法　B. 代数分配法
C. 交互分配法　D. 年度计划分配率法
17. 工业企业用一种原材料生产几种产品，其原材料费用属于（　　）。
A. 直接生产费用　B. 间接生产费用
C. 直接计入费用　D. 间接计入费用
18. 专设成本项目的生产费用，应该（　　）。
A. 是直接生产费用　B. 直接借记“基本生产成本”账户
C. 直接计入或分配计入产品成本　D. 单独地计入产品成本
19. 分配制造费用时，可能借记的账户有（　　）。
A. “基本生产成本”　B. “辅助生产成本”
C. “管理费用”　D. “销售费用”
20. “制造费用”账户月末（　　）。
A. 可能没有余额　B. 可能有余额

C. 余额可能在借方　　D. 余额可能在贷方

21. 下列各项中，属于期间费用的有（　　）。

A. 预提费用　　B. 销售费用　　C. 管理费用　　D. 财务费用

22. 发生下列费用时，可以直接借记“基本生产成本”账户的有（　　）。

A. 车间照明用电费　　B. 构成产品实体的原材料费用

C. 车间管理人员工资　　D. 车间生产人员工资

23. 基本生产车间消耗的各种材料费用，按其用途进行分配，应记入的账户有（　　）。

A. “管理费用”　　B. “基本生产成本”

C. “制造费用”　　D. “财务费用”

24. 要素费用中的税金包括（　　）。

A. 房产税　　B. 增值税

C. 印花税　　D. 土地使用税

25. 下列支出在发生时直接确认为当期费用的有（　　）。

A. 销售人员工资　　B. 支付的本期广告费

C. 预借差旅费　　D. 固定资产折旧费

26. 下列各项损失中，不属于废品损失的有（　　）。

A. 产品入库后发现的在生产中发生的废品损失

B. 降价出售不合格产品的降价损失

C. 产品入库后因管理不善而损坏变质的损失

D. 出售后发现的废品包修、包退发生的损失

27. 计算不可修复废品的净损失应包括下列项目（　　）。

A. 不可修复废品的生产成本　　B. 废品的残值

C. 废品的应收赔款　　D. 废品修复的材料费

28. “废品损失”科目贷方反映的项目有（　　）。

A. 废品残值回收的价值

B. 各种应收的赔款

C. 由本月生产的同种产品合格的成本应负担的废品净损失

D. 降价出售不合格产品损失

（四）判断题

1. 利息支出是生产费用要素。（　　）

2. 辅助生产提供的产品和劳务，主要用于对外销售。（　　）

3. 由于自然灾害等引起的非正常停工损失，应计入营业外支出。（　　）

4. 对产品验收入库后发现的废品应视为存货毁损和报废，列入管理费用。（　　）

5. 可修复废品返修以前发生的生产费用和返修过程中发生的各种费用，都应记入“废品损失”科目的借方。（　　）

6. 在辅助生产费用分配的方法中，分配结果较为准确的是代数分配法。（　　）

7. 采用年度计划分配率分配制造费用时，要求企业应具有较高的计划管理水平。（　　）

8. 制造费用大部分是间接用于产品生产费用。（ ）

9. 结转不可修复废品的生产成本时，借记“废品损失”账户，贷记“基本生产成本”账户。（ ）

10. 制造费用按年度计划分配率分配的方法适用于机械化程度高的车间。（ ）

11. 在辅助生产的计划成本分配法下，为了简化计算工作，辅助生产劳务的差异一般全部计入管理费用。（ ）

12. 直接生产费用必定是直接计入费用。（ ）

13. 制造费用都应按实际发生额进行分配。（ ）

14. 采用按年度计划分配率分配法分配制造费用时，每月各种产品负担的制造费用与各月实际发生的制造费用无关。（ ）

15. 经过修复虽可使用，但所花费的修复费用在经济上是不合算的废品，属于不可修复废品。（ ）

16. 生产工人工资比例法适用于产品生产机械化程度相差不多的企业。（ ）

17. 几种产品共同耗用的原材料费用，可以直接计入各种产品成本。（ ）

18. “制造费用”账户的金额最终要归入“基本生产成本”账户，故月末必然没有余额。（ ）

19. 所有的生产车间发生的各项间接生产费用，都要先记入“制造费用”账户，然后再分配。（ ）

20. 停工损失是指在停工期间发生的损失，所以，在计算停工损失时，不考虑停工期间的长短，也不考虑发生的地点。（ ）

21. 辅助生产费用的代数分配法，是用代数中解联立方程的原理，直接分配各受益车间、部门应负担的费用，不需要计算辅助生产劳务或产品单位成本的方法。（ ）

22. 企业各车间的制造费用应该加以汇总，在整个企业各种产品之间统一分配。（ ）

23. 基本生产车间发生的各种费用中，没有专设成本项目的各项费用，应记入“辅助生产成本”账户进行汇总，然后再分配转入“基本生产成本”账户。（ ）

24. 结转不可修复废品的生产成本时，应借记“废品损失”账户，贷记“基本生产成本”账户，并从“废品损失”成本项目转出。（ ）

25. 一个要素费用按经济用途可能记入几个成本项目，一个成本项目可以归集同一经济用途的几个要素费用。（ ）

26. 基本生产车间发生的各种费用均应直接记入“基本生产成本”账户。（ ）

27. 不设“燃料和动力”成本项目的企业，其生产消耗的燃料可记入“直接材料”成本项目。（ ）

28. 费用的横向分配阶段是指将应计入本月产品成本的各种要素费用在各种产品之间，按照成本项目进行归集和分配；应列为本月期间费用的，确定其所属期间费用项目。（ ）

(五) 计算与核算题

1. 某制造企业生产甲、乙、丙三种产品。该企业本月份发生的外购动力（电力）费用、产品生产工时、各车间及部门用电度数见“外购动力（电力）费用分配表”。

假定：

(1) 各车间及部门的动力（电力）费用按用电度数分配；

(2) 各产品的动力（电力）费用按生产工时分配。

外购动力（电力）费用分配表

××企业　　　　　　　　20××年×月

应借科目		成本或费用项目	动力费用分配		电费分配	
			生产工时（小时）	分配金额（元）	用电度数（千瓦时）	分配金额（元）
基本生产成本	甲产品	燃料及动力	10 000		×	×
	乙产品	燃料及动力	8 400		×	×
	丙产品	燃料及动力	15 600		×	×
	小计	×	34 000		26 000	
制造费用	基本生产车间	水电费	×	×	8 000	
辅助生产成本	机修车间	水电费	×	×	6 000	
管理费用		水电费	×	×	5 000	
合计		×	×	×	45 000	36 000

要求：

(1) 说明该企业外购电力费用分配包括哪些具体内容和要求。

(2) 计算电费分配率和动力费用分配率（列出计算过程）。

(3) 计算填列“外购动力（电力）费用分配表”。

2. 某企业生产甲、乙、丙、丁四种产品，有关成本资料如下表所示。

产品	产量（件）	单位消耗定额	
		材料消耗定额	工时定额
甲	40	10公斤	5小时
乙	30	20	10
丙	20	30	15
丁	10	40	20

要求：完成下列表格（请写出计算步骤）。

产品	直接材料	直接人工	动力费	制造费用
甲				
乙				
丙				
丁				
合计	150 000元	60 000元	40 000元	50 000元

3. 资料：

（1）某企业 2008 年 6 月份材料耗用汇总表如下表所示。

材料领用汇总表

2008 年 6 月　　　　单位：元

领用部门	用途	计划成本	实际成本
基本生产车间	制造 A 产品消耗材料	42 000	
	制造 B 产品消耗材料	32 000	
	制造 A、B 两种产品共同消耗材料	34 400	
	修理用材料	5 000	
	劳动保护用材料	7 000	
辅助生产车间——机修	生产用	12 000	
——供电	生产用	8 800	
行政管理部门	修理办公设备	3 800	
合计		145 000	

（2）基本生产车间 A、B 两种产品产量及定额资料如下：A 产品产量 800 件，单位原材料消耗定额为 7 千克；B 产品产量为 500 件，单位原材料消耗定额为 6 千克。

（3）该企业材料成本差异率为−1%。

要求：根据以上资料，按定额消耗量比例法分配原材料费用，并作出相应的会计分录。

4. 某企业产品生产季节性很强，季节性生产车间全年制造费用计划为 82 400 元；全年各种产品的计划产量为：A 产品 2 000 件，B 产品 1 060 件；单件产品的工时定额为：A 产品 4 小时，B 产品 8 小时。4 月份该车间的实际产量为：A 产品 120 件，B 产品 90 件。

要求：

（1）说明季节性企业制造费用分配的原理。

（2）计算制造费用年度计划分配率（列出计算过程）。

（3）计算 4 月份应分配转出的制造费用（列出计算过程），并编制有关会计分录。

5. 某企业的第二生产车间全年计划制造费用额为 360 000 元，各种产品全年定额总工时为 400 000 小时。12 月份甲产品实际产量的定额工时为 26 000 小时，乙产品实际产量的定额工时为 11 000 小时。年末核算时，该车间全年共发生制造费用 378 000 元。1—11 月按计划分配率分配的制造费用甲产品 244 800 元，乙产品为 107 100 元。

要求：采用计划分配率法分配 12 月份的制造费用并进行差异的分配。全年差异由甲乙两种产品负担。

6. 某企业设有修理和运输两个辅助生产车间。修理车间本月发生的费用为 9 500 元，提供修理劳务 10 000 小时，其中：为运输部门修理 500 小时，为基本生产车间修理 8 000 小时，为行政管理部门修理 1 500 小时；运输车间本月发生的费用为 10 000 元，提供运输 20 000 公里，其中：为修理部门提供运输劳务 750 公里，为基本生产车间提供运输劳务 15 000 公里，为行政管理部门提供运输劳务 4 250 公里。

要求：用交互分配法计算分配辅助生产费用，并编制会计分录（辅助生产车间可不设“制造费用”科目）。

7. 假定A、B产品领用甲、乙两种材料共计66 480元，本月投产A产品200件，B产品100件。A产品消耗定额为：甲材料5千克，乙材料8千克；B产品消耗定额为：甲材料7千克，乙材料9千克。甲、乙材料计划单价为12元和14元。

要求：采用定额费用比例法分配材料费用。

8. 某企业生产A产品600件，生产过程中发现10件不可修复废品，本月合格品和废品共同发生费用为：直接材料42 000元，直接人工20 000元，制造费用15 000元，废品回收材料价值300元，共发生工时10 000小时，其中废品消耗工时150小时。假设原材料成本定额为72元，每小时费用定额为：直接人工2元，制造费用1.5元。

要求：分别按实耗费用和定额成本计算废品损失。

9. 华科工厂工人刘冰，月标准工资2 100元，某年3月有9个双休日，刘冰病假4天（含2个休息日，刘冰的病假扣款率为20%），事假3天，刘斌当月应得奖金200元，夜班津贴120元，其他各种津贴100元，代扣款项80元。

要求：

（1）采用“月薪制”按每月工作日30天和20.83天计算应付工资；

（2）采用“日薪制”按每月工作日30天和20.83天计算应付工资。

10. 某工企业生产甲产品1 000件，在生产过程中，产生不可修复废品100件，该企业的不可修复废品成本按定额成本计价，每件废品原材料费用定额为80元，假定每件废品的定额工时为2小时，每小时的费用定额为：直接人工费用5元，制造费用10元。100件废品回收的残料作为辅助材料入库，计价500元。不可修复废品净损失由当月产品成本负担。

要求：

（1）填制不可修复废品损失计算表。

（2）编制废品损失的相关会计分录。

甲产品不可修复废品损失计算表 数量：100件

项目	原材料	生产工时	直接人工	制造费用	合计
单位定额成本或工时					
废品定额成本					
减：残料价值					
废品报废损失					

11. 某工业企业设置供电、供水两个辅助生产车间。供电车间本月发生的费用为6 000元，供电20 000度，其中：为供水车间供电1 250度，为生产甲产品供电11 000度，为基本生产车间照明用电5 000度，为管理部门供电2 750度。供水车间本月发生费用3 850元，供水总量为8 000吨，其中为供电车间供水1 000吨，为基本生产车间供水5 200吨，为管理部门供水1 800吨。

要求：采用直接分配法进行辅助生产费用分配，填制辅助生产费用分配表，并编制相应的会计分录（辅助生产车间不设“制造费用”科目）。

辅助生产费用分配表

（直接分配法）

辅助生产车间名称			供电车间	供水车间	合计
待分配辅助生产费用					
供应辅助生产以外部门的劳务数量					
费用分配率（单位成本）					
基本生产车间耗用	应借记“基本生产成本”科目	耗用数量			
		分配金额			
	应借记“制造费用”科目	耗用数量			
		分配金额			
行政管理部门耗用	应借记“管理费用“科目	耗用数量			
		分配金额			
分配金额合计					

12. 某工业企业某级工人加工甲、乙两种产品。甲产品工时定额为 25 分钟，乙产品工时定额为 35 分钟。该级工人的小时工资率为 3.60 元。该工人某月加工甲产品 350 件（其中，料废产品 50 件），乙产品 200 件（其中，工废产品 10 件）。

要求：

（1）计算该级工人所产甲、乙两种产品的计件单价；

（2）计算该工人该月应得的计件工资。

13. 某工业企业设供电、供水两个辅助生产车间，本月发生辅助生产费用，提供劳务如下表所示。

辅助生产车间名称		供电车间	供水车间
待分配费用		4 740	2 065
劳务供应量		23 000 度	41 300 吨
耗用劳务数量	供电车间		10 000 吨
	供水车间	3 000 度	
	基本生产车间	18 300 度（其中生产甲产品耗电 10 300 度）	20 500 吨
	行政管理部门	1 700 度	10 800 吨

要求：

（1）采用顺序分配法分配辅助生产费用，编制辅助生产费用分配表（分配表格式见下表）；

（2）编制会计分录（“基本生产成本”、“辅助生产成本”科目列示明细科目）。

辅助生产费用分配表

（顺序分配法）

车间部门	辅助车间						基本生产				行政管理部门		分配金额
	供电车间			供水车间			甲产品		基本生产车间				
	劳务数量	待分配费用	分配率	劳务数量	待分配费用	分配率	耗用数量	分配金额	耗用数量	分配金额	耗用数量	分配金额	合计
分配电费													
	分配水费												
				分配金额合计									

14. 某工业企业设有机修和供电两个辅助生产车间，2010 年 8 月份发生的辅助生产费用和提供劳务数量的资料如下表所示。

辅助生产车间名称		机修车间	供电车间
待分配费用（元）		4 825	7 275
劳务供应数量		2 010 小时	7 400 度
耗用劳务数量	机修车间		200 度
	供电车间	50 小时	
	基本生产一车间	850 小时	4 250 度
	基本生产二车间	810 小时	1 850 度
	行政管理部门	300 小时	1 100 度

要求：

（1）采用代数分配法分配辅助生产费用，列示计算过程；

（2）编制会计分录。

15. 某工业企业设有修理和运输两个辅助生产车间，本月发生的费用以及提供的劳务量汇总如下：修理车间发生费用 5 000 元，提供劳务 4 000 小时，其中为运输部门提供 200 小时，为基本生产车间提供 3 500 小时，为行政管理部门提供 300 小时；运输部门发生费用 9 000 元，提供运输 20 000 吨公里，其中为修理车间提供运输 1 000 吨公里，为基本生产车间提供运输 16 000 吨公里，为行政管理部门提供运输 3 000 吨公里。计划单位成本：修理 1.5 元/小时，运输 0.5 元/吨公里。

要求：采用计划成本分配法分配辅助生产费用，编制辅助生产费用分配（见下表），辅助生产成本差异全部计入管理费用，并编制有关会计分录。

辅助生产费用分配费（计划成本分配法）　　单位：元

辅助生产车间			修理车间	运输车间	合计
待分配费用					
劳务供应数量					
计划单位成本					
辅助生产车间	修理车间	耗用数量			
		分配金额			
	运输车间	耗用数量			
		分配金额			
基本生产车间	耗用数量				
	分配金额				
管理部门	耗用数量				
	分配金额				
按计划成本分配金额合计					
辅助生产实际费用					
辅助生产成本差异					

16. 某工业企业某生产小组集体完成若干项生产任务，共完成甲产品 202 件，其中合格品 196 件，不合格品 6 件（其中 4 件为料废；其余 2 件因操作失误所致，应由生产工人赔偿 40 元），每件甲产品的计件工资为 11 元。该小组由 4 个不同等级的工人组成，每人的姓名、等级、日工资率，出勤日数如下表所示。

姓名	等级	日工资率	出勤天数
王　一	4	14	18
李　奇	6	18	16
何　方	6	20	16
安　定	8	22	10
合　计	—	—	60

要求：

（1）计算每一职工按日工资率和出勤日数计算的工资额，将计算结果填入下表；

姓名	等级	日工资率	出勤天数	按日工资率和出勤日数计算的工资额
王　一	4	14	18	
李　奇	6	18	16	
何　方	6	20	16	
安　定	8	22	10	
合　计	—	—	60	

（2）计算生产小组应得的计件工资；

（3）计算生产小组内部工资分配率；

（4）计算每一职工应得的工资数。

CHAPTER

4 第四章 生产费用在完工产品与在产品之间的分配

本章概要

本章主要介绍生产费用在完工产品与在产品之间的分配方法。为了保证完工产品成本计算的准确性，企业要正确组织在产品的数量核算，以取得在产品收发和结存的数量资料，为产品成本计算提供依据。对于期间费用，则在期末转入“本年利润”账户，计入当期损益。

通过本章学习，要求掌握在产品的含义；了解在产品的数量核算方法；掌握各种分配方法的特点和适用范围；理解各种方法的计算原理；重点掌握约当产量比例法、定额比例法的应用。

第一节　在产品数量的核算

通过第三章的各项要素费用、辅助生产费用、制造费用、废品损失与停工损失的归集与分配过程的学习，对生产费用在各种产品之间进行了横向归集和分配，将应由产品成本负担的部分均记入“基本生产成本”账户的借方及各成本计算单。对于月初、月末没有在产品的产品而言，记入该种产品成本计算单的全部生产成本，也就是该产品本月完工产品总成本；对于月初、月末有在产品的产品而言，记入该产品成本计算单的全部生产成本，需要选择适当的分配方法，在完工产品与在产品之间进行分配，才能计算出本月完工产品成本和月末在产品成本。根据投入产出原理，本月生产成本、本月完工产品成本、月初在产品成本、月末在产品成本四者之间存在着以下关系：

月初在产品成本＋本月生产成本＝本月完工产品成本＋月末在产品成本

月初在产品成本＋本月生产成本－月末在产品成本＝本月完工产品成本

公式前两项是已知数（已经归集在“基本生产成本”账户的借方）。因此，将本月产品的全部生产费用，在完工产品与月末在产品之间分配费用的方法有两类：一是将月初在产品成本加上本月生产成本，采用一定的标准进行分配，同时计算完工产品成本和月末在产品成本；二是先确定月末在产品成本，再计算求得完工产品成本。月末在产品成本的计算，就成为完工产品成本计算的关键。无论采用哪种分配方法，都必须先取得在产品数量的核算资料。为了保证完工产品成本计算的准确性，企业要正确组织在产品的数量核算，以取得在产品收发和结存的数量资料，为产品成本计算提供依据。

一、在产品收发结存的日常核算

企业的在产品是指没有完成全部生产过程，不能作为商品销售的产品。就某一生产车间或某一生产步骤而言，即狭义在产品，仅指本车间或本步骤正在加工或装配的零件、部件和半成品，以及处在修复过程中的废品，不包括本车间或本步骤已经完工的半成品。本章所述在产品仅指狭义在产品。广义在产品是就企业整体而言的，从产品生产投料开始，到最后制成产品交付验收入库前的一切未完工产品，包括正在加工或装配的零件、部件和半成品以及处在修复过程中的废品、完成一个或几个加工步骤仍需进一步加工的零部件、等待验收入库的产成品等。对外销售的自制半成品，属于商品产品，验收入库后不应列入在产品，不可修复废品也不包括在在产品之内。对企业来说，在产品计价有以下非常重要的意义：（1）直接关系到完工产品成本的计算。从投入与产出关系原理可知，如果不确定在产品成本，则难以进行产品成本的计算。月末在产品成本一旦确定，则完工产品成本也随之确定。（2）有利于体现配比原则。一般来讲，完工产品一旦销售，其生产成本就转化为销售成本，要冲减当期销售收入，而在产品成本则需递延到下期，继续加工成完工产品，待销售后才能冲减当期的销售收入。如果在产品成本计算得不合理，过高或过低，会造成本期完工产品成本过低或过高，从而影响本期损益的计算。（3）有利于加速企业在产品的周转，加强在产品资金管理，提高资金利用率。通过在产品计价，反映在产品在各生产车间、各半成品仓库实际占用的资金量，以便企业在保证生产需要的前提下，尽可能减少在产品资金占用，加速在产品资金周转速度。

在产品数量的核算应同时具备账目核算资料和实际盘点资料。在产品数量的确定方法通常有两种：一是通过账面核算资料确定在产品数量；二是通过月末实地盘点来确定在产品数量。这两种方式在实际工作中常常同时采用。这样不仅能从账面上随时掌握在产品的动向，而且可以查清在产品的实存数量，为正确计算产品成本，加强生产资金和在产品实物管理提供资料。企业应该根据在产品实际盘点数量计算在产品成本。车间在产品收发结存的日常核算工作是通过设置在产品收发结存账进行的。在实际工作中，这种账簿也被称为在产品台账。该账应分车间并且按照产品的品种和在产品的名称设置，以便提供车间各种在产品的转入、转出和结存的数量。根据生产的特点和管理的要求，有的还应进一步按照加工工序组织在产品的数量核算。各车间应认真做好在产品的计量、验收和交接工作，并在此基础上，根据领料凭证、在产品内部转移凭证、产成品检验凭证和产品交库凭证，及时登记在产品收发结存账。其格式如表 4-1 所示。

表 4-1　　　　　　　　在产品收发结存账

车间名称：第二车间

在产品名称：A　　　　编号：3101　　　　　　　　　　　　　　单位：件

日期	摘要	收入		转出			结存	
		凭证号	数量	凭证号	合格品	废品	完工	未完工
合计								

二、在产品清查的核算

为了核实在产品数量，保护在产品的安全完整，确保在产品账实相符，企业必须对在产品实行实地盘点制度。如果车间没有建立在产品收发日常核算，每月月末都必须对在产品进行全面清查，以便取得在产品的实际盘点数据，用以正确计算产品成本。对清查结果应编制在产品盘点表，对账实不符的应查明原因及时处理。对于报废和毁损的在产品要登记残值。成本核算人员对在产品盘存表进行认真审核，并报有关部门审批，同时对在产品盘盈、盘亏进行账务处理。在产品清查的账务处理通过设置“待处理财产损溢——待处理流动财产损溢”账户来进行。

在产品盘盈时，按计划成本或定额成本借记“基本生产成本”账户，贷记“待处理财产损溢”账户；按管理权限报批后，借记“待处理财产损溢”账户，贷记“管理费用”账户，冲减管理费用。

在产品发生盘亏、毁损时，借记“待处理财产损溢”账户，贷记“基本生产成本“账户，冲减在产品的账面价值。毁损在产品的残值，借记“原材料”、“银行存款”等账户，贷记“待处理财产损溢”账户，冲减其损失。按规定核销时，应根据不同的情况分别将损失从“待处理财产损溢”账户的贷方转入有关账户的借方，其中批准计入管理费用的损失借记“管理费用”账户；由于自然灾害造成的非常损失中应由保险公司赔偿的部分借记“银行存款”或“其他应收款”账户，其余损失借记“营业外支出”账户；应由过失单位或个人赔偿的，借记“其他应收款”账户。为了正确归集和分配制造费用，在产品盘盈、盘亏的处理，应该在制造费用结账之前完成，以便正确、及时地归集和分配制造费用。

【例 4-1】

某企业第一生产车间在产品清查结果如下：A 在产品盘盈 20 件，单位定额成本为 25 元；B 在产品盘亏 10 件，单位定额成本为 15 元，应由责任人赔偿 50 元；C 在产品发生毁损 180 件，单位定额成本为 20 元，其中残料作价 200 元并入库。C 在产品损失是由于水灾造成的，应由保险公司赔偿 2 500 元，该款项还没收到。以上清查结果已经批准转账。

1. 在产品盘盈的核算

(1) 发生盘盈时。

借：基本生产成本——A 产品　　　　500

　　贷：待处理财产损溢　　　　　　　500

(2) 批准后转账。

借：待处理财产损溢　　500
　贷：管理费用　　500

2. 在产品盘亏的核算

(1) 发生盘亏时。

借：待处理财产损溢　　150
　贷：基本生产成本——B产品　　150

(2) 批准后转账。

借：其他应收款　　50
　　管理费用　　100
　贷：待处理财产损溢　　150

3. 在产品毁损的核算

(1) 毁损转账。

借：待处理财产损溢　　3 600
　贷：基本生产成本——C产品　　3 600

(2) 残料入库。

借：原材料　　200
　贷：待处理财产损溢　　200

(3) 批准后转账。

借：其他应收款　　2 500
　　营业外支出　　900
　贷：待处理财产损溢　　3 400

第二节　完工产品与在产品之间分配费用的方法

完工产品与月末在产品之间费用分配应在在产品数量核算的基础上进行。从在产品成本确定的先后顺序上看，可分为两类：第一，先确定月末在产品成本，然后确定完工产品成本。即“本月完工产品成本＝月初在产品成本＋本月生产成本－月末在产品成本”。具体方法有在产品不计算成本法、在产品按年初成本固定计价法、在产品按定额成本计价法三种。第二、完工产品成本和在产品成本同时确定。即“月初在产品成本＋本月生产成本＝本月完工产品成本＋月末在产品成本”，该类方法就是将等式左边的本月生产费用合计数按一定的标准在等式右边两项中进行分配，同时计算出完工产品成本和月末在产品成本。具体方法有约当产量比例法、定额比例法、在产品按所耗原材料费用计算、在产品按完工产品成本计算法四种。由于完工产品和在产品之间的费用分配，是企业成本核算工作中一项重要且复杂的工作，在产品结构复杂、零件种类和加工工序较多的情况下更为突出。因此企业应该根据如下一些条件选择既合理又简便的分配方法：(1) 在产品数量的多少；(2) 各月在产品数量变化的大小；(3) 各项费用比重的大小；(4) 定额管理基础的好坏等。完工产品与在产品之间分配费用的方法主要有以下几种。

一、在产品不计算成本法

在产品不计算成本法是指不计算月末在产品成本的方法。即将某种产品每月发生的生产成本，全部作为该种产品完工产品成本。采用该种方法时，月末虽然有在产品，但不计算在产品成本。其计算原理为每月发生的全部生产成本都由该种完工产品成本负担。月初、月末在产品成本等于零。该方法适用于各月末在产品数量很少或当天可以完工的产品。因为各月末在产品的数量很小，月初和月末在产品成本就很小，月初在产品成本与月末在产品成本的差额就更小。在这种情况下，算不算各月在产品成本对于完工产品成本的影响很小。为了简化产品成本计算工作，可不计算在产品成本。例如，采掘工业、自来水、发电、食品加工等企业月末就可以不计算在产品成本。

【例 4-2】

某企业生产 C 产品，每月末在产品的数量较少，不计算在产品成本。本月发生的生产费用合计为 50 000 元，其中：直接材料费用为 30 000 元，直接人工费用为 14 000 元，制造费用为 6 000 元。本月完工产品 500 件，月末在产品为 12 件。要求：计算 C 产品完工产品总成本和单位成本。计算结果如表 4-2 所示。

表 4-2 **基本生产成本明细账**

产品名称：C 产品 2009 年 8 月 单位：元

摘　要	成本项目			
	直接材料	直接人工	制造费用	合计
月初在产品				
本月生产费用	30 000	14 000	6 000	50 000
合计	30 000	14 000	6 000	50 000
本月完工产品成本	30 000	14 000	6 000	50 000
完工产品单位成本	60	28	12	100

二、在产品成本按年初成本固定计价法

在产品成本按年初成本固定计价法是指年度内 1—11 月份固定用年初在产品成本作为各月的月末在产品成本；年末（12 月份）根据实际盘点的在产品数量，重新调整计算确定年末在产品成本，据以计算 12 月份完工产品成本。将计算出的年末在产品成本作为下一年度各月固定的在产品成本，以免按年初数固定计算的在产品成本与实际成本相差太大，进而影响产品生产成本计算的正确性，以及使企业存货资产反映失真。采用该法，各月末在产品成本不变，且月初在产品成本等于月末在产品成本，等于年初在产品成本，这样，每月发生的生产成本就是每月完工产品的实际总成本。该法适用于各月月末在产品结存数量较少，或虽然在产品结存数量较多，但各月月末在产品数量变化不大的企业。这是因为，对于月末在产品数量较小的产品来说，月初和月末在产品成本较小，月初在产品成本与月末在产品成本之间的差额就更小，以年初在产品成本作为各月末在产品成本计价，则对各月完工产品成本的影响不大；对于各月末在产品数量稳定的产品来说，月初和月末

在产品成本可能较大，但由于各月末在产品数量较稳定，因而各月初在产品成本与月末在产品成本之间的差额仍然不大，以年初在产品成本作为各月末在产品进行计价，对各月完工产品成本的影响也不大。因此为了简化成本核算工作，并且反映在产品资金的占用，对各月末在产品可按年初在产品成本计价。例如利用高炉反应装置和管道生产的冶炼、化工产品的生产企业，其在产品成本就可以采用这种方法计算。

【例 4-3】

某企业 A 产品的在产品成本采用按年初在产品成本固定计算的方法。上年末在产品成本为：直接材料 8 000 元，直接人工 3 000 元，制造费用 4 000 元，共计 15 000 元。本月发生的生产费用及完工产品成本的计算如表 4-3 所示。

表 4-3　　基本生产成本明细账

产品名称：A 产品　　2009 年 8 月　　单位：元

摘　要	成本项目			
	直接材料	直接人工	制造费用	合计
月初在产品	8 000	3 000	4 000	15 000
本月生产费用	45 000	18 000	12 000	75 000
合计	53 000	21 000	16 000	90 000
本月完工产品成本	45 000	18 000	12 000	75 000
月末在产品成本	8 000	3 000	4 000	15 000

三、在产品成本按所耗原材料费用计算法

在产品成本按所耗原材料费用计算法，是指月末在产品只计算其所消耗的原材料费用，不计算所消耗的人工、制造费用等加工费用，产品的加工费用全部计入完工产品成本，在产品成本中只包含原材料费用。这种方法适用于各月在产品数量较大，各月在产品数量变化也较大，原材料费用在产品成本中所占比重较大，且原材料是在生产开始时一次全部投入的产品。由于该种产品的原材料费用比重较大，加工费用比重较小，因而在产品成本中的加工费用，以及月初、月末在产品加工费用的差额不大，月初、月末在产品的加工费用基本上可以互相抵销。因此，为了简化成本计算工作，在产品可以不计算加工费用。用某种产品的全部生产成本减去按所耗原材料费用计算的在产品成本（即月末在产品成本＝月末在产品数量×单位产品原材料费用），就是该种产品的完工产品成本。例如，纺织、造纸和酿酒等工业企业的产品，原材料费用在产品成本中所占的比重较大，其在产品成本就可以采用这种方法计算。

【例 4-4】

某企业本月生产 B 产品，材料费用在产品成本中所占比重较大，且直接材料费用是在生产开始时一次投入的。完工产品与在产品之间的费用分配采用在产品按所耗原材料费用计价法计算。本月完工 B 产品 1 800 件，月末在产品 200 件。月初在产品成本 6 000 元，本月发生直接材料费用 100 000 元，直接人工费用 3 000 元，制造费用 2 000 元，材料费用按完工产品和月末在产品数量比例分配。

材料费用分配率＝(6 000＋100 000)÷(1 800＋200)＝53

月末在产品直接材料费用＝53×200＝10 600(元)

完工产品直接材料费用＝53×1 800＝95 400(元)

完工产品成本＝6 000＋100 000＋3 000＋2 000－10 600＝100 400(元)

或　　　　　＝95 400＋3 000＋2 000＝100 400(元)

基本生产成本明细账如表 4-4 所示。

表 4-4　　基本生产成本明细账

产品名称：B 产品　　2009 年 8 月　　单位：元

摘　要	成本项目			
	直接材料	直接人工	制造费用	合计
月初在产品成本	6 000	—	—	6 000
本月生产费用	100 000	3 000	2 000	105 000
合计	106 000	3 000	2 000	111 000
本月完工产品成本	95 400	3 000	2 000	100 400
月末在产品成本	10 600	—	—	10 600

四、在产品成本按完工产品成本计算法

在产品按完工产品成本计算法是指将在产品视同完工产品并与完工产品一起分配费用。

这种方法适用于月末在产品接近完工或已经完工，只是尚未包装或尚未验收入库的产品。因为这种情况下的在产品成本已经接近完工产品成本，为了简化成本核算工作，可将月末在产品视同完工产品，并按完工产品与在产品的数量比例分配直接材料费用和其他各项加工费用。这种方法的计算原理为：

各成本项目分配率＝各成本项目生产费用合计÷(完工产品数量＋月末在产品数量)

月末在产品各成本项目成本＝月末在产品数量×各成本项目分配率

完工产品各成本项目成本＝完工产品数量×各成本项目分配率

【例 4-5】

某企业 D 产品月初在产品成本和本月发生的生产成本合计数为：直接材料成本 29 000 元，直接人工成本 18 000 元，制造费用 10 000 元。完工产品 800 件，月末在产品 200 件，该产品接近完工，采用月末在产品按完工产品成本计算法。其计算分配结果如表 4-6 所示。

表 4-5　　在产品与完工产品成本计算表

产品名称：D 产品　　2009 年 8 月　　单位：元

摘　要	成本项目			
	直接材料	直接人工	制造费用	合计
生产成本合计	29 000	18 000	10 000	57 000
分配率	29	18	10	—
完工产品成本	23 200	14 400	8 000	45 600
在产品成本	5 800	3 600	2 000	11 400

五、在产品按定额成本计价法

在产品按定额成本计价法是指月末在产品成本按预先制定的定额成本计算，该产品本月发生的生产费用加上月初在产品成本，减去按定额成本计算的月末在产品成本，余额作为完工产品成本。也就是说，每月实际发生的生产费用脱离定额的节约差异或超支差异全部计入当月完工产品成本。这种方法适用于定额管理基础比较扎实，各项消耗定额比较正确、稳定，且各月月末在产品数量变化不大的产品。这是因为，产品的各项消耗定额或费用定额比较准确，因而月初和月末单位在产品成本脱离定额的差异不会太大，又由于各月月末在产品数量变化不大，因而月初、月末在产品成本总额的差异脱离定额总额的差额也不会大。因此，月末在产品不考虑成本差异，对完工产品成本的影响不大。为了简化成本计算工作，可以按定额成本来计算在产品成本。采用这种方法时，可根据实际结存的在产品数量、投料和加工程度以及单位产品定额成本计算出月末在产品的定额成本。计算公式为：

完工产品成本＝月初在产品成本＋本月发生费用－月末在产品成本

月末在产品成本＝月末在产品数量×单位定额成本

其中：

在产品材料定额成本＝在产品数量×单位在产品实际消耗定额×材料计划单价

在产品人工定额成本＝在产品数量×单位在产品工时定额×计划小时工资率

在产品制造费用定额成本＝在产品数量×单位在产品工时定额×计划小时费用率

月末在产品定额成本＝在产品材料定额成本＋在产品人工定额成本＋在产品制造费用定额成本

如果某种产品经过多道工序制成，应按各工序累计工时定额分别乘以该工序在产品的数量计算定额工时，然后再乘以各项费用的单位工时定额费用，来计算在产品定额成本。

在计算出在产品的定额成本后，将月初在产品定额成本，加上本月生产费用，减去月末在产品成本后，即为完工产品成本。

【例4-6】

某企业生产C产品，原材料在生产开始时一次全部投入。月末在产品100件，单位C产品直接材料费用定额为120元。月末在产品定额工时为1 100小时，每小时费用定额为：直接人工3元，制造费用4元。月初在产品和本月生产费用累计为：直接材料60 000元，直接人工40 000元，制造费用38 000元。月末在产品定额成本计算表如表4-6所示。

表4-6　　月末在产品定额成本计算表

车间：　　2009年8月　　单位：元

摘　要	成本项目			
	直接材料	直接人工	制造费用	合计
生产费用合计	60 000	40 000	38 000	138 000
完工产品成本	48 000	36 700	33 600	118 300
在产品定额成本	12 000	3 300	4 400	19 700

月末在产品成本计算如下：

直接材料＝100×120＝12 000（元）

直接人工＝1 100×3＝3 300（元）

制造费用＝1 100×4＝4 400（元）

完工产品成本＝（60 000＋40 000＋38 000）－19 700＝118 300（元）

按定额成本计算在产品成本法计算较为简便。但由于在产品成本是按定额成本计价的，所以，本月份在产品成本的实际耗费与在产品定额成本之间的差异全部由完工产品来负担。在各项消耗定额或费用定额比较准确、稳定的情况下，月初和月末单件在产品费用脱离定额的差异较小，如果各月末在产品数量变化不大，则月初和月末在产品费用脱离定额总额的差异也就不会太大，此时不计算月末在产品费用差异，对完工产品成本影响不大，因此可以准确又简便地解决完工产品与月末在产品之间分配费用的问题。但是，如果本月实际生产费用与定额费用相差太大，就会影响产品成本计算的准确性。采用这种分配方法，还要求产品的消耗定额不需要经常修订。这是因为，若经常修订消耗定额资料，则在修订消耗定额的月份，月末在产品按新的定额成本计算，产品的生产成本减去按新的定额成本计算的在产品成本以后的余额，全部作为完工产品成本。就是说，完工产品成本中包括了月末在产品按新的定额成本计价所发生的差额。这样不利于对完工产品成本的考核与分析。要对完工产品成本进行正确的分析和评价，必须对月末在产品按新旧两种定额成本进行计价，并计算两者的差额，这样会增加成本核算和分析的工作量。因此，在产品按定额成本计算法适用于定额管理工作较好，各项消耗定额或费用定额比较准确、稳定，不需要经常修订，并且各月末在产品数量较多但数量变化不大的企业。

六、定额比例法

定额比例法是指产品的生产费用按完工产品与月末在产品定额消耗量或定额费用、定额工时的比例进行分配的一种方法。对于直接材料成本项目，可按原材料的定额消耗量或定额费用比例分配；对于直接人工、制造费用等加工费用，可以按定额工时比例分配，也可以按各项定额费用的比例分配。这种分配方法适用于定额管理基础较好，各项消耗定额或费用定额比较准确、稳定，但各月月末在产品数量变动较大的产品。按定额比例法分配费用与按定额成本分配费用的区别在于：前者分配费用时，产品实际成本脱离定额成本的差异，按完工产品和月末在产品定额消耗量或定额成本的比例进行分摊，从而提高了产品成本计算的准确性；后者分配费用时，实际成本与定额成本的差异，全部由完工产品成本负担。

定额比例法的费用分配计算公式如下：

$$\text{直接材料成本分配率}=\frac{\text{月初在产品实际材料成本}+\text{本月实际发生材料成本}}{\text{完工产品材料定额成本（或消耗量）}+\text{月末在产品材料定额成本（或消耗量）}}$$

$$\text{完工产品应负担材料成本}=\text{完工产品材料定额成本（或消耗量）}\times\text{直接材料成本分配率}$$

$$\text{月末在产品应负担材料成本}=\text{月末在产品材料定额成本(或消耗量)}\times\text{直接材料成本分配率}$$

$$\text{直接工资或制造费用分配率}=\frac{\text{月初在产品直接人工或制造费用成本}+\text{本月发生直接人工或制造费用成本}}{\text{完工产品定额工时}+\text{月末在产品定额工时}}$$

$$\text{完工产品应负担直接人工或制造费用}=\text{完工产品定额工时}\times\text{直接人工或制造费用分配率}$$

$$\text{月末在产品应负担直接人工或制造费用}=\text{月末在产品定额工时}\times\text{直接人工或制造费用分配率}$$

【例 4-7】

某企业 8 月份 A 产品月初在产品实际成本为：直接材料 2 500 元，直接人工 5 800 元，制造费用 4 200 元；本月实际发生的生产成本为：直接材料 18 500 元，直接人工 11 200 元，制造费用 9 400 元。本月完工 A 产品 500 件，单位完工产品材料费用定额为 60 元，单位定额工时为 30 小时。月末在产品 100 件，单位材料定额费用为 50 元，单位定额工时为 20 小时。要求按定额比例法分配计算完工产品和月末在产品成本。费用分配计算结果如表 4-7 所示。

表 4-7　　产品成本计算表

产品名称：A 产品　　2009 年 8 月　　金额单位：元

成本项目		直接材料	直接人工	制造费用	合计
月初在产品成本		2 500	5 800	4 200	12 500
本月生产成本		18 500	11 200	9 400	39 100
合计		21 000	17 000	13 600	51 600
完工产品	定额	30 000	15 000	15 000	
	实际成本	18 000	15 000	12 000	45 000
月末在产品	定额	5 000	2 000	2 000	
	实际成本	3 000	2 000	1 600	6 600
费用分配率		0.6	1	0.8	

表中完工产品定额计算如下：

直接材料定额成本＝500×60＝30 000(元)

直接人工、制造费用定额工时＝500×30＝15 000(小时)

表中在产品定额计算如下：

直接材料定额成本＝100×50＝5 000(元)

直接人工、制造费用定额工时＝100×20＝2 000(小时)

表中分配率的计算如下：

直接材料项目分配率＝21 000÷(30 000＋5 000)＝0.6

直接人工项目分配率＝17 000÷(15 000＋2 000)＝1

制造费用项目分配率＝13 600÷(15 000＋2 000)＝0.8

从上例计算分配过程可知，采用定额比例法分配费用，必须取得完工产品和月末在产品的定额消耗量或定额费用资料。月末在产品的直接材料定额消耗量和工时定额消耗量，可以根据月末在产品盘存表或账面所记录的在产品的结存数量，以及相应的消耗定额具体计算求得。但在在产品的种类和生产工序较多的情况下，这种方法的计算工作就相当繁重，因此，在产品定额消耗量可采用简化的方法（倒挤方法）计算。其计算公式如下：

$$\text{月末在产品定额消耗量}=\text{月初在产品定额消耗量}+\text{本月投入的定额消耗量}-\text{本月完工产品定额消耗量}$$

该公式中月初在产品定额消耗量可根据上月成本资料计算求得。本月投入的定额消耗量中的直接材料定额消耗量，可根据领料凭证所列直接材料定额消耗量等数据计算求得；本月投入的工时定额消耗量，可根据有关定额工时的原始记录计算求得。按照倒挤方法计算月末在产品的定额数据，可以简化成本计算工作。为了提高成本计算的准确性，必须每隔一定时期对在产品进行一次实地盘点，并根据在产品的实存数计算一次定额消耗量数据。采用该法分配费用的公式如下：

$$\text{费用分配率}=\frac{\text{月初在产品实际费用}+\text{本月实际费用}}{\text{月初在产品定额费用(工时)}+\text{本月投入定额费用(工时)}}$$

完工产品和月末在产品成本的计算公式同前。

【例 4-8】

假设例 4-7 中，A 产品月初在产品定额原材料费用为 6 500 元，定额工时为 5 000 小时。本月投入生产定额直接材料成本为 28 500 元，定额工时为 12 000 小时。本月实际发生的成本和完工产品定额资料与例 4-7 相同。各项费用分配计算如表 4-8 所示。

表 4-8 **产品成本计算表**

产品名称：A 产品 2009 年 8 月 金额单位：元

成本项目	月初在产品		本月投入		合计		费用分配率	完工产品		月末在产品	
	定额	实际	定额	实际	定额	实际		定额	实际	定额	实际
1	2	3	4	5	6=2+4	7=3+5	8=7/6	9	10=9×8	11=6−9	12=11×8
直接材料	6 500	2 500	28 500	18 500	35 000	21 000	0.6	30 000	18 000	5 000	3 000
直接人工	5 000	5 800	12 000	11 200	17 000	17 000	1	15 000	15 000	2 000	2 000
制造费用	5 000	4 200	12 000	9 400	17 000	13 600	0.8	15 000	12 000	2 000	1 600
合计	—	12 500	—	39 100	—	51 600	—	—	45 000	—	6 600

上表中月末在产品原材料定额费用＝6 500＋28 500－30 000＝5 000(元)

月末在产品定额工时＝5 000＋12 000－15 000＝2 000(小时)

例 4-8 的计算结果与例 4-7 计算分配结果完全相同，这是因为在分配率的分母中，月初在产品定额消耗量(定额费用)＋本月投入定额消耗量(定额费用)＝完工产品定额消耗量(定额费用)＋月末在产品定额消耗量(定额费用)。

采用定额比例法分配完工产品和月末在产品成本，不仅其分配结果比较准确，而且有利于实际成本与定额成本之间进行比较，由于以产品的定额消耗量为分配标准，有利于分析和考核各项消耗定额的执行情况。同时避免了按定额成本计算在产品成本不负担实际成本脱离定额成本差异的缺陷。但是如果在产品的种类和生产工序繁多，这种方法的计算工作就相当繁重，如果消耗定额不稳定，经常修订调整消耗定额，必然会进一步加大核算工作量。因此，这种方法适用于定额管理基础较好，各项消耗定额或费用定额比较准确、稳定，各月末在产品数量变动较大的产品。这样月初与月末在产品脱离定额的差异也要在完工产品与月末在产品之间按比例分配，从而提高了产品成本计算的准确性。

七、约当产量比例法

约当产量比例法是指将月末在产品数量按照其加工程度折合为相当于完工产品的数量，即约当产量。然后，按照完工产品产量和月末在产品约当产量的比例分配计算完工产品和月末在产品的成本的一种方法。采用该种分配方法，在产品既要计算直接材料费用，也要计算直接人工和制造费用等加工费用。这种方法适用于月末在产品数量较大，各月末在产品数量变化也较大，且产品成本中直接材料、直接人工、制造费用的比重相当的产品。由于在产品耗用各项成本费用的多少，分别与各因素投入的程度成比例，如耗用原材料的多少与投料程度成比例，耗用其他加工费用的多少与产品的加工程度成比例，因此，要分别成本项目计算在产品的约当产量。分配原材料费用时，其约当产量按投料程度计算，如果原材料是生产开始时一次投入的，其投料程度就为100%，在产品的约当产量就是在产品的实际产量；分配加工费用时，其约当产量则应按照在产品的完工程度计算。约当产量比例法的一般计算公式如下：

月末在产品的约当产量＝月末在产品数量×在产品完工(投料)程度(完工率)

某项费用分配率＝该项费用总额÷(完工产品产量＋在产品约当产量)

完工产品应负担的某项费用＝完工产品产量×该项费用分配率

在产品应负担的某项费用＝在产品约当产量×该项费用分配率

或＝该项费用总额－完工产品应负担的该项费用

【例4-9】

某企业生产E产品本月完工产品400件，月末在产品为100件，在产品完工程度为70%，原材料在生产开始时一次投入。期初在产品成本和本月发生的成本以及完工产品成本与在产品成本计算如表4-9所示。有关计算资料如下：

表4-9　完工产品和在产品成本计算表

产品名称：E产品　　2009年8月　　金额单位：元

摘　要	成本项目			
	直接材料	直接人工	制造费用	合计
月初在产品成本	4 000	1 500	2 500	8 000
本月发生生产成本	36 000	22 000	30 400	88 400
合计	40 000	23 500	32 900	96 400
在产品完工程度	100%	70%	70%	
在产品约当产量（件）	100	70	70	
完工产品产量（件）	400	400	400	
分配率（单位成本）	80	50	70	200
本月完工产品成本	32 000	20 000	28 000	80 000
月末在产品成本	8 000	3 500	4 900	16 400

(1) 计算月末在产品约当产量。

直接材料的约当产量＝100×100%＝100(件)

直接人工、制造费用的约当产量＝100×70%＝70(件)

(2) 计算各项目分配率。

直接材料项目分配率＝40 000÷(400＋100)＝80

直接人工项目分配率＝23 500÷(400＋70)＝50

制造费用项目分配率＝32 900÷(400＋70)＝70

从以上计算可以看出，在约当产量比例法下，在产品完工程度的测定对费用分配的正确性起着决定性的作用。因此，应该根据原材料的投料方式及加工的具体情况，分别采用不同的方式计算约当产量。

1. 直接材料费用的分配

直接材料项目约当产量的确定取决于生产过程中的投料程度。投料程度的确定通常有以下几种情况：

(1) 原材料在生产开始时一次投入。在该种投料方式下，在产品的投料程度为100%。每件完工产品和月末在产品所耗材料费用成本是相等的。因此，不论在产品完工程度如何，其直接材料费用可按完工产品与在产品数量平均分配。例4-6中直接材料费用的分配就是按完工产品与月末在产品实际数量比例分配的。分配公式为：

材料费用分配率＝材料费用总额÷(完工产品数量＋月末在产品数量)

(2) 原材料不是在生产开始时一次全部投入，而是随加工进度分工序投入，并在各工序开始时一次投入。在该种投料方式下，应该按工序确定投料程度，其每道工序在产品投料程度应为100%，并应以各工序的直接材料消耗定额作为计算依据。

$$\text{某道工序的在产品投料程度}=\frac{\text{前面各工序累计材料消耗定额}+\text{本工序材料消耗定额}}{\text{完工产品材料消耗定额}}$$

【例4-10】

某企业生产B产品由三道工序加工完成，原材料分三道工序在各道工序开始时一次投入。各工序原材料消耗定额为：第一道工序48千克，第二道工序32千克，第三道工序20千克，合计100千克。要求：计算每道工序的投料程度。

第一道工序投料程度＝(48÷100)×100%＝48%

第二道工序投料程度＝(48＋32)÷100×100%＝80%

第三道工序投料程度＝(48＋32＋20)÷100×100%＝100%

【例4-11】

承例4-10，设各工序月末在产品分别为1 200件、900件和600件，本月完工产品为6 104件，本月共发生材料费用80 000元。要求：计算各工序在产品的约当产量及完工产品和月末在产品应分配的材料费用。

各工序在产品的约当产量计算如下：

第一道工序在产品约当产量＝1 200×48%＝576(件)
第二道工序在产品约当产量＝900×80%＝720(件)
第三道工序在产品约当产量＝600×100%＝600(件)
在产品约当产量合计＝576＋720＋600＝1 896(件)

直接材料费用的分配计算如下：

材料费用分配率＝80 000 ÷(6 104＋1 896)＝10
完工产品应负担的直接材料费用＝6 104×10＝61 040(元)
月末在产品应负担的直接材料费用＝1 896×10＝18 960(元)

(3) 原材料随生产过程陆续投入，并且和加工程度一致。在该种投料方式下，分配直接材料费用所依据的月末在产品约当产量可以与分配加工费用所采用的在产品约当产量一致，即月末在产品的投料程度可按加工程度计算。

(4) 原材料在生产过程中陆续、不均衡投入，并且和加工程度不一致。这种情况与上述第二种情况一样，应该分工序分别确定各工序在产品的投料程度。与第二种情况不同的是每道工序在产品投料程度按 50%计算。计算公式如下：

$$\text{某道工序的在产品投料程度}=\frac{\text{前面各工序累计材料消耗定额}+\text{本工序材料消耗定额}\times 50\%}{\text{完工产品材料消耗定额}}$$

【例 4-12】

A 产品经两道工序加工完成。原材料分次不均衡投入（且不等于加工进度），各工序原材料消耗定额分别为 160 千克、240 千克。完工产品 800 件，在产品 200 件（第一工序 100 件，第二工序 150 件），原材料费用为 9 250 元。要求：分配材料费用给完工产品和在产品。计算如表 4-10 所示。

表 4-10　　原材料费用分配表

工序	材料消耗定额	完工率（投料程度）	在产品约当产量（件）	完工产品产量	合计
1	160 千克	40/200＝20%	100×20%＝20		
2	240 千克	(80＋60)/200＝70%	150×70%＝105		
合计	400 千克		125	800	925

直接材料是在每道工序随加工进程陆续投入，因此每道工序投料程度按 50%计算。

直接材料分配率＝9 250÷(800＋125)＝10
完工产品应分配的直接材料费用＝800×10＝8 000(元)
在产品应分配的直接材料费用＝125×10＝1 250(元)

1. 直接人工、制造费用等加工费用的分配

采用约当产量比例法分配加工费用时，由于耗用加工费用的多少与产品完工程度成比

例关系，因此要先测算在产品的完工程度，然后计算在产品的约当产量，并在此基础上进行费用分配。在产品完工程度的测定主要有两种方法：

（1）平均计算法。是将各工序在产品的完工程度全部按50%计算。这是在各工序在产品数量和单位产品在各工序的加工量都相差不多的情况下，后面工序在产品多加工的程度可以抵补前面各工序少加工的程度。这样，全部在产品的完工程度均可按50%平均计算。

（2）分工序分别测算完工率。为了提高成本计算的准确性，加快成本计算工作，要按各工序分别测定完工率。并应以各工序的工时消耗定额作为计算依据。计算公式如下：

$$\text{某道工序在产品加工程度(完工率)}=\frac{\text{前面各工序累计工时定额}+\text{本工序工时定额}\times 50\%}{\text{完工产品工时定额}}$$

上式中的“本工序”为在产品所在工序，其工时定额乘以50%，是因为该工序中各件在产品的完工程度不同，为了简化完工率的测算工作，在产品所在工序的加工程度一律按平均完工率50%计算。在产品从上一道工序转入下一道工序时，因上一道工序已经完工，所以前面各道工序的工时定额都应该按100%计算。

当各工序的完工率确定后，每月计算产品成本时，根据各工序的月末在产品数量和确定的完工率，就可以计算出各工序月末在产品的约当量及其总数，并据以分配费用。

【例4-13】

某企业生产B产品由三道工序完成，各工序工时定额分别为：16小时、18小时、16小时，合计50小时。要求：计算各工序的在产品完工率。

第一道工序完工率＝16×50%÷50＝16%

第二道工序完工率＝(16＋18×50%)÷50＝50%

第三道工序完工率＝(16＋18＋16×50%)÷50＝84%

根据上述计算出来的各工序完工率，分别乘以各该工序期末结存的在产品数量，即可计算出月末各工序在产品的约当产量及其总数，用于分配燃料及动力、直接人工和制造费用等加工费用。现结合在产品的投料程度和加工程度，说明约当产量法的具体应用。

【例4-14】

假设例4-13中B产品本月完工200件。各工序在产品数量分别为：25件、40件、50件。月初在产品和本月发生的生产成本分别为：直接材料25 200元，直接人工17 290元，制造费用18 620元。材料为生产开始时一次投入。各工序约当产量计算表如表4-11所示，在产品成本和完工产品成本计算表如表4-12所示。

表4-11　约当产量计算表

产品名称：B产品　　2009年8月　　单位：件

工序	完工程度（%）	在产品数量		完工产品产量	产量合计
		结存数量	约当产量		
1	16	25	4		
2	50	40	20		
3	84	50	42		
合计	—	115	66	200	266

表 4-12 **在产品和完工产品成本计算表**

产品名称：B 产品　　2009 年 8 月　　单位：元

项　目	直接材料	直接人工	制造费用	合计
生产成本合计	25 200	17 290	18 620	61 110
在产品约当产量	115	66	66	
完工产品产量	200	200	200	
分配率（单位成本）	80	65	70	
完工产品成本	16 000	13 000	14 000	43 000
月末在产品成本	9 200	4 290	4 620	18 110

企业采用约当产量法计算完工产品与月末在产品成本，必须正确核算在产品数量和正确估计在产品的完工率，才能正确确定在产品原材料费用和加工费用的约当产量。这种方法适用性广泛，特别适用于月末在产品数量较大，且各月末在产品数量不稳定，起伏较大，产品成本中原材料费用和加工费用各项目费用比重相差不多的产品。

通过以上所述生产成本在各种产品之间，以及在同种产品的完工产品与在产品之间分配和归集以后，分别计算出各种产品的总成本和单位成本，为考核和分析各种产品成本计划的执行情况提供信息资料。

以上述表 4-7 和表 4-9 两种产品成本计算资料，登记"基本生产成本"明细账。如表 4-13 和 4-14 所示。

表 4-13 **基本生产成本明细账**

产品名称：A 产品　　2009 年 8 月　　产量：500 件

单位：元

成本项目	月初在产品成本	本月生产成本	生产成本合计	月末在产品成本	产成品成本	
					总成本	单位成本
直接材料	2 500	18 500	21 000	3 000	18 000	36
直接人工	5 800	11 200	17 000	2 000	15 000	30
制造费用	4 200	9 400	13 600	1 600	12 000	24
合计	12 500	39 100	51 600	6 600	45 000	90

表 4-14 **基本生产成本明细账**

产品名称：E 产品　　2009 年 8 月　　产量：400 件

单位：元

成本项目	月初在产品成本	本月生产成本	生产成本合计	月末在产品成本	产成品成本	
					总成本	单位成本
直接材料	4 000	36 000	40 000	8 000	32 000	80
直接人工	1 500	22 000	23 500	3 500	20 000	50
制造费用	2 500	30 400	32 900	4 900	28 000	70
合计	8 000	88 400	96 400	16 400	80 000	200

第三节 期间费用的归集及完工产品成本的结转

一、期间费用的归集和结转

（一）期间费用的归集

期间费用是指企业在生产经营过程中发生的，与产品生产活动没有直接联系，不宜计入产品成本，而直接计入当期损益的费用。期间费用属于某一时期耗用的费用。包括企业在产品销售过程中发生的各项费用，以及专设销售机构的各项经费；企业行政管理部门为组织和管理生产经营活动而发生的各项管理费用；企业为筹集生产经营所需资金而发生的财务费用。期间费用按其经济用途，可分为销售费用、管理费用和财务费用，期间费用的核算就是指销售费用、管理费用和财务费用的核算。

销售费用是为销售本企业产成品、自制半成品、工业性劳务所发生的费用，通过“销售费用”账户归集，以便在计算当期损益时，连同产品生产成本、产品销售税金及附加与产品销售收入相配比；应该注意区别的是因材料销售、技术转让、固定资产出租、包装物出租以及对外运输等非工业性劳务所发生的费用，应与企业其他业务收入相配比，属于其他业务成本，不属于销售费用的内容。销售费用的明细账按其费用项目设置专栏，进行明细核算。

管理费用是指企业行政管理部门为组织和管理生产经营活动而发生的费用。如管理人员的工资及计提的保险费、住房公积金等各项费用、工会经费、无形资产摊销、待业保险费、业务招待费、办公费等。通过“管理费用”账户及其明细账户核算，明细账内按费用项目设置专栏，进行明细核算。

财务费用是企业为筹集生产经营所需资金而发生的费用。财务费用包括利息支出、汇兑损失、结算手续费等。发生利息收入、汇兑收益应冲减财务费用。财务费用的归集，通过“财务费用”账户及其明细账进行，明细账内按费用项目设置专栏，进行明细核算。

（二）期间费用的结转

销售费用、管理费用、财务费用归集完全以后，应全部列入当月利润表，据以确定当期经营成果。“销售费用”、“管理费用”和“财务费用”账户借方发生额于月末或年末结转“本年利润”账户。采用“账结法”的企业，每月末通过“本年利润”结转当期损益及本年累计损益。采用表结法的企业，在年末结转“本年利润”确定全年损益。

二、完工产品成本的结转

如前有关章节所述，工业企业生产产品所发生的各项生产费用，已经在各种产品及同种产品的完工产品与月末在产品之间进行了分配，计算出各种完工产品的成本，工业企业完工产品经产成品仓库验收合格入库以后，其成本应从“基本生产成本”账户及所属产品明细账户的贷方转入“库存商品”账户的借方。“基本生产成本”总账账户的月末余额，就是月末在产品的成本，应与所属各种产品成本明细账中月末在产品成本之和核对相符，月末编制资产负债表时应列入“存货”项目。

【例 4-15】

根据表 4-13 和表 4-14 中 A、E 两种产品生产成本明细账所登记的成本和产量资料，编制产成品成本汇总表如表 4-15 所示。

表 4-15 **产成品成本汇总表**

编制单位： 2009 年 8 月 单位：元

产成品名称	产量	成本	直接材料	直接人工	制造费用	合计
A 产品	500	总成本	18 000	15 000	12 000	45 000
		单位成本	36	30	24	90
E 产品	400	总成本	32 000	20 000	28 000	80 000
		单位成本	80	50	70	200

根据完工验收入库产成品的交库单及产成品成本汇总表等，编制会计分录如下：

借：库存商品——A 产品 45 000

——E 产品 80 000

贷：基本生产成本——A 产品 45 000

——E 产品 80 000

本章总结

生产费用在完工产品与在产品之间分配费用，是成本计算的一个重要环节。在产品有狭义在产品和广义在产品之分，对于在产品的日常管理主要是对在产品实物数量的管理，企业应建立健全各项原始记录制度，定期对在产品实物进行盘点清查，并对在产品盘盈、盘亏的结果及时审批进行账务处理。将某一成本计算对象应负担的全部生产费用汇总，确定该成本计算对象的总成本后，应将总成本在完工产品与月末在产品之间进行正确分配。采用的分配方法一般有：在产品不计价法、在产品按年初固定成本计价法、在产品按所耗原材料费用计价法、约当产量法、在产品按定额成本计价法和定额比例法。各种方法的特点各不相同，分别适用于不同情况，企业应根据自己的生产特点来选择相适应的分配方法。正确划分月末完工产品成本和月末在产品成本后，应将完工产品成本结转入"库存商品"账户，进行相应的账务处理。

重要概念

在产品　约当产量　定额比例法　定额成本法

精选案例

设计阶段降低成本的措施

一个产品的生命周期包括产品成长期、成熟期、衰退期三个阶段，这三个阶段成本控制管理的重点是不同的，分别为设计成本、生产成本、销售成本。实际上，产品研发和设计是生产、销售的源头之所在，一个产品的目标成本其实在设计成功后就已经基本成型，作为后期的产品生产等制造工序（实际制造成本）来说，其最大的可控点只能是降低生产过程中的损耗以及提高装配加工效率（降低制造费用）。有一个观点是被普遍认同的，就是产品成本的80%是约束性成本，并且在成本的设计阶段就已经确定。也就是说，一个产品一旦完成研发，其目标材料成本、目标人工成本便已经基本定性，制造中心很难改变设计留下的先天不足。有很多产品在设计阶段，就注定其未来的制造成本高过市场价格。

在设计开发阶段，通常采取下述步骤对成本进行分析和控制：

1. 价值工程分析

价值工程分析的目的是分析是否有可以提高产品价值的替代方案。产品价值是产品的功能与成本的比值，也就是性能价格比。因此有两种方法可提高产品的价值：一是维持产品的功能不变，降低成本；二是维持产品成本不变，增加功能。价值工程的分析从总体上观察成本的构成，包括原材料制造过程、劳动力类型、使用的装备以及外购与自产零部件之间的平衡。

价值工程按照两种实现方式，来预先设定目标成本：

(1) 通过确认改善的产品设计（即使是新产品，也应通过不同的方式适应其功能要求），在不牺牲功能的前提下，削减产品部件和制造成本。通过关注产品的功能，设计人员会经常考虑其他产品执行同样功能的零部件，提高零部件的标准化程度，这有助于提高产品质量，同时降低产品成本。

(2) 通过削减产品不必要的功能或复杂程度来降低成本。作为以营利为目标的企业，所期盼的往往是性能价格比最有竞争力、市场上最畅销的产品。这就要求产品开发人员必须在目标成本的导向下，开发出性能价格比最优的产品而非叫好不叫座的产品。

2. 工程再造

在产品设计之外，还有一个因素对于产品成本和质量有决定性作用，这就是工序设计。工程再造就是对已经设计完成或已经存在的加工过程进行再设计，从而直接消除无附加值的作业，同时提高装配过程中有附加值作业的效率，降低制造成本。

对新产品来说，如果能在进入量产阶段对该产品的初次设计进行重新审视，往往会发现，在初次设计过程中，存在一些比较昂贵的复杂部件以及独特或者比较繁杂的生产过程，然而它们很少增加产品的绩效和功能，可以被删除或修改。

因此，重视产品及其替代功能的再设计，不但具有很大的空间，而且经常不会被顾客发现，如果设计成功，公司也不必进行重新定价或以其他产品替代。

3. 加强新产品开发成本分析，达到成本与性能的最佳结合点

(1) 加强性能成本比的分析。性能成本比也就是目标性能跟目标成本之间的比值，通过该指标的分析可以看出，新开发出来的产品是否符合原先设定的目标成本、目标功能和目标性能等相关目标。假如实际的性能成本比高于目标的性能成本比，在设计成本与目标成本相一致的提前下，说明新产品设计的性能高于目标性能，但从另一方面来说，我们还可以通过将新产品的性能调整到与目标性能相符，来达到削减成本的目的。

(2) 考虑扩展成本。在开发设计某项新品时，除了应考虑材料成本外，还得更深远地考虑到，该项材料的应用是否会导致其他方面的成本增加。譬如说，所用的材料是否易于采购，便于仓储、装配和装运。事实上，研发（设计）人员在设计某项新产品时，如欠缺全面的考虑，往往不得不在整改过程中临时增加某些物料或增加装配难度来解决它所存在

的某些缺陷。而这些临时增加的物料不仅会增加材料成本，还会增加生产过程中的装配复杂度，因而间接影响到批量生产的效率，而且这也容易造成相关材料、辅料等物耗的大幅上升，而这些沉没的成本往往远大于其表面的成本。

4. 减少设计交付生产前需被修改的次数

设计交付生产（正常量产）前需被修改（甚至细微修改）的次数，是核算一个新产品开发成本投入的一个指标。很多事实表明，新产品往往要费很长时间才能批量投入市场，最大的原因是产品不能一次性达到设计要求，通常需要被重新设计并重新测试好几次。假定一家公司估计每个设计错误的成本是 1 500 元，如果在新产品开发设计到生产前，每个新产品平均需要被修改的次数为 5 次，每年引进开发 15 个新产品，则其错误成本为 112 500 元。

由这个简单的计算就可以看出，在交付正常量产的过程中，每一点错误（每一次修改）都势必给公司带来一定损失（物料、人工、效率的浪费，等等）。而为减少错误而重新设计产品的时间延误，将会使产品较晚打入市场，错失良机而损失的销售额更是令人痛心。因此，在不影响成本、性能的情况下，研发设计人员应尽量提高一次设计的成功率。

要求：阅读上述资料，讨论在设计阶段降低成本的各项措施及其对后期产品成本降低方面的积极作用。

思考练习题

（一）讨论题

1. 生产费用在完工产品和在产品之间分配有哪些方法？
2. 在采用约当产量法的时候，对于材料的投料方式应该如何考虑？
3. 定额成本法和定额比例法的主要区别是什么？

（二）单选题

1. 原材料在生产开始时一次投入，则原材料费用可按完工产品和月末在产品的（　）分配。

A. 定额工时　B. 质量　C. 实际数量　D. 约当产量

2. 狭义的在产品指（　）。

A. 正在车间加工的在产品　B. 需进一步加工的半成品

C. 产成品　D. 对外销售的自制半成品

3. 在产品数量的日常核算是通过设置（　）进行的。

A. 在产品台账　B. 产成品明细账

C. 制造费用明细账　D. 原材料明细账

4. 先确定在产品成本，再确定完工产品成本的方法是（　）。

A. 约当产量法　B. 在产品按完工产品成本计算法

C. 在产品不计算成本法　D. 定额比例法

5. 盘盈的在产品经批准予以转销时，应冲减（　）。

A. 管理费用　B. 制造费用　C. 财务费用　D. 销售费用

6. 假定某工业企业产品的工时定额为 40 小时，经连续两道工序加工而成。每道工序的工时定额分别为 30 小时和 10 小时。则第二道工序的完工率为（　　）。

A. 87.5％　　B. 50％　　C. 37.5％　　D. 100％

7. 采用定额成本法计算产品成本，可以及时反映实际成本脱离定额成本的差异，加强定额管理和进行有效的（　　）。

A. 成本计算　　B. 成本控制　　C. 成本分析　　D. 成本还原

8. 在产品成本按完工产品成本计算法，在（　　）的情况下采用。

A. 原材料在生产开始时一次全部投入　　B. 各月末在产品数量多且变化大

C. 月末在产品接近完工　　D. 月末在产品数量较少

9. 在产品按所耗原材料费用计价法，适用于（　　）。

A. 各月在产品数量变化较大的产品

B. 各月末在产品数量较大的产品

C. 原材料费用在成本中所占比重较大的产品

D. 同时具备以上三个条件的产品

10. 完工产品与在产品之间分配费用的在产品不计算成本法的适用条件是（　　）。

A. 没有在产品　　B. 各月末在产品数量很少

C. 各月末在产品数量变化很小　　D. 各项费用比重相差很小

11. 完工产品与在产品之间分配费用的方法中，在产品按年初固定成本计价法的适用条件是（　　）。

A. 各月末在产品数量很小

B. 各月末在产品数量较大

C. 各月末在产品数量变化较大

D. 各月末在产品数量虽大，但各月之间变化不大

12. 约当产量比例法的适用条件是（　　）。

A. 月末在产品数量较大　　B. 各月末在产品数量变化较大

C. 各成本项目比重相差不大　　D. 以上三个条件同时具备

13. 某产品消耗的原材料是分工序在每道工序开始时一次投入的，各工序材料消耗定额为：第一道工序 60 千克，第二道工序 40 千克，第三道工序 60 千克，该种产品第二道工序在产品的投料程度为（　　）。

A. 40％　　B. 50％　　C. 62.5％　　D. 100％

（三）多选题

1. 约当产量法的适应范围有（　　）。

A. 适用于月末在产品数量较多　　B. 各月末在产品数量变化大

C. 月末在产品数量较稳定　　D. 产品成本中各成本项目比重悬殊不大

2. 广义在产品是指（　　）。

A. 全部加工中的在产品和半成品　　B. 尚在本步骤中加工的在产品

C. 转入各半成品库的半成品　　D. 准备对外销售的半成品

3. 定额比例法的适用范围有（　　）。

A. 消耗定额较准确、稳定　　B. 月末在产品数量较多

C. 月末在产品数量变化较大　　D. 材料费用所占比重较大

4. 下列方法中对本月发生的人工费用不计入在产品成本的有（　　）。

A. 约当产量法　　B. 月末在产品只计算原材料费用法
C. 定额比例法　　D. 月末在产品不计算成本法

5. 在产品成本按所耗原材料费用计算法的适用范围是（　　）。

A. 各月在产品数量变化大
B. 材料费用在产品成本中所占比重大
C. 各月末在产品数量多
D. 定额管理基础好

6. 生产费用在完工产品与月末在产品之间分配的方法很多，企业在选择时，应该考虑的具体条件有（　　）。

A. 在产品数量的多少
B. 在产品成本中各项费用比重的大小
C. 产品的定额管理基础
D. 各月在产品数量变化的大小

7. 某产品需经几道工序制成，且生产进度不均衡时，某道工序在产品加工程度的确定，应考虑的因素有（　　）。

A. 前面各道工序的累计工时定额　　B. 在产品数量
C. 完工产品工时　　D. 本道工序工时定额

8. 在产品成本按年初固定计算法适用于（　　）的产品。

A. 月末在产品接近完工
B. 月末在产品较多，但各月在产品数量变化不大
C. 月末在产品较少，但价值较大
D. 材料费用在产品成本中占比重较大

9. 在产品的盘亏和毁损的损失经过批准，可以借记的账户有（　　）。

A. 营业外支出　　B. 制造费用　　C. 其他应收款　　D. 基本生产成本

10. 采用在产品按定额成本计价法分配完工产品和月末在产品成本，应具备的条件有（　　）。

A. 消耗定额较准确　　B. 各月末在产品数量变化较大
C. 各月末在产品数量变化较小　　D. 消耗定额比较稳定

11. 下列方法中，属于生产费用在完工产品与在产品之间进行分配的方法有（　　）。

A. 交互分配法　　B. 约当产量比例法
C. 定额比例法　　D. 在产品不计算成本法

（四）判断题

1. 在产品包括未经验收入库的产品和等待返修的废品。（　　）

2. 原材料随加工进度陆续投入，则原材料费用应按定额工时比例分配。（　　）

3. 采用定额比例法分配生产费用，月末在产品实际成本与定额成本之间的差异，全部由当月完工产品成本负担。（　　）

4. 在产品约当产量是指期末在产品按其完工程度折合为完工产品的数量。（　　）

5. 某工序在产品完工率＝(本工序工时定额＋前面各工序工时定额之和×50%)÷产

品工时定额。 ( )

6. 如果各月月末在产品数量很小，可以不计算月末在产品成本。 ( )

7. 月末在产品数量较大，但各月末在产品数量变化不大的产品，其月末在产品可按年初固定成本计价。 ( )

8. 完工产品验收入库，结转其实际成本，应借记“库存商品”账户，贷记“在产品”账户。 ( )

9.“基本生产成本”账户的期末余额，就是在产品的成本。 ( )

10. 已经过所有加工工序，只是尚未包装入库的在产品，在计算其成本时可将其视同完工产品。 ( )

11. 采用月末在产品按定额成本计价法分配生产费用时，月末在产品实际成本与定额成本之间的差异，应全部由当月完工产品与在产品成本共同负担。 ( )

12. 原材料在生产时分工序投入，且在每道工序开始时一次投入，分配原材料费用的最后一道工序的投料率为100%。 ( )

(五) 计算与核算题

1. 某制造企业生产的A产品经过三道工序制成，产品的生产工时定额为40小时，其中：第一道工序工时定额为8小时，第二道工序工时定额为16小时，第三道工序工时定额为16小时。本月A产品完工2 000件，月末车间有在产品200件，各工序在产品数量为：第一道工序为100件，第二道工序为40件，第三道工序为60件。

要求：计算各工序的在产品完工程度和在产品约当产量。

2. 某企业产品由两道工序制成，原材料随生产进度分工序投入，在每道工序中则是一开始就投入。第一道工序投入原材料定额为160千克，月末在产品数量2 100件；第二道工序投入原材料定额为240千克，月末在产品数量1 400件。完工产品为5 260件，月初在产品和本月发生的原材料费用累计为225 000元。

要求：

(1) 分别计算两道工序原材料成本项目的在产品投料程度。

(2) 分别计算两道工序原材料成本项目的在产品约当产量。

(3) 按约当产量比例法分配完工产品和月末在产品的原材料成本。

3. A产品经三道工序完成。某月完工产品产量650件，期末在产品在三道工序的结存量分别为200件、50件和100件。甲材料分三次在三道工序开始时投料，各工序投料比例分别为30%、40%和30%；乙材料在第二道工序开始时一次投入。期初在产品成本和本期发生的原材料合计为：甲材料16 900元，乙材料4 800元。

要求：计算在产品约当量并分配材料费用。

4. 某企业生产D产品分两道工序加工，月初在产品成本为：直接材料28 000元，直接人工15 200元，制造费用11 000元。本月生产费用为：直接材料48 000元，直接人工24 400元，制造费用22 300元，8月份完工产品240件，月末在产品200件，在产品的完工程度为60%，均停留在第道一工序)，D产品所耗直接材料在第一道工序生产开始时投入全部材料的70%，进入第二道工序时，再投入其余30%的直接材料。

要求：根据上述资料，采用约当产量比例法，计算D产品完工产品成本和月末在产品成本。并填制成本计算单。

产品成本计算单

产品名称：　　　　　　　　　　20××年　月　　　　　　　　　　单位：元

摘　要	直接材料	直接人工	制造费用	合计
月初在产品成本				
本月生产费用				
生产费用累计				
分配标准（完工产量＋在产品约当产量）				
费用分配率				
完工产品成本				
月末在产品成本				

5. 某企业生产产品 E，月初在产品费用为：直接材料 20 000 元，直接人工 9 000 元，制造费用 12 000 元，合计 41 000 元；本月生产费用为：直接材料 36 000 元，直接人工 15 000 元，制造费用 24 000 元，合计 75 000 元；本月完工产品 600 件，月末在产品 200 件。月末在产品都已完工，尚未验收入库，可以视同完工产品分配各项费用。

要求：根据上述资料，采用适当的方法计算 E 产品完工产品成本和月末在产品成本，并填制成本计算单。

产品成本计算单

产品名称：　　　　　　　　　　20××年　月　　　　　　　　　　单位：元

摘　要		直接材料	直接人工	制造费用	合计
月初在产品成本					
本月生产费用					
生产费用累计					
费用分配率					
完工产品成本	数量（件）				
	费用				
月末在产品成本	数量（件）				
	费用				

6. 某企业生产 A 产品，有关定额资料如下：单位产品材料消耗定额为 300 元，单位产品工时消耗定额为 20 小时。6 月份该企业完工 A 产品 1 000 件，月末结存在产品 200 件。月末在产品直接材料投入 80%，加工程度 40%。A 产品 6 月份月初在产品实际成本为：直接材料 41 460 元，直接人工 2 567 元，制造费用 4 120 元。本月发生的生产成本为：直接材料 334 380 元，直接人工 49 273 元，制造费用 71 480 元。

要求：按定额比例法分配费用。

7. 某企业 2009 年 6 月甲产品成本明细账所记资料如下：月初在产品：原材料 7 400 元，工资及福利费 5 900 元，制造费用 5 240 元。本月生产费用：原材料 20 600 元，工资及福利费 13 000 元，制造费用 25 000 元。本月完工产品 100 件，单件定额：原材料 160 元，工时 110 小时。月末在产品 40 件，单件定额：原材料 100 元，工时 40 小时。

要求：采用定额比例法计算分配完工产品成本和月末在产品成本（原材料按定额费用比例分配，其他费用按定额工时比例分配），登记产品成本明细账（见下表）。

甲产品成本明细账

成本项目		直接材料	直接人工	制造费用	合计
月初在产品					
本月生产费用					
生产费用合计					
费用分配率					
完工产品	定额				
	实际				
月末在产品	定额				
	实际				

8. 某产品由A、B两种零件组成，原材料在生产开始时一次投入，A、B两种零件所耗用原材料定额费用分别为10元和12元。该产品各工序累计工时定额、在产品数量和每小时燃料与动力、直接人工、制造费用，月初在产品成本和本月生产费用如下表所示。

要求：月末在产品按定额成本计价，计算完工产品和月末在产品成本（计算结果在表内列示）。

月末在产品定额成本计算表

零件号	所在工序	在产品数量（件）		直接材料		工时		燃料及动力（1元）	直接人工（1.2元）	制造费用（1.8元）	合计
				单件定额	定额费用	单件累计定额	定额工时				
A	1	100	10		3						
	2	80	10		8						
B	1	200	12		6						
	2	100	12		16						
	合计		—		—						

产品成本明细账

摘　要	直接材料	燃料及动力	直接人工	制造费用	合计
月初在产品（定额成本）	9 000	3 260	3 456	4 800	20 516
本月生产费用	26 400	7 670	9 900	16 712	60 682
合计					
完工产品成本					
月末在产品（定额成本）					

9. 某企业基本生产车间在产品清查结果如下：A产品盘盈10件，单位定额成本为5元；B产品盘亏12件，单位成本为24元，应由过失人赔偿100元，其他损失是因车间管理不善造成的；C产品的在产品由于火灾毁损100件，单位成本为32元，残料验收入库价值200元，应由保险公司赔偿2 000元，其余损失计入非正常损失。

要求：根据上述资料编制有关在产品清查的会计分录。

10. 某企业生产A产品，原材料在生产开始时一次投入，产品成本中原材料所占的比重较大，月末在产品按所耗原材料费用计算。20××年6月，月初在产品的原材料费用4 800元；6月份发生的生产费用如下：原材料76 000元，燃料及动力24 000元，工资及福利费23 000元，制造费用37 000元。本月完工产品400件，月末在产品100件。

要求：

(1) 采用在产品按所耗原材料费用法在完工产品和在产品之间分配费用，并计算本月完工产品的总成本和单位成本。

(2) 登记A产品成本明细账（见下表）。

A产品成本明细账

产量400件　　单位：元

20××年		摘要	原材料	燃料及动力	工资及福利费	制造费用	合计
月	日						
6	1						

11. 某企业生产乙产品，月末在产品数量较大，但各月末在产品数量变化不大，按年初数固定计算在产品成本。年初在产品成本为：原材料4 600元，燃料及动力费1 400元，工资及福利费2 600元，制造费用2 400元。20××年7月份发生的生产费用如下：原材料66 000元，燃料及动力费14 000元，工资及福利费23 000元。本月完工产品200件，月末在产品50件。

要求：

(1) 在产品按年初固定成本法计算，计算本月完工产品的总成本和单位成本。

(2) 登记乙产品成本明细账（见下表）。

乙产品成本明细表

产量200件　　单位：元

20××年		摘要	直接材料	燃料及动力	直接人工	制造费用	合计
月	日						
7	1						

12. 某车间生产的甲产品经三道工序完成。某月完工产品1 800件，期末在产品200件，其中，分布在第一道工序100件，单位定额工时30小时；分布在第二道工序40件，单位定额工时20小时；分布在第三道工序60件，单位定额工时50小时。甲产品期初在产品成本加本月发生的生产成本总计98 760元，其中，直接材料80 000元，燃料及动力费2 814元，直接人工9 380元，制造费用6 566元。材料在生产开始时一次性投入。

要求：按约当产量法计算甲产品完工产品成本和期末在产品成本。

第三篇　成品成本核算方法

CHAPTER

5 第五章 产品成本核算方法概述

本章概要

本章主要介绍制造企业生产的类型对产品成本计算的要求，介绍产品生产工艺过程的特点和生产组织管理的特点，并重点介绍生产的特点和管理要求对成本计算的影响。

通过本章学习，了解生产工艺的特点，了解在小批量或单件生产与大量大批生产的情况下，成本计算要求上的区别。并初步熟悉成本计算的基本方法和辅助方法。

第一节 生产的特点和管理要求对成本核算的影响

一、产品生产的类型

要理解制造企业的成本核算，首先要了解制造业的生产特点。因为产品成本的核算与制造企业生产的特点和管理的要求相适应。制造企业通常是根据产品生产类型选择成本计算方法的。制造企业的产品生产类型有按工艺过程特点和按生产组织特点两种不同的分类方法。

（一）产品生产按工艺过程的特点分类

制造企业的产品生产按工艺过程的特点不同，可分为单步骤生产和多步骤生产两种类型。

1. 单步骤生产

单步骤生产又称简单生产，是指生产工艺过程不能间断的，或不能分散在不同地点进行的生产，如发电、供水、供气、采掘、铸造等工业的生产。单步骤生产具有工艺技术简单、生产周期短、产品品种稳定、生产只能由一个车间或一个企业独立完成的特点。

2. 多步骤生产

多步骤生产又称复杂生产，是指生产工艺过程可以间断，可以分散在不同地点、时间进行，并由若干加工步骤组成的生产。它具有工艺技术复杂、生产周期长、产品品种不稳定、生产由多个车间或多个企业协作完成的特点。多步骤生产按其产品加工方式和各个生产步骤内在联系的不同，又可以分为连续式多步骤生产和装配式多步骤生产两种类型。

（1）连续式多步骤生产。又称分步式多步骤生产，是指材料投产后，要依次经过各个生产步骤的连续加工而形成产成品的生产。前一个生产步骤完成的半成品，是后一个生产步骤继续加工的对象，直至最后一个步骤完工才形成产成品，如纺织、冶金等工业的生产。

（2）装配式多步骤生产。又称平行式多步骤生产，是指先将各种材料分别在各个车间平行地进行加工，制成各种零部件，然后将零部件组装成为产成品的生产，如机械、车辆、船舶、仪表、电器等工业的生产。

（二）产品生产按生产组织的特点分类

制造企业的生产组织是根据其产品的产量、产品生产的重复性和产品品种的稳定性来确定的。制造企业产品生产按其生产组织的特点不同，可分为大量生产、成批生产和单件生产三种类型。

1. 大量生产

大量生产是指不断重复生产品种相同的产品的生产，如纺织、冶金、水泥、造纸、酿造等工业的生产。大量生产具有产量大、生产的重复性强和品种少而稳定的特点，其通常采用专用设备进行生产。

2. 成批生产

成批生产是指按预先确定的产品批别和数量进行的产品生产，如服装、机械、车辆、仪表、电器等产品的生产。成批生产具有产量较大、品种较多、生产有一定的重复性的特点，其一般采用专用及通用设备进行生产。成批生产按生产批量的大小不同，又可分为大批生产和小批生产。大批生产由于生产的批量大，往往在一段时期内不断地生产品种相同的产品，因此具有大量生产的性质；小批生产由于生产的批量小，一批产品往往同时完工，因此具有单件生产的性质。

3. 单件生产

单件生产是指根据购货者订单所要求的特定规格进行的个别产品的生产，如船舶、发电设备、重型机械等产品的生产。单件生产具有产量少、品种多、重复性少的特点，其一般采用通用设备进行生产。

企业在生产过程中，生产工艺过程与生产组织方式是相互有机地结合在一起的。单步骤工艺生产过程通常采用大量生产的组织方式；连续式多步骤生产通常采用大量生产或成批生产的组织方式；装配式多步骤生产则通常采用成批生产或单件生产的组织方式。

二、生产特点和成本管理要求对产品成本计算的影响

生产类型不同，对成本进行管理的要求也不同。生产特点和管理要求对产品成本计算产生影响主要表现在以下几个方面。

（一）对成本计算对象的影响

从产品生产工艺过程看，单步骤生产其生产工艺过程不能间断，因而不可能也不需要按照生产步骤计算产品成本，只能按照产品的品种计算成本。而在多步骤生产中，为了加

强各个生产步骤的成本管理，往往不仅要求按照产品的品种或批别计算成本，而且还要求按照生产的步骤计算成本。

从产品生产组织的特点看，在大量生产的情况下，一种或若干种产品连续不断地重复生产，不断投入原材料，不断产出相同品种的产品，根据生产管理的要求需要计算所生产的各品种产品的成本。大批生产往往集中投料，由于产品批量大，往往又是跨月陆续完工，不能等到该批产品全部完工后再计算成本，一般也是按月计算成本，这就导致成本计算期与生产周期不一致。小批、单件生产，由于其生产产品批量小，一批产品一般可以同时完工，因而有可能按照产品的批别和件别归集生产费用。从管理要求看，为了分析和考核各批产品成本水平，也要求按照产品批别或件别计算成本。在多步骤生产的情况下，产品生产需要经过几个生产步骤，有些产品的生产可以间断，先生产出半成品，转到下一步骤继续加工，直至生产出产成品。为了适应这种生产的特点和管理的要求，需要计算半成品成本或分生产步骤反映各生产步骤的耗费，因此需要按产品的生产步骤计算成本。

（二）对产品成本计算的日期的影响

在不同生产类型中产品成本计算的日期不同，这主要取决于生产组织的特点。在单件和小批生产中，产品成本有可能在某件或某批产品完工以后计算，因而成本计算是不定期的，而与生产周期一致。但在大量、大批生产中，由于生产活动连续不断地进行着，因而产品成本要定期在每月月末进行计算，而与生产周期不一致。

（三）对完工产品与在产品之间分配费用的影响

生产类型的特点，还影响到月末在进行成本计算时，是否需要在完工产品与在产品之间分配费用的问题。在单步骤生产中，生产过程不能间断，生产周期也相对较短，一般没有在产品，或者在产品数量较少，因而计算产品成本时，生产费用不必在完工产品与在产品之间进行分配。在多步骤生产中，是否需要在完工产品与在产品之间分配费用，很大程度上取决于生产组织的特点。在大量、大批生产中，由于生产连续不断地进行，而且经常有在产品，因而在计算成本时，就需要采用适当的方法，将生产费用在完工产品与在产品之间进行分配。在小批、单件生产中，如果成本计算与生产周期一致，在每批每件产品完工前，产品成本明细账中所记录的生产费用就是在产品的成本，完工后，其所记录的费用就是完工产品的成本，不存在完工产品与在产品之间分配费用的问题。

第二节　产品成本核算的基本方法和辅助方法

一、产品成本核算的基本方法

生产特点和管理要求对成本计算的影响，主要表现在成本计算对象的确定上。所谓成本计算对象，即计算什么的成本。确定成本计算对象，就是为了解决生产费用由什么来承担的问题。成本计算对象的确定，是设置产品成本明细账，正确计算产品成本的前提，也是区别各种成本计算方法的主要标志。受上述生产类型特点和管理要求的影响，制造业产品成本计算有三种基本方法，如表 5-1 所示。

表 5-1 产品成本计算的基本方法

成本计算方法	成本计算对象	生产工艺和生产组织的特点对产品成本计算的要求
品种法	以产品品种作为成本计算对象	适用于大量、大批的单步骤生产或管理上不要求分步骤计算成本的多步骤生产
分批法（订单法）	以一定品种和批量产品批别或订单为成本计算对象	适用于管理上不要求分步骤计算成本的单件、小批生产
分步法	以各种产品及其所经过的各生产步骤为成本计算对象	适用于管理上要求分步骤计算成本的大量、大批的多步骤生产

二、产品成本核算的辅助方法

除以上三种基本方法外，为满足成本管理或成本计算某一方面的要求，还可以采用其他一些方法。例如在产品品种、规格繁多的企业，按每一个产品的品种、规格计算产品成本，工作量会很大，为了简化计算工作，可以先按产品的类别归集生产费用，计算产品类别的成本，然后再将其分配到各种产品成本中去，这种方法被称为分类法。再如，如果企业产品成本定额管理工作基础比较好，为了做好定额管理工作，控制生产费用，降低产品成本，加强对成本的分析和考核，可以采用定额法计算产品成本。还有可以通过制定产品的各项消耗的标准，通过标准成本的控制，及时发现脱离标准的差异的标准成本法等。其他衍生出来的成本计算方法，是成本核算的发展，但这些方法不是独立的成本计算方法，必须与成本计算的基本方法结合应用。

还需要说明的是，如果一家企业生产不同产品，生产特点和管理要求不同，可以根据企业实际成本管理的需要，同时应用不同的成本计算方法。例如，设备制造企业属于多步骤大量生产，可以采用分步法计算成本；而厂内制造设备专用部件的车间则属于单步骤生产，可以采用品种法计算成本。又如制衣厂所产各种服装，有些已经定型，按大批量组织生产，可以采用品种法计算成本；有些则还处于试制阶段，只能按单件、小批组织生产，则采用分批法计算成本。计算一种产品的成本也可能需要几种成本计算方法结合运用。如小批单件生产的机械产品，通常采用分步法与分批法结合应用的方法，按各生产步骤计算不同批别产品的成本。在采用分步法的情况下，不同生产步骤的成本计算可以采用不同的方法。如在机械制造企业，最终产品一般经由铸造、加工和装配等步骤生产完成，其中的铸件往往因其通用性和品种相对比较稳定，可以采用品种法计算其成本；而加工、装配多按订单组织生产，可以采用分批法计算各批订货的成本，形成品种法、分批法和分步法的结合应用。

为了提供各种产品的成本资料，以便分析、考核各种产品的成本计划完成情况，不论企业采用什么方法计算产品成本，都必须计算出每一种产品的总成本和单位成本，这是成本计算工作的基本要求。

本章总结

通过本章的学习，了解了生产特点和管理要求对产品成本的影响，初步熟悉了成本计算的基本方法和辅助方法。企业生产按生产工艺的特点可以分为单步骤生产、多步骤生产；按生产组织的特点可以分为大量生产、成批生产和单件生产。生产特点和管理要求对产品成本计算的影响主要体现在对成本计算对象的影响上。成本计算的基本方法有品种法、分批法和分步法，辅助方法有分类法、定额法等。

重要概念

单步骤生产　　多步骤生产　　大量生产　　小批单件生产

精选案例

案例一

【资料】

某食品厂主要生产面包、饼干和糕点。

1. 面包的生产过程

面包的主要原料是面粉、砂糖、植物油等，生产的工艺过程要经过配料（调和面粉）、成型、烘烤、包装四个工序。在配料工序，按照各款面包的配料比例配料；然后进行搅拌和制，面团和好后置于容器中发酵，发酵达到要求后送入成型工序；经过机器加工，切割揉团成为一定重量的面团，放入铁模内；经过高温再发酵，送入烘炉内烤成面包；冷却后即可包装入库。

2. 饼干的生产过程

饼干的主要原料也是面粉、砂糖、植物油等。生产的工艺过程包括配料（调和面粉）、成型烘烤、冷却整理、包装四个工序。原料也是由配料工序分次按配料比例投入生产；经过搅拌和制，进入成型机；用铜模轧制成各种形状的饼干，并用烘炉烘烤；再经过冷却整理后即可包装入库。

3. 糕点的生产过程

该食品厂生产的糕点品种比较多，生产工艺也各不相同，有些是通过模具成型，再烘烤成糕点；有些则是经过油炸之后再进行加工；还有些糕点需要先手工包制，将各种馅料包在里面之后再按一定工艺要求加工。各种糕点所用配料有较大差异，制作过程也有较大差异。

该厂的生产属于单步骤的大量生产。

讨论题：

1. 由于面包和饼干所耗用的原料和生产工艺基本相同，生产属于大量大批生产，你认为其成本计算应该采用什么方法？

2. 由于面包和饼干的品种比较多，按每一品种计算成本工作量较大，你认为是否可以简化？如何简化？

3. 各式糕点的生产工艺和原料配方差异较大，你认为糕点的成本计算与面包、饼干的成本核算会有什么不同？

（提示：从生产类型、品种法特点等角度讨论。）

案例二

【资料】

某服装厂生产高中档服装，服装生产分为剪裁、缝纫、平整和包装等生产步骤，从生产工艺过程看，属于多步骤生产。该厂生产的服装有些是按订货单位要求的品种、规格和批量组织生产。有些高档服装由设计师设计后，小批量或单件加工生产。

服装的面料品种较多，辅料按设计要求搭配，各批服装原料和辅料不同，各批或各种服装之间分配费用的方法为：主要材料、辅助材料和包装材料，一般在开始生产时一次投入，按产品分批别领用，这些材料费用的归属比较明确，可以直接计入各批产品的成本。某些辅助材料和包装材料费用不宜按批别划分时，选择适当的分配方法在各批产品之间分配。

对于高档服装，原料和辅料要按设计人员的要求选购，单件裁剪，由专人按设计要求加工，一般采用计件工资形式。对于小批量的服装生产，按生产加工工序流水作业，其直接人工和制造费用一般可按生产工时比例或其他标准分配给各批服装产品。

该厂的月末在产品，一般包括剪裁完工缝纫尚未完工的在产品（缝纫在产品）和缝纫完工平整尚未完工的在产品（平整在产品）两部分。在产品数量按以下公式计算：

缝纫在产品数量＝缝纫领用剪裁半成品数量－缝纫下机量

平整在产品数量＝缝纫下机量－产成品入库量

在完工产品和月末在产品之间分配费用的方法为：衣料等主要材料是在生产开始时一次投入的，因而主要材料费用应按完工产品和月末在产品的数量进行分配。辅助材料费用可以比照主要材料费用进行分配。包装材料只在产品产成入库时领用，因而包装材料费用应该全部计入产成品成本，不由月末在产品成本负担。直接人工费用、制造费用，一般可按定额比例法或按完工产品产量和月末在产品约当产量的比例进行分配。

讨论题：

1. 针对服装企业特点，其成本核算应该采用什么方法？

2. 高档服装的生产和批量中档服装的生产对产品成本计算的要求有什么不同？

3. 如果该厂生产设计能力较强，设计的产品款式多样，相同款式服装型号上也有不同要求，按每一个款式和型号进行成本计算工作量较大，是否可以简化？如何简化？

（提示：从生产类型和组织生产的特点等角度讨论。）

思考练习题

（一）讨论题

1. 生产特点和管理要求对产品成本计算方法有哪些影响？

2. 三种成本计算的基本方法各自有哪些特点？适用于什么情况？

（二）单选题

1. 从工艺过程的特点来看，纺织工业属于（　　）生产类型。

A. 单步骤生产　　　　B. 连续式多步骤生产

C. 装配式多步骤生产　　　　D. 不属于上述其他类型

2. 单步骤工艺生产过程通常采用（　　）组织方式。

A. 成批生产　　B. 单件生产

C. 大量生产　　D. 上述方式组合生产

3. 下列方法中属于产品成本计算的辅助方法，必须与其他基本方法相结合应用的是（　　）。

A. 分批法　　B. 分类法　　C. 分步法　　D. 品种法

4. 区分各种产品成本计算基本方法的主要标志是（　　）。

A. 成本计算对象　　B. 间接费用的分配方法

C. 成本计算期　　D. 完工产品与在产品的分配方法

5. 在大量大批多步骤生产的情况下，如管理上不要求分步计算产品成本，其所采用的成本计算方法应为（　　）。

A. 品种法　　B. 分步法　　C. 分批法　　D. 分类法

6. 将品种法、分批法和分步法作为成本计算的基本方法，主要是因为它们（　　）。

A. 对成本管理最重要　　B. 计算方法最简便

C. 应用最为广泛　　D. 是计算产品实际成本必不可少的

7. 生产特点和管理要求对产品成本计算的影响，主要表现在（　　）的确定上。

A. 成本计算期　　B. 成本计算方法

C. 成本计算对象　　D. 完工产品与在产品分配费用方法

（三）多选题

1. 多步骤生产的特点有（　　）。

A. 工艺技术复杂

B. 生产周期长

C. 产品品种不稳定

D. 生产由多个车间或多个企业协作完成

2. 大量大批生产的企业，可能采用的产品成本计算的基本方法有（　　）。

A. 品种法　　B. 分批法　　C. 分步法　　D. 分类法

3. 以下各种成本计算方法中属于辅助方法的有（　　）。

A. 品种法　　B. 分批法　　C. 定额法

D. 分类法　　E. 分步法

4. 企业在确定成本计算方法时要考虑的因素有（　　）。

A. 生产组织特点　　B. 劳动管理特点

C. 工艺过程特点　　D. 管理要求

5. 下列方法中属于产品成本计算方法的有（　　）。

A. 简化的分批法　　B. 约当产量法

C. 系数法　　D. 逐步结转分步法

6. 产品成本计算的辅助方法（　　）。

A. 不能单独使用　　B. 不必与基本方法结合使用

C. 必须与基本方法结合使用　　D. 能单独使用

CHAPTER

6 第六章 产品成本核算的基本方法

本章概要

本章介绍产品成本计算的三种基本方法：以产品品种为成本计算对象的品种法、以产品批次为成本计算对象的分批法和以产品步骤为对象的分步法。其中品种法是最基本的成本计算方法。

通过本章的学习，掌握各种基本成本计算方法的特点、适用范围、计算程序和计算方法。

第一节　产品成本核算的品种法

品种法是最基本的成本计算方法，是指以产品的品种作为成本计算对象，归集生产费用，计算产品成本的方法。适用于具有单步骤工艺过程的大量、大批生产组织特点的企业，例如发电，采掘等生产；也适用于具有多步骤工艺过程的大量、大批生产组织特点，但因生产车间从原材料的投入到产品的产出是封闭生产，或者因生产规模较小，在管理上不要求按生产步骤计算产品的造纸厂、水泥厂等。

一、品种法的特点

品种法的特点主要表现在成本计算对象、成本计算期和生产费用分配三个方面。

1. 成本计算对象

品种法以产品的品种作为成本计算对象。在采用品种法计算产品成本的企业或车间中，如果只生产一种产品，成本计算对象就是这种产品。计算成本时，只需开设一张成本计算单，发生的生产费用可根据费用凭证直接记入成本计算单。如果生产多种产品，成本计算对象就是各种产品，应该按产品品种分别开设成本计算单。各种产品分别发生的费用可根据费用凭证分别计入各种产品的成本计算单，几种产品共同发生的费用则要采用适当方法在各种产品之间进行分配，根据分配表记入各种产品的成本计算单。

2. 成本计算期

品种法适合大量、大批产品生产，由于产品的生产总是连续不断地进行着，不断有完工产品产出，不断有新的产品生产投入，从理论上讲，产品成本的计算应该和其生产周期一致，当产品生产出来的时候，其成本也就形成了，但是，在这种大量大批生产的情况下，不可能按照完工产品随时计算成本，因此，通常人为地确定成本计算期，为了与会计报告期相一致，通常按月计算产品成本，使其成本与当月的销售收入相配比。

3. 生产费用的分配

采用品种法应于月末计算成本。月末如果没有在产品，或者在产品数量很少，不需要计算月末在产品成本，各种产品的成本计算单内按成本项目归集的全部生产费用，就是该产品的总成本。如果月末有在产品，而且数量较多，则应将成本计算单内归集的生产费用采用适当的分配方法，在完工产品与月末在产品之间进行分配，以便计算出完工产品成本和月末在产品的成本。

二、品种法的成本核算程序

(1) 编制费用分配汇总表。根据各种原始凭证编制费用分配汇总表，分配各项要素费用。

(2) 将生产费用记入相关明细账户。根据会计分录及所附的费用分配汇总表将发生的生产费用记入“基本生产成本”、“辅助生产成本”、“制造费用”等账户。

(3) 辅助生产费用的归集和分配。根据辅助生产各明细账户归集的费用编制辅助生产费用分配表，按受益程度进行分配后，将辅助生产费用分配转入“基本生产成本”、“制造费用”、“管理费用”等账户。

(4) 制造费用的归集和分配。根据“制造费用”各明细账户归集的费用编制制造费用分配表，按各受益产品的受益程度进行分配后，将制造费用转入“基本生产”各明细账户。

(5) 结转完工产品成本。根据按产品品种设置的“基本生产”各明细账户归集的生产费用，在完工产品和月末在产品之间进行分配，通过编制产品成本计算表，计算完工产品和月末在产品成本及完工产品的单位成本，并将完工产品成本从“基本生产成本”的明细账户转入“库存商品”明细账户。

三、品种法的举例

【例 6-1】

宏宝设备制造厂有一个基本生产车间，大量生产甲、乙两种产品。该厂还有修理车间和供气车间两个辅助生产车间，为全厂提供修理服务和蒸汽，由于辅助生产车间规模不大，辅助生产车间没有设置“制造费用”账户。6 月份有关生产费用的资料和产品生产成本核算的内容如下：

1. 各项要素费用的分配。根据各种费用支出原始凭证，编制费用分配汇总表，并据以账务处理。

(1) 根据领、退料原始凭证编制材料费用分配汇总表，见表 6-1。

表 6-1 **原材料费用分配汇总表**

20××年 6 月 30 日 金额单位：元

应借账户		成本项目	直接计入	分配收入			合计
				定额消耗量	分配率	分配金额	
基本生产成本	甲产品	直接材料	150 000	6 000	1.2	7 200	157 200
	乙产品	直接材料	80 000	4 000	1.2	4 800	84 800
	小计		230 000	10 000		12 000	242 000
辅助生产成本	修理车间	直接材料	1 400				1 400
	供气车间	直接材料	600				600
	小计		2 000				2 000
制造费用		机物料消耗	1 900				1 900
管理费用		公司经费	1 100				1 100
合计			235 000			12 000	247 000

根据材料费用分配汇总表，账务处理如下：

借：基本生产成本——甲产品 157 200

——乙产品 84 800

辅助生产成本——修理车间 1 400

——供气车间 600

制造费用——机物料消耗 1 900

管理费用——公司经费 1 100

贷：原材料 247 000

(2) 根据工资结算汇总表，编制职工薪酬分配表见表 6-2。

表 6-2 **职工薪酬分配表**

20××年 6 月 30 日 金额单位：元

应借账户		工资费用			应付职工薪酬合计
		生产工时	分配率	金额	
基本生产成本	甲产品	8 000	11.4	91 200	91 200
	乙产品	6 000	11.4	68 400	68 400
	小计	14 000	11.4	159 600	159 600
辅助生产成本	修理车间			6 000	6 840
	供气车间			4 000	4 560
	小计			10 000	11 400
制造费用				7 000	7 980
管理费用				13 000	14 820
合计				170 000	193 800

根据“职工薪酬分配表”分配职工薪酬费用，账务处理如下：

借：基本生产成本——甲产品 91 200

——乙产品 68 400

辅助生产成本——修理车间 6 840

——供气车间 4 560

制造费用——工资薪酬 7 980

管理费用——工资薪酬　　14 820

贷：应付职工薪酬——工资　　193 800

（3）根据外购动力原始凭证资料，编制外购动力费用分配表，见表 6-3。

表 6-3　外购动力费用分配表

20××年 6 月 30 日　　金额单位：元

应借账户		成本费用	分配标准（生产工时）	分配率	分配额
基本生产成本	甲产品	燃料和动力	10 000	0.5	5 000
	乙产品	燃料和动力	8 000	0.5	4 000
	小计		18 000		9 000
辅助生产成本	修理车间	燃料和动力			500
	供气车间	动力费			280
	小计				780
制造费用		动力费			450
管理费用		公司经费			970
合计					11 200

根据外购动力费用分配表，账务处理如下：

借：基本生产成本——甲产品　　5 000

——乙产品　　4 000

辅助生产成本——修理车间　　500

——供气车间　　280

制造费用——动力费　　450

管理费用——公司经费　　970

贷：应付账款　　11 200

（4）根据各车间、部门月初固定资产的期初余额计算的折旧额，编制折旧费用分配表，见表 6-4。

表 6-4　折旧费用分配表

20××年 6 月 30 日　　金额单位：元

应借账户	基本生产车间	修理车间	供气车间	管理部门	合计
制造费用	10 800				10 800
辅助生产成本		1 700	1 500		3 200
管理费用				2 800	2 800
合计	10 800	1 700	1 500	2 800	16 800

根据折旧费用分配表分配，账务处理如下：

借：制造费用——折旧费　　10 800

辅助生产成本——修理车间　　1 700

——供气车间　　1 500

管理费用——折旧费　　2 800

贷：累计折旧　　16 800

(5) 根据待摊或预付费用明细账，编制待摊或预付费用分配表，见表 6-5。

表 6-5 **待摊或预付费用分配表**

20××年 6 月 30 日　　金额单位：元

应借账户		成本（费用）项目	摊销金额
辅助生产成本	修理车间	保险费	300
	供气车间	保险费	240
制造费用		保险费	960
管理费用		保险费	800
合计			2 300

根据待摊或预付费用分配表，账务处理如下：

借：辅助生产成本——修理车间　300

　　　　　　　　——供气车间　240

　　制造费用——保险费　960

　　管理费用——保险费　800

　贷：待摊或预付费用　2 300

(6) 根据租赁设备的需要，编制预提费用分配表见表 6-6。

表 6-6 **预提费用分配表**

20××年 6 月 30 日　　金额单位：元

应借账户		成本（费用）项目	摊销金额
辅助生产成本	修理车间	租赁费	500
	供气车间	租赁费	1 200
制造费用		租赁费	2 000
管理费用		租赁费	1 300
合计			5 000

根据预提费用分配表，编制会计分录：

借：辅助生产成本——修理车间　500

　　　　　　　　——供气车间　1 200

　　制造费用——租赁费　2 000

　　管理费用——租赁费　1 300

　贷：预提费用　5 000

(7) 根据本月份银行存款付款凭证汇总编制银行存款支付各种费用汇总表，见表 6-7。

表 6-7 **银行存款支付各种费用汇总表**

20××年 6 月 30 日　　金额单位：元

应借账户		成本（费用）项目	摊销金额
辅助生产成本	修理车间	办公费	640
		其他费用	560
	供气车间	办公费	1 080
		其他费用	520

续表

应借账户	成本（费用）项目	摊销金额
制造费用	办公费	400
	其他费用	1 000
管理费用	公司经费	2 500
	其他费用	2 300
合计		9 000

根据银行存款支付各种费用汇总表，编制会计分录：

借：辅助生产成本——修理车间　　1 200

　　　　　　　——供气车间　　1 600

　　制造费用——车间经费　　1 400

　　管理费用——公司经费　　4 800

　贷：银行存款　　9 000

2. 辅助生产费用的归集和分配

根据上述费用要素分配的会计分录，分别登记“基本生产成本”、“辅助生产成本”、“制造费用”等明细账户。月末在计算产品成本时，先要将归集的辅助生产费用进行分配，根据本例前面的会计分录登记辅助生产明细账，其登记结果见表 6-8 和表 6-9。

表 6-8　　辅助生产成本明细账

车间：修理车间

20××年 月	日	摘要	直接材料	直接人工	燃料及动力	折旧费	保险费	租赁费	其他费用	合计	转出	余额
6	30	耗用原材料	1 400							1 400		1 400
	30	分配工资费用		6 840						6 840		8 240
	30	分配动力费			500					500		8 740
	30	分配折旧费用				1 700				1 700		10 440
	30	摊销保险费					300			300		10 740
	30	预提租赁费、						500		500		11 240
	30	支付其他费用							1 200	1 200		12 440
	30	交互分配							980	980	440	12 980
	30	对外分配									12 980	
6	30	本月合计	1 400	6 840	500	1 700	300	500	2 180	13 420	13 420	

表 6-9　　辅助生产成本明细账

车间：供气车间

20××年 月	日	摘要	直接材料	直接人工	燃料及动力	折旧费	保险费	租赁费	其他费用	合计	转出	余额
6	30	耗用原材料	600							600		600
	30	分配工资费用		4 560						4 560		5 160
	30	分配动力费			280					280		5 440
	30	分配折旧费用				1 500				1 500		6 940
	30	摊销保险费					240			240		7 180
	30	预提租赁费						1 200		1 200		8 380

续表

20××年 月	日	摘 要	直接材料	直接人工	燃料及动力	折旧费	保险费	租赁费	其他费用	合计	转出	余额
	30	支付其他费用							1 600	1 600		9 980
	30	交互分配							440	440	980	9 440
	30	对外分配									9 440	
6	30	本月合计	600	4 560	280	1 500	240	1 200	2 040	10 420	10 420	

辅助生产车间中修理车间为其他车间和部门共提供修理工时622小时劳务，其中，供气车间22小时，基本生产车间500小时，行政管理部门100小时。供气车间为其他车间和部门共提供蒸汽998立方米，其中，修理车间98立方米，基本生产车间700立方米，行政管理部门200立方米。

根据“辅助生产成本”明细账户归集的费用，用交互分配法编制辅助生产费用分配表，见表6-10。

表6-10　　辅助生产费用分配表

20××年6月30日　　金额单位：元

项 目		修理车间			供气车间			合计
		数量	单位成本（分配率）	分配金额	数量	单位成本（分配率）	分配金额	
待分配辅助生产成本		622	20	12 440	998	10.00	9 980	22 420
交互分配	修理车间	−22		−440	98		−980	
	供气车间			980			440	
对外分配辅助生产成本		600	21.63	12 980	900	10.49	9 440	22 420
对外分配	基本生产车间	500		10 815	700		7 343	18 158
	行政管理部门	100		2 165	200		2 097	4 262

注：分配尾差，计入管理费用。

根据辅助生产车间交互分配计算的结果，账务处理如下：

交互分配：

借：辅助生产成本——修理车间　　980

　　　　　　　——供气车间　　440

　贷：辅助生产成本——供气车间　　980

　　　　　　　　——修理车间　　440

将上述分录登记“辅助生产成本”明细账，将原有金额减去辅助生产内部分配转出的金额，加上辅助生产内部分配转入的金额，结出余额，作为对外分配的数额。

根据辅助生产车间对外分配的结果，账务处理如下：

借：制造费用——修理费　　10 815

　　　　　——供气费　　7 343

　　管理费用——公司经费　　4 262

　贷：辅助生产成本——修理车间　　12 980

——供气车间 9 440

将上列分录登记在“辅助生产”明细账，并进行结账。

3. 制造费用的归集和分配

根据要素费用和辅助生产费用分配结果，登记“制造费用”明细账户。

根据上述会计分录登记“制造费用”明细账见表 6-11。

表 6-11 **制造费用明细账**

20××年 6 月 30 日

20××年 月	日	摘要	工资	折旧费	修理费	机物料消耗	动力费	保险费	办公费	其他	供气费	合计
6	30	耗用原材料				1 900						1 900
	30	分配工资费用	7 980									7 980
	30	分配动力费					450					450
	30	分配折旧费用		10 800								10 800
	30	摊销保险费						960				960
	30	预提租赁费			2 000							2 000
	30	支付各种费用							400	1 000		1 400
	30	分配辅助生产费用			10 810						7 343	18 153
	30	本月合计	7 980	10 800	12 810	1 900	450	960	400	1 000	7 343	43 643

根据“制造费用”明细账归集的制造费用编制制造费用分配表，见表 6-12。

表 6-12 **制造费用分配表**

车间：基本生产车间　　20××年 6 月 30 日　　单位：元

应借账户		生产工人工时	分配率	分配金额
基本生产成本	甲产品	6 000	4.364 8	26 188.80
	乙产品	4 000	4.364 8	17 459.20
合计		10 000	4.364 8	43 648

制造费用按生产工人工时进行分配。有关生产工人工时为：甲产品 6 000 小时，乙产品 4 000 小时。

$$制造费用分配率=\frac{43\,643}{6\,000+4\,000}=4.364\,8$$

根据制造费用分配表，账务处理如下：

借：基本生产成本——甲产品 26 188.80

——乙产品 17 459.20

贷：制造费用 43 648

4. 计算并结转完工产品成本

(1) 登记“基本生产成本”明细账。

根据以上资料及前列会计分录分别登记甲、乙两种产品的“基本生产成本”明细账，见表 6-13 和表 6-14。

表 6-13 **基本生产成本明细账**

产品名称：甲产品

20××年		摘要	直接材料	直接人工	燃料及动力费	制造费用	合计
月	日						
6	1	月初在产品成本	42 800	18 800	1 500	5 114.2	68 214.2
	30	耗用材料	157 200				157 200
		分配工资		91 200			91 200
		分配动力费用			5 000		5 000
		分配制造费用				26 285.8	26 285.8
		生产费用合计	200 000	110 000	6 500	31 400	347 900
		结转完工产品成本	171 432	101 538	6 000	28 984.8	307 954.8
6	30	月末在产品成本	28 568	8 462	500	2 415.2	39 945.2

表 6-14 **基本生产成本明细账**

产品名称：乙产品

20××年		摘要	直接材料	直接人工	燃料及动力费	制造费用	合计
月	日						
6	1	月初在产品成本	25 200	11 600	1 260	1 542.8	39 602.8
	30	耗用材料	84 800				84 800
		分配工资		68 400			68 400
		分配动力费用			4 000		4 000
		分配制造费用				17 457.2	17 457.2
		生产费用合计	110 000	80 000	5 260	19 000	214 260
		结转完工产品成本	77 000	56 000	3 682	13 300	149 982
6	30	月末在产品成本	33 000	24 000	1 578	5 700	64 278

（2）编制产品成本计算表。

甲产品本月完工 600 件，原材料在开始生产时一次投入，单位产品原材料定额费用为 300 元，定额工时为 20 小时。在产品 100 件，定额工时为 10 小时。采用定额比例法分配各项费用，原材料按定额费用标准，其他费用分配按定额工时比例分配，计算并编制甲产品成本计算表（分配率保留到小数点后四位，计算尾差由在产品负担），见表 6-15。

乙产品本月完工 350 件。在产品 200 件，原材料随着加工进度陆续投入，在产品已完成了加工定额工时的 75%。根据“基本生产成本——乙产品”明细账归集的生产费用，采用约当产量法计算并编制乙产品成本计算表，见表 6-16。

表 6-15 **产品成本计算表**

产品名称：甲产品　　20××年 6 月 30 日　　完工产量 600 件

成本项目	月初在产品成本	本月生产费用	生产费用合计	费用分配率	完工产品成本		月末在产品成本	
					定额	实际成本	定额	实际成本
(1)	(2)	(3)	(4)=(2)+(3)	(5)=(4)/[(6)+(8)]	(6)	(7)=(6)×(5)	(8)	(9)=(8)×(5)
直接材料	42 800	157 000	200 000	0.952 4	180 000	171 432	30 000	28 568
直接人工	18 800	91 200	110 000	8.461 5	12 000	10 153 800	1 000	8 462
燃料及动力	1 500	5 000	6 500	0.5	12 000	6 000	1 000	500
制造费用	5 114.2	26 285.8	31 400	2.415 4	12 000	28 984.8	1 000	2 415.2
合计	68 214.2	1 279 685.8	347 900			307 954.8		39 945.2

表 6-16　　产品成本计算表

产品名称：乙产品　　20××年 6 月 30 日　　完工产量 350 件

成本项目	月初在产品成本	本月生产费用	生产费用合计	费用分配率	完工产品成本		月末在产品成本	
					定额	实际成本	定额	实际成本
(1)	(2)	(3)	(4)=(2)+(3)	(5)=(4)/[(6)+(8)]	(6)	(7)=(6)×(5)	(8)	(9)=(8)×(5)
直接材料	25 200	84 800	110 000	220	350	77 000	150	33 000
直接人工	11 600	68 400	80 000	160	350	56 000	150	24 000
燃料及动力	1 260	4 000	5 260	10.52	350	3 682	150	1 578
制造费用	1 542.8	17 457.2	19 000	38	350	13 300	150	5 700
合计	39 602.8	174 657.2	214 260	428.52		149 982		64 278

根据表 6-15、表 6-16 编制完工产品成本汇总表，见表 6-17。

表 6-17　　完工产品成本汇总表

20××年 6 月 30 日

产品名称	产量	成本	直接材料	直接人工	燃料及动力费	制造费用	合计
甲产品	件	总成本	171 432	101 538	6 000	28 984.8	307 954.8
		单位成本	285.72	169.23	10	48.31	513.26
乙产品	件	总成本	77 000	56 000	3 682	13 300	149 982
		单位成本	220	160	10.52	38	428.52

(3) 根据完工成本汇总表结转完工产品成本，编制会计分录如下：

借：库存商品——甲产品　　307 954.8

　　　　　——乙产品　　149 982

　贷：基本生产成本——甲产品　　307 954.8

　　　　　　　　——乙产品　　149 982

经过上述成本计算，按成本项目提供了完工的甲、乙两种产品的总成本和单位成本，可以了解产品成本的构成。如果某些费用在成本中占较大比重，也可以单独列项，如废品损失，停工损失等，这样可以更清晰地揭示影响产品成本升降的原因，为进行成本分析和成本控制打下基础。

第二节　产品成本核算的分批法

分批法又称订单法，是指以产品生产的批别或订单作为成本计算对象，归集生产费用，计算产品成本的方法。

分批法适用于具有多步骤工艺过程的单件、小批生产组织特点的机器制造、服装等企业，以及企业新产品的试制，工具、模具的制造。这些企业的共同特点是一批产品通常不重复生产，即使重复生产也是不定期的。因为这类企业生产产品的品种、规格及批量是按照购货单位的订单来确定的。由于每份订单所订购产品的品种、规格不同，生产工艺过程各异，企业是按照购货单位订单的要求分批组织生产，因此就需要计算各批产品的成本。

一、分批法的特点

分批法的特点从成本计算对象的确定、成本计算期和生产费用的分配三个方面进行归纳和分析。

（一）成本计算对象

分批法的成本计算对象就是产品的批别（单件生产为件别）。在小批和单件生产中，产品的种类和每批产品的批量，大多是根据购买单位的订单确定。因而需要按批、按件计算产品成本，一般也就是按照订单计算产品成本。

如果在一张订单中规定有几种产品，或虽然只有一种产品但其数量较大而又要求分批交货时，可以将一张订单按照产品品种划分批别组织生产，或将同类产品划分数批组织生产，计算成本。

如果在一张订单中只规定一件产品，但其属于大型复杂的产品，价值较大，生产周期较长，如大型船舶制造，也可以按照产品的组成部分分批组织生产，计算成本。

如果在同一时期内，企业接到不同购货单位要求生产同一种产品的几张订单，为了经济合理地组织生产，也可以将几张订单合并为一批组织生产，计算成本。在这种情况下，分批法的成本计算对象，就不是购货单位的订单，而是企业生产计划部门签发下达的生产任务通知单，单内应对该批生产任务进行编号，称为产品批号或生产令号。会计部门应根据产品批号设立产品成本明细账。生产费用发生后，按产品批别进行归集，除直接计入费用可直接计入外，间接计入费用则要采用适当的分配方法，在各批产品之间进行分配，然后计入各产品成本。

（二）成本计算期

由于分批法一般按订单进行成本核算，而一个订单完工之后，就应该计算这批产品的成本，各批产品成本明细账的设立和结算，应与生产任务通知单的签发和结束密切配合，协调一致，即各批或各订单产品的成本，在其完工以后计算确定，因而分批法下产品成本计算是不定期的，产品没有完工就不计算成本，有产品完工的时候，就要及时计算完工产品的成本，因此分批法的成本计算期与产品的生产周期基本一致。

（三）费用在完工产品与在产品之间的分配

在小批、单件生产下，由于成本计算期与产品的生产周期一致，因而在月末计算产品成本时，一般不存在完工产品与在产品之间分配费用的问题。在单件生产中，产品完工前，产品成本明细账所记的生产费用都是在产品成本；产品完工时，产品成本明细账所记的生产费用就是完工产品的成本。因而在月末计算成本时，不存在完工产品与在产品之间分配费用的问题。

在小批生产中，由于产品批量较小，批内产品一般都能同时完工，或者在相距不久的时间内全部完工。月末计算成本时，或是全部已经完工，或是全都没有完工，因而一般也不存在完工产品与在产品之间分配费用的问题。但如批内产品有跨月陆续完工，分期交货的情况下，一部分产品已完工交货，另一部分产品尚未完工，这时就有必要在完工产品与在产品之间分配费用，以便计算完工产品成本和月末在产品成本。批内产品跨月陆续完工，月末完工产品数量占批量比重较大时，为了提高成本计算的正确性，则应采用适当的方法，在完工产品与月末在产品之间分配费用，计算完工产品与月末在产品成本，并考虑对当期损益的影响。为了使同一批产品尽量同时完工，避免跨月陆续完工的情况，减少在完工产品与月末在产品之间分配费用的工作，在合理组织生产的前提下，可以适当缩小产品的批量。

二、分批法的成本计算程序

分批法的成本计算程序与品种法基本相同，所不同的是品种法按产品品种设置“基本生产成本”明细账户，按产品的品种归集生产费用；而分批法是按产品生产批别设置“基本生产成本”明细账户，按产品生产的批别归集生产费用。

(1) 每月按前述生产费用核算的程序，根据各种费用的原始凭证或分配表将各项生产费用计入各批产品的成本计算单。

(2) 一批产品完工后，根据成本计算单中所归集的该批产品的生产费用总额和产品数量，计算该批产品的总成本和单位成本。

(3) 在一批产品跨月完工、分次交货的情况下，一般用计划或定额成本等简单方法计算完工部分成本，由于归集的生产费用从累计发生额中转出，结出余额，该余额加上以后月份发生的费用，即为其余部分产品成本。该批产品完工后再按整批产品的总产品和全部数量汇总计算单位成本，用于对该批产品的分析和考核。

三、分批法举例

【例 6-2】

星光服装厂 20××年 1 月根据订单小批生产 A、B、C 三种皮草服饰，有关资料如下：

1 月 1 日，生产批别为 1001 号的 A 在产品 20 件，月初在产品成本为 8 500 元，其中：直接材料 5 900 元，直接人工 1 200 元，制造费用 1 400 元。

1002 号 B 产品 1 月 8 日投产 60 件

1003 号 C 产品 1 月 14 日投产 40 件

1 月 31 日，按各费用分配表汇总分配各批产品的生产费用，记入各批产品的基本生产成本明细账，归集的本月生产费用如表 6-18 所示。

表 6-18　　本月各批产品所分配的生产费用　　单位：元

产品批别	直接材料	直接人工	制造费用	合计
1001	1 000	400	800	2 200
1002	18 000	8 800	9 240	36 040
1003	19 000	2 700	3 000	24 700

本月 1001 号 A 产品全部生产完成。

本月 1002 号 B 产品月末完工 20 件，原材料费用生产开始时一次投入，在产品完工率为 60%，按约当产量法分配费用，计算完工部分产品的成本。

本月 1003 号 C 产品月末完工 4 件，由于客户急于取货作为样品展示，完工 4 件按计划成本结转（计划成本为：直接材料费用定额 450 元，直接人工定额 80 元，制造费用定额 100 元）。

(1) 根据上述资料登记按产品批别设置的“基本生产成本”明细账，见表 6-19、表 6-20 和表 6-21。

表 6-19 **基本生产成本明细账**

产品批别：1001　　产品名称：A 产品　　投产批量：20 件

2007 年		摘要	直接材料	直接人工	制造费用	合计
月	日					
1	1	月初在产品成本	5 900	1 200	1 400	8 500
	31	本月生产费用合计	1 000	400	800	2 200
		生产费用合计	6 900	1 600	2 200	10 700
		结转完工产品成本	6 900	1 600	2 200	10 700
		月末在产品成本				

表 6-20 **基本生产成本明细账**

产品批别：1002　　产品名称：B 产品　　投产批量：60 件　本月完工 20 件

20××年		摘要	直接材料	直接人工	制造费用	合计
月	日					
1	31	本月生产费用合计	18 000	8 800	9 240	36 040
		生产费用合计	18 000	8 800	9 240	36 040
		结转完工产品成本	6 000	4 000	4 200	14 200
	31	月末在产品成本	12 000	4 800	5 040	21 840

表 6-21 **基本生产成本明细账**

产品批别：1003　　产品名称：C 产品　　投产批量：40 件　本月完工 4 件

20××年		摘要	直接材料	直接人工	制造费用	合计
月	日					
1	31	本月生产费用合计	19 000	2 700	3 000	24 700
		生产费用合计	19 000	2 700	3 000	24 700
		结转完工产品成本（按计划成本结转）	1 800	320	400	2 520
	31	月末在产品成本	17 200	2 380	2 600	22 180

(2) 1 月 31 日，去年投产的 1001 批别的 A 产品 20 件已全部完工，本月投产的 1002 批别的 B 产品 60 件，已完工 20 件，采用约当产量比例计算并编制 B 产品成本计算表（见表 6-22）。本月份投产的 1003 批别的 C 产品 40 件，已完工 4 件，完工数量较少，采用简易方法，按计划成本计算完工 C 产品的成本。

表 6-22　　产品成本计算表

产品批次：1002　　产品名称：B产品　　20××年1月31日　　金额单位：元

成本项目	月初在产品成本	本月生产费用	生产费用合计	生产费用分配率	完工产品成本		月末在产品成本	
					数量	金额	数量（约当产量）	金额
(1)	(2)	(3)	(4)=(2)+(3)	(5)=(4)/[(6)+(8)]	(6)	(7)=(6)×(5)	(8)	(9)=(8)×(5)
直接材料		18 000	18 000	300	20	6 000	40	12 000
直接人工		8 800	8 800	200	20	4 000	24	4 800
制造费用		9 240	9 240	210	20	4 200	24	5 040
合计		36 040	36 040	710		14 200		21 840

（3）根据表 6-19～表 6-21 计算结转完工产品成本，账务处理如下：

借：库存商品——A 产品　　10 700

　　　　　　——B 产品　　14 200

　　　　　　——C 产品　　2 520

　贷：基本生产成本——A 产品　　10 700

　　　　　　　　——B 产品　　14 200

　　　　　　　　——C 产品　　2 520

四、简化的分批法

在单件、小批生产的企业或车间中，如果各月投产的产品批别很多，生产周期长，月末未完工产品的批别较多，将当月发生的间接计入生产费用全部分配给各批产品，核算的工作量必然很大。为了简化这些企业间接计入生产费用分配的核算，可以采用不分批计算在产品成本的简化分批法。

简化的分批法，其特点就是直接属于各批产品的费用，直接记入各批产品成本的明细账，而对于间接分配计入的费用，只是在该批产品完工的时候才分配记入，这样就可以在一定程度上简化月末各项费用分配的工作量。该方法适用于同一月份投产的批数很多，且月末完工的批数也很多，各月间接计入费用水平相差不多的情况。

（一）简化分批法的主要特点

（1）增设基本生产成本二级账。基本生产成本二级账的作用是按月提供企业或车间全部产品的累计生产费用和生产工时资料，所以二级账中不仅要按成本项目反映全部产品的月初在产品费用、本月生产费用和累计生产费用，而且还要登记全部产品的月初在产品生产工时、本月生产工时和累计生产工时。

（2）间接费用分配简化。各批产品的间接费用在基本生产成本二级账中累计起来，在有产品完工的月份，才根据累计间接费用分配率分配计算完工产品成本和月末在产品总成本。无产品完工的月份，不分配间接计入费用。

（3）在产品成本明细账和基本生产成本二级账中增设生产工时专栏，以反映各批产品的累计生产工时情况。

(二) 简化分批法的成本计算程序

(1) 设置基本生产成本二级账，账中除成本项目外，设生产工时专栏，登记全部产品(各批之和) 各成本项目累计生产费用、累计工时。

(2) 按批号设产品成本明细账，账中按成本项目只登记该批产品的月初及本月累计直接费用和生产工时，并且与二级账平行登记。间接费用不按月登记分配，登记依据是各种费用分配明细表和有关的工时记录。

(3) 月末如有完工产品，应根据基本生产成本二级账中的累计间接费用和累计生产工时，计算累计间接计入费用分配率。计算公式为：

$$\text{某项累计间接计入费用分配率}=\frac{\text{月初累计间接费用余额}+\text{本月间接费用发生额}}{\text{月初累计生产工时数}+\text{本月发生生产工时数}}$$

(4) 根据各批完工产品的累计工时和累计间接计入费用分配率，计算各批完工产品应分配的某项间接费用，将其汇总，计算出完工产品的成本。计算公式如下：

$$\text{某批已完工产品应负担的间接费用}=\text{该批已完工产品全部累计工时}\times\text{该项累计间接计入费用分配率}$$

(5) 将计算出的产成品成本从基本生产成本二级账和明细账中转出，本月未完工的产品，本月不分配间接费用，仍留在二级账中。只有该批产品完工的月份，才计算完工产品成本。在产品成本以总额反映在二级账中。在明细账中，当有完工产品的月份时，除登记直接费用和直接工时外，还应根据二级账中的累计间接费用分配率计算结果登记间接费用。

(6) 根据产品成本明细账中登记的完工产品生产工时和应负担的间接计入费用，汇总登记二级账中应转出的完工产品成本和生产工时数。二级账中直接费用、生产工时由各批号产品成本明细账汇总而来，二级账中的间接费用可由分配率计算登记，也可由各批号产品成本明细账汇总登记。

(7) 根据产品成本明细账和产品入库单，编制产成品入库的会计分录。

【例6-3】

某企业按客户订单进行生产，产品批数多，月末有大量未完工产品，采用简化的分批法计算产品成本。20××年6月，有4008、5005、6001批号三批产品，有关资料如下：

(1) 各批产品投产及完工资料见表6-23。

表6-23　各批产品投产及完工资料

产品名称	批号	投产日期	投产数量	本月完工数量
甲	4008	4月18日	20	20
乙	5005	5月10日	16	6
丙	6001	6月1日	8	未完

(2) 6月份各批产品的生产工时和发生的直接费用情况如表6-24所示。

表 6-24　　各批产品的生产工时和发生的直接费用

批　号	产品名称	原材料（元）	生产工时（小时）
4008	甲	7 000	800
5005	乙	20 000	1 000
6001	丙	30 000	600
合计		57 000	2 400

(3) 本月各批产品发生间接费用：直接人工 48 000 元，制造费用 60 000 元。

(4) 根据上述资料计算 6 月份已完工产品的成本。

计算过程如下：

(1) 根据上述资料，登记基本生产成本二级账和各产品成本明细账，见表 6-25～表 6-28。

表 6-25　　基本生产成本二级账

月	日	摘　要	原材料	生产工时	直接人工	制造费用	合计
4	30	4 月份发生生产费用和生产工时	23 000	1 200	24 000	30 000	77 000
5	31	5 月份发生生产费用和生产工时	58 000	2 600	52 000	65 000	175 000
6	30	6 月份发生生产费用和生产工时	57 000	2 400	48 000	60 000	165 000
6	30	累计生产费用和生产工时	138 000	6 200	124 000	155 000	417 000
6	30	累计间接费用分配率			20	25	
6	30	本月完工转出产成品成本	73 000	4 180	83 600	104 500	261 100
6	30	月末在产品成本余额	65 000	2 020	40 400	50 500	155 900

表 6-25 中，

累计直接人工费用分配率＝124 000÷6 200＝20

累计制造费用分配率＝155 000÷6 200＝25

本月完工转出产成品成本中的生产工时、直接材料、直接人工根据产品成本明细账中有关合计数确定。月末在产品成本余额可倒扣求得，也可根据有关产品成本明细账汇总登记。

表 6-26　　产品成本明细账

批号：4008　　本月完工：20 台　　投产日期：4 月

产品名称：甲　　批量：20 台　　完工日期：6 月

月	日	摘　要	直接材料	生产工时	直接人工	制造费用	合 计
4	30	4 月份发生费用	23 000	1 200			
5	31	5 月份发生费用	22 000	1 100			
6	30	6 月份发生费用	7 000	800			
6	30	累计余额及间接费用分配率	52 000	3 100	20	25	
6	30	完工 20 台产品成本转出	52 000	3 100	62 000	77 500	191 500
6	30	完工产品单位成本	2 600		3 100	3 875	9 575

表 6-26 中，间接费用分配率根据基本生产成本二级账填列。

完工转出直接人工＝20×3 100＝62 000(元)

完工转出制造费用＝25×3 100＝77 500(元)

表 6-27　　产品成本明细账

批号：5005　　投产日期：5月

产品名称：乙　　批量：16 台　　完工日期：6 月 25 日

月	日	摘　要	直接材料	生产工时	直接人工	制造费用	合计
5	31	5 月份发生费用	36 000	1 500			
6	30	6 月份发生费用	20 000	1 000			
6	30	累计余额及间接费用分配率	56 000	2 500	20	25	
6	30	完工 6 台产品成本转出	21 000	1 080	21 600	27 000	69 600
6	30	完工产品单位成本	3 500		3 600	4 500	11 600
6	30	月末在产品成本	35 000	1 420			

表 6-27 中，完工 6 台产成品原材料成本按产品数量分配，工时按定额工时计算。单台定额工时为 180 小时。

直接材料分配率＝56 000÷ 16＝3 500(元)

完工产品直接材料费用＝3 500×6＝21 000(元)

完工产品定额工时＝180×6＝1 080(小时)

完工产品转出直接人工＝20×1 080＝21 600(元)

完工转出制造费用＝25×1 080＝27 000(元)

表 6-28　　产品成本明细账

批号：6001　　投产日期：6 月

产品名称：丙　　批量：10 台　　完工日期：

月	日	摘　要	直接材料	生产工时	直接人工	制造费用	合计
6	30	6 月份发生费用	30 000	600			

各批产品成本明细账登记完毕，其中完工产品的直接材料费用和生产工时，应分别汇总记入基本生产成本二级账，并据以计算各批全部完工产品的总成本。

采用简化分批法，由于间接费用的横向分配和纵向分配工作合并到一次，只在产品完工时进行，因而大大简化了生产费用分配和登记的工作。月末未完工产品的批数越多，核算工作就越简化。但是由于各批未完工产品成本明细账中只登记直接材料费用，因而不能完整地反映各批未完工产品的在产品成本。同时由于间接费用是按照完工月份的累计分配率一次分配计入完工产品的，当各月间接费用水平相差很大时，就会影响各月在产品成本计算的正确性。另外如果月末完工产品的批数不多，不能达到简化成本计算的目的，还会影响成本计算的正确性。所以，也不宜采用这种方法。

第三节　产品成本核算的分步法

分步法是按照产品的生产步骤归集生产费用，计算产品成本的一种方法。它主要适用于大量、大批的多步骤生产，因为在这些企业中，产品生产可以分为若干个生产步骤进行。例如，纺织企业生产可分为纺织、织布、漂染等步骤；冶金企业生产可分为炼铁、炼钢、轧钢等步骤；机器制造企业可分为铸造、加工、装配等步骤。为了加强成本管理，不仅要求按照产品品种归集生产费用，计算产品成本，而且要求按照产品的生产步骤归集生产费用，计算各步骤产品成本，提供反映各种产品及其各生产步骤成本计划执行情况的资料。分步法是指以产品的生产步骤作为成本计算对象、归集生产费用，计算各步骤半成品和最终步骤产成品成本的方法。

一、分步法的特点

分步法的特点从成本计算对象、成本计算期和生产费用的分配三个方面进行归纳。

（一）成本计算对象

分步法以各种产品半成品所经过的各生产步骤作为成本计算对象，按产品的各生产步骤设置“基本生产成本”明细账户归集生产费用。对于各生产步骤产品所耗费的直接费用，应直接记入各生产步骤的“基本生产成本”明细账户，对于各生产步骤共同发生的间接计入费用，应采用适当的方法在各生产步骤之间进行分配后，再分别记入各生产步骤的“基本生产成本”明细账户。

在实际工作中，产品成本计算的分步与产品生产步骤的划分不一定完全一致。例如，在按生产步骤设立车间的企业中，一般来讲，分步计算成本也就是分车间计算成本。如果企业生产规模很大，车间内又分成几个生产步骤，而管理上又要求分步计算成本时，也可以在车间内再分步计算成本；相反，如果企业规模很小，管理上也不要求分车间计算成本，也可将几个车间合并为一个步骤计算成本。总之，应根据管理的要求，本着简化计算的原则，确定成本计算对象。

（二）成本计算期

在多步骤工艺过程的大量、大批生产的企业里，原材料连续地投入，各生产步骤的产品连续不断地向下一生产步骤移动，直至产成品完工验收入库。为了使生产能有条不紊地持续进行，在生产过程中各个生产步骤必须保持一定数量的在产品，这样每个月均有半成品、产成品和在成品，因此在月末就需要计算产品成本。成本计算期与会计报告期是一致的，而与生产周期是不同的。

（三）生产费用的分配

由于多步骤工艺过程的大量、大批生产的企业每个生产步骤月末均有一定数量的在产品、半成品或产成品，因此按生产步骤归集的生产费用，在月末应采用适当的分配方法，在未完工的在产品与半成品或完工产品之间进行分配。

由于各个企业生产工艺过程的特点和成本管理对各步骤成本资料的要求（要不要计算半成品成本）不同，各生产步骤成本的计算和结转采用两种不同的方法：逐步结转和平行结转。因而产品成本计算的分步法也就相应地分为逐步结转分步法和平行结转分步法两种。

由于产品生产是分步骤进行的，上一步骤生产的半成品是下一步骤的加工对象。因此，为了计算各种产品的产成品成本，还需要按照产品品种结转各步骤成本。也就是说，与其他成本计算方法不同，在采用分步法计算产品成本时，在各步骤之间还有个成本结转问题。这是分步法的一个重要特点。

二、逐步结转分步法

在采用分步法的大量、大批多步骤生产中，有的产品制造过程是由一系列循序渐进的、性质不同的加工步骤所组成。例如，棉纺织企业生产工艺过程包括纺纱和织布两大步骤。在纺纱步骤中，原料（原棉）投入生产后，经过清花、梳棉、并条、粗纺、细纱等工序，纺成各种棉纱；然后送往织布步骤，经过络经、整经、浆纱、穿筘、织造等工序，织成各种棉布，再经过整理、打包，即可入库待售。

在这类生产中，从原料投入到产品制成，中间要经过几个生产步骤的逐步加工，前面各步骤生产的都是半成品，只有最后步骤生产的才是产成品。与这类生产工艺过程特点相联系，为了加强对各生产步骤成本的管理，往往要求不仅计算各种产成品成本，而且计算各步骤半成品成本，因为这是成本计算的需要。以上述纺织企业为例，为了计算棉布的成本，先要计算棉纱的成本。有一些半成品为企业几种产品共同耗用，为了分别计算各种产成品的成本，也先要计算这些半成品的成本，因为这是成本控制的要求。

逐步结转分步法又称顺序结转分步法，是指按照产品连续生产步骤的先后顺序逐步计算并结转半成品成本，半成品成本随着半成品在各生产步骤之间顺序转移，直至最后步骤计算出产成品成本的方法。

综上所述，逐步结转分步法就是为了计算半成品成本而采用的一种方法。因此，这种方法也称计列半成品成本分步法。

在这种分步法下，各步骤所耗用的上一步骤半成品的成本，要随着半成品实物的转移，从上一步骤的产品成本明细账转入下一步骤相同产品的成本明细账中，以便逐步计算各步骤的半成品成本和最后步骤的产成品成本。这一核算程序参见图 6-1。

图 6-1 中，第一步骤完工半成品在验收入库时，应根据完工转出的半成品成本编制借记“自制半成品”账户，贷记“基本生产成本”账户的会计分录；第二步骤领用时，再编制半成品出库的会计分录。如果半成品完工后不通过半成品库收发，而直接转入下一步骤，半成品成本应在各步骤的产品成本明细账之间直接结转。

归纳逐步结转分步法的成本计算程序为：

（1）按照产品的生产步骤和产品品种设置产品成本明细账。

（2）各步骤的直接费用直接记入各步骤的成本明细账中，间接费用则需要采用适当的分配方法，在各步骤之间进行分配之后，再记入各步骤的成本明细账中。

（3）将上一步骤半成品的成本，随着半成品实物的转移，从上一步骤的产品成本计算单转入下一步骤的产品成本计算单中，逐步计算半成品成本，直到最后步骤计算出产成品成本。

（4）各项生产费用在各步骤产品成本明细账中归集后，月末如果既有完工产品又有加

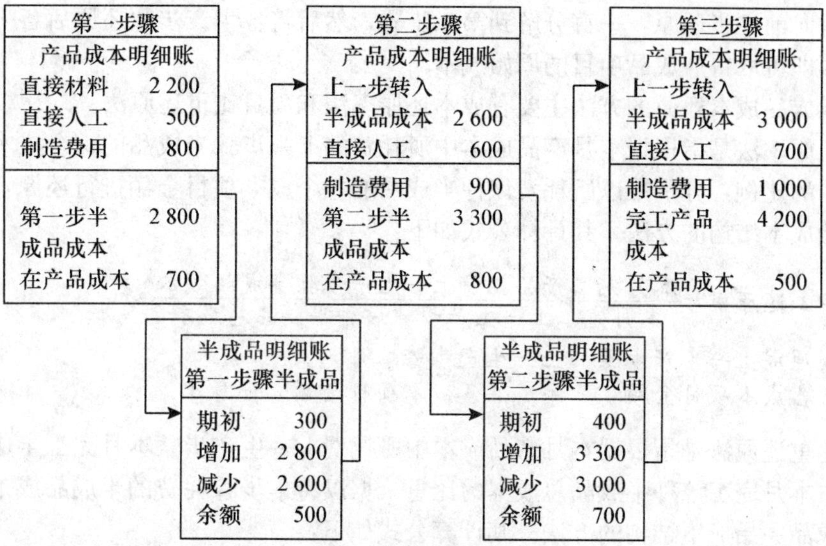

图 6-1 逐步结转分步法的成本计算程序

工中的在产品，则需采用适当的分配方法将各步骤发生的生产费用在完工半成品（最后步骤为产成品）和在产品之间进行分配，以便计算出完工半成品成本和最后步骤的完工产成品成本。

逐步结转分步法实际上就是品种法的多次连接应用，即在采用品种法计算上一步骤的半成品成本以后，按照下一步的耗用数量转入下一步骤成本，下一步骤再一次采用品种法归集所耗半成品费用和本步骤发生的其他费用，计算其半成品成本，如此逐步结转，直至最后一个步骤算出产成品成本。

采用逐步结转分步法，按照半成品转入下一生产步骤基本生产明细账的反映方式不同，可分为综合结转法和分项结转法。

（一）综合结转法

综合结转法是指各生产步骤将其所耗费的上一生产步骤的半成品成本，以“自制半成品”成本项目，综合计入下一生产步骤产品的基本生产明细账中的一种方法。采用综合结转法时，如果自制半成品由半成品仓库收发，且自制半成品按实际成本计价，由于各月完工入库的半成品成本不可能相同，通常采用加权平均法、先进先出法等方法计算当月所耗用半成品的实际单位成本。如果自制半成品是从上一生产步骤直接转入的，可将上一生产步骤半成品实际成本的合计数转入本步骤基本生产成本明细账户。

由于将半成品的成本用综合结转法转入下一生产步骤，这样上一生产步骤生产半成品耗费的原材料和加工费用在转入下一生产步骤时，在“自制半成品”或“直接材料”成本项目中反映，不能真实地反映各生产步骤自制半成品成本和最后生产步骤产成品成本的原始成本项目。因此，企业在管理上要求从整个企业角度分析和考核产品成本的构成和水平时，还应将综合结转算出的产品成本进行还原。即从最后一个步骤起，把所耗上一步骤半成品的综合成本还原为直接材料、直接人工、制造费用等原始成本项目反映的产成品成本资料。成本还原的具体做法是从最后生产步骤开始，将其所耗费的上一生产步骤自制半成品的综合成本，按照上一生产步骤本月完工半成品的成本项目比例分解还原为原来的成本项目，从后向前逐步还原，一直分解到第二步骤，然后将各生产步骤还原后各生产项目的数额相加，即可取得产成品项目的原始成本。

自制半成品成本还原的方法主要有成本还原率法和项目比重还原法。

成本还原率法是指根据本月产品成本中所耗费的上一步骤半成品的综合成本占该种半成品总成本的比例，分别乘以所耗费该种半成品的各个成本项目金额进行还原，从而取得产成品原始成本结构的方法。其计算公式如下：

$$成本还原率=\frac{本月完工产品耗费上一生产步骤半成品成本}{本月完工上一生产步骤该种半成品总成本}$$

$$\begin{matrix}还原成上一生产步骤\\各成本项目金额\end{matrix}=\begin{matrix}上一生产步骤本月完工\\半成品各成本项目金额\end{matrix}\times\begin{matrix}成本\\还原率\end{matrix}$$

项目比重还原法是指根据本月产品成本中所耗费上一生产步骤本月完工半成品各成本项目金额占本月完工该种半成品总成本的比重，据以将本步骤耗费的半成品成本还原，从而取得产成品原始成本结构的方法。其计算公式如下：

$$\begin{matrix}上一生产步骤半成\\品各成本项目金额\\占总成本的比重\end{matrix}=\frac{上一生产步骤本月完工半产品各成本项目金额}{本月完工该种半成品总成本}$$

$$\begin{matrix}还原成上一生产步骤\\各成本项目金额\end{matrix}=\begin{matrix}上一生产步骤本月完工\\半成品各成本项目金额\end{matrix}\times\begin{matrix}该半成品成本项目金额\\占半成品总成本的比重\end{matrix}$$

（二）分项结转法

分项结转法是指各生产步骤将其所耗费的上一生产步骤的自制半成品成本分成本项目记入与其“基本生产成本”明细账户相同的成本项目内反映的方法。如果自制半成品要通过半成品仓库收发，在“自制半成品”明细账户中，也要按照成本项目分别登记。

采用分项结转法可以直接反映产成品各成本项目的原始结构，便于从整个企业角度考核和分析产品计划的执行情况，不需要进行成本还原，计算工作较为简便。但是这种方法的成本结转工作较为复杂，而且在各生产步骤完工产品成本中反映不出所耗费的上一生产步骤半成品的成本和本步骤加工费用的水平，不便于对完工的半成品成本和产成品成本进行综合分析。这种方法适用于管理上不要求分别反映各生产步骤完工产品所耗费的半成品成本，而要求按照原始成本项目计算产品成本的企业。

（三）逐步综合结转分步法举例

【例6-4】

某制造企业有两个基本生产车间。第一车间生产出的半成品经过半成品库收发，第二车间领用该种半成品后，继续加工为产成品。该企业设有“自制半成品”账户，登记库存半成品的增减变动，半成品按实际成本进行核算，库存半成品成本采用移动加权平均法计算。

(1) 本月第一和第二两个车间的基本生产明细账资料如表 6-29～表 6-31 所示。

注：为突出分步法的特点，本例中将直接人工、燃料及动力、制造费用合并为加工费用，因为这些加工费用的分配方法基本相同。

表 6-29 **基本生产成本明细账**

生产步骤：第一车间 半成品名称：A半成品

20××年		摘　要	直接材料	加工费用	合计
月	日				
12	1	月初在产品成本	12 000	6 000	18 000
		本月生产费用合计	58 000	8 000	66 000
		生产费用合计	70 000	14 000	84 000
		结转完工12 000件半成品成本	62 000	10 000	72 000
	31	月末在产品成本	8 000	4 000	12 000

注：表6-29中该企业生产费用在完工产品和在产品之间分配采用在产品按定额成本计算法，月末在产品成本是将月末在产品数量（或工时）乘以单位定额成本（或工时定额费用）取得的，然后将生产费用合计减月末在产品成本，倒挤出完工产品成本。

根据第一车间自制半成品交库单，账务处理如下：

借：自制半成品——A半成品 72 000

　贷：基本生产成本——第一车间 72 000

（2）根据上述会计分录登记自制半成品明细账。见表6-30。

表 6-30 **自制半成品明细账**

自制半成品名称：A半成品 计量单位：件

20××年		摘　要	收入			支出			结存		
月	日		数量	单价	金额	数量	单价	金额	数量	单价	金额
12	1	期初余额							10 000	6.44	64 400
	31	入库	12 000	6	72 000				22 000	6.2	136 400
	31	领用				5 000	6.2	31 000	17 000	6.2	105 400
	31	领用				9 000	6.2	55 800	8 000	6.2	49 600
	31	本期发生额及余额	12 000		72 000	14 000		86 800	8 000	6.2	49 600

第二生产步骤从半成品仓库领用A半成品，根据其领料单采用移动加权平均法计价为86 800元。账务处理如下：

借：基本生产成本——第二车间 86 800

　贷：自制半成品——A半成品 86 800

（3）根据上述资料及本月份各种生产费用汇总分配表登记“基本生产成本——第二车间”明细账，见表6-31。

表 6-31 **基本生产成本明细账**

生产步骤：第二车间 产品名称：B产品

20××年		摘　要	自制半成品	加工费用	合计
月	日				
12	1	月初在产品成本	25 200	4 200	29 400
		本月生产费用合计	86 800	14 000	100 800
		生产费用合计	112 000	18 200	130 200
		结转完工半成品成本	95 000	15 400	110 400
	31	月末在产品成本	17 000	2 800	19 800

注：表6-31中该企业生产费用在完工产品和在产品之间分配采用在产品按定额成本

计算法，月末在产品成本是将月末在产品数量（或工时）乘以单位定额成本（或工时定额费用）取得的，然后将生产费用合计减月末在产品成本，倒挤出完工产品成本。

根据第二车间产成品交库单，账务处理如下：

借：库存商品——B产品　110 400

　贷：基本生产成本——第二车间　110 400

(4) 逐步综合结转的成本还原。

在采用综合结转法时，各步骤所耗上步骤半成品的成本以“原材料”或“自制半成品”成本项目综合反映在成本计算单中，成本计算步骤越多，最后步骤完工产成品的成本计算单中的“自制半成品”项目在产成品成本中所占比重就越大。这样，不能按原始成本项目反映产品的成本结构，不便于考核和分析成本计划的完成情况。如上面所计算的B产品的成本，在成本计算单中只有A半成品的成本，加工费用均为第二车间的费用，而第一车间的加工费都包含在A半成品的综合成本中了。因此，在管理上要求取得按原始成本项目反映的成本资料时，就要进行成本还原，即把成本计算单中产成品耗用自制半成品的综合成本加以分解，还原为直接材料、加工费用等原始成本项目。

产品成本还原表见表6-32。

表6-32　产品成本还原计算表

产品名称：B产品　20××年12月　单位：元

成本项目摘要	自制半成品	直接材料	加工费用	合计
还原前产成品成本	95 000		15 400	110 400
本月所产半成品成本		62 000	10 000	72 000
产成品中半成品还原 (还原率＝95 000÷72 000＝1.32)	－95 000	81 840	13 160	0
还原后产成品总成本		81 840	28 560	110 400

经过还原后，得到了产品成本的构成，反映出两个车间投入的直接材料和两个车间的加工费用情况，这样就有利于成本控制和管理。

采用逐步综合结转分步法，在成本计算过程中，可以反映出各步骤耗用上步骤半成品的费用和本步骤发生的加工费用，有利于各步骤的成本控制和管理，但成本还原的工作量较大，产品生产的步骤越多，还原工作量就越大。

(四) 逐步分项结转分步法举例

分项结转分步法是将各步骤所耗用的半成品成本分成本项目分别结转到半成品明细账或下一生产步骤的成本计算单中。

仍用前例加以说明

(1) 本月第一和第二两个车间的基本生产明细账资料如表6-33和表6-35所示。

表6-33　基本生产成本明细账

生产步骤：第一车间　半成品名称：A半成品

20××年		摘　要	直接材料	加工费用	合计
月	日				
12	1	月初在产品成本	12 000	6 000	18 000
		本月生产费用合计	58 000	8 000	66 000

续表

20××年		摘　要	直接材料	加工费用	合计
月	日				
		生产费用合计	70 000	14 000	84 000
		结转完工半成品成本	62 000	10 000	72 000
	31	月末在产品成本	8 000	4 000	12 000

根据第一车间自制半成品交库单，账务处理如下：

借：自制半成品——A半成品　　72 000

　贷：基本生产成本——第一车间　　72 000

(2) 根据上述会计分录登记分项结转法下多栏式的“自制半成品”明细账。见表6-34。

表6-34　　自制半成品明细账

自制半成品名称：A半成品　　计量单位：件

月份	摘　要	数量	成本项目		
			直接材料	加工费用	合计
12	期初余额	10 000	46 200	18 200	64 400
	本期入库	12 000	50 600	21 400	72 000
	合计	22 000	96 800	39 600	136 400
	单位成本		4.40	1.80	6.20
	本月发出	14 000	61 600	25 200	86 800
	月末结存	8 000	35 200	14 400	49 600

第二生产步骤从半成品仓库领用棉纱，根据其领料单采用移动加权平均法计价为86 800元。账务处理如下：

借：基本生产成本——第二车间　　86 800

　贷：自制半成品——A半成品　　86 800

(3) 根据上述资料及本月各种生产费用汇总分配表登记“基本生产成本——第二车间”明细账，见表6-35。

表6-35　　基本生产成本明细账

生产步骤：第二步骤　　产品名称：B产品

20××年		摘　要	直接材料	加工费用	合计
月	日				
12	1	月初在产品成本	23 200	6 200	29 400
		领用半成品成本	61 600	25 200	86 800
		本月生产费用合计		14 000	14 000
		生产费用合计	84 800	45 400	130 200
		结转完工半成品成本	81 840	28 560	110 400
	31	月末在产品成本	2 960	16 840	19 800

采用分项结转，在下一步骤的成本计算单中是按原始成本项目反映的产品成本，不需要进行成本还原。但采用这种成本结转的方法，在成本结转时候需要分成本项目分别结

转，工作量较大，而且各步骤的加工费用混合在一起，不便于对各步骤的生产耗费进行分析和控制。

三、平行结转分步法

平行结转分步法又称为不计列半成品成本分步法，是指各生产步骤不计算半成品成本，只计算本生产步骤所发生的生产费用以及这些费用中应计入产成品成本的数额，然后将各生产步骤应计入同一产成品成本的数额平行结转，汇总计算产成品成本的方法。

平行结转分步法与企业生产工艺过程特点有着密切的联系。产品的生产过程是先将各种原材料平行地加工为各种零、部件，然后再将零、部件装配成各种产成品，如电子产品制造企业，由多个生产步骤平行生产多种电子元件和配件，然后转入装配车间，装配成电子产品。这类企业的特点是各生产步骤生产的半成品种类多，半成品出售的情况较少，在管理上也不要求计算半成品成本。为了简化成本计算工作，可以不计算各生产步骤生产的半成品成本，也不计算下一生产步骤耗用上一生产步骤半成品的成本，在这种情况下，可以采用平行结转分步法计算完工产成品的成本。

（一）平行结转分步法的成本计算程序

平行结转分步法的成本计算程序如下：首先，按产品的生产步骤和产品品种开设“基本生产成本”明细账户，按成本项目归集本步骤发生的生产费用，但不包括上一生产步骤转来的自制半成品成本；其次，将各生产步骤归集的生产费用在完工产成品与月末在产品之间进行分配，以确定应计入产成品成本的数额，通过汇总计算完工产成品成本。平行结转分步法的成本计算程序见图 6-2。

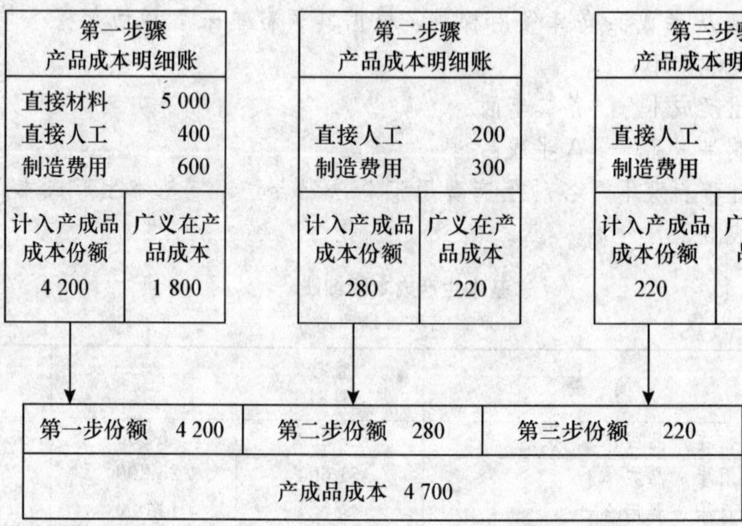

图 6-2 平行结转分步法的计算程序

（二）平行结转分步法的特点

1. 各生产步骤不计算自制半成品成本

各生产步骤只归集本生产步骤耗费的原材料和加工费用，不计算自制半成品成本。不论自制半成品是通过仓库收发，还是在各加工步骤之间直接转移，都不通过“自制半成品”账户进行金额核算，仅对自制半成品进行数量核算。

2. 各生产步骤之间不结转半成品成本

在生产过程中，上一生产步骤半成品实物转入下一生产步骤继续加工时，自制半成品的成本不随同实物转移而结转。即使通过半成品仓库收发的，也不予以结转。

3. 计算各生产步骤应计入产成品成本的数额

月末各生产步骤归集的生产费用在应计入完工产成品成本的数额与月末在产品成本之间进行分配，以确定各生产步骤应计入产成品成本的数额。采用平行结转分步法企业的在产品是从整个企业的角度来看的，是指广义的在产品，它由两个部分组成：一部分是各生产步骤正在生产中加工的在产品，是通常所指的在产品，也就是狭义的在产品；另一部分是本生产步骤已经完工，并已转入下一个生产步骤，或者转入半成品仓库，但是尚未形成产成品的所有半成品。各生产步骤将归集的生产费用在应计入完工产成品成本的数额与月末广义在产品成本之间分配的方法，主要有按定额成本计算在产品成本法、定额比例法和约当产量法等。

4. 汇总各生产步骤应计入产成品成本的数额确定完工产品成本

月末将各生产步骤计算的应计入产成品成本的数额汇总后，即为完工产成品的总成本，将产成品总成本除以完工产成品数量，即为完工产成品的单位成本。

平行结转分步法的主要特点是不计算半成品成本，因此，在成本计算中，各步骤只需计算出产成品所耗用的本步骤费用。例如，某种产品由三个部件装配而成，三个部件分别由三个车间生产，假如第一车间本月生产出 100 个部件，而本月装配的产成品只有 80 台，则第一车间只需将 80 个部件的生产成本转入产成品即可。另外已经生产出来而没有装配到产成品中的 20 个部件，则属于广义在产品范畴。

（三）平行结转分步法举例

平行结转分步法的“基本生产成本”账户也按生产步骤设置明细账户。各生产步骤除了领用自制半成品不进行金额核算外，领用原材料和发生加工费用的核算方法与逐步结转分步法相同，月末各生产步骤确定应计入产成品成本的数额后，将其直接从生产步骤的“基本生产”明细账户转入“库存商品”账户。

【例 6-5】

某设备厂生产 A 设备分三个步骤，分别由三个车间生产，一车间生产 A 设备的主机，二车间生产配套部件，三车间为组装车间。一车间生产出来的主机，直接送入二车间，不通过半成品库收发，二车间生产配套部件和主机一起直接送入组装车间，第一、二两个车间所耗直接材料在各车间一次投入，月末本车间在产品的完工率均按 50%计算，采用约当产量法分配加工费用。本月各车间的产品数量资料如图 6-3 所示。

第一车间

月初在产品	80
本月投产	160
本月完工	200
月末在产品	40
狭义在产品完工率	50%

第二车间

月初在产品	40
本月投产	200
本月完工	180
月末在产品	60
狭义在产品完工率	50%

第三车间

月初在产品	60
本月投产	180
本月完工	220
月末在产品	20
狭义在产品完工率	50%

图 6-3 各车间产品产量资料

(1) 各生产车间月初在产品成本资料见表6-36和表6-37。

表6-36　　各生产车间月初在产品成本资料汇总表　　单位：元

生产步骤	直接材料	加工费用	合计
一车间	34 000	16 000	50 000
二车间	20 000	10 000	30 000
三车间		28 000	28 000

表6-37　　各生产步骤本月份发生的生产费用资料汇总表　　单位：元

生产步骤	直接材料	加工费用	合计
一车间	82 000	43 000	125 000
二车间	100 000	44 000	144 000
三车间		87 000	87 000

(2) 根据上述资料登记“基本生产成本”各个生产车间的明细账。一车间的基本生产成本明细账见表6-38。

表6-38　　基本生产成本明细账

生产步骤：一车间　　自制半成品名称：设备主机

20××年		摘　要	直接材料	加工费用	合计
月	日				
1	1	月初在产品成本	34 000	16 000	50 000
		本月生产费用	82 000	43 000	125 000
		生产费用合计	116 000	59 000	175 000
		结转完工半成品成本	75 059	40 563	115 623.20
	31	月末在产品成本	40 940	18 436	59 376.80

(3) 根据各生产步骤明细账归集的生产费用及上述有关资料，用约当产量法分别编制各生产步骤的产品成本计算表。一车间 产品成本计算表见表6-39。

表6-39　　产品成本计算表

产品名称：主机　　20××年1月31日　　产量220件

成本项目	月初在产品成本	本月生产费用	生产费用合计	生产费用分配率	计入完工产品部分		月末在产品部分	
					数量	金额	数量	金额
(1)	(2)	(3)	(4)=(2)+(3)	(5)=(4)/[(6)+(8)]	(6)	(7)=(6)×(5)	(8)	(9)=(8)×(5)
直接材料	34 000	82 000	116 000	341.18	220	75 059.60	120	40 940.40
加工费用	16 000	43 000	59 000	184.38	220	40 563.60	100	18 436.40
合计	50 000	125 000	175 000	525.56		115 623.20		59 376.80

注：1. 由于组装完的产品是220件，因此，一车间应该计入完工产品成本的是220件主机的成本。2. 月末在产品是指广义的在产品，包括本车间正在生产的主机，也包括本车间生产完工转入第二车间和第三车间的主机。3. 由于直接材料是一次投入，在采用

约当产量法时，按100%折算，转入二、三车间的主机已经生产完成，加工费用按100%计算，只有本车间在产品的加工费用按50%折算。

(4) 根据二车间明细账归集的生产费用及前列有关资料，用约当产量法编制二车间产品成本计算表。二车间基本生产明细账和产品成本计算表见表6-40和表6-41。

表6-40 **基本生产成本明细账**

生产步骤：二车间 自制半成品名称：设备配件

20××年		摘 要	直接材料	制造费用	合计
月	日				
1	1	月初在产品成本	20 000	10 000	30 000
		本月生产费用	100 000	44 000	144 000
		生产费用合计	120 000	54 000	174 000
		结转完工半成品成本	88 000	44 000	132 000
	31	月末在产品成本	32 000	10 000	42 000

表6-41 **产品成本计算表**

产品名称：配件 20××年1月31日 产量220件

成本项目	月初在产品成本	本月生产费用	生产费用合计	生产费用分配率	计入完工产品部分		月末在产品部分	
					数量	金额	数量	金额
(1)	(2)	(3)	(4)=(2)+(3)	(5)=(4)/[(6)+(8)]	(6)	(7)=(6)×(5)	(8)	(9)=(8)×(5)
直接材料	20 000	100 000	120 000	400	220	88 000	80	32 000
制造费用	10 000	44 000	54 000	200	220	44 000	50	10 000
合计	30 000	144 000	174 000	600		132 000		42 000

注：1. 由于组装完的产品是220件，因此，二车间应计入完工产品成本的是220件配件的成本。2. 月末在产品是指广义的在产品，包括本车间正在生产的配件，也包括本车间生产完工转入三车间的配件。3. 由于直接材料是一次投入，在采用约当产量法时，按100%折算，转入三车间的配件已经生产完成，加工费用按100%计算，只有本车间在产品的加工费用按50%折算。

(5) 根据各生产步骤明细账归集的生产费用及上述有关资料，用约当产量法编制三车间产品成本计算表。三车间基本生产明细账和产品成本计算表见表6-42和表6-43。

表6-42 **基本生产成本明细账**

生产步骤：三车间 产品名称：A设备

20××年		摘 要	加工费用	合计
月	日			
1	1	月初在产品成本	28 000	28 000
		本月生产费用	87 000	87 000
		生产费用合计	115 000	115 000
		结转完工半成品成本	110 000	110 000
	31	月末在产品成本	5 000	5 000

表 6-43　　产品成本计算表

产品名称：A设备　　20××年1月31日　　产量220件

成本项目	月初在产品成本	本月生产费用	生产费用合计	生产费用分配率	计入完工产品部分		月末在产品部分	
					数量	金额	数量	金额
(1)	(2)	(3)	(4)=(2)+(3)	(5)=(4)/[(6)+(8)]	(6)	(7)=(6)×(5)	(8)	(9)=(8)×(5)
直接材料								
制造费用	28 000	87 000	115 000	500	220	110 000	10	5 000
合计	28 000	87 000	115 000	500	220	110 000	10	5 000

注：1. 由于组装完的产品是220件，因此，三车间应该计入完工产品成本的是220件产品的组装费用。2. 由于三车间是最后一个生产步骤，因此其完工产品就是最终完工的产成品，在产品就是本步骤狭义的正在加工的在产品，三车间在产品的加工费用按50%折算。

(6) 根据各生产步骤产品成本计算表编制产成品成本汇总计算表，见表6-44。

表 6-44　　产成品成本汇总计算表

产品名称：A设备　　20××年1月　　产量220件

项　目	直接材料	加工费用	合计
第一车间计入的数额	75 059.6	40 563.6	115 623.2
第二车间计入的数额	88 000	44 000	132 000
第三车间计入的数额		110 000	110 000
产品总成本	163 059.6	194 563.6	357 623.2
产成品单位成本	741.18	884.38	1 625.56

(7) 根据产成品成本汇总计算表，结转完工产成品成本。账务处理如下：

借：库存商品——甲产品　　357 623.2

　贷：基本生产成本——一车间　　115 623.2

　　　　　　　　——二车间　　132 000

　　　　　　　　——三车间　　110 000

本章总结

通过本章学习，了解产品成本计算的方法及其原理。产品成本计算的基本方法有三种：品种法、分批法和分步法。

品种法是按照产品品种计算成本的方法，其中各项费用要素按产品品种进行归集，月末需要在完工产品和月末在产品之间分配费用，从而计算每一种完工产品的总成本和单位成本。品种法适用于大量大批单步骤生产企业或管理上不要求分步骤计算成本的多步骤企业。品种法是成本计算方法中最基本的方法，是其他计算方法的基础。

分批法是按照产品的批别或订单计算产品成本的方法。按产品的批别设置成本明细账，其成本核算期与产品的生产周期一致，月末一般不需要在完工产品和月末在产品之间分配费用。但在分批出货的情况下，需要分配。当某些企业同一月份投产产品批别较多时，可采用简化的分批法，即不按月分配登记间接费用，而是将间接费用累计起来，到产品完工时，再按累计间接费用分配率在完工产品之间进行分配。分批法适用于单件小批生产的企业。

分步法是按照产品的生产步骤计算产品成本的方法。又可分为逐步结转分步法和平行结转分步法。逐步结转分步法是按照产品连续加工的顺序，随半成品实物的转移而逐步计算结转半成品成本。逐步结转分步法又分为综合结转分步法和分项结转分步法。前者需要对计算出来的产成品成本进行成本还原。平行结转分步法不随半成品实物的转移逐步计算半成品成本，各步骤只计算本步骤生产费用，不计算半成品成本。将各步骤生产费用在应计入产成品成本的份额和月末广义的在产品之间进行分配，平行结转、汇总各步骤应计入产成品成本的份额就可计算产成品成本。分步法适用于大批大量多步骤生产，且管理上要求按步骤计算成本的企业。

重要概念

逐步综合结转法　　成本还原　　逐步分项结转法　　平行结转法　　广义在产品
狭义在产品

精选案例

案例一

【资料】

某轻工机械修理厂的生产任务是按照客户的要求，修理各种机械设备。根据自身的生产技术条件和技术设备的生产能力，该厂在完成修理任务的前提下，还根据用户的订单，组织生产部分专用或通用的机械设备。

该厂有铸工、锻工、机加工、钳工（装配）等生产步骤，属于多步骤生产。按生产工艺划分为铸工、锻工、机加工、钳工（装配）车间，该厂修理项目和产品品种、规格很多，而且很少重复，生产组织一般为小批或单件生产。

修理作业的批号很多，修理和零件加工比较复杂，一般不能当月完工。该厂根据自身的修理特点，在成本管理方面，一方面是为全厂的修理作业开立一张修理成本汇总计算单，单中按照成本项目汇总登记全厂修理作业的总成本和修理的总工时数；在有完工的修理作业的月份，还要根据累计的直接工资和制造费用，以及累计的修理工时数，计算登记累计费用分配率。另一方面，按照修理作业的批号开立修理作业的明细账，用来反映各批修理作业的成本和修理工时数。但在这种明细账中，在修理作业完工以前，只根据领料凭证和工时统计资料，登记所耗材料费用和工时数；在修理完工时，才根据累计工时数和累计费用分配率，计算登记该批修理作业所应分配的直接人工和制造费用，计算该批修理作业的成本。

讨论题：

1. 分析说明该企业成本计算适合采用什么方法。
2. 该厂在什么条件下可以采用简化的分批法？
3. 如果采用简化的分批法，具体怎样运作？

4. 机械修理厂各车间之间应该如何结转成本？

（提示：从修理厂修理的特点和多步骤生产的要求以及成本计算的要求等角度讨论。）

案例二

【资料】

钢铁厂的生产任务，是生产各种生铁、钢锭和钢材，生产工艺过程包括炼铁、炼钢和轧钢等生产步骤。钢铁厂按照生产步骤，分设相应的生产车间。

1. 炼铁生产车间

炼铁车间的产品是炼钢生铁、铸造生铁、合金生铁等各种生铁。炼铁是利用高炉将铁矿石等原料炼成生铁。铁矿石是氧化铁和杂石的混合物或化合物。炼铁的目的是要把氧化铁还原成生铁，并除去杂质。炼铁的生产过程是：将铁矿石、烧结矿、焦炭等原料、燃料和辅助材料，按照一定比例配成一批一批的炉料，由卷扬机提升到炉顶，装入高炉进行冶炼；炉料在炉内随着温度的升高，逐步冶炼成为铁水和炉渣积蓄在炉缸里，每隔一定时间，从高炉的出铁口和出渣口排出炉外。

炼钢用的铁水，可以直接送到炼钢车间炼钢，也可铸成铁锭存放；铸造生铁的铁水，则都要铸成铁锭。

在炼铁生产中，会产生各种废料，如水渣、扒渣铁、瓦斯灰等。这些废料回收后经过处理，可以再当作炉料使用。炼铁生产还会产生一些副产品，如粗煤气等。

2. 炼钢生产车间

炼钢车间的产品，是普通钢锭、矽钢锭、低合金钢锭、强簧钢锭等各种钢锭。炼钢是利用平炉、氧气顶吹转炉或电炉等炼钢炉，将生铁炼成钢。炼钢的生产过程是：将生铁和废钢等原料，按照一定的配料比，装入炼钢炉内，经过高温氧化反应，除去生铁中的杂质。在钢液的化学成分和温度都合乎要求时，即可出钢。钢水注入钢锭模，并经脱模，即成钢锭。

浇注钢锭用的模具，如钢锭模、底板等辅助材料，可以多次周转使用。

3. 轧钢生产车间

轧钢车间的产品是圆钢、扁钢、带钢、罗纹钢等各种钢材。轧钢是把钢锭送入两个反向旋转的轧辊中碾压，采用不同孔型的轧辊，可以轧制出不同形状的钢材。一般钢锭的体积较大，先要进行初轧，轧成适合要求的各种钢坯，如普通钢坯、矽钢坯等。然后进行精轧，轧成各种钢材。轧钢可以分成初轧和精轧两个车间进行。

钢材成本中的钢坯费用占有很大比重（90%以上），提高轧钢成材率，降低钢坯单耗，是降低钢材成本的主要途径，因而要加强对钢坯的管理和钢坯耗费的核算。

轧辊是轧钢生产的专用大型工具，价值很高，并能多次周转使用。

4. 半成品成本的结转和产品成本的汇总计算

钢铁厂的生产工艺过程属于多步骤生产，生产组织一般是大量大批生产。各生产步骤的产品，既可作为本厂的半成品自用，又可作为商品产品外售。此外，同种半成品往往还可以加工成为几种产品，如同种钢锭可以轧制各种钢材。钢铁厂所产各种产品往往还有很多不同的牌号和规格，如铸造生铁有不同牌号，圆钢有不同直径的规格。

讨论题：

1. 你认为钢铁厂应如何划分生产步骤？

2. 炼铁、炼钢和轧钢车间各自应采用什么方法计算其产品成本？

3. 各车间生产过程中都会出现一些废料或副产品，你认为对这些废料或副产品应该如何进行核算？

4. 生产过程中使用的一些模具或轧辊应该属于哪类资产？如何核算其价值的转移？

（提示：从生产类型和组织生产的特点等角度讨论，低值易耗品的核算与残值处理，多种成本计算方法能否综合运用？）

思考练习题

（一）讨论题

1. 简化的分批法有哪些特点？适用于什么情况？
2. 分步法的特点及适用范围是什么？
3. 综合结转分步法与分项结转分步法有什么区别？各有何优缺点？
4. 逐步结转分步法与平行结转分步法有什么区别？各有何优缺点？
5. 什么是成本还原？为什么要进行成本还原？

（二）单选题

1. 成本还原的对象是（　　）。

A. 产成品成本　　B. 本步骤生产费用

C. 上步骤转来的生产费用　　D. 各步骤所耗上一步骤半成品的综合成本

2. 采用简化的分批法，在产品完工之前，产品成本明细账（　　）。

A. 只登记直接材料费用　　B. 只登记间接费用，不登记直接费用

C. 登记间接费用和生产工时　　D. 登记直接材料费用和生产工时

3. 综合逐步结转分步法下，成本还原分配率的计算公式是（　　）。

A. $\frac{\text{本月所产半成品成本合计}}{\text{本月产成品成本合计}}$

B. $\frac{\text{本月产成品成本合计}}{\text{本月所产半成品成本合计}}$

C. $\frac{\text{某步骤领用半成品成本合计}}{\text{上一步骤所产该种半成品成本合计}}$

D. $\frac{\text{本月产成品所耗上一步骤半成品成本合计}}{\text{本月所产该种半成品成本合计}}$

4. 分项结转分步法的缺点是（　　）。

A. 成本结转工作比较复杂　　B. 需要进行成本还原

C. 不能提供原始项目的成本资料　　D. 不便于加强各生产步骤的成本管理

5. 品种法适用于（　　）。

A. 大量大批单步骤生产

B. 大量大批多步骤生产

C. 单件小批多步骤生产

D. 大量大批单步骤生产和管理上不要求分步计算成本的多步骤生产

6. 简化的分批法是（　　）。

A. 不计算在产品成本的分批法

B. 不分批计算在产品成本的分批法

C. 不分批计算完工产品成本的分批法

D. 分批计算完工产品和在产品成本的分批法

7. 累计间接计入费用分配率是根据（　　）的有关数据计算的。

A. 基本生产成本总账　　B. 基本生产成本二级账

C. 基本生产成本明细账　　D. 产品成本计算单

8. 产品成本计算的分批法适用于（　　）。

A. 大量大批多步骤生产　　B. 成批生产

C. 大量大批单步骤生产　　D. 小批单件生产

9. 采用逐步结转分步法，其在完工产品与在产品之间分配费用，是指在（　　）之间的费用分配。

A. 产成品与月末在产品

B. 完工半成品与月末加工中的在产品

C. 产成品与广义在产品

D. 前面步骤的完工半成品与加工中的在产品及最后步骤的产成品与加工中的在产品

10. 采用综合结转分步法计算产品成本，若有N个生产步骤，则需进行的成本还原的次数是（　　）。

A.（N−1）次　B.（N−2）次　C.（N−3）次　D. N次

11. 下列方法中，属于不计算半成品成本的分步法是（　　）。

A. 逐步结转法　B. 综合结转法　C. 分项结转法　D. 平行结转法

12. 采用逐步结转法，按半成品成本在下一步骤成本明细账中的反映方法，可以分为（　　）。

A. 实际成本结转和计划成本结转　　B. 综合结转和分项结转

C. 平行结转和分项结转　　D. 平行结转和综合结转

（三）多选题

1. 在（　　）情况下要求进行成本还原。

A. 各步骤半成品成本按实际成本分项结转

B. 各步骤半成品成本按计划成本分项结转

C. 各步骤半成品按实际成本综合结转

D. 各步骤半成品按计划成本综合结转

E. 管理上要求从整个企业角度考核和分析产品成本的构成和水平

2. 广义在产品包括（　　）。

A. 各生产步骤正在生产中加工的在产品

B. 本生产步骤已经完工，并已转入下一个生产步骤但尚未形成产成品的半成品

C. 本生产步骤已经完工，并已转入半成品仓库但尚未形成产成品的半成品

D. 各生产步骤已经完工，但并未结转入库的完工产品

3. 采用简化的分批法（　　）。

A. 必须设立生产成本二级账

B. 在产品完工之前，产品成本明细账只登记直接计入费用（如原材料费用）和生产

工时

C. 在生产成本二级账中登记间接计入费用

D. 不分批计算在产品成本

4. 采用分步法，计算各步骤半成品成本是（　　）。

A. 成本计算的需要

B. 半成品成本控制的需要

C. 半成品对外销售的需要

D. 考核和分析个步骤成本计划完成情况的需要

E. 生产组织管理的要求

5. 采用综合结转法结转半成品成本的优点有（　　）。

A. 便于各步骤进行成本管理

B. 便于各生产步骤完工产品的成本分析

C. 便于从整个企业角度分析和考核产品成本的构成和水平

D. 便于同行业间产品成本对比分析

E. 便于分清本步骤费用和本步骤消耗以前步骤半成品的费用

6. 平行结转分步法的特点有（　　）。

A. 各生产步骤不计算半成品成本，只计算本步骤所发生的生产费用

B. 各步骤间不结转半成品成本

C. 各步骤应计算本步骤所发生的生产费用中应计入产成品成本的份额

D. 将各步骤应计入产成品成本的份额平行结转，汇总计算产成品的总成本和单位成本

E. 需要进行半成品成本还原

7. 在平行结转分步法下，完工产品与在产品之间费用的分配，正确的说法是指（　　）两者之间的费用分配。

A. 产成品与广义的在产品

B. 产成品与狭义的在产品

C. 各步骤完工半成品与月末加工中的在产品

D. 应计入产成品的"份额"与广义的在产品

E. 应计入产成品的"份额"与本步骤在产品

8. 与逐步结转分步法相比，平行结转分步法的缺点有（　　）。

A. 各步骤不能同时计算产品成本

B. 不需要进行成本还原

C. 不能为实物管理和资金管理提供资料

D. 不能提供各步骤的半成品成本资料

E. 不能计算和提供半成品成本

（四）判断题

1. 区分产品成本计算基本方法的主要标志是产品成本计算对象。（　　）

2. 在简化的分批法下，月末完工产品的批数越多，核算工作就越简化。（　　）

3. 成本还原后的各项费用之和应该与成本还原对象相等。（　　）

4. 企业可根据不同时期管理上的不同要求，选择采用不同的成本计算方法。（　　）

5. 采用平行结转分步法计算产品成本时，需要设置“自制半成品”账户，核算各生产步骤完工半成品成本。（　　）

6. 采用分批法计算成本时，生产费用不需要在批内完工产品与月末在产品之间进行分配。（　　）

7. 在平行结转分步法下，企业的在产品是指狭义的在产品。（　　）

（五）计算与核算题

1. 某工业企业生产甲、乙两种产品，生产组织属于小批生产，采用分批法计算成本。2009 年 10 月份有关资料如下：

0901 批号甲产品 10 台，9 月份投产，本月完工。

0902 批号甲产品 20 台，本月投产，完工 12 台，未完工 8 台。

0903 批号乙产品 10 台，本月投产，计划下月完工，月末提前完工 3 台。

0901 批号甲产品的月初在产品费用为：直接材料 8 000 元，直接人工 2 500 元，制造费用 3 000 元。

各批产品本月发生的生产费用如下表所示：

10 月各批产品生产费用表

单位：元

批号	直接材料	直接人工	制造费用	合计
0901		1 500	1 500	3 000
0902	15 000	7 000	5 000	27 000
0903	6 000	2 500	4 000	12 500

0902 批产品的原材料在生产开始时一次投入，完工产品与月末在产品之间采用约当产量比例法进行分配，在产品的完工程度为 40%。

0903 批号乙产品按计划成本结转，每台计划成本为：原材料 1 000 元，直接人工 400 元，制造费用 600 元。

要求：根据上述资料，采用分批法，登记产品成本明细账，计算各批产品的完工产品成本和月末在产品成本，并编制结转完工产品成本的会计分录。

2. 某工业企业采用简化的分批法计算产品成本，有关资料如下：

（1）2009 年 9 月份生产批号如下：

901 批号甲产品 10 件，8 月份投产，本月全部完工；

902 批号乙产品 15 件，8 月份投产，本月完工 10 件；

703 批号丙产品 12 件，8 月份投产，尚未完工。

（2）各批号 9 月末累计原材料费用（原材料在生产开始时一次投入）和生产工时如下表所示：

批号	产品名称	原材料（元）	生产工时（小时）
901	甲	11 000	1 500
902	乙	15 000	5 000
903	丙	24 000	4 000
合计		50 000	10 500

9 月末累计直接人工费用 18 900 元，累计制造费用 25 200 元；完工产品工时 65 000 小时，其中乙产品 28 000 小时。

要求：

（1）计算直接工资和制造费用的累计分配率。

（2）按批号计算完工产品成本。

（3）计算月末在产品成本。

3. 某企业生产甲产品。生产分为两个步骤，分别由两个车间进行。第一车间本月投入生产 1 000 件，完工半成品 900 件，之后直接转入第二车间继续加工，经第二车间加工完成，入库产成品 800 件。原材料于生产开始时一次投入。两个车间月末在产品的加工程度均为 50%。本月发生费用如下（无月初在产品费用）：

生产步骤	直接材料	直接人工	制造费用
第一车间	200 000	95 000	142 500
第二车间		29 000	18 000

要求：

（1）按逐步综合结转分步法计算甲产品的半成品和产成品成本，完成两个车间的产品成本明细账（采用约当产量比例法分配完工产品与在产品费用）。

（2）对本月完工产品进行成本还原。

4. 某企业生产甲产品分为两个生产步骤，分别由两个车间进行。第一车间生产半成品，交半成品库验收；第二车间按所需数量从半成品库领用，所耗半成品费用按全月一次加权平均法计算单位成本。两个车间的月末在产品均按定额成本加价。第一车间和第二车间的基本生产明细账资料如下：

产品成本明细账

产品名称：甲半成品　　单位：元

车间名称：第一车间　　2009 年 11 月　　产量：1 000 件

摘　要	直接材料	直接人工	制造费用	合计
月初在产品成本	12 000	6 000	2 000	20 000
本月生产费用合计	48 000	14 000	12 000	74 000
生产费用合计	80 000	20 000	14 000	114 000
结转完工半成品成本	72 000	18 000	12 000	102 000
月末在产品成本	8 000	2 000	2 000	12 000

自制半成品明细账

产品名称：甲半成品　　计量单位：件

月份	月初余额		本月增加		本月减少		合计		
	数量（件）	实际成本（元）	数量（件）	实际成本（元）	数量（件）	实际成本（元）	数量（件）	实际成本（元）	单位成本（件）
11	500	60 000			1 200				
12	300								

产品成本明细账

产品名称：甲半成品　　单位：元

车间名称：第二车间　　2009 年 11 月　　产量：800 件

项　目	直接材料	直接人工	制造费用	合计
月初在产品成本（定额成本）	12 000	3 500	5 500	21 000
本月本步生产费用		8 000	15 000	23 000
本月耗用半成品费用				
合计				
产成品成本				
月末在产品成本（定额成本）	6 000	1 200	2 800	10 000

要求：

（1）根据上述资料，登记完成产品成本明细账和自制半成品明细账，按逐步分项结转分步法结转半成品成本，计算产成品成本。

（2）编制结转入库半成品成本和产成品成本的会计分录。

5. 某企业生产甲产品经过两个生产步骤连续加工而成，第一步骤为第二步骤提供半成品，第二步骤将半成品加工为产成品，直接材料在第一步骤开始时一次投入，成本计算采用平行结转分步法。各步骤计入产成品成本的费用采用定额比例法计算。2009 年 11 月完工产量为 500 件，有关资料如下：

第一步骤产品成本明细账

项　目	直接材料		定额工时（小时）	直接人工	制造费用	合计
	定额	实际				
月初在产品成本		10 400		6 200	6 800	
本月生产费用		58 000		19 000	20 800	
合计						
分配率						
应计入产成品成本份额	60 000		44 000			
月末在产品成本	12 000		16 000			

第二步骤产品成本明细账

项　目	直接材料		定额工时（小时）	直接人工	制造费用	合计
	定额	实际				
月初在产品成本				1 008	960	2 016
本月生产费用				7 200	6 678	13 878
合计						
分配率						
应计入产成品成本份额			9 000			
月末在产品成本			2 400			

要求：

（1）根据上述资料，登记完成产品成本明细账和产品成本汇总表，并按逐步分项结转分步法结转半成品成本。

（2）编制完工产品成本的会计分录。

6. 某企业采用品种法计算甲、乙产品成本，某年8月份有关资料如下：

（1）产量记录：

单位：件

产品	完工数量	在产品	
		数量	完工程度%
甲	800	200	50%
乙	600	100	40%

（2）本月生产费用：

单位：元

项　目	直接材料	直接人工	制造费用
甲产品	80 000	18 000	27 000
乙产品	59 600	11 820	16 500

（3）有关废品损失资料：

单位：元

项　目	直接材料	直接人工	制造费用
甲产品（可修复）	3 000	500	700
乙产品（不可修复）	2 000	300	500

甲产品原材料生产开始时一次投入，乙产品原材料随加工进度逐步投入。甲、乙产品本月初均无在产品。废品损失由本月完工产品成本负担。完工产品与月末在产品之间的费用分配采用约当产量比例法。

要求：计算甲、乙两种产品成本，登记各产品成本计算单，并编制完工产品入库的会计分录。

甲产品成本计算单

项　目	直接材料	直接人工	制造费用	废品损失	合计
本月生产费用					
转出不可修复废品成本					
转入废品净损失					
本月生产费用净额					
约当产量					
单位成本					
完工产品成本					
月末在产品成本					

乙产品成本计算单

项　目	直接材料	直接人工	制造费用	废品损失	合计
本月生产费用					
转出不可修复废品成本					
转入废品净损失					

续表

项　目	直接材料	直接人工	制造费用	废品损失	合计
本月生产费用净额					
约当产量					
单位成本					
完工产品成本					
月末在产品成本					

7. 某企业产成品经过三个步骤加工而成，采用逐步结转分步法中的综合结转法。其产成品成本为：自制半成品 2 400 元，直接人工 400 元，制造费用 600 元，第一、第二步骤半成品资料如下：

单位：元

项　目	直接材料	半成品成本	直接人工	制造费用
第一步骤半成品成本（200 件）	2 000		400	600
第二步骤半成品成本（150 件）		2 250	300	450

要求：根据以上资料，完成产品成本还原计算表。

产品成本还原计算表

单位：元

项　目	还原分配率	自制半成品	原材料	直接人工	制造费用	合计
还原前产成品成本						
本月第二步骤所产半成品成本						
半成品费用第一次还原值						
本月第一步骤所产半成品成本						
半成品费用第二次还原值						
还原后产成品总成本						

CHAPTER

7 第七章 产品成本核算的辅助方法

本章概要

本章主要介绍成本核算的辅助方法。辅助方法不是独立的方法，是和基本方法相结合使用的方法。辅助方法的形成也是适应生产的工艺特点和管理的要求，随着产品生产方式的改进和管理者对成本管理要求的变化，在实践过程中逐步发展形成的。

通过本章学习，要求了解产品生产过程的特点，根据产品生产过程的各种不同情况以及对成本管理的不同要求去理解和掌握各种辅助方法。产品成本核算的辅助方法是在三种基本方法的基础上，为简化成本核算工作或为成本管理的特定需要而采用的成本核算方法。由于这些成本核算方法都不是独立的成本核算方法，必须与成本核算的基本方法结合起来才能使用，因而称为产品成本核算的辅助方法，主要有分类法、定额成本法、标准成本法、作业成本法等。

第一节 产品成本核算的分类法

一、分类法概述

（一）分类法的概念及适用范围

产品成本计算的分类法是以产品类别作为成本计算对象，汇集生产费用，计算各类产品的总成本，然后再按一定的分配方法分配计算类内各种或各规格产品成本的一种成本计算方法。该方法的目的在于简化成本核算。

分类法一般适用于使用同样原材料，通过基本相同的加工工艺过程，所生产的产品品种、规格、型号繁多，可按一定标准予以分类的企业。它的应用不受生产类型的限制。通过采用分类法，可适当减少成本计算对象，简化成本计算工作。具体适用于以下几种情况：

（1）联产品的生产，即用同一原料进行加工，同时产出几种主要产品（联产品），如原油加工同时炼出汽油、煤油、柴油、石蜡、沥青等产品。

(2) 相同原料，相同工艺生产出来不同品种、规格、型号的产品。如食品厂生产的不同规格的饼干、面包；电子器件厂生产的不同规格的电容、电阻等电子器件。

(3) 主副产品生产，即主要产品生产过程中附带生产出非主要产品（副产品），如炼铁中生产的高炉煤气，面粉厂中的麦皮等。

(4) 主要产品以外的零星产品生产，虽然其所耗材料，加工工艺不尽相同但为了简化成本计算工作，按照会计核算重要性的原则，也可将其归为几类计算成本。

(二) 分类法的特点

1. 以产品类别为成本计算对象

分类法的特点主要体现在成本计算对象的选择上，作为品种法的延伸，它是按一定的标准将若干品种品种或规格的产品归为一类，按产品的类别（将类别作为品种）计算各类产品的总成本，然后再采用适当的方法进行类内分配，分别计算出类内各种或各规格完工产品成本。

2. 分类法的成本计算期

分类法的成本计算期要根据生产特点和成本管理要求来确定。

3. 分类法不是一种独立的成本计算方法

相对于品种法、分批法、分步法三种基本方法而言，分类法是成本计算的一种辅助方法，它可以与任何一种基本方法结合，适用于任何类型的企业，它主要是为了满足简化产品成本计算的需要。

(三) 分类法的基本核算程序

1. 划分产品类别

要使产品成本计算既简化又准确，就必须恰当地划分产品类别。一般将产品结构、工艺技术过程、使用原材料基本相同或接近的产品归为一类。即以品种相同、型号或规格不同，品种相同、原材料含量不同，联产品作为分类标准。类别划分过粗，将影响成本计算的准确性；类别划分过细，产品成本计算对象过多，起不到简化成本计算的作用。在多品种的情况下，恰当的分类既能合并成本计算对象，又使产品成本的核算科学合理；在多规格多型号的情况下，恰当的分类是分类法核算的前提。

2. 按产品类别核算该类产品成本

以产品类别为成本计算对象，为每类产品设置成本明细账，按成本项目归集生产费用，计算出每类产品的总成本。可以把类别视同品种，按品种法的原理和方法计算某类产品成本。各类产品的在产品成本与完工产品成本的划分，可按定额比例、标准产量比例划分，也可选择在产品按定额成本计价的方法来划分。

3. 选择类内各种产品分配费用的标准

类内各种产品的成本要按照一定的分配标准来分配确定。如果分配标准不合理，就会影响成本计算的正确性。因此选择分配标准时，应考虑与产品生产耗费高低的关系，有密切联系的为佳。一般分配标准可采用产品的定额成本、计划成本、销售价格等价值量指标，也可采用产品的重量、体积、长度等实物量指标，或者采用产品生产的各种定额消耗指标如定额消耗量、定额工时、定额成本等或作为分配标准，分配标准确定后不宜经常变动，以免影响各期产品成本的可比性。但当产品结构、所用材料或工艺过程发生较大变动时，应及时修订分配标准，以保证成本计算的准确性。

为了使分配结果更为合理，各成本项目可采用同一分配标准，也可采用不同分配标准进行分配。例如，直接材料费用可以按照直接材料定额费用比例分配，直接人工等其他费用可以按照定额工时比例分配。为了简化分配工作，也可将分配标准折算成固定的系数，按固定的系数分配类内各种产品成本。

4. 按照选定的分配标准和分配方法，将各类产品的总成本在类内各种产品之间进行分配，计算各种产品的总成本和单位成本

分类法的计算程序如图 7-1 所示。

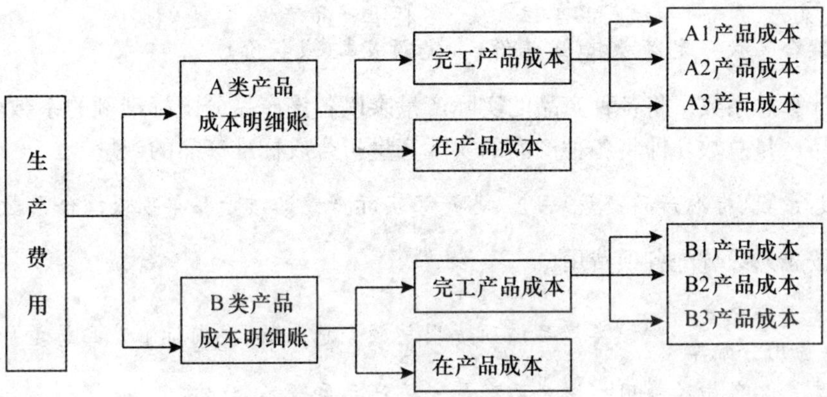

图 7-1　分类法成本计算程序

二、成本在同类产品内部分配的方法

划分类内各种完工产品成本的方法一般有系数法和定额比例法。按类计算出各类产品完工总成本之后，要将各类产品完工总成本，按照一定标准，采用适当方法在类内各品种、规格、型号产品之间进行再分配，以便计算出各品种，规格，型号的完工产品的总成本和单位成本。

（一）系数法

采用分类法将各类产品的总成本在类内各产品之间分配时，将分配标准折合成相对固定的系数，按固定的系数来分配类内各产品成本的方法，称为系数法。

1. 产品系数

产品系数是同类产品中各产品的单位分配标准（消耗量定额、定额成本、售价）与标准产品的单位分配标准的比值。系数有单项系数和综合系数之分。

2. 基本原理

在一类产品中选择一种产品作为标准产品，其系数定为 1，再将其他产品的消耗定额或费用定额与标准产品的消耗定额或费用定额相比较，确定各产品的系数，然后根据各产品系数将各产品产量换算为标准产品产量，即总系数，并按各产品标准产量（总系数）的比例，在各产品之间进行费用的分配。

3. 系数法的核算程序

（1）确定分配标准（实物量、消耗标准或价值标准）。

（2）确定标准产品（作为系数计算参照物的产品）。在同类产品中选择一种产量大，

生产稳定，规格比较适中的产品作为标准产品。

(3) 确定各产品系数。将标准产品分配标准额的系数确定为“1”，将其他产品的分配标准与标准产品的分配标准额相对比，分别求出各自分配标准额的系数。

这里的系数有单项系数和综合系数之分，单项系数是指用于分配不同成本项目的系数；综合系数是指适用于各成本项目分配的系数。

$$\text{某产品单项系数}=\text{该产品某单项指标（材料定额成本、定额工时）}\div\text{标准产品该单项指标}$$

$$\text{某产品综合系数}=\text{该产品单位定额成本（或售价）}\div\text{标准产品单位定额成本（或售价）}$$

(4) 计算总系数。将各种产品的实际产量乘以各该产品分配标准额的系数，为总系数或标准产品产量总数，即将各种产品的实际产量折合成标准产品的产量。

$$\text{总系数（标准产品产量）}=\sum(\text{各产品实际产量}\times\text{该产品单项或综合系数})$$

(5) 按总系数分配各项费用。

$$\text{某类产品某项费用分配率}=\text{该类产品该项费用总额}\div\text{总系数（类内标准产品总量）}$$

$$\text{某产品负担的费用}=\text{该产品产量}\times\text{该产品系数}\times\text{分配率}$$

(二) 定额比例法

在分类法下，对某类产品的总成本按照类内各种产品定额标准比例进行分配的方法称为定额比例法。采用定额比例法，要求企业具有完整、稳定、可靠的消耗定额。定额比例法的计算要点如下：

(1) 分别成本项目，计算出各类产品的本月定额成本或定额消耗量总数。在实际工作中，为简化核算通常只计算原材料的定额耗用量（定额成本）和定额工时，各成本项目分别根据原材料定额耗用量（定额成本）和定额工时的比例进行分配。

(2) 分别成本项目求得各类产品的本月实际成本，并计算各成本项目的费用分配率。

$$\text{某类产品某项费用分配率}=\text{该类产品该项费用总额}\div\sum(\text{类内某产品产量}\times\text{该产品单位定额标准})$$

(3) 将一类产品中各类产品分别成本项目计算的定额耗用量或定额成本乘以该项费用分配率，即可求得各产品的实际成本。

$$\text{类内某产品某项费用实际成本}=\text{该产品产量}\times\text{该产品单位定额标准}\times\text{该项费用分配率}$$

三、分类法核算举例

下面以系数分配法为例，说明分类法的具体应用。

【例 7-1】

某企业生产 A、B、C、D 四种元件，它们所用原材料相同，并经过同一工艺过程，该企业将其合并为甲类产品，采用品种法计算该类产品的总成本。各成本项目产成品总成本已经计算完成，分别为直接材料 33 600 元、直接人工 3 520 元、制造费用 10 560 元。以 A 为标准产品，产品产量及分配标准如表 7-1 所示，原材料按消耗定额系数，其他费用按工时定额系数分配。

表 7-1　　产品产量及分配标准表

产品品种	实际产量（件）	单位产品定额	
		原材料（千克）	工时（小时）
A	10 000	10	2
B	9 500	8.5	1.5
C	10 750	12	1.8
D	10 500	10.5	1.6

运用系数法的核算程序如下：

(1) 根据单位分配标准及标准产品计算单位产品系数，再据实际产量和单位产品系数计算总系数（标准产量），其计算结果如表 7-2 所示。

表 7-2　　单位产品系数及总系数计算表

产品品种	实际产量（件）	单位产品定额		系数		标准产量（件）	
		原材料（千克）	工时（小时）	原材料	其他	原材料	其他
A	10 000	10	2	1	1	10 000	10 000
B	9 500	8.5	1.5	0.85	0.75	8 075	7 125
C	10 750	12	1.8	1.2	0.9	12 900	9 675
D	10 500	10.5	1.6	1.05	0.8	11 025	8 400
合计						42 000	35 200

(2) 据总系数进行类内产品各项费用分配，分配结果如下：

直接材料分配率＝33 600÷42 000＝0.8(元/件)

A 产品：10 000×0.8＝8 000(元)

B 产品：8 075×0.8＝6 460(元)

C 产品：12 900×0.8＝10 320(元)

D 产品：11 025×0.8＝8 820(元)

直接人工成本分配率＝3 520÷35 200＝0.1(元/件)

A 产品：10 000×0.1＝1 000(元)

B 产品：7 125×0.1＝712.5(元)

C 产品：9 675×0.1＝967.5(元)

D 产品：8 400×0.1＝840(元)

制造费用分配率＝10 560÷35 200＝0.3(元/件)

A 产品：10 000×0.3＝3 000(元)

B 产品：7 125×0.3＝2 137.5(元)

C 产品：9 675×0.3＝2 902.5(元)

D 产品：8 400×0.3＝2 520(元)

甲类完工产品成本计算单如表 7-3 所示。

表 7-3　　甲类完工产品成本计算单　　单位：元

项目	产量（件）	材料系数	材料总系数	工时系数	工时总系数	直接材料	直接人工	制造费用	合计
分配率						0.8	0.1	0.3	
A 产品	10 000	1	10 000	1	10 000	8 000	1 000	3 000	12 000
B 产品	9 500	0.85	8 075	0.75	7 125	6 460	712.5	2 137.5	9 310
C 产品	10 750	1.2	12 900	0.9	9 675	10 320	967.5	2 902.5	14 190
D 产品	10 500	1.05	11 025	0.8	8 400	8 820	840	2 520	12 180
合计			42 000		35 200	33 600	3 520	10 560	47 680

四、联产品、副产品、等级品成本计算

（一）联产品成本计算

1．联产品的概念

联产品是指企业利用同种原材料，在同一生产过程中生产出使用价值不同的几种主要产品。如石油经过提炼同时生产出的汽油、煤油、柴油等各种燃料油，甘蔗通过榨制同时生产出白砂糖和砂糖等。

联产品的生产是联合生产，其特征是：同一资源在同一生产过程中投入，分离出两种或两种以上的主要产品，其中个别产品产出，必然伴随其他联产品同时产出。在联合生产过程中，个别产品生产与否、生产数量多少无法与所耗资源个别确认。

各种联产品的产出，有的要到生产过程终了时才能分离出来，有的也可能在生产过程的某个步骤就先分离出来，有些产品分离后可能还需要继续加工。分离点时联产品联合生产过程结束，可作为各种产品可辨认生产的交界点。

联产品在分离前联合生产过程中所发生的一切费用称为联合成本，它不可能按各产品分别归集生产费用并计算其成本，只能将它们作为一类产品，综合归集生产费用，并根据联产品生产的特点，采用具体的成本计算方法计算出总成本，然后采用适当的分配方法，在分离点将其在联合生产的各产品之间进行分配，以计算出各产品分离前的成本。至于有些联产品分离后可能继续加工产生的费用，可按分离后各联产品分别归集。分离后的成本称为可归属成本。可归属成本加上联合成本在分离点分配给各联产品的成本，就构成该种产品整个生产过程的生产成本。具体如图 7-2 所示。

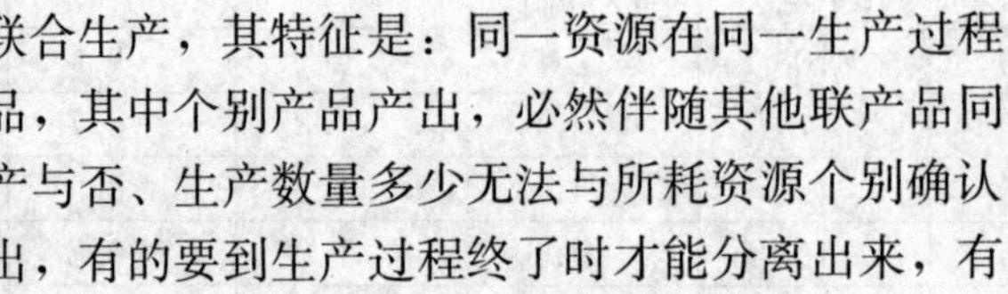

图 7-2　联产品生产过程

2．联产品成本计算的特点

（1）各种联产品均为主要产品，需分别计算成本。

（2）联产品分离点前的成本是联合成本，应采用分类法计算。

(3) 分离点联合成本的分配应采用系数法或定额比例法计算。

(4) 分离点后发生的成本为可归属成本，采用一般的成本计算方法进行归集。

综上所述，联产品联合成本的计算和分配只能采用分类法，但与典型分类法不同，由于联合生产过程事实上决定了无法准确找出联合成本发生与每种联产品产出之间的因果关系，所以从理论上讲，联合成本是不可分的。在实务中对联合成本分配的目的是对各联合产品存货进行估价，以期确定净收益，与产品生产决策无关，联合成本分摊是产品计价的基础。对联合产品成本的分析，也只能按其全部产品的联合成本进行综合分析。

3. 联产品成本核算程序

(1) 采用分类法计算出分离前的综合成本。

(2) 选择适当的分配标准，将综合成本在各联产品之间进行分配。

(3) 归集进一步加工的可归属成本。

4. 联产品成本计算实例分析

【例 7-2】

某企业用同一种原材料，在同一工艺过程中生产出 A、B 两种联产品，这些联产品采用售价作为分配标准。以 A 产品为标准产品，其系数为 1，A 产品分离后还需继续加工为甲产品才能出售，B 产品在分离后可直接对外销售，有关资料如表 7-4 和表 7-5 所示。

表 7-4 产量和单价

产品名称	产量（件）	单位售价（元）
A	720	15
B	400	18

表 7-5 成本计算资料 单位：元

项 目	直接材料	直接人工	制造费用	合计
分离前的联合成本	30 000	15 000	15 000	60 000
各成本项目占总成本比重	50%	25%	25%	100%
分离后 A 产品可归属成本	5 000	3 000	2 000	10 000

要求：

(1) 编制联产品成本计算表。

(2) 编制 A 产品成本汇总计算表。

根据以上资料，编制的联产品成本计算表、A 产品成本汇总计算表如表 7-6 和表 7-7 所示。

表 7-6 联产品成本计算表

产品名称	产量（件）	系数	标准产量（件）	分配率	分配金额（元）
A 产品	720	1	720		36 000
B 产品	400	1.2	480		24 000
合计			1 200	50	60 000

表 7-7　　A 产品成本汇总计算表　　单位：元

成本项目	综合成本		可归属成本	总成本
	比重	金额		
直接材料	50%	18 000	5 000	23 000
直接人工	25%	9 000	3 000	12 000
制造费用	25%	9 000	2 000	11 000
合计	100%	36 000	10 000	46 000

（二）副产品成本计算

1. 副产品的含义

副产品是指使用相同原材料，在生产主要产品的同一生产过程中自然地附带生产出的非主要产品，如在提炼原油过程中附带生产出的沥青、原料油和漆油等。如图 7-3 所示。

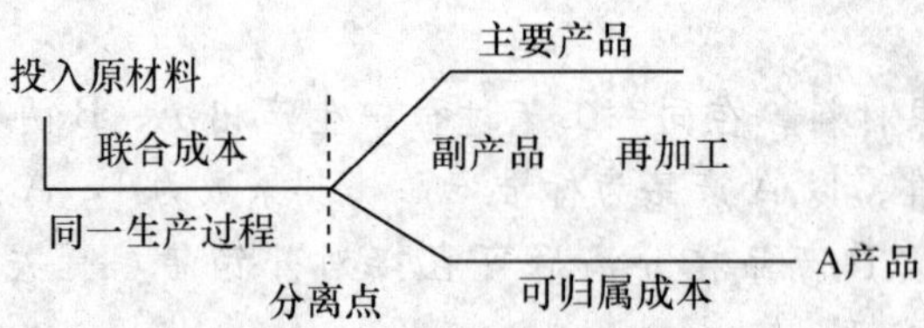

图 7-3　副产品生产过程

2. 副产品成本计算特点

副产品价值比较低，其联合成本采用简化方法计算。副产品成本计算主要是副产品的计价。由于副产品和主产品是在同一生产过程中生产出来的，发生的生产费用难以划分清楚，所以从分离点前发生的联合成本中扣除的副产品成本往往采取简便方法计价，主要的计价方法有三种：一是不计算副产品成本；二是按销售价格作为计价依据减去因销售该副产品将发生的销售费用、税金以及分离后的加工成本和正常利润后，作为副产品应负担的成本从联合成本中扣除，这种方法通常适用于价值较高的副产品成本计价；三是按固定价格或计划成本计价。

3. 副产品成本计算程序

（1）采用分类法计算出主副产品分离前的综合成本。

（2）选择适当方法将副产品成本从联合成本中分离出。

（3）归集进一步加工的可归属成本。

4. 副产品成本计算实例分析

【例 7-3】

设某企业在生产主要产品 A 产品的同时，还生产 B 副产品，该副产品可以直接对外出售。其售价为每千克 300 元，税率为 6%，销售费用率为 2%，正常销售利润率为 5%。本月主、副产品的总成本为 200 000 元，其中直接材料为 120 000 元，直接人工为 50 000 元，制造费用为 30 000 元。副产品产量为 20 千克，其成本直接从全部成本中的直接材料项目中扣除。则主、副产品的成本计算如下：

副产品单位成本＝300×(1－6%－5%－2%)＝261(元)

副产品应负担的生产费用＝20×261＝5 220(元)

主产品直接材料费用＝120 000－5 220＝114 780(元)

主产品其他费用均无变化。

主产品总成本＝114 780＋50 000＋30 000＝194 780(元)

5. 副产品与联产品的关系

副产品与联产品的相同之处在于两者都是联合生产过程的产出物，都不可能按每种产品归集生产费用，因而其成本计算都只能采用分类法。二者的区别主要在于其价值的大小，联产品的单位价值大，在企业全部产品中所占比重也较大，是企业生产活动的主要目的；副产品一般单位价值低，在企业产品中所占比重小，是随主要产品生产附带产出的，不是企业生产活动的主要目的。联产品和副产品的划分并没有一个绝对标准，应根据不同企业、不同时间等具体情况而定。联产品和副产品划分标准并不稳定，时间、地点和企业的管理策略常常改变着两者的划分。

(三) 等级品成本计算

1. 等级品的概念

等级品是指品种相同但质量有所差别的产品，如纺织品、搪瓷器皿、电子器件等的生产，就常涉及等级品。各等级产品由于质量高低不同，单价也不相同。

2. 等级品与联产品、副产品及非合格品的比较

等级品与联产品、副产品的相同之处在于都是使用同种原材料，经过同一生产过程而产生的，即为同源产品。其不同之处在于联产品，副产品之间产品的性质，用途不同，属不同品种产品；而等级品性质、用途相同，是同种产品。联产品，副产品的质量比较一致，其销售单件相同，而等级品不同等级质量存在差异，其销售单价不同。等级品与非合格品也是不同的概念，等级产品质量上的差别一般是在允许的设计范围内，其差别一般不影响产品的使用价值；非合格品是等级以下的产品，其质量标准达不到设计的要求，属于废品范畴。

3. 等级品成本计算

等级品成本计算方法应根据企业具体情况和生产等级品的具体原因而确定。

(1) 主观原因——采用实物量分配法。由于工人操作不当，技术不熟练或管理不善等主观原因造成的等级品，其成本采用实物量分配法分配，以使各等级产品的单位成本相同。因为各产品虽然等级不同，但使用原材料、经过的生产工艺过程都相同，其产品的单位成本理应没有区别。同时，低等级产品成本与正品成本一样，由于售价较低而使其毛利低于正品的差额，能比较敏感地反映企业产品质量管理不善所导致的经济损失。

(2) 客观原因——采用系数分配法。由于所用原材料的质量或受目前技术水平限制等原因形成的等级品，其成本一般采用系数分配法分配。通常以单位售价比例定出系数，再按系数的比例计算出不同等级产品应该负担的联合成本。这样不同等级产品具有不同单位成本，等级高、售价高的产品负担成本多，等级低、售价低的产品负担成本少，该做法更

符合收入与费用相配比的要求。

第二节 产品成本核算的定额成本法

一、定额成本法的特点

前面我们介绍了成本计算的三种基本方法及辅助方法之一的分类法，其对生产费用的日常核算都是按实际发生额进行的，产品的实际成本也都是按实际生产费用计算的。所以，生产费用和产品成本与定额之间的差异及其产生的原因，只有在月末时通过实际与定额资料的对比、分析才能得以反映，而不能在生产费用发生的当时及时得到反映，严重影响了成本控制和管理的及时有效性。

产品成本计算的定额成本法，是以定额成本为基础，在生产过程中能够及时反映和监督生产费用和产品成本脱离定额的差异，分析其产生的原因，把产品成本的计划、控制、核算和分析结合在一起，以便加强成本管理，以实现降低产品成本目的的一种方法。

定额成本法与其他的实际成本计算方法相比，其主要特点有：

（1）事前制定产品的消耗定额、费用定额和定额成本并将其作为降低成本的目标，控制成本的标准。

（2）在生产费用发生的当时，将实际发生的费用分为符合定额的费用和脱离定额的差异分别核算，并与目标成本进行对比，揭示差异，找出原因，及时控制、监督实际生产费用的支出，加强成本差异的日常核算、分析和控制。

（3）月末，在定额成本的基础上，加减各种成本差异，计算出产品的实际成本，为成本的定期考核和分析提供数据。

从以上特点可以看出，定额成本法是一种融成本核算与产品成本控制和管理为一体的方法。它不仅注重成本的事前和事后控制，更重要的是在成本核算的过程中体现出对产品成本控制的核心思想。定额成本法作为一种辅助方法，与企业的生产类型没有直接关系，适用于任何企业，但必须与成本计算的基本方法结合使用。为了充分发挥定额成本法的作用，其使用条件必须具备：企业的定额管理制度比较健全，定额管理工作的基础较好，且产品的生产已经定型，各项消耗定额都比较准确、稳定等。

二、定额成本法成本核算的一般程序

在定额成本法下，成本核算的一般程序如下：

（1）按照企业的生产特点和管理要求，确定成本计算对象及成本计算的基本方法。这是因为定额成本法是一种辅助方法，它的运用必须依附于成本计算的基本方法。

（2）根据企业的生产工艺过程和产品结构，制定多项消耗定额和多项费用预算，编制产品定额成本卡和费用预算单。

（3）当生产费用发生时，将其分解为定额成本与脱离定额的差异两部分分别编制凭证，予以汇总，并对其中的重点差异查找原因，反馈到有关管理部门，加以控制。

（4）按所确定的成本计算的基本方法，归集结转各项费用脱离定额的差异并将其在完

工产品与月末在产品之间进行分配。

（5）以完工产品的定额成本为基础加减完工产品应负担的各项成本差异，通过调整计算出产品的实际成本。

三、定额成本法的基本内容

在定额成本法下，首先要确定作为成本控制标准的定额成本；其次要根据实际产量，核算产品的实际生产费用与定额生产费用的差异；在定额变动时，还应该进行定额变动差异的核算；最后要以产品的定额成本为基础，加减脱离定额的差异和定额变动差异，求出产品的实际成本。因此，定额成本法的基本内容包括：（1）产品定额成本的确定；（2）生产费用脱离定额差异的核算；（3）定额变动差异的核算；（4）材料成本差异的分配；（5）产品实际成本的计算。产品的实际成本由四个部分组成，可用公式表示为：

$$\text{产品的实际成本}=\text{按现行定额计算的产品定额成本}\pm\text{脱离现行定额的差异}\pm\text{原材料或半成品成本差异}\pm\text{月初在产品定额变动差异}$$

根据上述公式可以看出，定额成本计算是在这四个部分的基础上进行的，在成本计算过程中，分别计算确定这四个部分，最后将各项计算结果汇总计算出产品的实际成本。

（一）定额成本的计算

采用定额成本法，首先必须计算产品的定额成本。所谓定额成本，是指依据现行各种消耗，反映企业在现有的生产技术和管理水平下，应达到的成本水平的指标。它是进行生产费用事中控制的标准，同时也是事后计算产品实际成本以及成本分析和考核的依据。定额成本制定的依据，主要是产品的现行工艺规程，产品的原材料、动力、工时等的消耗定额，并根据各项消耗定额和原材料的计划单价、计划的工资率（计划每小时生产工资）或计件工资单价、制造费用率（计划每小时制造费用）等资料，计算产品的各项费用定额和产品的单位定额成本。

定额成本是以现行消耗定额为依据计算的产品成本，它既反映企业在现有生产条件下应达到的成本水平，又是衡量成本节约或超支的尺度。在制定定额成本时，要分别成本项目进行，通常应与计划成本和实际成本的成本项目相一致，以便比较和考核。其计算公式为：

直接材料定额成本＝产品原材料消耗定额×原材料计划单价

直接人工定额成本＝产品生产工时定额×计划小时工资率

制造费用定额成本＝产品生产工时定额×计划小时制造费用率

产品的定额成本与计划成本既有相同之处，又有区别。两者的相同之处是：（1）它们包括的成本项目是一致的，只有这样，才便于比较和考核；（2）两者的计算原理基本一致，它们都是各项消耗定额和计划单价乘积的合计数。两者的区别是：（1）两者计算时的依据不同。计算定额成本所用的消耗定额是现行定额，它随着生产技术的进步和劳动生产率的提高而变动；计算计划成本所用的消耗定额是计划期内的平均消耗定额，它在计划期内通常是不变的。因此，定额成本在计划期内是可变的，而计划成本在计划期内通常是不变的。（2）两者的作用不同。计划成本是企业在较长时期内（比如一年）的奋斗目标；定额成本则是企业自行制定的，对企业当时的成本进行自我控制和考核的标准，制定定额成本能使企业的成本控制和考核更加有效，从而保证成本计划的实施。

对于一些机械设备制造企业，采用定额成本法就要制定各种产品的单位定额成本。由于产品生产中一般是将各种零件生产或组装成部件，再将各部件生产或组装为产成品。因此要分别制定零件、部件的定额成本和产成品的定额成本，通常由企业有关部门共同制定。如果产品的零件、部件不多，一般是先制定零件的定额成本，然后汇总计算部件和产成品的定额成本。如果产品的零件、部件较多，为了简化计算工作，可以不计算零件的定额成本，而直接根据零件定额卡所列零件的原材料消耗定额、工序计划和工时消耗定额，以及原材料的计划单价、计划工资率和计划制造费用率等，计算部件定额成本，然后汇总计算产成品定额成本。

零件定额卡和部件定额成本计算卡的格式及产品定额成本计算表如表 7-8～表 7-10 所示。

表 7-8　　零件定额卡

零件编号、名称：2101　　2010 年 8 月

材料编号、名称	计量单位	材料消耗定额
1301	千克	4
工序编号	工时定额	累计工时定额
1	2	2
2	4	6

表 7-9　　部件定额成本计算卡

部件编号、名称：2100　　2010 年 8 月

<table>
<tr><td rowspan="3">所需零件编号、名称</td><td rowspan="3">零件数量</td><td colspan="7">材料定额</td><td rowspan="3">工时定额</td></tr>
<tr><td colspan="3">1301</td><td colspan="3">1302</td><td rowspan="2">金额合计</td></tr>
<tr><td>数量</td><td>计划单价</td><td>金额</td><td>数量</td><td>计划单价</td><td>金额</td></tr>
<tr><td>2101</td><td>3</td><td>12</td><td>5</td><td>60</td><td></td><td></td><td></td><td>60</td><td>18</td></tr>
<tr><td>2102</td><td>2</td><td></td><td></td><td></td><td>8</td><td>4</td><td>32</td><td>32</td><td>12</td></tr>
<tr><td>装配</td><td></td><td></td><td></td><td></td><td></td><td></td><td></td><td></td><td>4</td></tr>
<tr><td>合计</td><td></td><td></td><td></td><td>60</td><td></td><td></td><td>32</td><td>92</td><td>34</td></tr>
<tr><td colspan="9">定额成本项目</td><td rowspan="3">定额成本合计</td></tr>
<tr><td colspan="2" rowspan="2">直接材料</td><td colspan="3">直接人工</td><td colspan="4">制造费用</td></tr>
<tr><td colspan="2">计划费用率</td><td>金额</td><td colspan="2">计划费用率</td><td colspan="2">金额</td></tr>
<tr><td colspan="2">92</td><td colspan="2">7.5</td><td>255</td><td colspan="2">4</td><td colspan="2">136</td><td>483</td></tr>
</table>

表 7-10　　产品定额成本计算表

产品编号：2000　　产品名称：A

所用部件编号或名称	所用部件数量	直接材料费用定额		工时定额	
		部件	产品	部件	产品
2100	2	92	184	34	68
2200	2	110	220	30	60
装配					12
合计			404		140

续表

<table>
<tr><td colspan="6">产品定额成本项目</td><td rowspan="3">产品定额成本合计</td></tr>
<tr><td rowspan="2">直接材料</td><td colspan="2">直接人工</td><td colspan="2">制造费用</td></tr>
<tr><td>计划费用率</td><td>金额</td><td>计划费用率</td><td>金额</td></tr>
<tr><td>404</td><td>7.5</td><td>1 050</td><td>4</td><td>560</td><td>2 014</td></tr>
</table>

（二）生产费用脱离定额差异的核算

生产费用脱离定额差异，是指在生产过程中，各项生产费用的实际支出脱离现行定额或预算的数额。定额成本制定出来以后，就要按照各项定额安排生产。生产费用发生时，应将实际数与定额数相比较，把实际费用分为定额成本和脱离定额差异来计算和反映，分别编制定额凭证和差异凭证，并在有关的费用分配表和明细分类账中分别予以登记。这样，就能及时正确地核算和分析生产费用脱离定额的差异，控制生产费用支出。因此，对定额差异的核算是实行定额成本法的重要内容。通过脱离定额差异的核算和分析，可以对生产费用支出进行日常控制，及时反映和考核各项费用与定额成本之间的差异，及时发现存在的问题，并采取措施控制成本。

1. 直接材料脱离定额差异的核算

直接材料定额差异，仅指材料的用量差异，是指实际产量的现行定额耗用量与实际耗用量之差。至于价格差异，一般是在月末计算，因而将其放在实际成本的计算中讲述。直接材料脱离定额差异量差的核算方法，一般有限额法、切割核算法和盘存法三种。

（1）限额法。是通过按定额标准控制领料的方法，采用限额领料（或定额发料）制度，对于符合定额的原材料应根据限额领料单等定额凭证领发。由于增加产量，需要增加用料时，在追加限额手续后，也可以根据定额凭证领发。由于其他原因发生的超额用料或代用材料的用料，则应填制专设的超额领料单、代用材料领料单等差异凭证，经过一定的审批手续后领发。在差异凭证中，应填写差异的数量、金额以及发生差异的原因。差异凭证的签发，须经过一定的审批手续，其中由于采用代用材料、废料利用和材料质量低劣等原因而引起的脱离定额差异，通常由技术部门审批。对于采用代用材料和废料利用，还应在有关的限额领料单中注明，并从原定的限额中扣除。若车间月末有余料，还应办理退料手续，退料单也应视为差异凭证，与限额领料单中的原材料余额一样，都是脱离定额的节约差异。

例如，某企业本月投产甲产品 100 件，单位产品 A 原料的消耗定额为 10 千克，每千克计划单位成本 5 元。则生产 100 件甲产品的 A 材料消耗定额为 1 000 千克，定额成本为 5 000 元（100×10×5）。若本月生产 100 件甲产品领用 A 材料 1 020 千克，则超过定额标准，其甲产品 A 原材料脱离定额的差异为超支 100 元（20×5）。

应当指出的是，限额法并不能完全控制用料，这是因为上述差异凭证所反映的差异往往只是领料差异，而不一定是用料差异。只有投产产品数量等于规定的产品批量，且车间期初、期末均无余料，或期初、期末余料数量相等时，领料（或发料）差异才是用料脱离定额的差异。

（2）切割核算法。切割核算法适用于使用必须经过切割的板材、棒材等。采用该方法控制用料时，首先应采用限额法控制领料。切割核算法用料差异的计算是把切割后材料的数量乘以定额，得到切割后材料的定额耗用量，与材料实际耗用量相比，其差额就是定额差异。对于某些贵重材料或经常大量使用的，且又需要经过准备车间或下料工段切割后才能进一步进行加工的材料，还应采用材料切割核算单。通过材料切割核算单，核算用料差异，控制用料。

例如，某企业发出B材料100千克，切割成生产所需毛坯130个，单位毛坯的B材料消耗定额为0.8千克。B材料单位计划成本30元。130个毛坯的定额成本为3 120元（130×0.8×30），B材料定额差异为节约120元（100×30－3 120）。

采用材料切割核算单进行材料切割的核算，能及时反映材料的使用情况和发生差异的具体原因，有利于加强对材料消耗的控制和监督。

(3) 盘存法。所谓盘存法，是按一定的间隔日数，对生产中的余料进行盘点，根据材料领用数和盘点所确定的余额，推算出一定日期材料的实际耗用量，以实际耗用量与按这一时期投产的数量乘以耗用量相比较，计算出材料的定额差异。具体步骤如下：

第一，根据完工产品数量和在产品盘存（实地盘存或账面结存）数量确定投产产品数量，再乘以原材料消耗定额，计算出原材料定额消耗量。

原材料定额消耗量＝本期投产产品数量×原材料消耗定额

其中本期投产产品数量的计算公式如下：

$$\text{本期投产产品数量} = \text{本期完工产品数量} + \text{期末在产品数量} - \text{期初在产品数量}$$

第二，根据限额领料单、超额领料单、退料单等材料凭证以及车间余料的盘存数量，计算原材料实际消耗量。

原材料的实际消耗量＝期初余料＋本期领料－期末余料

第三，将原材料实际消耗量与定额消耗量进行比较，进而确定原材料脱离定额的差异。

原材料脱离定额差异＝原材料实际消耗量－原材料定额消耗量

应当指出的是，按照上述公式计算本期投产产品数量，必须是原材料在生产开始时一次投入，期初和期末在产品都不再耗用原材料。如果原材料是随着生产的进行陆续投入，在产品还要耗用原材料，那么上述公式中的期初和期末在产品数量应改为按原材料消耗定额计算的期初和期末在产品的约当产量。

在对产品成本进行分析和考核时，还要注意上述计算出的材料脱离定额差异只是量差，不包括材料的价格差异。因为我们都是按照材料计划成本核算实际消耗成本与定额消耗成本，因此，在月末计算产品实际原材料费用时，还要计算分配应负担的原材料成本差异，即所耗原材料的价格差异（价差）。

不论采用何种方法核算原材料定额消耗量和脱离定额的差异，都应该分批或定期将这些核算资料按成本计算对象汇总，编制原材料定额费用和脱离定额差异汇总表，表中填明该批和该种产品所耗各种原材料的定额消耗量、定额费用和脱离定额的差异，并分析说明脱离定额差异的主要原因。这种汇总表，既可用来汇总反映和分析原材料脱离定额的差异，又可用来代替原材料费用分配表登记产品成本计算单，还可以报送有关领导或向工人公布，以便根据差异发生的原因采取措施，进一步挖掘降低材料费用的潜力。汇总表的格式如表 7-11 所示。

表 7-11　　原材料定额费用和脱离定额差异汇总表

产品名称：A　　2010 年 8 月 1—31 日　　金额单位：元

原材料类别	单位	计划单位成本	定额费用		实际费用		脱离定额差异		差异原因分析
			数量	金额	数量	金额	数量	金额	
原料	千克	2	5 150	10 300	6 500	13 000	1 350	2 700	略
主要材料	千克	1	4 500	4 500	4 000	4 000	－500	－500	略
合计				14 800		17 000		2 200	

以上阐述了原材料定额消耗量、定额费用和脱离定额差异的核算，自制半成品的定额消耗量、定额费用和脱离定额差异的核算与原材料的有关核算原理相同。

2. 直接人工脱离定额差异的核算

在计件工资形式下，生产工资属于直接计入费用，因而其脱离定额差异的核算与原材料的核算相类似。凡符合定额的生产工资可反映在产量记录中；脱离定额的差异部分在差异凭证中予以反映，并说明差异发生的原因。某种产品的生产工资脱离定额差异可按下式计算：

$$\frac{\text{某种产品生产工资}}{\text{脱离定额的差异}}=\frac{\text{该产品实际}}{\text{生产工资费用}}-\left(\frac{\text{该产品}}{\text{实际产量}}\times\frac{\text{该产品生产}}{\text{工资费用定额}}\right)$$

在计时工资形式下，生产工人工资属于间接计入费用。影响其脱离定额差异的因素为生产工时和小时工资率。某种产品的生产工资脱离定额差异则应该按照下列公式计算：

$$\frac{\text{计划单位}}{\text{小时工资}}=\frac{\text{某车间计划产量的}}{\text{定额生产工资}}\div\frac{\text{该车间计划产量的}}{\text{定额生产工时}}$$

实际单位小时工资＝该车间实际生产工资总额÷该车间实际生产总工时

某产品定额生产工资＝该产品实际产量的定额生产工时×计划单位小时工资

某产品实际生产工资＝该产品实际产量的实际生产工时×实际单位小时工资

某产品生产工资脱离定额的差异＝该产品实际生产工资－该产品定额生产工资

从以上计算公式可以看出，影响直接人工费用的因素包括单位小时的生产工资和单位产品的生产工时，一个反映工资水平，一个反映产品的劳动效率。总之，对生产工资脱离定额的差异，企业应及时查找原因，采取措施，以促使企业节约工资费用，降低产品成本。不论采用何种工资形式，都应根据上述核算资料，按照成本计算对象汇总编制定额生产工资和脱离定额差异汇总表。该表中，汇总反映各种产品的定额工资、实际工资、工资脱离定额的差异及其产生的原因等资料，用以考核分析各种产品的生产工资定额的执行情况，并据以计算产品的直接工资。

3. 制造费用及其他费用脱离定额的核算

制造费用一般属于间接计入费用，不能在费用发生的当时直接按产品确定定额差异，而只能根据月份的费用计划，按照费用的发生地点和费用项目，核算脱离计划的差异，据以对费用的发生进行控制和监督。对制造费用进行定额控制时，可将其分为变动性制造费用和固定性制造费用进行定额控制。对于变动性制造费用定额控制，可比照原材料的定额控制进行；对于固定性制造费用，可制定计划总额实行总量控制。

制造费用差异的日常核算，通常是指脱离费用计划的差异核算。各种产品应负担的制造费用脱离定额的差异，只有到月末实际费用分配给各种产品以后，才能将其实际费用与定额费用相比较加以确定。其计算确定方法与计时工资脱离定额差异的计算确定方法相类似。其有关计算公式如下：

某产品实际制造费用＝该产品实际生产工时×实际小时制造费用率

某产品的定额制造费用＝该产品定额生产工时×计划小时制造费用率

某产品制造费用脱离定额差异＝该产品的实际制造费用－该产品的定额制造费用

上述公式中的实际小时制造费用率可以某车间实际制造费用总额除以该车间实际工时总数计算得出，计划小时制造费用率可根据某车间计划产量的定额制造费用除以该车间计划产量的定额生产工时得到。

由于产品定额成本中一般不包括废品损失，因而在发生废品损失的情况下，还应该对废品损失及其发生的原因，采用废品通知单和废品损失计算表单独反映，其中不可修复废品的成本可以根据定额成本或各项消耗定额计算。由于废品损失一般不列入产品的定额成本，因而发生的废品损失，通常作为脱离定额差异来处理。

在计算完工产品的实际成本时，若在产品数量较少，上述各成本项目的脱离定额差异可全部计入产品成本，即在产品按定额成本计算。但是，如果各月间在产品数量波动较大，为更准确和合理地反映完工产品的成本，应将脱离定额的差异按完工产品和在产品定额成本的比例进行分配。

（三）原材料成本价格差异的核算

由于前述原材料的定额费用和脱离定额差异只是某产品耗费原材料的计划成本，脱离定额差异仅指原材料的数量差异，不包括原材料的价格差异。因此，在月末计算产品实际原材料费用时，还要计算分配应负担的原材料成本差异，即所耗原材料的价格差异（价差）。其计算公式如下：

$$\text{某产品应分配的原材料成本差异}=\left(\text{该产品原材料定额费用}\pm\text{原材料脱离定额差异}\right)\times\text{原材料成本差异率}$$

假设某产品原材料的定额费用为 56 000 元，脱离定额差异为超支 2 000 元，原材料成本差异率为超支 1%，则该产品应分配的原材料成本差异为超支 580 元［(56 000＋2 000)×(＋1%)］。

（四）定额变动差异的核算

定额变动差异是指由于修订消耗定额而产生的月初在产品新旧定额之间的差额。由于技术革新、劳动生产率的提高、生产条件变化等客观或主观条件的变化，企业要对消耗定额或生产耗费的计划价格进行修改。消耗定额和定额成本一般是在月初、季初或年初定期进行修订。在定额变动的月份，其月初在产品的定额成本是上月结转下来的，是按照旧定额计算出的数据，而本月发生的费用，已经是按新修订的定额标准核算了，为了将按旧定额计算的月初在产品定额成本和按新定额计算的本月投入产品的定额成本，在新定额的同一基础上相加，应该计算月初在产品的定额变动差异，以调整月初在产品的定额成本。

【例 7-4】

设月初在产品直接材料定额成本为 1 000 元，脱离定额差异为 30 元，其实际成本为

1 030 元。进行定额修订后，期初在产品的新直接材料定额成本为 980 元，则需要将旧定额成本调低 20 元，才能与按新定额计算的本期投入定额成本和完工产品定额成本以及在产品定额成本相一致，但是实际成本是不能改变的，定额成本调低的 20 元属于定额变动差异，为了将其差异与脱离定额差异区分开来，单独列为定额变动差异。即定额修订后，实际成本为 1 030 元的期初在产品成本构成为：定额成本 980 元，脱离定额差异 30 元，定额调整－20 元，定额变动差异为 20 元。由此可见，如果定额降低，定额变动差异为“＋”，如果定额提高，则定额变动差异为“－”。直接人工定额成本和制造费用定额成本的修订，也需要进行相应的调整。

月初在产品定额变动差异，根据在产品盘存数量计算出月初在产品消耗定额修订前和修订后的定额成本，进而确定定额变动差异。在构成产品的零、部件种类较多的情况下，采用这种方法计算零、部件的定额成本工作量比较大。为了简化计算工作，也可以按照单位产品费用的折算系数进行计算。即将按新旧定额所计算出的单位产品费用进行对比，求出系数，然后根据系数进行计算。其计算公式如下：

定额变动系数＝按新定额计算的单位产品成本÷按旧定额计算的单位产品成本

月初在产品定额变动差异＝按旧定额计算的月初在产品成本×(1－定额变动系数)

【例 7-5】

生产甲产品所耗用的 C 零件从本月 1 日起实行新的原材料消耗定额，单位产品旧的原材料费用定额为 20 元，新的原材料费用定额为 19 元。该产品月初在产品按旧定额计算的原材料定额费用为 8 000 元。月初在产品定额变动差异计算结果如下：

定额变动系数＝19÷20＝0.95

月初在产品定额变动差异＝8 000×(1－0.95)＝7 600(元)

采用系数法来计算月初在产品定额变动差异，虽然较为简便，但由于系数是按照单位产品计算，而不是按照产品的零、部件计算的，因而它只宜在零、部件成套生产或零、部件成套性较好的情况下采用。

各种消耗定额的变动，一般表现为不断下降的趋势，因而月初在产品定额变动差异通常表现为月初在产品定额成本的降低。在这种情况下，一方面，应从月初在产品定额成本中扣除该项差异；另一方面，由于该项差异是月初在产品生产费用的实际支出，因此还应将该项差异计入本月产品成本。相反，若消耗定额不是下降，而是提高，那么，在计算出定额变动差异后，应将此项变动差异加入月初在产品定额成本中，同时从本月产品成本中予以扣除，因为实际上并未发生这部分支出。

四、定额成本法举例

【例 7-6】

假设某工厂生产甲产品，按品种采用定额成本法计算产品成本。该企业规定，甲产品的定额变动差异和材料成本差异由完工产品成本负担；脱离定额差异按定额成本比例，在完工产品与月末在产品之间进行分配。

产品成本明细账如表 7-12 所示，是在对生产耗费脱离定额差异进行日常核算和控制的基础上，根据有关资料将完工产品按照成本项目分别反映定额成本和各种成本差异，便于进行产品成本的定期分析和考核。

表 7-12　　产品成本明细账

20××年 8 月　　产量：1 000 件

成本项目	月初在产品成本		月初在产品定额成本变动		本月产品费用		
	定额成本	脱离定额差异	定额成本调整	定额变动差异	定额成本	脱离定额差异	材料成本差异
	(1)	(2)	(3)	(4)	(5)	(6)	(7)
原材料	21 300	700	−1 000	1 000	82 000	2 500	−1 500
直接人工	12 200	−100			17 300	600	
制造费用	16 500	400			32 700	−1 100	
合计	50 000	1 000	−1 000	1 000	132 000	2 000	−1 500

成本项目	生产费用累计				脱离定额差异分配率
	定额成本	脱离定额差异	材料成本差异	定额变动差异	
	(8)＝(1)＋(3)＋(5)	(9)＝(2)＋(6)	(10)＝(7)	(11)＝(4)	(12)＝(9)÷(8)
原材料	102 300	3 200	−1 500	1 000	3.13%
直接人工	29 500	500			1.69%
制造费用	49 200	−700			−1.42%
合计	181 000	3 000	−1 500	1 000	

成本项目	本月产成品成本					月末在产品成本	
	定额成本	脱离定额差异	材料成本差异	定额变动差异	实际成本	定额成本	脱离定额差异
	(13)	(14)＝(13)×(12)	(15)＝(10)	(16)＝(11)	(17)＝(13)＋(14)＋(15)＋(16)	(18)	(19)＝(18)×(12)
原材料	82 000	2 567	−1 500	1 000	84 067	20 300	633
直接人工	23 000	389			23 389	6 500	111
制造费用	40 000	−568			39 432	9 200	−132
合计	145 000	2 388	−1 500	1 000	146 888	36 000	612

说明：

(1) 月初在产品成本资料，根据上月末在产品成本资料登记。

(2) 月初实施新定额，发生了在产品定额变动。根据甲产品月初在产品定额变动差异的计算资料登记：其中定额成本调整数，是用来调整按旧定额计算的月初在产品定额成本的，定额变动差异数，是应该由本月产品成本负担的月初在产品定额变动的差异。两者数额相等，但正负号相反。

(3) 本月生产费用中的定额成本和脱离定额差异，是根据原材料定额费用、脱离定额差异汇总表和其他有关汇总表、分配表进行登记的。

(4) 材料成本差异，是根据原材料成本差异分配计算资料登记的。

(5) 脱离定额差异，要在完工产品和月末在产品之间按照定额成本比例进行分配，所以要计算脱离定额差异分配率，并据以计算登记完工产品和月末在产品应负担的差异额。

(6) 完工产品的定额成本，根据产成品入库单列示的产成品数量和单位定额成本计算登记；月末在产品的定额成本，可以根据该种产品各工序各种在产品的盘存数量或账面结存数量，乘以各该新费用定额计算登记，也可以根据定额成本累计数（第 8 栏）减去本月产成品定额成本（第 13 栏）的方法计算登记，两者计算的结果应相等。

(7) 在将上述各项计算结果登记入成本明细账后，即可计算出完工产品的实际成本。

第三节　产品成本核算的标准成本法

一、标准成本法概述

(一) 标准成本法的概念

标准成本法是以标准成本为依据，通过成本差异的分析与报告，揭示成本差异产生的原因，以便及时控制成本的一种成本控制方法。

(二) 标准成本法的主要特点

(1) 事前制定出产品的各项标准成本，作为控制生产费用，降低产品成本的目标。

(2) 在生产费用发生时，将符合标准的费用和脱离标准的差异分别核算，以加强对成本差异的日常核算、分析和控制。成本差异是一种“信号”，它可以使企业管理人员了解实际成本脱离目标的差额，并以此为线索进行进一步的分析研究，明确差异形成的原因和责任，以便采取相应的措施，使生产经营中各种不正常的、低效能的因素及时消除，避免各种不利差异的重新出现，以实现对成本的有效控制。

(3) 月末，结转成本差异，计算产品的实际成本，以满足实际成本核算的要求。为成本的定期考核和分析提供数据。

(三) 标准成本法的主要内容

(1) 标准成本的制定；

(2) 成本差异的计算分析；

(3) 产品实际成本的计算；

(4) 成本差异的处理。

二、标准成本的制定

(一) 标准成本的含义

标准成本是以工艺评估和动作研究所确定的消耗标准为基础制定的成本水平，即在提高效率和杜绝浪费的前提下必须发生的成本，是日常成本控制的依据。标准成本是一种目标成本，说明各企业生产产品应当消耗多少，亦称“应计成本”。

通过制定标准成本，对产品成本实施控制，其意义表现在通过事先提出按成本项目反映的标准成本，可以用来规划未来的经济活动，并以此作为进行短期决策和长期决策的依据；进而在成本管理工作中，可以利用标准成本调节和控制日常发生的经济业务，针对重大问题进行分析研究，采取有效措施及时加以纠正，以保证预定目标的实现；事后通过对实际成本脱离标准成本的差异进行分析，可以分清产生差异的经济责任，正确评价有关部门和人员的经济业绩；由于标准成本系统中将标准成本和成本差异分别核算，使得在产品、产成品和结转已售产品成本的工作都可以直接按标准成本计算，简化了日常的账务处理和成本核算工作。

“标准成本”通常有两种含义：

（1）单位产品的标准成本：

标准成本＝单位产品标准消耗量×标准单价

（2）实际产量的标准成本（总成本）：

标准成本＝实际产量×单位产品标准成本

（二）标准成本的种类

1. 理想标准成本

理想标准成本是以现有生产经营条件处于最优状态为基础确定的最低水平的成本。制定理想标准成本的依据，是理论上的业绩标准、生产要素的理想价格和可能实现的最高生产经营能力利用水平。这里所说的理论业绩标准，是指在生产过程中毫无技术浪费时生产要素的消耗量，最熟练的工人全力以赴工作，不存在废品损失和停工时间等条件下可能实现的最优业绩。这里所说的最高生产经营能力利用水平，是指理论上可能达到的设备利用程度，只扣除不可避免的机器修理、改换品种、调整设备等时间。这里所说的理想价格，是指原材料、劳动力等生产要素在计划期间最低的价格水平。这种理想标准成本的主要用途是提供一个完美无缺的目标，揭示实际成本下降的潜力。这种标准太高，很难实现，可以作为成本控制的战略目标，但不宜作为日常成本控制的标准。

2. 正常标准成本

正常标准成本是以现有生产经营条件处于正常状态为基础确定的标准成本，它考虑到在现实经济生活中不可避免的合理损耗、设备故障以及人工的闲置等因素，因而是一种比较切实可行并且经过努力能够达到的标准。它是本着“跳起来方能摘到桃子”的基本原则制定的，即这种标准成本是经过努力可以达到的，既非轻而易举，又不是高不可攀。因此这种标准成本能够在成本管理工作中发挥应有的积极作用，可以作为日常成本控制的标准，在实际工作中得到广泛的应用。

3. 基本标准成本

基本标准成本是以某一特定年份的生产经营条件为基础制定的标准成本。基本标准成本一经制定，只要生产的基本条件无重大变化，就不予变动。所谓生产基本条件的重大变化是指对产品主要成本有重大影响的变化，如产品的物理结构调整、主要原材料和劳动力价格发生重要变化，生产技术和工艺发生根本变化等。只有这些条件发生变化，基本标准成本才需要修订。由于市场供求变化导致的售价变化和生产经营能力利用程度变化，由于工作方法改变而引起的效率变化等，不属于生产的基本条件变化，对此不需要修订基本标准成本。基本标准成本与各期实际成本对比，可反映成本变动的趋势。由于基本标准成本不按各期实际修订，不宜用来直接评价工作效率和成本控制的有效性。

4. 当期标准成本

当期标准成本是以当期的生产经营条件，即适用期间应该发生的价格、效率和生产经营能力利用程度等为基础制定的标准成本，又称现行标准成本。在这些决定影响标准成本的因素发生变化时，按照各因素变化的情况及时对标准成本加以修订。这种标准成本可以作为日常控制和考核标准，也可以用来对存货和销货成本计价。

以上四种标准成本中，理想标准成本和正常标准成本是按照所依据标准的高低来分类的；基本标准成本和当期标准成本是按其依据的适用期分类的。在实务中，日常成本控制应采取当期标准与正常标准相结合的当期正常标准成本。

（三）标准成本系统的运作程序

实施标准成本系统一般有以下几个步骤：(1) 制定单位产品标准成本；(2) 根据实际产量和成本标准计算某种产品的标准成本；(3) 汇总计算实际成本；(4) 计算标准成本与实际成本的差异；(5) 分析成本差异；(6) 提出成本控制报告。

1. 制定单位产品的标准成本

单位产品标准成本的制定，是标准成本计算和成本控制的基础。单位产品的标准成本通常是按照某产品在生产各阶段耗费的直接材料、直接人工和制造费用等项目制定各成本项目的标准成本，然后将各成本项目的标准成本相加，确定单位产品的标准成本，可用公式表示如下：

单位产品标准成本＝直接材料标准成本＋直接人工标准成本＋制造费用标准成本

2. 计算某种产品的标准成本

某种产品的标准成本是指按照该种产品的实际产量和单位产品的标准成本，计算出该种产品的标准成本，其计算过程可用公式表示如下：

某种产品标准成本＝产品的实际产量×单位产品标准成本

3. 汇总计算实际成本

汇总计算实际成本，是指按照一般的成本核算程序，归集产品生产和制造过程中实际发生的直接材料、直接人工和制造费用，以此计算出实际成本的发生额。

4. 计算标准成本与实际成本的差异

成本差异通常是指产品实际成本与产品标准成本之间的差额。可用公式表示如下：

成本差异＝实际成本－标准成本

实际成本大于标准成本的差异通常被称为不利差异，可反映在成本差异账户的借方，因此亦称借差；实际成本小于标准成本的差额称为有利差异，通常反映在成本差异账户的贷方，因此亦称贷差。

5. 分析成本差异

分析成本差异是标准成本系统运作程序中最为重要的一个环节，只有通过具体分析成本差异的数额及其产生的原因，才能够实现对成本的有效控制，以便进一步降低成本，提高经济效益。对成本差异进行分析，一般要经过以下三个步骤：（1）分析成本差异的类型，并确定其数额；（2）追根溯源，分析成本差异产生的具体原因；（3）明确有关责任人员的经济责任。

6. 提出成本控制报告

通过上述成本差异的分析，一方面可以找出成本差异产生的原因，另一方面还可以明确有关人员的经济责任。以此为依据，可以向有关方面负责人提出加强成本控制的建议，以便采取有效措施，巩固成绩，克服缺点，或根据变化了的生产条件对原标准加以修订，以便在生产经营活动中使成本的执行情况得到及时反馈和控制，保证预定目标的实现。

标准成本系统的运作程序是一个有机的整体，各程序之间的关系密不可分。它们之间的相互联系如图 7-4 所示。

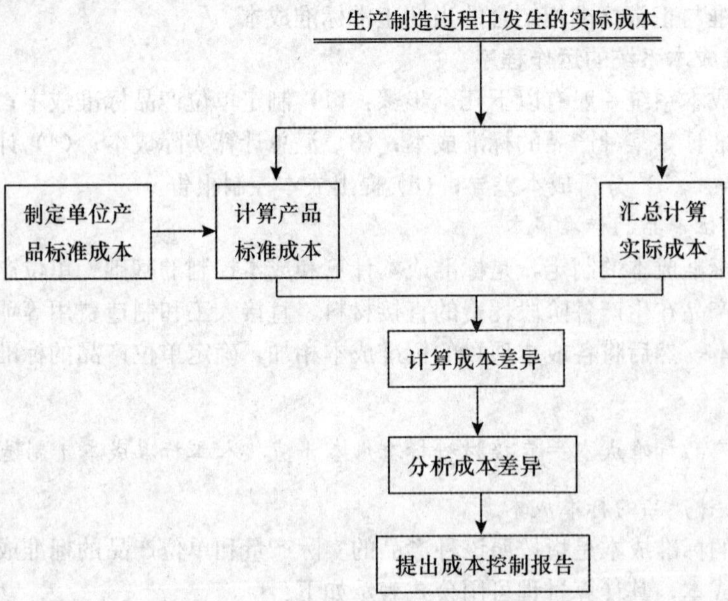

图 7-4 标准成本系统的运作程序

（四）标准成本的制定

标准成本的构成项目和产品成本的实际成本项目一样，通常制定标准成本是先确定直接材料和直接人工的标准成本，然后确定制造费用的标准成本，最后确定单位产品的标准成本。在制定时，无论是哪一个成本项目，都需要分别确定其用量标准和价格标准，两者相乘后得出成本标准。在制定过程中，用量标准包括单位产品材料消耗量、单位产品直接人工、工时等，主要应由熟悉产品生产工艺的生产技术部门主持制定，吸收执行标准的部门和职工参加。价格标准包括原材料单价、小时工资率、小时制造费用率等，由会计部门和其他有关部门共同研究确定。采购部门是材料价格的责任部门，劳资部门和生产部门对小时工资率负有责任，各生产车间对小时制造费用率承担责任，在制定有关价格标准时要与他们协商。

标准成本的制定是根据各项成本标准和与此相关的作业量之间的关系，分别确定相应的标准成本内容，经汇总后再确定产品标准成本的一系列过程。其计算公式为：

单位产品标准成本＝直接材料标准成本＋直接人工标准成本＋制造费用标准成本

通用公式：

单位产品各成本项目的标准成本＝单位产品标准消耗量×标准单价

1. 直接材料标准成本的制定

直接材料标准成本包括材料用量标准和材料价格标准两方面。材料用量标准是指在现有的生产技术条件下，生产单位产品所需要的原材料数量，包括构成产品实体的原材料消耗和正常损耗；材料价格标准是指采购部门确定的单位材料价格，包括买价和运杂费等。根据材料用量标准和价格标准就可以确定直接材料的标准成本。其公式为：

单位产品直接材料标准成本＝单位产品用料标准×材料标准单价

【例 7-7】

假定丙产品生产耗用 A、B 两种材料，其直接材料标准成本如表 7-13 所示。

表 7-13　直接材料标准成本

标准	材料 A	材料 B
标准消耗量（1）		
图纸用量	3 千克	2 千克
允许损耗量	0.3 千克	—
单位产品标准用量	3.3 千克	2 千克
标准单价（2）		
发票单价	1 元	4 元
装卸检验费	0.07 元	0.28 元
每千克标准价格	1.07 元	4.28 元
成本标准（3）＝(1)×(2)	3.53 元	8.56 元
单位产品直接材料标准成本（4）＝∑(3)	12.09 元	

2. 直接人工标准成本的制定

直接人工标准成本是指为生产某种产品直接发生的人工耗费，包括直接人工的工时标准和工资率标准两方面。工时标准是在现有的生产技术条件下，生产单位产品所需要的时间。这里的工时既可以是生产工时，也可以是机器工时；在不同的工资制度下，工资率标准表现形式不同，在计件工资下，工资率标准是指在现有的生产技术水平下，生产单位产品所应支付的计件单价；在计时工资下，则是指单位工时工资率标准。其计算公式如下：

直接人工标准成本＝单位产品标准工时×标准小时工资率

其中，

标准小时工资率＝标准工资总额÷标准总工时

标准总工时是指一定期间内充分利用现有生产能力所能提供的人工总工时或机器总工时。

【例 7-8】

假定丙产品的生产经过两道工序，分别由第一车间和第二车间完成，产品直接人工标准成本计算如表 7-14 所示。

表 7-14 直接人工标准成本

标　准	第一车间	第二车间
标准工资率（1）		
基本生产工人人数	20	50
每人每月工时（25.5 天×8 小时）	204	204
出勤率	98%	98%
每人平均可用工时	200	200
每月标准总工时	4 000	10 000
每月标准工资总额	3 600	12 600
标准小时工资率	0.90	1.26
单位产品工时标准（2）		
理想作业时间	1.5	0.8
调整设备时间	0.3	—
工间休息	0.1	0.1
其他	0.1	0.1
单位产品工时标准	2	1
直接人工标准成本（3）=（1）×（2）	1.8	1.26
单位产品标准直接人工（4）=∑（3）	3.06	

3. 变动性制造费用标准成本的制定

变动性制造费用标准成本的制定与直接人工标准成本的制定相类似，变动性制造费用标准成本计算公式为：

变动性制造费用标准成本=单位产品标准工时×变动性制造费用标准小时费用率

变动性制造费用标准小时费用率=变动性制造费用预算总额÷标准总工时

【例 7-9】

假定企业设有两个基本生产车间，丙产品变动性制造费用标准成本如表 7-15 所示。

表 7-15 变动性制造费用标准成本

标　准	第一车间	第二车间
变动制造费用预算（1）		
运输	800	2 100
电力	400	2 400
消耗材料	1 400	1 800
间接人工	2 000	3 900
燃料	400	1 400
其他	200	400
合计	5 200	12 000
标准总工时（人工工时）（2）	4 000	10 000
变动制造费用标准分配率（3）=（1）÷（2）	1.3	1.2
单位产品标准工时（人工工时）（4）	2	1
变动制造费用标准成本（5）=（3）×（4）	2.6	1.2
单位产品标准变动性制造费用（6）=∑（5）	3.8	

4. 固定性制造费用标准成本制定

固定性制造费用标准成本的制定与变动性制造费用标准成本的制定基本相同，只不过固定性制造费用的预算总额只能是预计某一生产水平下的费用总额，一旦计划确定不能随生产量的变动而任意变动。计算公式如下：

固定性制造费用标准成本＝单位产品标准工时×固定性制造费用标准小时费用率

固定性制造费用标准小时费用率＝固定性制造费用预算总额÷标准总工时

【例 7-10】

假定某企业设有两个基本生产车间，丙产品固定性制造费用标准成本如表 7-16 所示。

表 7-16　　固定性制造费用标准成本

标　准	第一车间	第二车间
固定制造费用预算（1）		
折旧费	200	2 350
管理人员工资	700	1 800
间接人工	500	1 200
保险费	300	400
其他	300	250
合计	2 000	6 000
标准总工时（人工工时）（2）	4 000	10 000
固定制造费用分配率（3）＝（1）÷（2）	0.5	0.6
单位产品标准工时（4）	2	1
部门固定制造费用标准成本（5）＝（3）×（4）	1	0.6
单位产品固定制造费用标准成本（6）＝$\sum$（5）	1.60	

5. 标准成本卡

各成本项目的标准成本确定后，应根据不同种类、不同规格的产品，编制标准成本卡。该卡应分车间、分项目反映单位产品标准成本及其所依据的材料、工时的用量和标准价格。直接材料项目应该按所消耗材料的种类和规格详细列示；直接人工应该按不同工种、不同工资率分别列示。

根据表 7-13～表 7-16 各项有关资料，以一车间为例，假定丙产品所耗用的直接材料为生产开始时一次投入，编制丙产品标准成本卡如表 7-17 所示。

表 7-17　　丙产品标准成本卡

一车间

成本项目		用量标准	标准价格（元）	单位标准成本（元）
直接材料	A材料	3.3千克	1.07	3.53
	B材料	2千克	4.28	8.56
	合计	—	—	12.09
直接人工		2小时	0.9	1.8
变动性制造费用		2小时	1.3	2.6
固定制造费用		2小时	0.5	1
单位标准成本		—	—	17.49

三、标准成本差异的计算与分析

成本差异是指实际成本与标准成本之间的差额。实际成本超过标准成本所形成的差异叫做不利差异、逆差或超支；实际成本低于标准成本所形成的差异，叫做有利差异、顺差或节约。成本差异是成本管理的重要信息，明确成本差异，有利于各级管理部门了解各项生产经营活动的效益，及时采取措施消除不利差异，并为成本控制、考核和奖惩提供依据，实现有效的成本管理。

成本差异包括直接材料成本差异、直接人工成本差异和制造费用差异三部分。其中制造费用差异又可分为变动性制造费用差异和固定性制造费用差异。

（一）标准成本差异的计算原理

标准成本差异是指产品的实际成本与产品的标准成本之间的差额，其计算公式如下：

标准成本差异＝产品的实际成本－产品的标准成本

标准成本差异一般分为数量差异和价格差异两部分

数量差异(量差)＝标准价格×数量差异

＝标准价格×(实际数量－标准数量)

价格差异(价差)＝实际数量×价格差异

＝实际数量×(实际价格－标准价格)

几点需注意的事项：(1) 计算的成本差异是总差异，即按当期实际产量计算的实际总成本与标准总成本的差异；(2) 计算中使用的标准成本是指实际产量的标准成本，实际产量是指实际消耗本期成本的产量。

（二）直接材料成本差异的计算与分析

直接材料成本差异是指一定产量产品的直接材料实际成本与直接材料标准成本之间的差额。直接材料成本差异是由直接材料价格差异和直接材料用量差异两部分构成的，直接材料用量差异是指由于材料的实际耗用量脱离标准耗用量而形成的直接材料成本差异，材料用量差异反映了企业生产产品时材料消耗的浪费或节约，以及由于产品结构改变、材料加工方法改变、材料质量改变、材料代用等所造成的超支或节约数，该差异的责任主要应该由生产单位承担。因为在正常情况下，有关产品耗用材料数量的多少，加工中必不可少的材料损耗的大小等，企业的生产部门大体是可以控制的。但是，在材料数量差异的形成过程中，除生产部门有关人员不注意合理用料或违反操作规程，出现质量事故而导致材料消耗超过预定标准外，企业内部其他部门也有可能负有一定的责任。例如采购部门购进了质量低劣的材料，仓储部门在材料储存过程中使材料损坏变质等，都会使材料耗用量增加。因此，材料耗用量的影响因素是多方面的。在分析材料数量差异时，必须从实际出发，认真探寻产生差异的具体原因。直接材料价格差异是指由于材料实际价格脱离标准价格而形成的材料成本差异，该差异的责任一般来说应由采购部门承担。因为材料采购价格的高低、采购费用的多少，采购部门大体上是可以控制的。但是，决定材料价格的因素是多方面的，有些引起材料价格变动的因素是采购部门无法控制的。如市场价格的变动是因为供求变化所引起的，就属于采购部门所不能控制的。其他如交通运输条件的改变、装卸费用的升降有时也不是采购部门所能控制的。因此，在分析材料价格差异时，除将注意力集中于采购部门外，还应该适当考虑其他部门甚至企业外部，明确区分导致差异的主要原因和次要原因。以便有针对性地采取改进措施。计算公式为：

直接材料成本差异＝实际价格×实际用量－标准价格×标准用量

直接材料成本差异＝直接材料用量差异＋直接材料价格差异

直接材料用量差异＝标准价格×实际材料消耗量－标准价格×标准材料消耗量
＝(实际材料消耗量－标准材料消耗量)×标准价格

直接材料价格差异＝实际价格×实际材料消耗量－标准价格×实际材料消耗量
＝(实际价格－标准价格)×实际材料消耗量

计算结果若为正，表示超支，为不利差异；反之，则表示节约，为有利差异。

上述公式属于因素分析中的连环替代分析，数量差异为第一因素，价格差异为第二因素。

【例7-11】

某企业材料消耗的有关资料如表7-18所示。

表7-18

项　目	实　际	标　准
材料消耗量（千克）	990	1 100
材料单价（元/千克）	4.2	4
直接材料成本（元）	4 158	4 400

要求：计算直接材料的量差和价差。

直接材料成本总差异＝4 158－4 400＝－242(元)

其中，

数量差异＝(990－1 100)×4＝－440(元)

价格差异＝(4.2－4)×990＝198(元)

上述计算结果说明，该企业材料数量差异节约242元，材料价格差异超支198元。用料节约问题应由生产单位分析原因，落实责任，并提出进一步降低的目标。对于材料价格差异超支，应由采购部门进行分析，应对材料价格超支的问题进行针对性分析。

(三) 直接人工成本差异的计算与分析

直接人工成本差异是指一定产量产品的直接人工实际成本与直接人工标准成本之间的差额，由直接人工工资率差异和直接人工效率差异两部分构成。直接人工效率差异是指由于直接人工实际工作时数脱离标准工作时数而形成的人工成本差异，这一差异一般来说应由生产单位负责，因为其差异通常可能是由于机器运转不正常，材料或零件传递方法不当，作业计划安排不周密，工人技术不熟练和责任感不强等与生产活动相关的原因造成的。但也可能有一部分应由其他部门负责，如因材料质量问题而影响生产效率，从而产生的人工效率差异，则应由采购部门负责。在分析直接人工效率差异时，应该从实际出发，认真找出具体原因，分清主次，以便采取相应对策。直接人工工资率差异是指由于直接人工的实际工资率脱离标准工资率而形成的人工成本差异，这一差异一般应由主管人事的部门负责，它通常与人事变动、工资制度和工资级别的调整、出勤率的变化等有关，但如果由非生产工时造成的差异，如停工待料时间的工资，仍由生产单位负责。相关计算公式如下：

直接人工成本差异＝实际小时工资率×实际工时－标准小时工资率×标准工时

＝实际工资－标准工资

实际小时工资率＝实际工资÷实际工时

标准工时＝单位产品工时耗用标准×实际产量

直接人工成本差异＝直接人工工资率差异＋直接人工效率差异

直接人工工资率差异＝实际小时工资率×实际工时－标准小时工资率×实际工时

＝(实际小时工资率－标准小时工资率)×实际工时

直接人工效率差异＝标准小时工资率×实际工时－标准小时工资率×标准工时

＝(实际工时－标准工时)×标准小时工资率

【例 7-12】

承例 7-11，该企业生产工时及小时工资率资料如表 7-19 所示。

表 7-19

项　目	实　际	标　准
生产工时（小时）	1 400	1 290
小时工资率（元/小时）	6	5
直接人工成本（元）	8 400	6 450

要求：计算直接人工的量差和价差。

直接人工成本总差异＝8 400－6 450＝1 950(元)

其中，

效率差异＝(1 400－1 290)×5＝550(元)

工资率差异＝(6－5)×1 400＝1 400(元)

该例中总的标准成本差异为超支 1 950 元，为不利差异，其中直接人工效率差异为超支 550 元，而直接人工工资率差异为超支 1 400 元。

直接人工效率差异超支的形成基本上由生产调度部门负责，直接人工工资率差异超支一般应由劳动人事部门或生产部门负责。

(四) 变动性制造费用成本差异的计算与分析

变动性制造费用差异是指一定产品产量的实际变动性制造费用与标准变动性制造费用之间的差额，由变动性制造费用耗费差异和变动性制造费用效率差异两部分组成。变动性制造费用耗费差异是因变动性制造费用实际耗费脱离标准而导致的成本差异，类似于材料价格差异和直接人工工资率差异，是实际费用分配率和标准费用分配率之间的差额与实际工时之间的乘积；变动性制造费用效率差异是因实际耗用工时脱离标准工时而导致的成本差异，类似于材料用量差异和直接人工效率差异，是实际工时和标准工时之间的差额与标准小时费用分配率之间的乘积。相关公式如下：

变动性制造费用差异＝实际小时费用率×实际工时－标准小时费用率×标准工时
＝实际变动性制造费用－标准变动性制造费用

变动性制造费用实际小时费用率＝实际变动性制造费用÷实际工时

变动性制造费用差异＝变动性制造费用耗费差异＋变动性制造费用效率差异

变动性制造费用耗费差异＝实际小时费用率×实际工时－标准小时费用率×实际工时
＝(实际小时费用率－标准小时费用率)×实际工时

变动性制造费用效率差异＝标准小时费用率×实际工时－标准小时费用率×标准工时
＝(实际工时－标准工时)×标准小时费用率

【例 7-13】

承例 7-12，该企业有关工时及小时费用率的资料如表 7-20 所示。

表 7-20

项　目	实　际	标　准
生产工时（小时）	1 400	1 290
变动小时费用率（元/小时）	1.7	1.6
变动性制造费用（元）	2 380	2 064

要求：计算变动性制造费用效率差异和耗费差异。

变动性制造费用成本总差异＝2 380－2 064＝316(元)

其中：

效率差异＝(1 400－1 290)×1.6＝176(元)

耗费差异＝(1.7－1.6)×1 400＝140(元)

该例中变动性制造费用总的标准成本差异为超支 316 元，为不利差异。其中变动性制造费用耗费差异为 140 元，变动性制造费用效率差异为超支 176 元。

变动性制造费用是一个综合性费用项目。对其差异，应结合构成变动性制造费用的具体明细项目作进一步深入分析。在实际工作中，通常采用根据变动性制造费用的弹性预算的明细项目结合同类项目的实际发生数进行对比分析，从而找出差异的原因及责任归属。

应当指出的是，变动性制造费用效率差异实际上反映的是产品制造过程中的工时利用效率问题，在分析时应结合直接人工效率差异进行分析。

（五）固定性制造费用成本差异的计算与分析

固定性制造费用差异是指固定性制造费用的实际发生额与其标准发生额之间的差额，

其计算公式为：

$$\text{固定性制造费用成本差异}=\text{实际固定性制造费用}-\text{实际产量标准固定性制造费用}$$
$$=\text{实际固定性制造费用}-\text{实际产量}\times\text{工时标准}\times\text{标准小时费用率}$$
$$=\text{实际固定性制造费用}-\text{实际产量标准工时}\times\text{标准小时费用率}$$

由于固定性制造费用总额一般不受产量变动的影响，即在一定的业务量范围内，固定性制造费用的总额是不变的。但如果产量发生变动，单位产品所负担的制造费用就会发生变动。也就是说，实际产量与设计生产能力规定的产量或预算规定的产量的差异会对产品应该负担的固定性制造费用产生影响。因而，对固定性制造费用差异的分析方法与其他项目差异的分析方法有所不同。成本差异的计算分析方法有两差异法和三差异法两种。

（1）两差异法。该分析方法将固定性制造费用成本差异分为能量差异和耗费差异两种。固定性制造费用的能量差异是指由于设计或计划的生产能力利用程度的差异所产生的成本差异。即实际产量标准工时脱离设计或计划标准工时而产生的成本差异。其计算公式如下：

$$\text{固定性制造费用能量差异}=(\text{预算工时}-\text{标准工时})\times\text{标准小时固定性费用率}$$

或
$$=\text{固定性制造费用预算}-\text{标准固定性制造费用}$$

固定性制造费用耗费差异是指固定性制造费用的实际发生额与预算（或计划）额之间的差异。

$$\text{固定性制造费用耗费差异}=\text{实际固定性制造费用}-\text{固定性制造费用预算}$$
$$=\text{实际固定性制造费用}-\text{计划产量}\times\text{工时标准}\times\text{标准小时费用率}$$
$$=\text{实际固定性制造费用}-\text{计划产量标准工时}\times\text{标准小时费用率}$$

【例 7-14】

承例 7-13，该企业有关工时及小时费用率的资料如表 7-21 所示。

表 7-21

项　目	实　际	预　算	标　准
生产工时（小时）	1 400	1 500	1 290
固定小时费用率（元/小时）	1.21	1.2	1.2
固定性制造费用（元）	1 700	1 800	1 548

要求：计算固定性制造费用产量差异和预算差异。

固定性制造费用成本总差异＝1 700－1 548＝152(元)

其中，

预算差异＝1 700－1 800＝－100(元)

产量差异＝1 800－1 548＝252(元)

或　　＝(1 500－1 290)×1.2＝252(元)

（2）三差异法。是将固定性制造费用的成本差异分为耗费差异、生产能力利用差异和效率差异三种。其中耗费差异与两差异中相同，将两差异中的能量差异分解为生产能力利用差异和效率差异。生产能力利用差异是指实际产量的实际工时脱离预算（计划）产量标准工时所引起的生产能力利用程度差异而导致的成本差异。效率差异是指因生产效率差异导致的实际工时脱离标准工时而产生的成本差异。其计算公式如下：

$$\text{固定性制造费用耗费差异}=\text{实际固定性制造费用}-\text{固定性制造费用预算}$$

$$\text{固定性制造费用生产能力利用差异}=\left(\text{预算工时}-\text{实际工时}\right)\times\text{标准小时固定性制造费用率}$$

$$\text{固定性制造费用效率差异}=\left(\text{实际工时}-\text{标准工时}\right)\times\text{标准小时固定性制造费用率}$$

【例 7-15】

同例 7-14。

固定性制造费用成本总差异＝1 700－1 548＝152(元)

其中，

耗费差异＝1 700－1 800＝－100(元)

生产能力利用差异＝(1 500－1 400)×1.2＝120（元）

效率差异＝(1 400－1 290)×1.2＝132（元）

固定性制造费用也是一个综合性的费用项目，因此，为了较为准确地查明差异产生的原因，必须按固定性制造费用各项目的预算数与其实际发生数进行对比，以便逐项分析原因和责任。

四、成本差异的账务处理

（一）成本差异的汇集

1. 账户设置

（1）设置反映各项标准成本的账户。在标准成本系统中反映各项标准成本的账户是指成本计算类账户，如“原材料”、“生产成本”、“库存商品”、“主营业务成本”等。这些账户按照标准成本来进行核算，即这类账户应记录按实际数量计算的标准成本数额，这类账户的余额一般在借方，反映这些项目的标准成本数额。

（2）设置反映各项成本差异的账户。成本差异账户的设置可根据具体情况，按大类设置或按每一种成本差异设置。按大类可分别设置以下账户：“直接材料成本差异”、“直接人工成本差异”、“变动性制造费用成本差异”、“固定性制造费用成本差异”。

按每一种成本差异设置的账户包括：“直接材料价格差异”、“直接材料用量差异”、“直接人工工资率差异”、“直接人工效率差异”、“变动性制造费用耗费差异”、“变动性制造费用效率差异”、“固定性制造费用耗费差异”、“固定性制造费用生产能力利用差异”、“固定性制造费用效率差异”等账户。

当实际成本超过标准成本，其差异额反映在有关成本差异账户的借方，这种差异被称为不利差异或超支额；反之，实际成本低于标准成本的差异被称为有利差异或节约额，所形成的差异反映在有关成本差异账户的贷方。

2. 账务处理特点

在日常账务处理中，生产成本、产成品、主营业务成本都按标准成本入账，对成本差异则单独设立账户加以反映。期末，选择一定的方法进行成本差异的结转。

3. 成本差异汇集的账务处理

在发生各种成本差异时，对于超支差异，应借记各该成本差异账户，贷记有关账户；对于各种节约差异，应借记有关账户，贷记各该成本差异账户。对应的成本、费用账户则按标准成本进行登记。

（二）成本差异的结转

1. 成本差异作为期间费用计入当期损益

在会计期末将所有的各项成本差异转入“本年利润”账户，或者先将其转入“主营业务成本”账户，然后再将产品销售成本总额（标准成本加减各项成本差异）转入“本年利润”账户。采用该法的理由是：(1) 本月发生的成本差异体现了本月成本控制的业绩，应在本月利润中予以反映；(2) 只有标准成本才是真正的正常成本；(3) 可以避免繁杂的成本差异的分配工作。采用该法，简化了成本核算，并使本月经营成果与当月成本控制的业绩直接挂钩，有利于成本控制，符合绩效考评原则。但当成本标准过于陈旧或实际成本水平波动幅度过大时，就会使在产品和产成品等存货成本失实。

2. 成本差异全部计入产成品成本

这种处理方式侧重于成本计算功能，可以满足成本计算的需要，但不便于成本控制思想的贯彻实施。

3. 成本差异在产成品、在产品和本期已售产品之间分配

这种方法的具体做法是：在会计期末将各项成本差异按照以实际数量计算出来的标准成本的比例，分配给产品销售成本、在产品和存货。因为本期发生的成本差异与以上三者均有关系。采用该法对各种成本差异进行分配后，资产负债表中的在产品、产成品以及损益表中的本期已售产品成本等项目，均反映的是实际成本。这种方法可以确定产品的实际成本，但分配成本差异工作过于繁琐。

在一般情况下，第一种处理方法应用较广，这种方法可以使当期损益与成本控制状况挂钩，通过本期销售成本直接反映出本期成本控制业绩，同时结转方法较简单，因此在运用标准成本系统的企业中被广泛采用。

（三）标准成本系统的账务处理

标准成本系统的账务处理流程如图 7-5 所示。

五、定额成本法与标准成本法的比较

定额法成本法是以定额成本为基础，将符合定额的生产成本和脱离定额的差异分别核算，并以定额成本加减成本差异和定额变动差异来计算产品实际成本的方法。两者的相同点为它们的基本原理和核心思想是一致的，差异的计算分析原理也相同。具体比较见表 7-22。

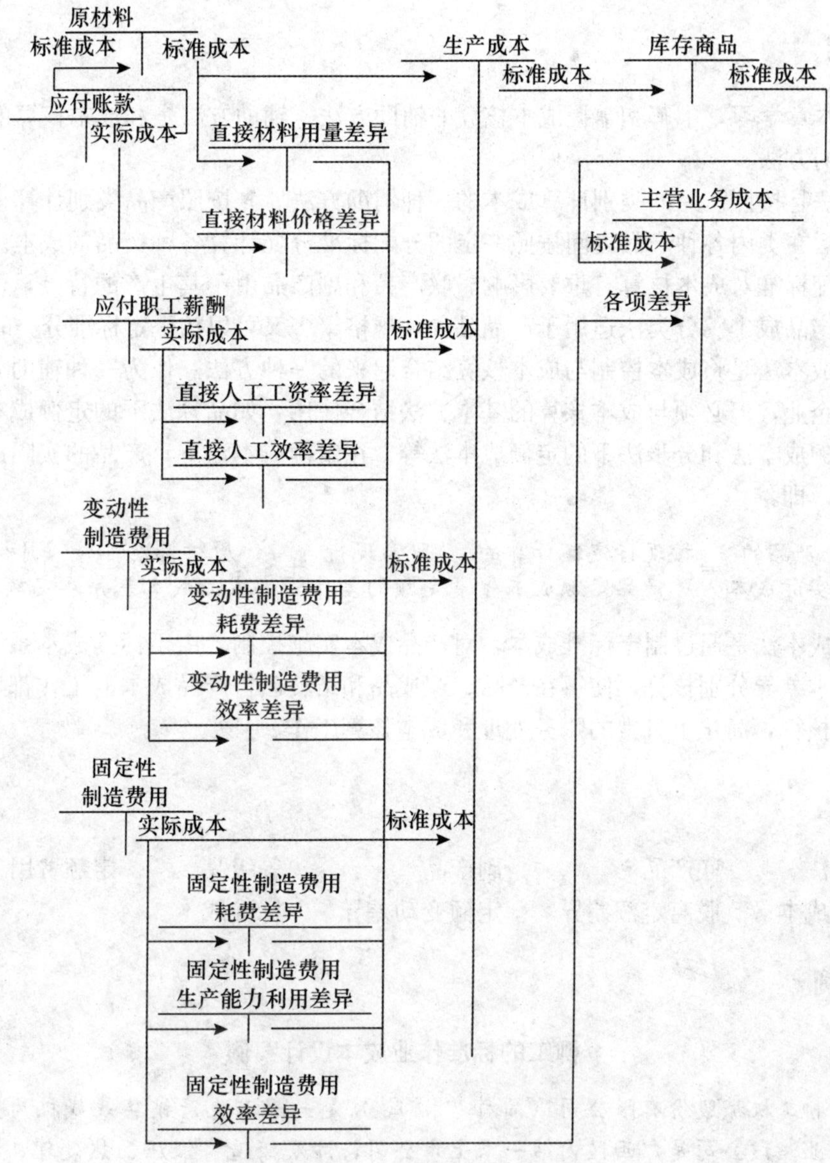

图 7-5 标准成本系统账务处理流程图

表 7-22 定额成本法与标准成本法的比较

项　目	定额成本法	标准成本法
成本差异的取得途径	设置差异凭证	直接根据实际与标准计算
成本差异的反映方式	在成本计算单中设置专项或专栏反映	设置各种差异账户反映
成本差异的处理方式	一般需要在产成品与在产品之间分配	一般直接计入当期损益或成本，库存产品或期末在产品不承担
成本差异的分类	不区分变动性和固定性制造费用	强调区分变动性和固定性制造费用分别计算和分析差异

本章总结

通过本章学习，了解和掌握成本核算的辅助方法。辅助方法是和成本核算的基本方法结合运用的方法。

分类法是按照产品的类别计算成本的一种辅助方法。先按照产品类别计算该类产品的成本，然后在类内各种产品之间按照一定的分配标准分配计算各种产品的成本。因此选择适当的分配标准对成本核算有重要影响。联产品和副产品由于其生产的特点，可以采用分类法计算产品成本。分类法适用于产品品种、规格繁多又可以按一定标准分类的企业。

定额成本法是将成本控制与成本核算结合起来的一种方法。作为一种辅助方法，它适用于任何企业，但必须与成本核算的基本方法结合使用，如品种法下的定额成本法、分批法下的定额成本法和分步法下的定额成本法等。在定额成本法下，产品的实际成本由四个因素组成，即：

$$\begin{matrix}\text{产品的}\\\text{实际成本}\end{matrix}=\begin{matrix}\text{按现行定额计算的}\\\text{产品定额成本}\end{matrix}\pm\begin{matrix}\text{脱离现行}\\\text{定额的差异}\end{matrix}\pm\begin{matrix}\text{原材料或}\\\text{半成品成本差异}\end{matrix}\pm\begin{matrix}\text{月初在产品}\\\text{定额变动差异}\end{matrix}$$

标准成本法是通过制定标准成本，对产品成本实施控制。由于标准成本系统中将标准成本和成本差异分别核算，使得在产品、产成品和结转已售产品成本的工作都可以直接按标准成本核算，简化了日常的账务处理和成本核算工作。

重要概念

分类法　　联产品　　副产品　　等级品　　定额费用

定额成本　　脱离定额差异　　定额变动差异　　标准成本

精选案例

柳工的标准作业成本设计案例

广西柳工机械股份有限公司（简称“柳工”）是一家以生产销售装载机为主的大型机械制造企业。该公司是广西区内第一家上市公司，涉及铸造、锻压、热处理、机加工、总装等基本生产环节和工模具、机修等辅助生产部门。

广西柳工实施了标准作业成本管理体系设计，成功地运用了以内部转移价格为控制中枢，标准成本和作业成本相结合的管理会计应用发展模式，为该公司的成本核算、成本分析与成本控制奠定了坚实的基础。

1. 面向过程管理，以作业为对象制定标准成本

各个分厂依据产品设计、工艺路线、生产加工经验和预算年度的分厂责任预算按工艺作业制定直接材料、辅助材料、燃料和动力、直接人工、固定制造费用和变动制造费用的标准成本。作为成本对象的作业按以下原则进行划分：

（1）不同责任主体；

（2）不同加工手段；

（3）不同加工对象；

（4）不同加工工艺；

（5）加工工艺可以间断。

同时满足上述五个条件的作业，才能单独作为标准成本的制定对象。为便于成本核算和成本控制，在分厂的成本核算办法中规定：在作业标准成本的基础上按树型结构自下而上汇总，产生的零件、部件、总成和整机标准成本应按结果对象，即分厂角度的产成品，在标准成本卡上进行事前归集；根据分厂对各成本项目的可控程度，对当月直接材料和辅助材料的实际发生金额，按单记法的要求分别记入按成本项目开设明细的“基本生产成本”账户和不设明细账户的“直接材料用量差异”和“辅助材料用量差异”账户，对当月燃料及动力费、直接人工、固定制造费用和变动制造费用的实际发生额，按分记法的要求直接记入“基本生产成本”及其明细账户，月末对各成本项目的实际投入成本与标准投入成本的差异，按产出法的原理进行分离，并将各标准成本差异记入相应差异账户。

2. 实施成本决策，改进分厂业绩报告内容

财务报告内容包括：内部会计报表和标准成本差异分析。其中内部会计报表包括五张主表：内部资产负债表、内部利润表、分厂产品生产投入产出表、分厂产品生产成本核算表、分厂制造费用明细表；三张附表：从属于内部利润表的内部产品销售利润明细表、从属于分厂产品生产投入产出表的分厂产品生产投入产出差异表和从属于产品生产成本核算表的产品生产成本差异表。标准成本差异分析包括由成本核算人员进行会计分析和由生产管理人员、技术人员和产品设计人员进行的技术分析。

3. 加强整体控制，建立以公司财务部门为中心的信息流程

柳工在实行分权管理的同时，提出了加强企业整体控制的要求，建立了以公司财务部为中心，以星型结构为特征的信息流程。具体办法是：分厂与公司各职能部门之间、分厂与分厂之间、分厂与公司外部单位和个人之间发生的资金往来不仅要通过公司内部银行办理结算，同时在会计账上也必须反映为公司之间的往来。这一信息流程的特征是：分厂与分厂之间、分厂与公司外部单位之间存在物流，但不存在资金流和信息流，这是公司整体控制原则的基本要求。

4. 应用设计技巧，简化公司对外会计报表编制

在柳工的标准作业成本核算体系设计过程中，遇到了存货计价和报表合并的问题，处理办法为：在分厂成本核算办法中规定了将标准成本调整为分厂实际成本的办法，具体要求：

（1）直接材料、辅助材料和低值易耗品的价格差异应在月末库存量和当月生产用量之间按标准成本比例分配。

（2）燃料动力价格差异和应由公司负担的直接用量差异、辅助材料用量差异、燃料动力用量差异、直接人工差异、固定制造费用差异和变动制造费用差异应在整个公司的完工产品和在产品之间按标准成本比例分配。

（3）分厂上交公司的内部利润与公司弥补分厂的内部亏损之间的差额和内部银行借款利息收入与内部银行存款利息支出的差额同样应在整个公司的完工产品和在产品之间按标准成本比例分配。

（4）总的完工产品或在产品的标准成本差异可按总装分厂的各种产品成本差异和其他分厂按各种产品成本差异和其他分厂按公司产品区分的总成的标准成本差异之和进行分

配；整机的对外销售应按实际成本结转产品销售成本，散件的对外销售可按内部转移价格结转产品销售成本。

广西柳工机械股份有限公司的标准成本、作业成本与企业内部转移价格的有机结合体系中，标准成本是基础，作业成本是升华，企业内部转移价格是控制中枢。三者的结合应用推动管理会计科学的发展，提高企业内部的成本核算与成本管理水平。

要求：结合上述资料，讨论柳工标准成本作业在成本控制方面体现了哪些针对性特点？成本控制如何使责任更加明确，控制更加有效？如何保证目标成本得以实现？

思考练习题

（一）讨论题

1. 分类法的基本特点和适用范围是什么？
2. 分类法成本计算的一般程序如何？
3. 联产品和副产品有什么区别？
4. 定额成本法下产品的实际成本是如何确定的？
5. 定额成本的调整在成本核算中如何处理？
6. 标准成本法和定额成本法有哪些不同？
7. 标准成本制度的主要内容有哪些？
8. 如何进行各种成本差异的处理？

（二）单选题

1. 定额成本与计划成本的关系是（　　）。

A. 两者毫无关系

B. 两者是同义词

C. 前者是根据计划期内平均定额计算的成本，后者是根据现行定额计算的成本

D. 前者是根据现行定额计算的成本，后者是根据计划期内平均定额计算的成本

2. 采用分类法，主要是为了（　　）。

A. 简化各种产品成本计算　　B. 准确计算各种产品的成本

C. 简化各类产品成本计算　　D. 分类计算产品成本

3. 产品成本计算的分类法适用于（　　）。

A. 可以按照一定标准分类的产品

B. 大量大批生产的产品

C. 品种、规格繁多，而且可以按照一定标准分类的产品

D. 品种、规格繁多的产品

4. 企业在生产主要产品的过程中，附带生产出的一些非主要产品，称为（　　）。

A. 废品　　B. 残次品　　C. 联产品　　D. 副产品

5. 联产品成本计算应该采用（　　）。

A. 分批法　　B. 分类法　　C. 分步法　　D. 定额法

6. 采用定额法时，产品实际所消耗材料应分配的材料成本差异的计算方法是（　　）。

A. 材料定额费用×材料成本差异率

B. 材料实际消耗量×材料成本差异率

C. （材料定额费用±材料脱离差异）×材料成本差异率

D. 材料定额消耗量×材料计划单价×材料成本差异率

7. “材料成本差异”科目的借方余额反映材料成本的（　　）。

A. 超支差异　　B. 节约差异　　C. 计划成本　　D. 实际成本

8. 材料价格差异应由（　　）负责。

A. 生产部门　　B. 采购部门　　C. 人事部门　　D. 财务部门

（三）多选题

1. 采用定额比例法分配完工产品和在产品费用，应具备的条件有（　　）。

A. 定额管理基础较好　　B. 月末在产品数量变化较大

C. 月末在产品数量变化较小　　D. 各项消耗定额或费用定额较准确、稳定

2. 采用限额法时，在（　　）情况下，某种材料实际领料金额小于限额领料金额的差异为该种材料脱离定额的差异。

A. 投产数量小于规定的产品数量　　B. 车间期初、期末均没有余料

C. 投产数量等于规定的产品数量　　D. 车间期初、期末余料的数量相等

3. 将分类法和定额法归为产品计算的辅助方法，是因为这两种方法（　　）。

A. 与生产类型特点没有直接的联系　　B. 必须与成本计算的基本方法结合使用

C. 对于成本管理并不重要　　D. 不是计算产品实际成本必不可少的方法

4. 采用分类法确定产品成本系数时，对同类产品中标准产品的选择标准有（　　）。

A. 规格比较适中　　B. 生产稳定　　C. 产量小　　D. 产量大

5. 固定性制造费用差异包括（　　）。

A. 能力差异　　B. 价格差异　　C. 效率差异　　D. 开支差异

（四）判断题

1. 在定额法下，退料单中所列的原材料数额和限额领料单中的原材料余额，都是原材料脱离定额的超支差异。（　　）

2. 实际工作中，有的企业也可以根据需要单独采用定额法计算产品成本。（　　）

3. 副产品成本计算主要是副产品的计价。（　　）

4. 定额变动差异是指在生产过程中生产费用的实际支出脱离现行定额的数额。（　　）

5. 产品标准成本＝产品计划产量×单位产品标准成本。（　　）

6. 变动性制造费用标准分配率＝变动性制造费用预算总额÷标准工时。（　　）

（五）计算与核算题

1. 某企业采用分类法进行产品成本核算，A类产品包括甲、乙、丙三个品种，其中甲产品为标准产品。类内费用分配的方法是原材料以用料系数为标准，其他费用按定额工时比例分配。其分配系数如下表所示：

分配系数表

品名	用料系数	单位产品工时定额
甲	1	10
乙	0.6	12
丙	1.52	18

11月份完工产品数量为A产品2 000件，B产品4 000件，C产品5 000件。本月成本及费用如下表所示：

甲类产品成本明细账

单位：元

项　目	直接材料	直接人工	制造费用	合计
月初在产品成本（定额成本）	9 000	12 000	13 200	34 200
本月生产费用	106 200	108 000	136 800	351 000
生产费用累计	115 200	120 000	150 000	385 200
完工转出产成品成本	108 000	94 800	142 200	345 000
月末在产品成本（定额成本）	7 200	25 200	7 800	40 200

要求：

(1) 计算A类产品各费用分配率。

(2) 编制A类产品各种产品成本计算表。

2. 某企业生产甲产品采用定额法计算成本，本月该种产品的原材料费用如下：

(1) 月初在产品定额费用1 500元，月初在产品脱离定额差异为超支44元，月初在产品定额成本调整降低60元；

(2) 本月定额费用8 560元，完工产品定额费用7 000元，本月脱离定额差异为节约204元；

(3) 本月原材料成本差异率为－2%；

(4) 材料成本差异和定额变动差异均由完工产品成本负担，脱离定额差异在完工产品与月末在产品之间按定额费用比例分配。

要求：

(1) 计算月末在产品原材料定额费用；

(2) 计算原材料脱离定额差异分配率；

(3) 计算本月原材料费用应分配的材料成本差异；

(4) 计算本月完工产品原材料实际费用；

(5) 计算月末在产品原材料实际费用（列出算式）。

3. 某公司大批量生产A产品，其采用定额法计算成本，材料成本差异和定额变动差异均由完工产品成本负担，脱离定额差异在完工产品与月末在产品之间按定额费用比例分配。A产品定额成本及脱离定额差异如下表所示：

单位：元

项　目		直接材料	直接人工	制造费用	合计
月初在产品成本	定额成本	20 000	4 000	12 000	36 000
	定额差异	－1 570	＋280	－1 800	－3 090
本月生产费用	定额成本	100 000	17 000	62 000	179 000
	定额差异	2 000	＋1 400	＋3 280	2 680

A产品本月原材料成本差异率为－2%。本月初该企业将材料消耗定额由80元调整为

76 元，月初在产品定额费用为 20 000 元（按旧材料消耗定额计算）。A 产品单位产品定额成本：直接材料 550 元，直接人工 94.5 元，制造费用 342 元。A 产品本月份完工 200 件，在产品 100 件。

要求：计算本月 A 产品总成本和月末在产品成本。

4. 某公司本期生产某产品 1 500 件，实际耗用工时 11 800 工时，单位产品的工时耗用标准为 8 工时，本期预算固定性制造费用为 81 200 元，标准费用分配率为 12 元，实际固定性制造费用 83 100 元；本期变动性制造费用的实际分配率为 4.80 元，费用标准分配率为每一直接人工工时 5.50 元。

要求：

（1）计算并分析固定性制造费用差异和变动性制造费用差异；

（2）对差异进行相关的会计处理。

CHAPTER

8 第八章 其他行业成本核算

本章概要

本章将简要介绍商品流通企业、施工企业、房地产开发企业和交通运输企业等几个主要行业成本核算的对象、特点及核算程序。

通过本章学习，要了解不同行业的特点对成本核算的要求，成本核算的具体内容与成本管理要达到的目的。了解和掌握成本对象的确定、费用的归集和分配方法、成本的构成内容以及成本计算的具体做法。掌握不同企业成本核算所设置的账户、核算内容、核算程序、完工产品与销售产品成本的确定与结转等。

第一节　商品流通企业成本核算

一、商品流通企业及其特点

商品流通企业的主要经营活动是组织商品流转，以商品的进销差价弥补企业的各项费用和支出，从而获取利润。商品流通企业的资金运动形态是由货币资金到商品资金再到货币资金，主要形式是货币与商品的相互转换。

商业流通企业的规模大小各异，经营方式多样，经营品种和经营特点各不相同。企业根据各自经营的特点和经营管理的需要，为正确核算商品流转业务，反映库存商品进销存情况和库存商品的成本变动情况，计算企业的经营成果，针对商业企业经营商品的种类和流量等，可以采用不同的方法核算商品流转业务。商品流转的核算方法主要有进价核算法和售价核算法两种。进价核算法和售价核算法又可各自分为数量金额核算法和金额核算法。

二、商品流通企业成本的核算方法

商品流通企业由于没有产品生产环节，因而也就不存在生产资金的耗费过程。这一特点决定了其成本核算只包括商品采购成本和销售商品的费用两方面内容。销售商品的费用属于期间费用，直接计入当期损益。因此，商品流通企业的成本核算主要是商品采购成本的核算与商品销售成本的核算。

（一）商品采购成本的构成

企业的各类存货应以其历史成本入账，即以采购成本入账。企业购进商品的入账价格应为商品的实际采购成本，即在采购过程中发生的支出，包括买价和与其有关的税金和采购费用。这里的买价是指已扣除商业折扣但包括现金折扣的存货价格，这里的税金是指采购货物应支付的海关关税、消费税、资源税等税金，但不包括企业垫付的应向购买者收取的增值税。商品流通企业在采购商品过程中发生的运输费、装卸费、保险费以及其他可归属于存货采购成本的费用等进货费用，也应计入所购商品成本。实务中，企业也可以将发生的运输费、装卸费、保险费以及其他可归属于存货采购成本的费用等进货费用先进行归集，期末，按照所购商品的存销情况进行分摊。对于已销售商品的进货费用，计入主营业务成本；对于未售商品的进货费用，计入期末存货成本。

（二）进价核算法

进价核算法是按库存商品的购进价格来反映商品的进、销、存情况的核算方法。购进价格即为商品采购成本，以实际采购总成本除以验收数量，计算购进商品的单位成本。这种方法又可以分为数量进价金额核算法和进价金额核算法。

1. 数量进价金额核算法

数量进价金额核算法是对库存商品总分类核算实行按进价金额核算和监督的同时，对库存商品的明细核算既提供其进价金额指标也反映其实物数量指标的核算方法。其基本内容如下：

（1）进价记账。会计部门对库存商品总账和明细账的进、销、存金额均按进价记载。

（2）在库存商品总账控制下，按商品的品名、规格、等级和编号分户进行明细核算。库存商品明细账对每种库存商品的增减和结存情况，既反映金额又反映数量。

（3）对经营品种繁多的企业，要设置库存商品类目账，记载各大类商品进、销、存的进价金额。

（4）采用适当方法随时或定期结转销售商品成本。

数量进价金额核算法的优点是能够全面反映各种商品的进、销、存的数量和金额，便于从数量和金额两个方面进行控制，有利于业务开展和管理安全。但是，由于每笔进销货业务都要填制凭证，按商品的品种逐笔登记明细分类账，核算工作量大，手续较烦琐。

2. 进价金额核算法

进价金额核算法又称为“进价记账、盘存计销”核算法，是指库存商品的总分类账户和明细分类账户都只反映商品的进价金额、不反映实物数量的一种核算方法。由于这种方法不记实物数量，所以必须通过对库存商品的实地盘点计算出期末结存金额，才能倒算出已销商品的销售成本。具体内容如下：

（1）库存商品的总分类账和明细分类账都以进价入账，只记金额，不记数量。

（2）库存商品的明细账按商品的大类或者柜组设置，对于需要掌握数量的商品，可设置备查簿。

（3）平时销货的账务处理，只核算销售收入，不核算销售成本。月末采取以存计销的方式，通过实地盘点库存商品，倒挤出商品的销售成本。计算公式如下：

$$\text{本期销售商品成本} = \text{期初库存商品进价总额} + \text{本期进货总金额} - \text{期末库存商品进价总额}$$

采用进价金额核算法可以简化核算手续，节约人力、物力。但是，该核算方法平时不能反映商品进、销、存的数量，只能于月末采用盘存计销方法倒算商品的销售成本，对商品的损耗或差错事故不能有效控制。数量进价金额核算法适用于能按商品品种提供收付数量及金额的商品流通企业。进价金额核算法适用于售价变化比较频繁、实物数量不易控制的经营鲜活商品的零售企业。

（三）售价核算法

售价核算法是以库存商品的销售价格来反映商品的进、销、存情况的核算方法。采用这种方法时，必须设置“商品进销差价”账户，核算商品的售价金额与进价金额之间的差额，以便调整库存商品的售价金额，并计算已销商品的进价成本。

1. 数量售价金额核算法

数量售价金额核算法是指库存商品总分类账户和明细分类账户除均按售价金额反映外，明细分类账户还必须同时反映商品实物数量的核算方法。具体内容如下：

（1）库存商品的总分类账和明细分类账统一按售价记账。总分类账反映库存商品的售价总额，明细分类账反映各种商品的实物数量和售价总额。

（2）库存商品的明细分类账按商品的编号、品名、规格、等级分户，按商品的收、付、存分栏记载数量和金额。

（3）设置“商品进销差价”账户，记载库存商品售价金额与进价金额之间的差额，定期结转已销商品的进销差价。与“库存商品”和“主营业务成本”账户相结合，据以计算已销商品的进价成本和库存商品的进价成本。

数量售价金额核算法能够按照商品的品名、规格反映和监督商品的进、销、存数量和售价金额的变动情况，便于加强对库存商品的管理和控制。但是，由于采用售价记账，遇有商品售价变动，就要盘点库存商品，调整库存商品的金额和差价，故核算工作量较大。

2. 售价金额核算法

售价金额核算法又称“售价记账，实物负责制”，是指商业企业在建立实物负责制的基础上，库存商品的总分类账户和明细分类账户都只反映商品的售价金额，不反映商品的实物数量的核算方法。具体内容如下：

（1）售价记账，金额控制。财会部门对库存商品的增减变动和结存情况，均按商品的售价金额记入库存商品总账和明细账，库存商品总账和明细账只登记售价金额，不登记数量，通过库存商品的售价金额来控制商品数量。

（2）设置“商品进销差价”账户，用来调整库存商品记录的售价金额，以正确反映库存商品的实际成本。

（3）设置“库存商品”明细账户，用售价金额反映和控制各实物负责人所经管的商品增减变化和结存情况。

（4）加强商品的盘点。“库存商品”明细分类账户是按售价记账的，没有数量控制，只有盘点才能确定实际数量。

（5）按照经营和保管商品的岗位建立实物负责制，加强价格管理，健全有关制度。必须严格按照各种制度规定办理业务，填制有关的业务凭证，以便据以入账，使账簿资料能够有效地控制商品的实物数量。

采用售价金额核算法，可以简化核算的手续，减少工作量。该方法是零售企业商品核算的主要方法。其不足之处在于，因为只记金额不记数量，库存商品账无法提供商品进、销、存的数量，不利于对商品的数量控制。

数量售价金额核算法一般适用于小型批发企业和经营贵重物品的零售企业。售价金额核算法适用于一般的零售企业。随着会计电算化系统的不断开发和完善，越来越多的企业采用按进价来核算与结转商品成本的方法。

三、商品销售成本的核算

（一）数量进价金额核算法

商品流通企业的商品销售成本是指已销售商品的进价成本（或实际采购成本）。商业企业在商品销售之后，不但要正确核算商品的销售收入，还要正确核算商品的销售成本，商品销售成本计算和结转的正确与否，直接影响到企业期末库存商品价值的真实性和当期经营成果的准确性。因此，正确计算和结转商品销售成本，是企业商品流通核算中一项十分重要的工作。

商品销售成本的结转时间，有按日与定期两种。除经营品种简单、商品整进整出或整进分批销出并能分清批次的企业（如进出口商品的销售）可采用按日结转外，一般企业都采用定期结转。定期结转一般为按月结转。

企业购进商品时，每次进货的单价、数量、时间都不尽相同，因此，需要采用适当的方法确定商品的销售成本。在采用数量进价金额核算的情况下，除库存商品明细账按进货批次或同一进货单价设置，可以按照原进货单价直接确定销售商品的销售成本外，凡按商品品名、编号、规格、等级设户的，都必须采用一定的方法对销售的商品确定适当的进货单价，据以计算商品销售成本。库存商品采用数量进价金额核算的企业，其商品销售成本的计算方法主要有个别计价法、加权平均法、移动平均法、先进先出法和毛利率计算法等。

1. 个别计价法

个别计价法也称分批实际进价法，是以该批销售商品的实际进货单价乘以销售数量求得商品销售成本的方法。其计算公式为：

商品销售成本＝某批销售商品数量×该批商品原进货单价

采用这种方法，要求对不同批次购进的商品分别保管。销售商品时，发货凭证要注明销售商品的原进货批次、保管单位和货位号码，以保证发出商品的进价成本能按照其实际进货单价计算。

这种计算方法的优点是，计算的销售成本准确，符合实际情况，有利于存货盘点和计算升耗。该法适用于整批购进、整批或分批销售，能分别保管、分清进销批次的商品。

2. 加权平均法

加权平均法是按每一库存商品明细账户一定时期的期初结存金额加上本期收入金额（如有本期其他付出，应予减除），除以期初结存数量加上本期收入数量（如有本期其他付出，应予减除），计算出每种商品的加权平均单价，再乘以该种商品的销售数量，计算商品销售成本的方法。其计算公式为：

$$\text{加权平均单价}=\left(\text{期初结存金额}+\text{本期收入金额}\right)\div(\text{期初结存数量}+\text{本期收入数量})$$

商品销售成本＝本期销售商品数量×加权平均单价

其他付出是指出售商品以外的商品减少，如盘亏商品、拨付加工商品、进货退出等。这些业务发生时，即按期初结存商品的单价计算出其进价并予以结转，所以在计算销售成本的加权平均单价中应予扣除。

加权平均单价有的是未除尽而四舍五入的近似值。为保持期末库存商品结存金额与月末结存数量乘以加权平均单价所得金额一致，可以采用先计算库存商品期末结存金额，然后倒挤出商品销售成本的方法。其计算公式为：

期末库存商品金额＝期末结存数量×加权平均单价

$$\text{商品销售成本}=\text{期初结存商品金额}+\text{本期收入商品金额}+\text{本期其他付出商品金额}-\text{期末库存商品金额}$$

【例 8-1】

现举例说明采用加权平均法计算销售商品成本，相关资料见表 8-1。

表 8-1 库存商品明细账

品名： 单位： 规格： 等级： 编号：

×年		凭证字号	摘要	收入			付出				结存		
				数量	单价	金额	数量		单价	金额	数量	单价	金额
月	日			购进			销售	其他					
5	1		期初余额								300	50	15 000
	10		购进	900	60	54 000					1 200		
	11		销售				800				400		
	18		购进	600	70	42 000					1 000		
	20		销售				800				200		
	23		购进	200	80	16 000					400		
	31		本月发生额及月末余额	1 700		112 000	1 600		63.5	101 600	400	63.5	25 400

根据账簿资料，计算商品的加权平均单价和该月销售商品成本为：

加权平均单价＝(15 000＋54 000＋42 000＋16 000)÷(300＋900＋600＋200)
＝63.5(元)

商品销售成本＝1 600×63.5 ＝101 600(元)

月末库存商品成本为：

期末库存商品金额＝400×63.5＝25 400(元)

编制结转商品销售成本的会计分录：

借：主营业务成本 101 600
　贷：库存商品 101 600

采用加权平均法计算商品销售成本，结果比较准确和均衡，但这种计算方法工作量较大。因此，该方法适用于经营商品品种较少的企业和前后各批次进价相差幅度较大的商品。

3. 移动平均法

移动平均法是在每次购入商品时，将原库存金额与本次购进的金额相加，除以原结存数量与本次购进数量之和，计算出移动加权平均单价，在下次进货以前出售的商品均按此单价计算销售成本的方法。其计算公式为：

移动加权平均单价＝(原库存金额＋本次购入金额)÷(原库存数量＋本次购入数量)

商品销售成本＝商品销售数量×移动加权平均单价

【例8-2】

承例8-1，库存商品明细账资料如表8-1所示，采用移动平均法计算商品销售成本。

5月10日，购进商品后计算加权平均单价：

移动加权平均单价＝(15 000＋54 000)÷(300＋900)＝57.5(元)

5月11日，销售商品成本的计算方法如下：

商品销售成本＝57.5×800＝46 000(元)

结存商品成本＝57.5×400＝23 000(元)

5月18日，

购进商品后的加权平均单价＝(3 000＋42 000)÷(400＋600)＝65(元)

5月20日，

销售商品的成本＝65×800＝52 000(元)

结存商品成本＝65×200＝13 000(元)

5月23日，

购进商品加权平均单价＝(13 000＋16 000)÷(200＋200)＝72.5(元)

该商品月末结存400件：

月末存货成本＝72.5×400＝29 000(元)

编制结转商品销售成本的会计分录：

借：主营业务成本　　98 000

　贷：库存商品　　98 000

采用移动加权平均法计算商品销售成本，计算的结果比较准确，但这种方法计算工作量较大，因此适用于进货次数不多的商品。

4. 先进先出法

先进先出法是建立在假定先购进的商品先销售的基础上，采用这种方法，每批销售商品的成本按库存商品中最先购进的那批单价计算，如果销售商品的数量超过库存商品中最先购进的那批数量，超过部分依次按下一批购进商品的单价计算。

【例8-3】

承例8-1，库存商品明细账资料如表8-1所示，采用先进先出法计算并结转商品销售成本。

5月11日，发出商品的销售成本为：

300×50+500×60=45 000(元)

5月20日，发出商品的销售成本为：

400×60+400×70=52 000(元)

5月份，发出商品总的销售成本为：

45 000+52 000=97 000(元)

月末结存商品的成本为：

15 000+54 000+42 000+16 000−97 000=30 000(元)

编制结转商品销售成本的会计分录：

借：主营业务成本　　97 000

　贷：库存商品　　97 000

采用先进先出法计算商品销售成本，符合需要保鲜、容易变质、有一定有效期限的商品的流转规律，计算的期末库存商品价值较接近实际。但在通货膨胀的条件下，以此方法计算出的商品销售成本与实际相背离。另外，采用这种计算方法要依次查明有关各批商品的实际进货单价，因此工作量较大。所以，这种方法适用于经营商品时效性强、商品品种不太复杂的企业。

5. 毛利率计算法

毛利率计算法是根据本月实际商品销售收入净额和本季计划或上季实际毛利率，先匡算本月商品销售毛利，再据以计算本月商品销售成本的方法。其计算公式为：

$$\text{本月商品销售收入净额}=\text{本月商品销售收入}-\text{销售折扣与折让}$$

$$\text{本月商品销售毛利}=\text{本月商品销售收入净额}\times\begin{matrix}\text{上季实际毛利率}\\ \text{或本季计划毛利率}\end{matrix}$$

$$\text{本月商品销售成本}=\text{本月商品销售收入净额}-\text{本月商品销售毛利}$$

或按以下公式计算：

$$\begin{matrix}\text{本月商品}\\ \text{销售成本}\end{matrix}=\begin{matrix}\text{本月商品销售}\\ \text{收入净额}\end{matrix}\times\left(1-\begin{matrix}\text{上季实际毛利率或}\\ \text{本季计划毛利率}\end{matrix}\right)$$

毛利率计算法按大类或全部商品计算商品销售成本，所以计算手续比较简便，但计算结果往往不够准确。因此，这种方法一般为经营品种较多，采用前几种方法计算销售成本有困难的企业，在每季度的第一、二个月采用，到季末，需选用前几种方法之一，计算出全季度的商品销售成本，用全季度的商品销售成本减去前两个月已结转的商品销售成本，即为第三个月应结转的商品销售成本。这样，能够保证全季度商品销售成本计算得比较准确。

【例8-4】

天都商贸公司月初小家电库存成本为146 000元，本月购进850 000元，销售收入1 200 000元，销货退回与折让合计10 000元，上季度该类商品的销售毛利率为25%，计算本月已经销售的小家电销售成本和结存成本。

本月销售净额＝1 200 000－10 000＝1 190 000(元)

本月销售毛利＝1 190 000×25%＝297 500(元)

销售成本＝1 190 000－297 500＝892 500(元)

或者：

销售成本＝1 190 000×(1－25%)＝892 500(元)

库存商品成本＝146 000＋850 000－892 500＝103 500(元)

编制结转商品销售成本的会计分录：

借：主营业务成本　　892 500

　贷：库存商品　　892 500

以上介绍的几种商品销售成本计算方法各有其特点，企业应根据各自的不同情况适当选用，但商品销售成本的计算方法一经确定，不得随意变更，如需变更，应在会计报表附注中予以说明。

（二）售价金额核算法

实行售价金额核算的企业，由于平时按含税售价注销库存商品，结转商品销售成本，因此月末为了核算本月商品销售业务成果，需计算销售商品应分摊的进销差价（包括不含税的售价与进价之间的差额和应向购买者收取的增值税税额），调整“主营业务成本”和“商品进销差价”账户余额，以正确计算库存商品价值和商品销售成果。为正确计算销售商品应分摊的进销差价数额，企业必须根据经营管理的实际情况和核算的具体要求，选择适当的计算方法。计算销售商品应分摊的进销差价的方法有：综合差价率计算法、分类（或柜组）差价率计算法和盘点商品实际进销差价计算法。

1．综合差价率计算法

综合差价率计算法是根据月末企业全部商品存销比例平均分摊商品进销差价的方法。其计算程序为：

（1）计算本月存销商品的综合差价率。公式如下：

$$\text{综合差价率}=\text{月末分摊前“商品进销差价”账户余额}\div\left(\text{月末“库存商品”账户余额}+\text{月末“受托代销商品”账户余额}+\text{本月“主营业务收入”账户贷方发生额}\right)\times 100\%$$

（2）计算本月销售商品应分摊的进销差价。公式如下：

$$\text{本月销售商品应分摊的进销差价}=\text{本月“主营业务收入”账户贷方余额}\times\text{综合差价率}$$

$$\text{月末库存商品应保留的进销差价}=\text{月末分摊前“商品进销差价”账户余额}-\text{本月销售商品应分摊的进销差价}$$

【例 8-5】

天宝百货公司某月月末有关账户的资料如表 8-2 所示。

表 8-2

单位：元

组别	月末分摊前“商品进销差价”账户余额	月末“库存商品”账户余额	本月“主营业务收入”贷方发生额
百货组	86 240	168 000	312 000
食品组	140 160	384 000	432 000
服装组	139 800	419 400	512 600
合计	366 200	971 400	1 256 600

根据以上资料，用综合差价率法计算已销商品应分摊的进销差价：

综合差价率＝366 200÷(1 256 600＋971 400)×100%＝16.44%

本月销售商品应分摊的进销差价＝1 256 600×16.44%＝206 585.04(元)

根据以上计算结果，作账务处理如下：

借：商品进销差价　　206 585.04

　贷：主营业务成本　　206 585.04

由于商品流通企业的售价一般都是含税售价，这样，不含税的进价成本与含税的售价之间的差额体现在商品进销差价中。计算的差价率也包含了增值税的因素。经过以上结转，将“主营业务成本”账户中平时结转的含税售价成本调整成为不含税的实际成本；“商品进销差价”账户余额亦调整成为库存商品（包括受托代销商品）应保留的进销差价。

综合差价率计算法计算手续比较简单，但由于是多类商品综合计算的差价率，而各类商品的进销差价是存在一定差异的，各种商品的差价率不尽相同，商品的存销比重也不可能相同，这些都会影响综合差价率的准确性。

2. 分类（或柜组）差价率计算法

分类（或柜组）差价率计算法，是按商品大类或柜组分别计算综合差价率，据以计算各大类或柜组销售商品应分摊的进销差价，并汇总计算全部销售商品应分摊的进销差价的方法。采用这种方法，“商品进销差价”、“库存商品”、“主营业务收入”和“主营业务成本”等账户均应按商品大类或柜组分户设置明细账。

【例 8-6】

承例 8-5，用分类（或柜组）差价率计算法计算已销售商品进销差价，如表 8-3 所示。

表 8-3

单位：元

组别	“商品进销差价”账户余额	“库存商品”账户余额	“主营业务收入”账户贷方发生额	进销差价率	已销商品差价
百货组	86 240	168 000	312 000	17.97%	56 066.4
食品组	140 160	384 000	432 000	17.18%	74 217.6
服装组	139 800	419 400	512 600	15%	76 890
合计	366 200	971 400	1 256 600	207 174	

根据以上计算结果，作账务处理如下：

借：商品进销差价——百货组　　56 066.4

　　　　　　　——食品组　　74 217.6

　　　　　　　——服装组　　76 890

　贷：主营业务成本——百货组　　56 066.4

　　　　　　　　——食品组　　74 217.6

　　　　　　　　——服装组　　76 890

采用分类（或柜组）差价率计算法，计算的结果较综合差价率计算法准确，但是由于同类（或柜组）商品不同品种的进销差价很可能不一致，存销比例也不尽相同，所以，仍与已销商品应分摊的实际进销差价有一定差距。

3. 盘点商品实际进销差价计算法

盘点商品实际进销差价计算法，是根据库存商品实际盘点的结果，先求出库存商品实际应保留的进销差价，然后倒挤求出销售商品应分摊的进销差价的方法。其具体做法为：在盘点商品时，列出“商品盘点表”，以每种商品的盘存数量，分别乘以该种商品的实际进货单价（或最后一次进货单价）和含税销售单价，求出每种库存商品的实际进价总金额和含税售价总金额；经过加总后，计算出全部库存商品实际进价总金额和含税售价总金额；再用全部库存商品实际含税售价总金额减去进价总金额。计算出全部库存商品期末应保留的进销差价；然后用分摊前“商品进销差价”账户余额减去全部库存商品期末应保留的进销差价，求出销售商品应分摊的进销差价。其计算公式为：

$$\text{期末库存商品应保留的进销差价}=\text{全部库存商品实际含税售价总金额}-\text{全部库存商品实际进价总金额}$$

$$\text{销售商品应分摊的进销差价}=\text{分摊前“商品进销差价”账户余额}-\text{期末库存商品应保留的进销差价}$$

【例8-7】

天宝百货公司家电组12月末分摊前“商品进销差价”账户余额为139 800元，年终盘点结果及进销价格如表8-4所示。

表8-4　　商品盘存及进销价格计算表

组别：家电组　　×年12月31日

商品品种	单位	盘存数量	含税售价		进价		商品进销差价	
			单价	金额	最后进货单价	金额	单价	金额
A	台	1 000	89.4	89 400	80	80 000	9.4	9 400
B	只	2 000	60	120 000	53	106 000	7	14 000
C	台	3 000	70	21 000	60	180 000	10	30 000
合计				419 400		366 000		53 400

根据表8-4资料，计算期末库存商品应保留的进销差价和销售商品应分摊的进销差价如下：

期末库存商品应保留的进销差价＝419 400－366 000＝53 400(元)

销售商品应分摊的进销差价＝139 800－53 400＝86 400(元)

根据计算结果，编制会计分录如下：

借：商品进销差价——家电组　　86 400

　贷：主营业务成本——家电组　　86 400

采用盘点商品实际进销差价计算法，使企业的商品销售成果及库存商品应保留的进销差价计算得较准确，但工作量比较繁重。

第二节　施工企业成本核算

一、施工企业及其特点

（一）施工企业及其产品

施工企业是从事各种建筑物、土木工程、设备安装、机械化施工等建筑安装工程生产活动的企业，它包括各种土木建筑公司、设备安装公司、机械化施工公司以及各种工程施工公司等。施工企业通过施工生产活动，把各种建筑材料变成各类建筑物，把各种机器设备组装起来形成各种生产能力。施工企业的产品为不动产，主要包括建筑工程和设备安装两部分内容。

（1）建筑工程。主要包括各种房屋（如厂房、住宅、仓库等）、各种构筑物（如矿井、铁路、桥梁等）的建筑工程；各种管道（如石油、煤气、蒸汽、自来水和污水等）、输电线和电信导线的铺设工程；设备的基础、支柱、工作台、梯子等砌筑工程；工程地质勘探、拆除旧建筑物、平整土地、建筑场地完工后的清理与绿化工程；矿井开凿、油气井的钻井工程；水库、堤坝等水利工程；防空、防毒等特殊工程。

（2）设备安装工程。主要包括生产、动力、起重、运输、传动、医疗、实验等各种需要安装设备的装置和装配工程，以及为检验安装工程的质量而进行的设备试运行等。

（二）施工企业的特点

施工企业是从事建筑安装工程施工生产活动的企业，其生产过程核算的组织和方法很大程度上取决于建筑安装工程及其施工的特点。

（1）固定性。建筑安装工程的生产位置是固定不变的，必须在建设单位指定的地点进行施工。由于建筑安装工程的固定性，带来建筑安装工程施工的流动性，使得施工机械、设备、材料和工人都必须在各个工地上流动。因此，在组织施工企业会计核算时，应当采用两级核算方式。施工企业进行一级核算，既能准确核算各个工地在建筑安装工程中发生的物化的和活劳动的耗费，又能正确地计算和分摊各种企业间接费用；既能统一结算、确认收入，加强资金的管理和运用，又能统一计算企业经营成果，准确计算缴纳各种税费。施工工地进行二级核算，既能加强施工工地对财产物资的管理，又能准确地进行施工工地的成本核算，还能按照劳动效益进行分配，充分调动各级施工单位和广大职工加强经营管理、提高企业经济效益和提高劳动效率的积极性。

（2）多样性。每一建筑安装工程都有独特的形式和结构，需要单独的设计图纸，采用不同的施工方法和施工组织。因此，施工企业必须按照各项建筑安装工程分别进行成本核算。凡是可以直接计入某项工程的生产费用，应当直接计入该项工程成本；凡应由各项工程共同负担的生产费用，应当由施工企业进行归集，然后按照一定的标准，定期分配计入有关工程成本。

(3) 体积庞大、露天施工受气候条件影响。由于建筑安装工程大多在露天进行，使得施工机械设备等经常在露天存放，受自然力侵蚀影响大。因此，在计算施工机械设备的磨损价值时，除考虑使用中的正常磨损因素外，还必须考虑其受自然力侵蚀的影响因素。

(4) 施工周期较长。建筑产品的施工生产过程是一个规模大、消耗多、周期长的生产性过程。在一般工业企业，产品能够在很短的时间内如几天、几小时甚至几分钟之内生产出来，施工企业的生产一般要跨年度进行，一个大中型建设项目往往要花几年甚至十几年的时间才能完成。

(5) 综合协作。施工生产的涉及面广，社会协作关系复杂。从外部关系来看，施工企业在施工生产过程中需要同建设单位、勘察设计单位、工程监理单位、专业化施工单位、总包单位、分包单位、材料物资供应单位以及运输、公用事业、市政设施、环保、劳动、银行等部门和单位协作配合。施工企业只有处理好与这些单位之间的关系，搞好协作配合，才能保证施工生产的顺利进行。从施工企业内部来看，施工生产是多工种的综合施工作业，要求企业必须具有综合生产技术能力。在一体化经营的情况下，它必须包括勘察、设计、构配件生产、建筑安装施工等全过程，在施工中实行多层次承包，这就要求企业必须处理好各承包层次之间的关系，加强协作配合。另外，施工生产既属于装配性质的作业，又属于现场型作业，物资供应、工艺操作都很复杂，既要按照一定的顺序开展工作，又要求有必要的技术间隔和流水交叉。如果缺乏及时和周密的综合性协调，则人流、物流、财流和工艺流等必然会被随时出现的矛盾所阻塞，致使施工生产无法正常进行。因此，施工企业必须高度重视企业内外的各种协作关系。

二、工程成本的分类

根据建筑安装工程的特点和工程成本管理的要求，施工企业的工程成本一般可以分为工程实际成本、工程预算成本和工程计划成本三种。

(一) 工程实际成本

工程实际成本是在施工过程中为完成一定建筑安装工程而实际发生的施工费用。它综合地反映企业进行工程施工活动的个别耗费水平，是影响工程结算利润的基本因素。工程实际成本可以通过对工程各项施工费用的归集与分配程序计算确定。

(二) 工程预算成本

工程预算成本是指施工企业根据施工图设计确定的建筑安装工程实物量和国家或地区制定的预算定额、预算单价以及有关费用标准计算确定的工程成本。它综合地反映各地区进行工程施工活动的社会平均耗费水平，是施工企业与发包单位结算工程价款的主要依据，也是控制企业成本开支最高限额和考核工程成本节约或超支的重要尺度。

(三) 工程计划成本

工程计划成本是指施工企业以工程预算成本为基础，根据所确定的一定时期内降低工程成本的指标，结合工程的实际情况，在充分考虑各种可能采取的增产节约、内部挖潜等技术组织措施的前提下，通过编制工程成本计划所确定的工程成本。它反映了施工企业在计划期内应达到的工程成本水平，是控制工程成本支出的标准和计划期内降低工程成本的奋斗目标，也是企业落实内部工程成本管理责任制的重要依据。

工程计划成本与工程预算成本比较的差额，就是企业在计划期内需要完成的工程成本降低任务。工程计划成本与工程实际成本相比较，可以考核企业工程成本计划的完成程度。而通过实际成本与预算成本的比较，可以确定工程成本的节约或超支，综合反映企业个别耗费水平与社会平均耗费水平的差距，查明工程成本升降对于工程结算利润变动的影响。

三、施工企业成本核算

（一）工程成本核算对象

工程成本的核算对象，就是在工程成本的计算过程中，为归集和分配费用而确定的费用承担者。成本核算对象一般应根据工程承包合同内容以及施工生产的特点、生产费用发生情况和管理要求来确定。合理确定成本核算对象，是正确组织工程成本核算的重要条件之一。如果工程成本核算对象划分过粗，把相互之间没有联系或联系不大的单项工程和单位工程合并起来，作为一个成本核算对象，就不能反映独立施工的工程实际成本水平，不利于考核和分析工程成本的升降情况；反之，如果工程成本核算对象划分过细，就会出现许多间接费用需要分摊的情况，结果既增加了核算工作量，又难以保证成本核算结果准确。

一般来说，施工企业应该以每一个单位工程作为成本核算对象，这是因为施工图预算是按单位工程编制的，所以按单位工程来确定其实际成本，便于与预算成本相比较，以检查工程预算的执行情况。但是，一个施工企业要承包多个建设项目，每个建设项目的具体情况往往不相同，有的工程规模很大，工期很长；有的是一些规模较小、工期较短的零星改、扩建工程；还有的建设项目，在一个工地上有若干个结构类型相同的单位工程同时施工、交叉作业，共同耗用现场堆放的大堆材料，等等。因此，工程成本核算对象的确定，一般要遵循与施工图预算相适应的原则，以每一独立编制施工图预算的单位工程为依据，根据承包工程的规模大小、结构类型、工期长短以及施工现场条件等具体情况，结合本企业施工组织的特点和加强成本管理的要求，确定建筑安装工程成本核算对象。具体地讲，主要有以下几种划分方法：

（1）建筑安装工程一般应以每一独立编制施工图预算的单位工程为成本核算对象。

（2）一个单位工程由几个施工单位共同施工时，各施工单位都应以同一单位为成本核算对象，各自核算自行完成的部分。

（3）规模大、工期长的单位工程，可以将工程划分为若干部位，以分部的工程作为成本核算对象。

（4）同一建设项目，由同一单位施工，同一施工地点、同一结构类型、开竣工时间相接近的若干个单位工程，可以合并作为一个成本核算对象。

（5）改建、扩建的零星工程，可以将开竣工时间相接近、属于同一建设项目的各个单位工程合并作为一个成本核算对象。

（6）土石方工程、打桩工程，可以根据实际情况和管理需要，以一个单位工程为成本核算对象，或将同一施工地点的若干个工程量较小的单项工程合并作为一个成本核算对象。

(7) 独立施工的装饰工程的成本核算对象，应与土建工程成本核算对象一致。

(8) 工业设备安装工程，可按单位工程或专业项目，如机械设备、管道、通风设备的安装、工业筑炉等作为工程成本核算对象。变电所、配电站、锅炉房等可按所、站、房等安装工程作为成本核算对象。

工程成本核算对象一经确定，不得任意变更，并应及时通知企业内部各有关部门，以统一工程成本核算口径。为了集中反映各个成本核算对象本期应负担的施工费用，企业财会部门应按每一成本核算对象分别设置工程成本明细账（卡），并按成本项目分设专栏，以便归集和分配各成本核算对象的施工费用并计算其工程成本。

（二）工程成本项目

施工费用按经济用途所作的分类，称为工程成本项目。工程成本项目可分为直接成本和间接成本。

1. 直接成本

直接成本是指施工过程中耗费的构成工程实体或有助于工程完成的各项支出，包括以下四项：

(1) 人工费：指企业直接从事建筑安装工程施工人员的工资、奖金、职工福利费、工资性津贴以及劳动保护费等。

(2) 材料费：指施工过程中耗用的构成工程实体或有助于工程完成的原材料、辅助材料、预构件、零配件的成本，以及周转材料的摊销或租赁费等。

(3) 机械使用费：指在施工过程中，使用自有施工机械所发生的机械使用费和租用外单位施工机械的租赁费以及施工机械安装、拆卸、进出场费等。

(4) 其他直接费用：指施工过程中发生的材料二次搬运费、临时设施摊销费、生产工具用具使用费、检验试验费、工程定位复位费、场地清理费等。

2. 间接成本

间接成本是指施工企业内部各单位（如分公司、施工队、工程队、工区等）为组织管理施工生产活动而发生的各项费用支出，包括施工单位管理人员工资、奖金、职工福利费、行政管理用固定资产折旧费及修理费、机物料消耗、低值易耗品摊销、取暖费、水电费、办公费、差旅费、财产保险费、检验试验费、工程保修费、劳动保护费、排污费及其他费用。不包括企业行政管理部门为组织和管理施工生产活动而发生的管理费用。

（三）施工企业工程成本核算的程序

根据以上各成本账户的核算内容，可将工程成本核算的一般程序表述如下：

(1) 分配各项施工费用；

(2) 期末分配和预提由本月工程成本负担的待摊费用和预提费用；

(3) 期末分配结转应由本期工程成本负担的辅助生产费用；

(4) 期末分配结转机械使用费；

(5) 结转已完工程实际成本。

（四）工程成本的核算

1. 人工费用的核算

人工费用的核算应根据企业实行的具体工资制度而定。在计件工资制下，可根据工程任务书和工资结算凭证计算工资费用，并直接计入各有关成本计算对象人工费项目。在计时工资制下，则应根据考勤记录和工资结算凭证，计算出工资分配率，以各个工程实际用工日数为标准进行分配，然后计入各个工程成本。

2. 材料费用的核算

施工企业的材料品种规格繁多，在工程成本中占有较大比重，因此，企业必须严格各种材料的验收领用手续，切实加强对材料的管理和核算。

(1) 对于领料时能够分清受益对象、确定用料数量的，应根据有关领料凭证将材料费直接计入各项工程成本。

(2) 领用时用料数量可以确定，但属于多项工程成本共同耗用的，应在月末根据实际耗用量和有关的材料消耗定额，将共同消耗的材料分配计入各项工程成本。

(3) 领用时既不易确定用料数量、又难以分清成本计算对象的，如沙石、涂料、白灰等，应在期末采用实地盘点法，确定实际盘点数量，结合期初盘点数量和本期领料数量，倒算出本期材料耗用数量，再按照一定标准（如材料的消耗定额、已完工程量）编制大堆材料耗用分配表，分配计入有关成本计算对象。

(4) 施工中使用的周转材料，如模板、挡板、脚手架等，应根据各个成本计算对象的实际领用数量，分别采用定额摊销法、分期摊销法、分次摊销法等，计算当期应摊销额，计入有关成本计算对象。

(5) 工程竣工后施工现场的剩余材料，应进行实地盘点，及时办理退料手续，冲减工程的材料成本。

采用计划成本进行材料日常核算的企业，还应将其耗用材料的计划成本与实际成本之间的差异，根据各成本计算对象实际耗用的材料种类和数量进行分配。

3. 机械使用费的核算

施工单位自用施工机械和运输设备进行机械作业发生的费用，月末应根据不同机械的特点确定分配方法进行分配，主要的分配方法有：台班分配法、预算分配法和作业量法。台班分配法按照各工程成本计算对象使用施工机械的台班数分配费用。该方法主要适用于按单机或机组进行成本核算的施工机械。预算分配法按实际发生的机械作业费占预算规定的机械使用费定额的比率分配费用。该方法适用于不便计算机械使用台班的中小型施工机械。作业量法以各种机械所完成的作业量为基础分配费用。该方法适用于能计算完成作业量的单台或某类机械。

租用施工机械使用费，施工单位只需按合同规定的台班单价、各种机械实际完成的台班数或完成的工作量支付租赁费，并将支付的租赁费直接计入工程成本。

4. 其他直接费用的核算

其他直接费用中所包含的风、水、电、气，是指不包括在材料费预算成本内而单独发生的，可由外部单位提供，也可由企业内部辅助生产部门提供的费用。在由外单位提供的情况下，企业应根据实际耗用数量和规定的价格，办理价款结算，确定受益对象，并采用一定的方法进行分配。在由企业内部辅助生产部门提供的情况下，应先通过“辅助生产成本”账户归集，月末按一定方法将费用结转到工程成本中，其分配方法可以采用直接分配法、一次交互分配法、定额成本分配法、顺序分配法等。

5. 间接费用的核算

间接费用的核算通过“制造费用”账户进行，将发生的各项间接费用先在“制造费用”的账户借方归集，月末按适当的标准分配计入各项工程成本。

（五）已完工程和未完施工成本的核算

建筑安装成本一般以单位工程为成本计算对象。期末，如果工程全部完工，即为竣工工程；如果单位工程尚未全部完工，在月末将完成预算定额规定部分的工程作为已完工程，将已投料施工但尚未达到预算定额规定部分的工程作为未完施工。已完工程实际成本的核算应与工程价款的结算方式相配比。采用竣工后一次结算或分段结算工程价款方式的工程，应按合同规定的工程价款结算期，计算结转已完工程成本。采用按月结算工程价款方式的工程，在月末需要将发生的费用在已完工程和未完施工之间进行分配。

计算已完工程实际成本的关键是月末未完施工成本的确定。未完施工成本的计算方法主要有估价法和估量法。

1. 估价法

估价法是先确定分部（分项）工程中未完工程的预算单价，再乘以未完工程该工序的工程量，确定未完工程预算成本的方法。

2. 估量法

估量法又称约当产量法。是按预算成本和施工进度计算未完工程施工成本的方法。将未完施工各工序的盘点数量，按完成分部分项工程的程度，即工程进度百分比，折合为已完工程数量，然后乘以预算单价，确定期末未完工程预算成本。其公式为：

$$\text{月末未完工程预算成本}=\text{未完工程已完工序盘存数量}\times\text{各工序完工率}\times\text{分部(分项)工程预算单价}$$

如果期末未完施工工程量各期差异较大，以预算成本代替实际成本会使已完工成本有较大的误差，则应将总的工程成本按工程预算比例在本期已完工程和未完施工之间进行分配。其计算公式为：

$$\text{月末未完工程施工成本}=\frac{\text{月末未完工程施工预算成本}\times\text{月初未完工程施工实际成本}+\text{本月施工生产费用本月已完工程预算成本}}{}+\text{月末未完工程施工预算成本}$$

未完施工成本计算出来以后，可按下列公式计算出本月已完工程成本：

$$\text{本月已完工工程成本}=\text{月初未完施工工程成本}+\text{本月发生的施工费用}-\text{月末未完施工工程成本}$$

生产费用在已完工程与未完施工工程之间进行分配后，对于已完工程的实际成本应予以结转，月末按已完工程的实际成本借记“主营业务成本”账户，贷记“工程施工”账户。

（六）竣工工程成本决算

施工工程竣工后，施工企业必须在规定的时间内确定竣工工程的实际成本和预算成本，编制竣工工程成本决算表。表中应按照国家规定的成本项目反映竣工工程的预算成本、实际成本，实际成本与预算成本的差额，实际成本降低额和降低率，以及料、工、机械的用量比较，以便分析工程成本的升降原因，为同类工程积累成本资料。

四、建造合同收入的核算与建造成本的结转

建造合同，是指为建造一项资产或者在设计、技术、功能、最终用途等方面密切相关的数项资产而订立的合同。这里所讲的资产，是指房屋、道路、桥梁、水坝等建筑物以及船舶、飞机、大型机械设备等。建造合同的特征主要表现为：(1) 先有买主（客户），后有标的（资产），建造资产的造价在签订合同时已经确定；(2) 资产的建设期长，一般都要跨越一个会计年度，有的长达数年；(3) 所建造的资产体积大、造价高；(4) 建造合同一般为不可取消的合同。施工企业承接建筑安装工程业务而与发包单位签订的工程承包合同即属于建造合同。

(一) 建造合同的类型

建造合同分为固定造价合同和成本加成合同两类。

1. 固定造价合同

固定造价合同是指按照固定的合同价或固定单价确定工程价款的建造合同。例如，某建造承包商与一客户签订一项建造合同，为客户建造一座体育馆，合同规定建造体育馆的总造价为 4 000 万元。该项建造合同即为固定造价合同。

2. 成本加成合同

成本加成合同是指以合同允许或其他方式议定的成本为基础，加上该成本的一定比例或定额费用确定工程价款的建造合同。例如，甲建造承包商与一客户签订一项建造合同，为客户建造船舶，双方商定以建设该船舶的实际成本为基础，合同总价款以实际成本加上实际成本的 4%计算确定。该项合同即为成本加成合同。

实际工作中，合同价款的确定方式有施工图预算方式、投标造价方式等，这两种方式类似于固定造价合同，而目前以投标方式确定工程造价的占多数。

(二) 合同收入的组成内容

建造工程合同收入包括合同中规定的初始收入和因合同变更、索赔、奖励等形成的收入。

(1) 合同中规定的初始收入。是指建造承包商与客户在双方签订的合同中最初商订的合同总金额，它构成合同收入的基本内容。

(2) 因合同变更、索赔、奖励等形成的收入。这些并不构成合同双方在签订合同时已在合同中商订的合同总金额，而是在执行合同过程中由于合同变更、索赔、奖励等原因而形成的追加收入，建造承包商不能随意确认这部分收入，只有在符合规定条件时才能构成合同总收入。

(三) 合同成本的组成内容

合同成本包括从合同签订开始至合同完成时止所发生的、与执行合同有关的直接费用和间接费用。

(1) 直接费用。是指为完成合同发生的、可以直接计入合同成本核算对象的各项费用支出。包括：耗用的人工费用、材料费、机械使用费及其他直接费用，如技术援助费、施工现场材料的二次搬运费、生产工具和用具使用费、检验试验费、工程定位复测费、工程点交费、场地清理费等。

(2) 间接费用。是指企业下属的施工单位为组织和管理施工生产活动所发生的费用，包括临时设施摊销费和施工单位管理人员工资、奖金、职工福利费、劳动保护费、固定资

产折旧及修理费、物料消耗、低值易耗品摊销、取暖费、水电费、办公费、差旅费、财产保险费、工程保修费、排污费等。

直接费用应在发生时直接计入合同成本，间接费用应当在期末按照系统、合理的方法分摊计入合同成本。与合同有关的零星收益，如合同完成后处置残余物资取得的收益，应当冲减合同成本。

(四) 合同收入的核算与成本的结转

为了总括地核算和监督建造合同收入的实现情况，以及与建造合同收入有关的成本的结转情况和税金的计算情况，施工企业应设置如下会计账户：

(1)"工程施工"账户。该账户核算施工企业实际发生的合同成本和合同毛利。实际发生的合同成本和确认的合同毛利记入该账户的借方，确认的合同亏损记入该账户的贷方，合同完成后，本账户与"工程结算"账户对冲后结平。

(2)"工程结算"账户。该账户核算根据合同完工进度已向客户开出工程价款结算账单办理结算的价款。该账户是"工程施工"账户的备抵账户，已向客户开出工程价款结算账单办理结算的款项记入该账户的贷方，合同完成后，该账户与"工程施工"账户对冲后结平。

(3)"应收账款"账户。该账户核算应收和实际已收的工程进度款，预收的备料款也在该账户核算。已向客户开出工程价款结算账单应收的工程进度款记入该账户的借方，预收的备料款和实际收到的工程进度款记入该账户的贷方。

(4)"主营业务收入"账户。该账户核算当期确认的合同收入。当期确认的合同收入记入该账户的贷方，期末，将该账户的余额全部转入"本年利润"账户，结转后，该账户应无余额。

(5)"主营业务成本"账户。该账户核算当期确认的合同费用。当期确认的合同费用记入该账户的借方，期末，将该账户的余额全部转入"本年利润"账户，结转后，该账户应无余额。

【例 8-8】

万鑫建筑公司签订一项总金额为 900 万元的建造合同，承建一座体育馆，工程已于 2007 年 1 月开工，预计 2009 年底完工。预计工程总成本 800 万元，到 2008 年底，预计工程总成本已为 810 万元。其他有关资料如表 8-5～表 8-7 所示。

表 8-5 **工程其他有关资料** 单位：元

项　目	2007 年	2008 年	2009 年
合同总价款			9 000 000
至今为止已发生的成本	2 000 000	5 832 000	8 100 000
完成合同尚需发生成本	6 000 000	2 268 000	—
已结算工程价款	1 800 000	4 800 000	2 400 000
实际收到价款	1 500 000	3 500 000	4 000 000

1. 确定各年年底合同完工进度

表 8-6 **各年完工进度表** 单位：元

项　目	2007 年	2008 年	2009 年
合同总价款	9 000 000	9 000 000	9 000 000
减：合同预计总成本			
至今为止发生的成本	2 000 000	5 832 000	8 100 000

续表

项　目	2007 年	2008 年	2009 年
合同完工尚需发生的成本	6 000 000	2 268 000	—
合同预计总成本	8 000 000	8 100 000	8 100 000
预计总毛利	1 000 000	900 000	900 000
完工进度	25%	72%	100%

2. 计量确认各年年底收入、费用和毛利

表 8-7　　各年计量和确认的收入与费用　　单位：元

项　目	年末累计	以前年度确认	本年度确认
2007 年			
收入（9 000 000×25%）	2 250 000		2 250 000
毛利（1 000 000×25%）	250 000		250 000
费用（收入－毛利）	2 000 000		2 000 000
2008 年			
收入（9 000 000×25%）	6 480 000	2 250 000	4 230 000
毛利（900 000×72%）	648 000	250 000	398 000
费用（收入－毛利）	5 832 000	2 000 000	3 832 000
2009 年			
收入 9 000 000	9 000 000	6 480 000	2 520 000
毛利 900 000	900 000	648 000	252 000
费用（收入－毛利）	8 100 000	5 832 000	2 268 000

3. 有关账务处理及在会计报表中的披露

(1) 2007 年编制会计分录如下：

①登记实际发生的合同成本。

借：工程施工　　2 000 000

　贷：应付职工薪酬、原材料等　　2 000 000

②登记已结算的工程价款。

借：应收账款　　1 800 000

　贷：工程结算　　1 800 000

③登记已收的工程价款。

借：银行存款　　1 500 000

　贷：应收账款　　1 500 000

④登记确认的收入、费用和毛利。

借：工程施工——毛利　　250 000

　　主营业务成本　　2 000 000

　贷：主营业务收入　　2 250 000

(2) 2007 年建造合同在会计报表中的披露：

①在资产负债表中披露下列信息：

应收账款。根据“应收账款”账户余额填列。金额为 300 000 元（1 800 000－1 500 000）。

已完工尚未结算款。本项目应在流动资产类项目中列示，反映在建合同已完工部分但尚未办理结算的价款，根据“工程施工”账户余额减“工程结算”账户余额后的差额填列，金额为 450 000 元（2 250 000－1 800 000）。

②在利润表披露下列信息：

主营业务收入。根据“主营业务收入”账户本年贷方发生额填列，金额为 2 250 000 元。

主营业务成本。根据“主营业务成本”账户本年借方发生额填列，金额为 2 000 000 元。

③在会计报表附注中披露下列信息：

确定合同完工进度的方法。本合同完工进度根据累计实际发生的合同成本占合同预计总成本的比例确定。

在建工程累计已经发生的成本。根据“工程施工”账户的余额扣除毛利后的余额填列，金额为 2 000 000 元。

在建工程已结算价款。反映在建合同累计已办理结算的工程价款，根据“工程结算”账户的余额填列，金额为 1 800 000 元。

合同总金额。9 000 000 元

（3）2008 年账务处理：

①登记实际发生的合同成本。

借：工程施工　　3 832 000

　贷：应付职工薪酬、原材料等　　3 832 000

②登记已结算的工程价款。

借：应收账款　　4 800 000

　贷：工程结算　　4 800 000

③登记已收的工程价款。

借：银行存款　　3 500 000

　贷：应收账款　　3 500 000

④登记确认的收入、费用和毛利。

借：工程施工——毛利　　398 000

　　主营业务成本　　3 832 000

　贷：主营业务收入　　4 230 000

（4）2008 年建造合同在会计报表中的披露：

①在资产负债表中披露下列信息：

应收账款。根据“应收账款”账户余额填列。金额为 1 600 000 元。

已结算尚未完工款。本项目应在流动负债类项目中列示，反映在建合同未完工部分但已办理结算的价款，根据“工程结算”账户余额减“工程施工”账户余额后的差额填列，金额为 120 000 元（1 800 000＋4 800 000－2 250 000－4 230 000）。

②在利润表和附注中披露的信息与 2007 年基本相同。

（5）2009 年账务处理：

①登记实际发生的合同成本。

借：工程施工　　2 268 000

　贷：应付职工薪酬（原材料）　　2 268 000

②登记已结算的工程价款。

借：应收账款 2 400 000

贷：工程结算 2 400 000

③登记已收的工程价款。

借：银行存款 4 000 000

贷：应收账款 4 000 000

④登记确认的收入、费用和毛利。

借：工程施工——毛利 252 000

主营业务成本 2 268 000

贷：主营业务收入 2 520 000

工程完工时，将“工程施工”账户的余额与“工程结算”账户的余额对冲。

借：工程结算 9 000 000

贷：工程施工——毛利 900 000

工程施工 8 100 000

(6) 2009 年建造合同在会计报表中的披露：

由于该项工程在2009年已经全部完工，工程价款已全部办理结算手续并已收讫，因此只需在利润表中披露当年确认的收入与费用即可。

(五) 建造合同预计损失的确认与核算

根据建造合同准则与企业会计制度的规定，如果合同预计总成本超过合同预计总收入，出于会计上的稳健原则考虑，应将预计损失立即确认为当期费用，计入当期损益。计提预计合同损失时，借记“资产减值损失”账户，贷记“预计损失准备”账户。

为了核算和监督建造合同预计损失的计提情况，施工企业应设置如下会计账户：

(1)“资产减值损失”账户。该账户属于损益类账户，用来核算施工企业当期确认的合同预计损失。其借方登记企业当期确认的合同预计损失；贷方登记期末转入“本年利润”账户的合同预计损失；期末结转后，该账户应无余额。

(2)“预计损失准备”账户。该账户属于资产类账户，用来核算建造合同计提的损失准备。其贷方登记企业在建合同计提的损失准备；建造合同完工后，应将该账户的余额调整“主营业务成本”账户。

现举例说明建造合同预计损失的核算方法。

【例8-9】

万鑫建筑公司与客户签订一项建造合同，合同总金额为500万元，工期两年，最初预计总成本410万元。第一年实际发生成本300万元，预计为完成合同尚需发生成本250万元。假定该合同的结果能够可靠地估计。该公司账务处理如下：

(1) 第一年确认合同收入、费用和毛利。

合同完工进度＝300÷(300＋250)×100％＝55％

确认的合同收入＝500×55％＝275(万元)

确认的合同毛利＝[500－(300＋250)]×55％＝－27.5(万元)

确认的合同费用＝275－(－27.5)＝302.5(万元)

借：主营业务成本　　3 025 000
　贷：主营业务收入　　2 750 000
　　工程施工——毛利　　275 000

(2) 计提合同预计损失。

预计合同损失＝[(300＋250)－500]×(1－55%)＝22.5(万元)

借：资产减值损失　　225 000
　贷：预计损失准备　　225 000

第二年，实际发生成本200万元，则公司应作如下处理：

(3) 确认合同收入、费用与毛利。

确认的合同收入＝500－275＝225(万元)

确认的合同毛利＝500－(300＋200)－(－27.5)＝27.5(万元)

确认的合同费用＝225－27.5－22.5＝175(万元)

(4) 编制会计分录。

借：主营业务成本　　1 750 000
　预提损失准备　　225 000
　工程施工——毛利　　275 000
　贷：主营业务收入　　2 250 000

第三节　房地产开发企业成本核算

房地产开发企业主要从事房地产开发建设活动，其生产成本主要指开发产品的成本，包括土地开发成本、房屋开发成本、配套设施开发成本以及代建工程开发成本等。

一、开发产品成本的构成

房地产开发企业开发产品的成本，包括土地征用及拆迁补偿费、前期工程费、建筑安装工程费、基础设施建设费、公共配套设施费、开发间接费用及其他开发费用。

(1) 土地征用及拆迁补偿费。包括土地征用费、耕地占用税、劳动力安置费及有关地上、地下附着物拆迁补偿的净支出、安置动迁用房支出等。

(2) 前期工程费。包括规划、设计、项目可行性研究、水文、地质、勘察、测绘、“三通一平”(通水、通电、通路、清理平整建设场地) 等支出。

(3) 建筑安装工程费。包括企业以出包方式支付给承包单位的建筑安装工程费和以自营方式发生的建筑安装工程费。

(4) 基础设施建设费。包括开发小区内道路、供水、供电、供气、排污、排洪、通讯、照明、环卫、绿化等工程发生的支出。其中，开发小区内道路、供水、供电、供气、排污、排洪、通讯照明工程，通常称为“七通”。

（5）公共配套设施费。包括不能有偿转让的开发小区内公共配套设施发生的支出。

（6）开发间接费用。是指企业所属直接组织管理开发项目发生的费用，包括工资薪酬、折旧费、修理费、办公费、水电费、劳动保护费、周转房摊销等。

（7）其他开发费用。包括企业为开发产品而发生的应计入开发产品成本的以上各项之外的支出。如企业为开发房地产而借入的资金，在开发产品完工之前所发生的利息等借款费用，以及其他难以归入以上各个项目的开支等。

房地产开发企业在开发现场组织和管理房地产开发建设而发生的各项费用，应作为开发间接费用，计入开发产品成本。但在实际工作中，除周转房摊销外，企业很难划清管理费用和开发间接费用的界线。因此，除周转房摊销列作开发间接费用外，其余费用往往以是否设立现场管理机构为依据进行划分，如果开发企业不设现场机构，而由公司定期或不定期地派人到开发现场组织开发建设活动，则所发生的费用，可直接并入企业的管理费用。

二、开发产品成本核算对象的确定

开发产品成本的核算对象，就是在开发产品成本的计算过程中，为归集和分配费用而确定的费用承担者。合理确定成本核算对象，是正确组织企业开发产品成本核算的重要条件。成本核算对象如果划分过粗，不能反映独立开发项目的实际成本水平；如果划分过细，则会增加许多间接费用的分配，增加核算工作量，并影响成本核算的准确性。由于房地产开发企业是按照城市总体规划、土地使用规划和城市建设规划的要求，在特定的地点进行开发经营的，因此，在确定成本核算对象时，一般应结合开发工程的地点、用途、结构、装修、层高、施工队伍等因素来进行。其一般原则为：

（1）一般的开发项目，可以每一独立编制的设计概（预）算，或每一独立的施工图预算所列的单项开发工程作为成本核算对象，便于分析工程概（预）算和施工合同的完成情况。

（2）同一开发地点、结构类型相同的群体开发项目，如果开工、竣工时间相近，由同一施工单位施工，可以合并为一个成本核算对象，以简化核算手续。

（3）对个别规模较大、工期较长的开发项目，可以结合经济责任制的需要，按开发项目的一定区域或部分划分成本核算对象，便于及时反映开发成本。

成本核算对象一经确定，不得任意变更，并应及时通知企业内部各有关部门，以统一成本核算口径。为了集中反映各个成本核算对象本期应负担的房地产开发费用，企业财会部门应按每一成本核算对象分别设置成本明细账（卡），并按成本项目分设专栏，以便归集和分配各成本核算对象的房地产开发费用并计算其开发成本。

三、开发产品成本计算期

一般而言，房地产开发产品的成本计算期与其开发建设周期一致。也就是说，开发产品成本在产品开发完成并验收合格后才结算出来，因而其成本计算是不定期的。

对于开发小区的建设来说，开发产品成本计算期与开发小区的建设周期原则上应该一致，即各项开发产品的实际成本一般应于开发小区全部竣工后进行计算与结转。但在实际工作中，一个住宅小区的开发建设，时间通常较长，有的需要几年的时间方能全部竣工，而房地产开发企业在开发进度的安排上，一般是先建住宅，后建配套工程，因而往往出现住宅已经建成而配套工程尚未投入建设，或者是住宅已经销售而道路、绿化尚未完工等情况，这种商品房与配套设施建设的时间差，使得那些已经具备使用条件，并已出售的商品房应负担的配套设施的建设费用，无法按照配套设施的实际成本来计算。为了及时结转小区内已出售商品房的开发成本，以便与其销售收入相配比，就需要采取预提方式，将未完配套设施的预计建设费用，计入已销售商品房的开发成本。其计算方法一般是以经过主管财政部门审核批准的未完配套设施概算（或预算）为基数，计算出已出售商品房应负担的数额，作为预提费用，计入已出售商品房开发成本。待开发小区全部正式竣工决算时，再调整预提配套设施费用，以保证整个开发小区成本计算的准确性。

房地产开发建设就其生产组织而言，属于单件、小批生产类型。开发产品成本计算以每一项或每一小批开发产品作为成本计算对象，以房地产开发建设周期作为成本计算期，一般于开发产品竣工后进行成本结算，因此房地产开发产品成本计算方法与工业企业分批（订单）法基本原理和计算过程相似。

四、开发产品成本的核算

（一）开发产品成本的账户设置

为了核算和反映房地产开发建设过程中各项开发建设费用的发生、归集和分配情况，正确计算开发产品成本，房地产开发企业应设置下列会计账户：

1.“开发成本”账户

为了核算企业在土地、房屋、配套设施和代建工程的开发过程中所发生的各项费用，设置“开发成本”账户。借方登记发生的土地征用及拆迁补偿费、前期工程费、基础设施费、建筑安装工程费、配套设施费和转入的开发间接费用；贷方登记结转完工的开发产品成本；期末借方余额为尚未完工的开发产品成本。企业应根据自身的经营特点，选择成本核算对象、成本项目和成本核算方法。“开发成本”账户应按开发成本的种类，如“土地开发”、“房屋开发”、“配套设施开发”和“代建工程开发”等设置明细账，按成本核算对象和成本项目组织明细核算。

2.“开发间接费用”账户

为了核算和监督企业内部独立核算单位为开发产品而发生的各项间接费用，包括工资、福利费、折旧费、修理费、办公费、水电费、劳动保护费、周转房摊销等，房地产开发企业可以单独设置“开发间接费用”账户。该账户借方归集发生的各项间接费用；贷方登记期末分配给各开发项目的开发间接费用；结转后“开发间接费用”账户应无余额。“开发间接费用”账户应按企业内部不同的单位、部门（分公司）设置明细账。企业行政管理部门（总部）为组织和管理生产经营活动而发生的管理费用，应作为期间费用，记入“管理费用”账户，不在“开发间接费用”账户核算。

3.“开发产品”账户

为了核算已完工的开发产品的情况，应设置“开发产品”账户。该账户借方登记完工转入的开发产品的成本；贷方登记出售转出的开发产品成本；期末借方余额为结存的开发产品成本。

(二) 土地开发成本的核算

土地开发成本是指企业因开发土地而发生的各项费用。企业开发的商品性建设场地属于房地产开发企业的商品产品，即最终产品，需要单独计算土地开发成本。企业开发的自用建设场地属于房地产开发企业的中间产品，在计算土地开发成本时，应区别情况，采用不同的归集方法：开发自用建设场地的费用，能分清费用负担对象的，直接计入有关的房屋及配套设施建设成本；开发的自用建设场地用于多个房屋及大型配套设施开发项目建设的，则应单独计算土地开发成本，待土地开发完成交付使用时，再按一定标准分配计入有关房屋及配套设施的开发成本；拟作为自用建设场地的土地开发，如果土地开发项目动工时尚无房屋开发建设的规划，也应单独计算土地开发成本；综合性建设场地以及未明确具体用途的场地的开发，应视同商品性建设场地，单独计算土地开发成本。

土地开发的层次、程度和内容，因其设计要求的不同而不同，有的只进行场地的清理平整，有的除场地平整外，还要进行地下各种线路铺设、地面道路建设等有关基础设施的施工。因此，企业要根据土地开发的具体情况，设置必要的成本项目。一般而言，土地开发成本可设置“土地征用及拆迁补偿费”、“前期工程费”、“基础设施费”、“开发间接费”等成本项目。需要进行建筑安装施工及公共配套设施建设的土地开发项目，可增设“建筑安装工程费”、“配套设施费”项目。对单独核算土地开发成本的自用建设场地的开发，为防止开发项目重复负担某些费用，在计算土地开发成本时，可先不分摊公共配套设施费和开发间接费用，不设置“配套设施费”、“开发间接费用”项目。

房地产开发企业在土地开发过程中发生的各项开发建设费用，应按确定的成本核算对象和规定的成本项目进行归集。其中，能够分清受益对象的费用，如土地征用及拆迁补偿费、前期工程费、基础设施费、建筑安装工程费等，应直接记入“开发成本——土地开发”明细账的相应成本项目；不能分清受益对象的费用，如开发间接费用，则先通过“开发间接费用”账户归集，再采用一定的方法分配计入土地开发成本。土地开发成本的核算通常采取按月结账、完工后结转成本的方法。已完工土地开发项目，应将其实际成本从“开发成本——土地开发”账户贷方转出，其中，为销售或有偿转让而开发的商品性建设场地，开发完成后将其实际成本转入“开发产品”账户；企业自用的建设场地，开发完成后近期投入使用的，其实际成本应转入“开发成本——房屋开发”账户，计入有关商品房、周转房或出租房等开发产品成本；企业自用的建设场地，开发完成后近期暂不使用的，应视同企业最终产品，在竣工验收时，将其实际成本转入“开发产品——自用土地”账户。需要说明的是，对于自用建设场地的开发成本，不论其结转到“开发产品”账户还是“房屋开发”二级账，一般应按成本项目分项平行结转，即将土地开发成本按成本项目分别平行转入房屋开发成本和自用土地产品的对应成本项目，而不能仅结转土地开发成本总额。

【例 8-10】

龙翔房地产开发公司 2006 年年初开始开发甲和乙两块土地。甲土地为商品性土地，竣工后对外销售；乙土地为自用房地产建设场地，用于龙翔房地产开发公司绿色小区商品房建设。公司以银行存款支付下列款项，见表 8-8。

表 8-8 **开发产品成本卡** 单位：万元

项目	土地征用及拆迁补偿费	前期工程费	基础设施费	建筑安装工程费	公共配套设施费	开发间接费用	开发成本合计
甲土地	800	20	45	35	22	9	931
乙土地	700	20	30	32			782
合计	1 500	40	75	67	22	9	1 713

账务处理如下：

(1) 以银行存款支付土地征用及拆迁补偿费。

借：开发成本——土地开发——甲土地（征地拆迁费） 8 000 000

——乙土地（征地拆迁费） 7 000 000

贷：银行存款 15 000 000

(2) 以银行存款支付前期工程费。

借：开发成本——土地开发——甲土地（前期工程费） 200 000

——乙土地（前期工程费） 200 000

贷：银行存款 400 000

(3) 以银行存款支付结算土地开发基础设施工程费用。

借：开发成本——土地开发——甲土地（基础设施费） 450 000

——乙土地（基础设施费） 300 000

贷：银行存款 750 000

(4) 以银行存款支付结算建筑安装费。

借：开发成本——土地开发——甲土地（建筑安装费） 350 000

——乙土地（建筑安装费） 320 000

贷：银行存款 670 000

(5) 以银行存款支付结算公共配套设施工程款。

借：开发成本——土地开发——甲土地（公共配套设施费） 220 000

贷：银行存款 220 000

(6) 甲土地应负担的开发间接费用。

借：开发成本——土地开发——甲土地（开发间接费用） 90 000

贷：银行存款 90 000

(7) 期末甲土地开发完成竣工验收时结转开发成本。

借：开发产品——土地——甲土地 9 310 000

贷：开发成本——土地开发——甲土地 9 310 000

(三) 房屋及配套设施开发成本的核算

房屋开发是房地产开发企业的主要经济活动。企业开发建设的房屋按用途可以分为四类：一是为销售而开发的商品房；二是为出租经营而开发的经营房；三是为安置拆迁居民周转使用而开发的周转房；四是受其他单位委托，代为开发建设的代建房。尽管这些房屋的用途不同，但其开发建设的特点和费用支出内容及费用性质大体一致，均通过“开发成本——房屋开发”账户进行核算。

房地产开发企业开发商品房住宅小区，一般要建设配套设施。配套设施是指企业根据城市建设规划的要求，或开发项目建设规划的要求，为满足居住的需要而与开发项目配套建设的各种服务性设施。配套设施可以分为三类：第一类是根据城市建设规划，在开发项目以外为开发项目的居民服务的给排水、供电、供气的增容增压，交通道路；第二类是开发小区内不可能有偿转让的非营业性公共配套设施，如居委会、派出所、幼托、消防、锅炉房、水塔、自行车棚、公厕等；第三类是开发小区内可能有偿转让的营业性公共配套设施，如商店、银行、邮局以及非营业性公共配套设施中的中小学、文化站、医院等。为建设以上配套项目所发生的支出，应进行区别处理。

(1) 第一类配套设施位于开发小区外，按规定不能计入商品房成本，应作为独立的成本核算对象并通过“开发成本——配套设施开发”账户核算其成本。

(2) 第二类不能有偿转让的非营业性公共配套设施，如果与商品房同步建设，且发生的公共配套设施费能分清受益对象，应于发生时直接记入受益成本核算对象的“公共配套设施费”成本项目。如果与商品房非同步建设，或虽同步建设，但发生的公共配套设施费涉及多个成本核算对象，则先通过“开发成本——配套设施开发”账户归集成本，待完工后再按一定标准分配记入受益成本核算对象的“公共配套设施费”成本项目。

(3) 对于第三类公共配套设施，无论其是否与商品房同步建设，是否能分清受益对象，均应作为独立的成本计算对象，通过“开发成本——配套设施开发”账户核算其成本。配套设施竣工后，能够有偿转让的，将其成本转入“开发产品——配套设施”，否则分配计入各受益对象成本。

企业在房屋及配套设施开发建设过程中发生的各项费用，首先应按确定的成本核算对象和规定的成本项目进行归集。其中，能够分清受益对象的费用，应直接计入受益的成本核算对象；不能分清受益对象的费用，如开发间接费用，则应采用一定的方法分配计入各受益对象成本。

五、费用的归集分配与成本核算

(一) 土地开发成本的归集与分配

房地产开发企业在开发商品房过程中发生的土地征用及拆迁补偿费、前期工程费、基础设施费，能分清受益房屋设施的，应于发生时直接计入该房屋设施相应成本项目。如果费用的发生涉及多个房屋设施项目，则应先通过“开发成本——土地开发”账户进行归集，待土地开发完成用于房屋及配套设施建设时，再采用一定的方法分配结转记入“开发成本——房屋开发”及“开发成本——配套设施开发”账户。通常情况下，土地征用及拆迁补偿费和场地平整费可采用房屋设施的占地面积作为分配标准，勘察设计费和基础设施费可采用房屋设施的建筑安装工程概（预）算价值或建筑面积作为分配标准，计算公式为：

分配率＝实际发生的待分配费用÷各项开发产品建筑安装工程概(预)算价值之和

某项开发产品应负担的费用＝该项开发产品建筑安装工程概(预)算价值×分配率

【例 8-11】

龙翔房地产开发公司前期自行开发建设的乙土地已竣工，本月开始在完工的乙土地上开发建设绿色小区，开发产品包括一栋写字楼、三栋住宅楼、一座社区中心。其中三栋住宅楼结构、规模相同，合并为一个成本计算对象。各项开发产品占用土地面积的比例为：写字楼30%，住宅楼60%，社区中心10%。结转的乙土地开发总成本782万元，其中：土地征用及拆迁补偿费700万元；前期工程费20万元，按房屋设施占地面积分配；基础设施费30万元，建筑安装工程费32万元，按房屋设施建筑安装工程概（预）算价值分配。乙土地开发成本分配如表8-9所示。

表8-9　　建设场地成本分配表　　单位：万元

项目	占地比例（%）	土地征用及拆迁补偿费	前期工程费	建筑安装工程概（预）算价值	基础设施费分配比例（%）	基础设施费	建筑安装费分配率（%）	建筑安装费	合计
写字楼	30	210	6	1 000		11.8		12.6	240.4
住宅楼	60	420	12	1 500		17.7		18.9	468.6
社区中心	10	70	2	30		0.5*		0.5*	73
合计	100	700	20	2 530	1.18	30	1.26	32	782

*含尾差调整

借：开发成本——房屋开发——写字楼　　2 404 000

　　　　　　　　　　　——住宅楼　　4 686 000

　　　　　　　　　　　——社区中心　　730 000

　贷：开发成本——土地开发——乙土地　　7 820 000

（二）建筑安装工程费的归集与分配

房地产开发产品成本中的建筑安装工程费，主要指商品房、配套设施、代建工程等开发产品发生的房屋建筑工程和附属设备及其安装工程的费用。房屋设施的建筑安装工程，有自营和出包两种施工方式，企业在房屋设施开发建设工程中发生的各项建筑安装工程费用，应根据施工方式的不同而采用相应的归集与分配方法。

采用出包方式的建筑安装工程，其建筑安装工程费用，应根据承包单位提出的“工程价款结算账单”所列工程价款结算出包工程款，记入“开发成本——房屋开发”账户的“建筑安装工程费”成本项目。同时，还应计入由企业另行核算的不列入房屋设施工程预算内的设备价值。企业与承包单位之间工程款、备料款的往来结算，设置“应付账款——应付工程款”、“预付账款——预付备料款”、“预付账款——预付工程款”等账户进行核算。

采用自营方式的建筑安装工程，由房地产开发企业组织自有的工程队进行工程施工，开发产品的建筑安装费，就是工程施工过程中发生的各项施工费用（包括附属于房屋设施的设备价值）。施工过程中发生的建筑安装工程费，一般可直接记入“开发成本——房屋开发”账户，但应是实际发生数，不得以预算价格或预提费用代替。如果企业自行施工的工程比较大，也可增设“工程施工”和“工程施工——间接费用”账户，核算和归集发生的建筑安装工程费用，并定期结转“开发成本——房屋开发”账户的“建筑安装工程费”成本项目。

【例8-12】

龙翔房地产开发公司将绿色小区写字楼、住宅楼的建筑安装工程出包给某建筑公司施工，出包工程合同规定工程完成后一次结算工程价款。绿色小区社区中心由龙翔房地产开发公司采用自营方式兴建。

（1）写字楼工程领用电梯2部，住宅楼工程领用电梯6部进行安装，电梯每部实际成本50万元。账务处理如下：

借：开发成本——房屋开发——写字楼（建安工程费） 1 000 000
——住宅楼楼（建安工程费） 3 000 000
贷：库存设备——电梯 4 000 000

（2）期末，出包工程建设完工，施工企业提交“工程价款结算账单”，承包工程款共计3 000万元，其中，写字楼1 200万元，住宅楼1 800万元，原已预付工程款1 000万元。以银行存款支付余款。账务处理如下：

借：开发成本——房屋开发——写字楼（建安工程费） 12 000 000
——住宅楼（建安工程费） 18 000 000
贷：预付账款——预付工程款 30 000 000
借：预付账款——预付工程款 20 000 000
贷：银行存款 20 000 000

（3）社区中心工程完工，生工程耗用材料10万元，施工人员薪酬5.5万元，支付施工机械使用费3万元。

借：开发成本——配套设施开发——社区中心（建安工程费） 185 000
贷：原材料 100 000
应付职工薪酬 55 000
银行存款 30 000

（三）配套设施费的归集与分配

房地产开发产品成本中的配套设施费，仅指小区内不能有偿转让的公共配套设施所发生的建设费用。可以有偿转让的公共配套设施，本身属于房地产开发企业开发产品的一种，其所发生的建设费用，应计入开发成本，而不能转嫁到商品房等其他开发产品成本中。

开发小区内不能有偿转让的非营业性公共配套设施，其建设费用属于共同性费用，应计入房屋开发成本。其中，与商品房同步建设，且发生的公共配套设施费能分清受益对象的，应于发生时直接记入受益成本核算对象的“公共配套设施费”成本项目。与商品房非同步建设，或虽同步建设，但发生的公共配套设施费涉及多个成本核算对象的，则先通过“开发成本——配套设施开发”账户归集成本，待完工后再按一定标准分配记入受益成本核算对象的“公共配套设施费”成本项目。分配标准通常可采用房屋设施的建筑安装工程概（预）算价值或建筑面积。企业如果同时开发建设可以有偿转让的公共配套设施，该配套设施也应和商品房一起承担相应公共配套设施建设费。

如果不能有偿转让的公共配套设施竣工时，商品房和可有偿转让的公共配套设施同时竣工或尚未竣工，则可将不能有偿转让的公共配套设施的实际建设费用，全部分配计入各受益成本核算对象。如果商品房和可有偿转让的公共配套设施已建成或出售，而不能有偿转让的公共配套设施尚未建成或尚未动工兴建，则应将未建成或未动工配套设施的预计建设费用，预提计入已建成或出售的商品房及配套设施开发成本。未建成的不能有偿转让的公共配套设施，可根据已发生的建设费用，加上其未完工部分的预计建筑安装工程费，作为其全部建设费用；未动工的不能有偿转让的公共配套设施，其建筑安装工程费可根据各该工程概（预）算价值加以预计。需要说明的是，不能有偿转让的公共配套设施不论已动工或未动工，其应负担的土地征用及拆迁补偿费、前期工程费、基础设施费等，都应予以归集，因此，未动工项目仅需预计其全部建筑安装工程费。预提配套设施建设费时，借记“开发成本——配套设施开发”账户，贷记“预提费用——预提配套设施费”账户。

【例8-13】

承例8-12，龙翔房地产开发公司开发建设的绿色小区写字楼、住宅楼2009年底已竣工，但社区中心正在建设中，尚未完工，预计尚需发生建筑安装工程费用11.5万元。社区中心开发成本按房屋设施的建筑安装工程概（预）算价值进行分配。

（1）预提社区中心尚未完工部分建筑安装工程费。账务处理如下：

借：开发成本——配套设施开发——社区中心（建安工程费）　115 000

　贷：预提费用——预提配套设施费　115 000

（2）社区中心开发成本明细账如表8-10所示。

表8-10　社区中心开发成本明细账　单位：万元

项　目	土地征用及拆迁补偿费	前期工程费	基础设施费	建筑安装费	合计
开发费用合计	70	2	0.5	18.5	91
预提未完工部分建筑安装工程费				11.5	11.5
分配转出社区中心开发成本	70	2	0.5	30	102.5

期末，将社区中心建设费用分配计入已完工写字楼和住宅楼开发成本，编制公共配套设施费分配表如表8-11所示。

表8-11　公共配套设施费分配表　单位：万元

项目	建筑安装工程概（预）算价值	分配率（%）	公共配套设施费
写字楼	1 000		41
住宅楼	1 500		61.5
合计	2 500	4.1	102.5

账务处理如下：

公共配套设施费分配率＝1 025 000÷25 000 000×100%＝4.1%

借：开发成本——房屋开发——写字楼（公共配套设施费）　410 000

　　　　　　　　　　　　——住宅楼（公共配套设施费）　615 000

　贷：开发成本——配套设施开发——社区中心　1 025 000

未建成或未动工的不能有偿转让的公共配套设施以后发生的实际建筑安装工程费支

出，记入“预提费用——预提配套设施费”账户借方。实际发生建筑安装工程费大于或小于预提配套设施费的差额，于社区中心全部正式竣工决算时，调整（补计或冲减）开发产品成本。

【例 8-14】

承例 8-13，龙翔房地产开发公司开发建设的绿色小区社区中心 2010 年 1 月完工，当月实际发生建筑安装工程费用 6 万元，职工薪酬 4 万元，账务处理如下：

（1）发生建筑安装工程费时。

借：预提费用——预提配套设施费　　100 000
　贷：原材料　　60 000
　　应付职工薪酬　　40 000

（2）1 月份，社区中心实际发生的建设成本与预提的建设费用的差额 15 000 元，按房屋设施的建筑安装工程概（预）算价值进行分配，编制差额分配表如表 8-12 所示。

表 8-12　　预提社区中心成本差额分配表　　单位：万元

项目	建筑安装工程概（预）算价值	分配率（%）	成本差额
写字楼	1 000		0.6
住宅楼	1 500		0.9
合计	2 500	−0.06	1.5

$$\text{实际成本与预提建设费用的差额分配率} = -15\,000 \div 25\,000\,000 \times 100\% = -0.06\%$$

根据差额分配表，调整房屋设施开发成本：

调整写字楼开发成本＝10 000 000×（−0.06%）＝−6 000（元）

调整住宅楼开发成本＝15 000 000×（−0.06%）＝−9 000（元）

借：开发成本——配套设施开发——社区中心（建安工程费）　　−15 000
　贷：预提费用——预提配套设施费　　−15 000
借：开发成本——房屋开发——写字楼（公共配套设施费）　　−6 000
　　　　　　　　　　　——住宅楼（公共配套设施费）　　−9 000
　贷：开发成本——配套设施开发——社区中心　　−15 000

（四）开发间接费用的归集与分配

房地产开发企业的开发间接费用核算，应按照其内部单位、部门组织，通过“开发间接费用”账户归集，期末采用一定方法分配计入各受益对象成本。开发间接费用的分配标准，一般为各项开发产品所发生的土地征用及拆迁补偿费、前期工程费、基础设施费、建筑安装工程费、配套设施费等直接费用之和，也可采用各项开发产品的预算造价作为分配标准。计算公式如下：

$$\text{间接费用分配率} = \text{当期实际发生的开发间接费用} \div \text{当期各项开发产品发生的直接费用之和} \times 100\%$$

$$\text{某项开发产品应负担的间接费用} = \text{该项开发产品当期实际发生的直接费用} \times \text{间接费用分配率}$$

或：

$$\text{间接费用分配率}=\text{当期实际发生的开发间接费用}\div\text{各项开发产品预算造价之和}\times 100\%$$

某项开发产品应负担的间接费用＝该项开发产品预算造价×间接费用分配率

【例8-15】

承例8-14，龙翔房地产开发公司开发建设绿色小区，应付管理人员薪酬20万元，计提开发现场机构用房折旧10万元，计提周转房摊销20万元，其他用银行存款支付的开发间接费用43万元。账务处理如下：

(1) 结算应付管理人员薪酬。

借：开发间接费用　　200 000

　贷：应付职工薪酬　　200 000

(2) 计提开发现场机构用房折旧和周转房摊销。

借：开发间接费用　　300 000

　贷：累计折旧　　100 000

　　累计摊销——周转房　　200 000

(3) 以银行存款支付其他间接开发费用。

借：开发间接费用　　430 000

　贷：银行存款　　430 000

(4) 期末，按各开发项目直接费用比例分配转出开发间接费用，开发间接费用分配表如表8-13所示。

表8-13　　开发间接费用分配表　　单位：万元

项目	分配标准						分配率(%)	开发间接费用
	征地拆迁费	前期工程费	基础设施费	建筑安装费	公共配套设施费	直接费用合计		
写字楼	210	6	11.8	1 712	41	1 980.8		35.35
住宅楼	420	12	17.7	2 718	61.5	3 229.2		57.65
合计	630	18	29.5	4 431	102.5	5 210	1.79	93

开发间接费用分配率＝93÷5 210×100％＝1.79％

借：开发成本——房屋开发——写字楼（开发间接费用）　　353 500

　　　　　　　　　　　——住宅楼（开发间接费用）　　576 500

　贷：开发间接费用　　930 000

（五）房屋、配套设施开发成本的计算与结转

房地产开发产品成本的计算方法，与工业产品成本计算的分批法和建筑安装工程成本竣工结算法相同。开发产品成本计算以每一项或每一小批开发产品作为成本计算对象，以房地产开发建设周期作为成本计算期。因此，房地产开发产品的成本，是在开发产品竣工后根据其所归集的全部开发建设费用计算确定的。而在开发产品竣工以前，所

归集的开发建设费用累计额，则为未完开发产品成本，在资产负债表中作为存货的构成部分列示。

为了计算各项房屋设施的实际开发成本，会计部门应按不同成本核算对象开设房地产开发成本明细分类账（或开发成本卡片），用以记录各项开发建设成本。房地产开发成本明细账中按成本项目分设专栏，登记成本核算对象每月发生的各项费用，项目竣工后，计算转出已完工开发产品实际成本。表 8-14、表 8-15 分别为龙翔公司绿色小区写字楼开发成本卡和住宅楼开发成本卡。

表 8-14　　写字楼开发产品成本卡　　单位：万元

项　目	土地拆迁费	前期工程费	基础设施费	建筑安装费	公共配套费	开发间接费用	开发成本合计
结转土地开发成本	210	6	11.8	12.6			240.4
结转房屋建设费				1 700			1 700
结转公共配套设施费					41		41
结转开发间接费用						35.35	35.35
开发费用合计	210	6	11.8	1 712.6	41	35.35	2 016.75
结转配套设施差额					−0.6		−0.6
结转竣工写字楼成本	210	6	11.8	1 712.6	40.4	35.35	2 016.15

表 8-15　　住宅楼开发产品成本卡　　单位：万元

项　目	土地拆迁费	前期工程费	基础设施费	建筑安装费	公共配套费	开发间接费用	开发成本合计
结转土地开发成本	420	12	17.7	18.9			468.6
结转房屋建设费				2 700			2 700
结转公共配套设施费					61.5		61.5
结转开发间接费用						57.65	57.65
开发费用合计	420	12	17.7	2 718.9	61.5	57.65	3 287.75
结转配套设施差额					−0.9		−0.9
结转竣工写字楼成本	420	12	17.7	2 718.9	60.6	57.65	3 286.85

【例 8-16】

承例 8-15，龙翔房地产开发公司开发建设的绿色小区于 2005 年年初全部竣工，办理竣工决算手续，结转竣工工程成本。编制会计分录如下：

借：开发产品——房屋——写字楼　　20 161 500
　　　　　　　　　　——住宅楼　　32 868 500
　贷：开发成本——房屋开发——写字楼　　20 161 500
　　　　　　　　　　　　　——住宅楼　　32 868 500

房地产开发产品竣工后，应及时办理竣工成本决算，根据开发项目的概（预）算资料和开发产品成本明细账（卡）以及其他有关资料，编制“开发项目竣工成本决算表”（见表 8-16），对成本资料进行总结，评价开发管理水平，分析成本超降的主要原因，针对开发管理中存在的问题及时采取有效措施，加强管理，争取不断降低房地产开发产品成本，提高企业经济效益。

表 8-16 **开发项目竣工成本决算表**

开发项目名称：绿色小区写字楼 开工日期：

规模结构： 竣工日期：

年 月 日 单位：元

成本项目	概（预）算价值	实际成本	降低额	降低率（%）
土地征用及拆迁补偿费				
前期工程费				
基础设施费				
建筑安装工程费				
公共配套设施费				
开发间接费用				
其他				
合计				
简要分析及说明				

（六）代建工程开发成本的核算

代建工程是指房地产开发企业接受有关单位的委托，代为开发建设的工程；或参加委托单位招标，经过投标中标后承建的开发建设工程。房地产开发企业承接的代建工程，既有建设场地和房屋，又有其他工程，如城市道路、基础设施、园林绿化、旅游风景等市政工程。企业接受委托代为开发的商品性建设场地和房屋，由于其建设内容和特点与企业开发的商品性建设场地和房屋基本相同，因此，比照土地及房屋开发的成本核算，分别通过“开发成本——土地开发”及“开发成本——房屋开发”两个明细账户进行核算。代委托单位开发建设的除商品性建设场地及房屋以外的其他工程，纳入“开发成本——代建工程开发”账户核算。

企业代建的其他工程由于种类繁多，内容千差万别，因此，必须根据实际情况确定代建工程的成本核算对象。一般可按工程合同或委托单位的要求，以施工图预算所列的单位工程或单项工程作为成本核算对象。其成本项目则与房屋、配套设施等其他开发产品的成本项目相同。

企业发生的各种代建工程开发支出，应按成本核算对象及成本项目分别进行归集，待代建工程竣工后，结转“开发产品——代建工程”账户。

【例 8-17】

龙翔房地产开发公司接受某单位委托，为其代建职工宿舍一幢。以银行存款支付工程设计、勘察费 8 万元以及“三通一平”费用 15 万元，同时结转应付基础设施费 30 万元和应负担的开发间接费用 20 万元。账务处理如下：

(1) 以银行存款结转前期工程费。

借：开发成本——代建工程开发（前期工程费） 230 000

　　贷：银行存款 230 000

(2) 结算应付基础设施费。

借：开发成本——代建工程开发（基础设施费） 300 000

　　贷：应付账款 300 000

（3）结转应负担开发间接费用。

借：开发成本——代建工程开发（开发间接费用） 200 000

贷：开发间接费用 200 000

（4）职工宿舍竣工完工验收合格，结转其实际成本。

借：开发产品——代建工程 730 000

贷：开发成本——代建工程开发 730 000

【例 8-18】

龙翔房地产开发公司接受旅游局的委托，代为其扩建某风景旅游区。其中，以银行存款支付拆迁补偿费 30 万元，支付工程设计、勘察费和“三通一平”费共 10 万元，结算应付基础设施费 18 万元，以及应负担的开发间接费用 5 万元。账务处理如下：

（1）支付征地拆迁费。

借：开发成本——代建工程开发（征地拆迁费） 300 000

贷：银行存款 300 000

（2）支付工程设计、勘察费与“三通一平”费。

借：开发成本——代建工程开发（前期工程费） 100 000

贷：银行存款 100 000

（3）结算应付基础设施费。

借：开发成本——代建工程开发（基础设施费） 180 000

贷：应付账款 180 000

（4）结转应负担开发间接费用。

借：开发成本——代建工程开发（开发间接费用） 50 000

贷：开发间接费用 50 000

（5）风景旅游区扩建工程竣工完工，验收合格，结转其实际成本。

借：开发产品——代建工程 630 000

贷：开发成本——代建工程开发 630 000

第四节　交通运输企业成本核算

一、交通运输企业生产经营特点

交通运输企业是运用交通工具使旅客或货物发生空间移动的生产经营单位。按照运输方式划分，有铁路、公路、水路、航空、管道五种类型的运输企业。

交通运输企业生产经营具有以下特点：

（1）营运生产过程具有流动性、分散性，除港口、车站、装卸场地固定外，整个运输过程始终在一个广阔的空间内不断流动，并且流动方向分散。

（2）营运生产过程不改变劳动对象的属性，只改变位置，不生产具有实物形态的物质产品。

（3）营运生产过程只消耗劳动工具和人工，不消耗劳动对象（旅客和服务）。

（4）营运生产和销售同时进行，运输业务完成，运输劳务已提供，销售过程也同时完成，运输产品不能储存，没有在产品，也没有产品销售过程。

（5）各种运输方式之间具有较强的替代性，铁路、公路、水路、航空等各种运输方式虽各有优缺点，但存在明显的替代性。

（6）交通运输企业资产项目中固定资产比重大、流动资产比重小；原材料比重较小，燃料、备品、配件等比重较大。

二、交通运输企业成本核算的特点

交通运输企业的生产经营特点决定了其成本核算的特点，主要表现在以下几个方面：

（1）成本计算对象多样化。运输企业的成本计算对象是其经营的各类运输业务，以及构成各类运输业务的具体项目，包括货物运输业务、旅客运输业务和客货综合运输业务。交通运输企业也可按使用的运输工具如客车、客轮、货轮，或按运输工具运行情况如运输线路、运输航次等来确定成本计算对象。

（2）成本计算单位不同。交通运输企业采用的基本成本计算单位为周转量，这是按业务量及其相关指标，综合考虑运输数量、运输距离等因素而计算的工作量。它既要考虑计算对象的位移距离，还要考虑计算对象的数量，所以运输成本的计算单位一般采用复合单位，如吨·公里、人·公里、换算吨·公里来计算单位成本。主要有：吨公里、人公里、换算吨公里、人海里、吨海里、换算吨海里。

（3）运输生产与销售的统一。交通运输企业的运输生产过程和销售过程是统一的，其生产成本和销售成本也是统一的。

（4）成本计算过程相对简单。由于运输企业一般没有在产品，也没有储存待销的产成品，所以不需要将运输过程中发生的成本费用在完工产品和在产品之间进行分配，在运输过程中所发生的可计入成本计算对象的各种耗费直接构成运输企业的营运成本。

（5）成本计算期一般按月计算。大多数运输企业的运输周期相对较短，一般按月计算成本。远洋运输由于其航行距离长、运输时间较长，则以航次时间作为成本计算期。航次时间一般按单程航次时间计算，单程空航时，按往复时间计算。

（6）运输成本构成的独特性。由于交通运输企业不创造实物产品，不消耗劳动对象，因而其成本支出中没有构成产品实体的原材料支出，占运输支出比重较大的是运输设备和工具的折旧费、修理费、燃料费等。此外，交通运输企业的成本受自然地理环境、运输距离、空驶运行等的影响较大。

三、交通运输企业营运成本的内容

由于交通运输企业其成本构成中没有原材料支出，只有与运输、装卸工具的使用有关的费用支出，因此企业在营运过程中发生的各种耗费可划分为营运成本和期间费用两部分。

（一）营运成本

1. 营运成本的基本构成

企业在营运过程中实际发生的与营运生产直接有关的各项费用支出，构成营运成本。

包括：

(1) 材料费。指企业在营运生产过程中实际消耗的各种燃料、材料、润料、备品配件、航空高价周转件、垫隔材料、轮胎、专用工器具、动力照明、低值易耗品等支出。

(2) 人工费。指企业直接从事营运生产活动人员的工资、应付福利费、奖金、津贴和补贴等工资福利性支出。

(3) 其他费用。指企业在营运过程中实际发生的固定资产折旧费，修理费，租赁费，取暖费，水电费，办公费，差旅费，保险费，设计制图费，试验检验费，劳动保护费，季节性、修理期间的停工损失，事故净损失等支出。

2. 不同类型运输企业的特有成本

除上述费用外，不同类型的运输企业还分别包括下列费用：

(1) 铁路运输企业。铁路线路灾害防治费、铁路线路绿化费、铁路护路护桥费、乘客紧急救护费等营运性支出。

(2) 公路运输企业。车辆牌照检验费、车辆清洗费、车辆冬季预热费、养路费、汽车运输管理费、过路费、过桥费、过渡费、过隧道费、行车杂费等营运支出。

(3) 水路运输企业。港口费（包括引水费、港务费、拖轮费、停泊费、代理费、理货费、开关仓费、洗仓费、烘仓费、翻仓费）、转口费、倒载费、集装箱费、破冰费、速遣费、航道养护费、水路运输管理费、船舶检验费、灯塔费、旅客接送费以及航行国外及港澳地区船舶发生的吨税、过境税、运河费等营运性支出。

(4) 航空运输企业。熟练飞行训练费、乘客紧急救护费、国内外起降服务费、旅客餐宿供应品费、客舱服务费等营运性支出。

（二）期间费用

运输企业的期间费用包括管理费用和财务费用。

管理费用是指企业行政管理部门为管理组织营运生产活动而发生的各项费用，包括公司经费、工会经费、职工教育经费、劳动保险费、待业保险费、董事会费、咨询费、审计费、诉讼费、排污费、绿化费、税金、土地使用费、海域使用费、土地损失补偿费、技术转让费、技术开发费、无形资产摊销、开办费摊销、业务招待费、广告费、展览费、坏账损失、存货盘亏（减盘盈）、毁损和报废以及其他管理费用。

财务费用是指企业在营运期间发生的利息支出（减利息收入）、汇兑损失、银行金融机构手续费以及因筹资发生的其他财务费用。

四、交通运输企业成本的核算

交通运输企业成本的核算，要根据不同行业的特点，首先明确成本核算的对象；其次确定核算单位，由于公路运输、水路运输、铁路运输、航空运输的不同特点，其成本核算的单位也不相同；再次，确定成本结算期和结合成本管理的要求，确定承包项目。

（一）公路运输企业成本核算

1. 账户设置

为核算公路运输企业成本，设置“劳务成本”账户，下设“车辆营运成本”、“营运辅助成本”和“其他间接费用”三个明细账户进行核算。对发生的人工费用、燃料费用、轮胎费用、保养修理费、折旧费、养路费、事故费用和间接费用等，分别在各相关账户进行归集，最后转入车辆营运成本，形成公路运输的劳务成本。

2. 成本核算的特点

(1) 成本核算对象。汽车运输企业的成本核算对象是客车和货车的运输业务，即按客车运输和货车运输分别汇集核算成本。还可进一步核算各种车型成本，即以车型为成本核算对象。

(2) 成本核算单位。客车运输成本核算单位是元/千人·公里，货车运输成本核算单位是元/千吨·公里。如果客车附带捎运货物或货车临时载客，则应将客车附带捎运货物完成的周转量和货车临时载客完成的周转量，按一定的换算比例换算为各自的周转量，并据以核算单位成本。货物周转量和旅客周转量的换算比例为：1吨公里=10人·公里。

(3) 成本核算期。汽车运输企业按月、季、年计算成本。

(4) 成本项目。汽车运输成本项目分为车辆费用和营运间接费用。车辆费用是指营运车辆从事运输生产所发生的各项费用，包括司助人员的工资及福利费、燃料、轮胎、修理费、折旧费、养路费、运输管理费、车辆保险费、事故损失等。营运间接费用是指在营运过程中发生的不能直接计入成本核算对象的各种费用，包括分公司以及站、队、场人员的工资及福利费、办公费、水电费、差旅费、劳动保护费、折旧费等，不包括企业管理部门的管理费用。

3. 汽车运输企业成本核算

汽车运输总成本分为客车运输总成本、货车运输总成本和客货车运输综合总成本。汽车运输总成本除以运输周转量即为汽车运输单位成本，汽车运输成本包括车辆费用和营运间接费用。

(1) 车辆费用的归集。汽车运输企业应按照不同的成本核算对象归集车辆费用。由于汽车运输企业一般按车别（客车、货车）或车型作为成本核算对象，因此，凡属于直接费用性质的车辆费用，应直接计入客车或货车的成本，凡是客车、货车共同发生的车辆费用，应分配后分别计入客车和货车的运输成本。所归集的车辆费用记入“劳务成本”账户，并按客车或货车设置车辆费用明细分类账。

(2) 营运间接费用的归集和分配。交通运输企业应按车队、车场归集各车队、车站为管理运输汽车和组织运输生产活动而发生的费用。由于这些费用不能直接计入客车、货车成本，因此，所发生的费用先归集记入“营运间接费用”账户。月终再按实际发生额，在客车、货车等各成本核算对象之间进行分配，一般可按客车、货车车辆费用比例或营运车日进行分配，并记入“劳务成本”账户。

(二) 水上运输企业成本的核算

水上运输企业从事运送旅客和货物的运输业务。水上运输按船舶航行水域不同，可分为沿海运输、远洋运输和内河运输。沿海运输是指海运企业船舶在近海航线上航行，往来于国内沿海港口之间；远洋运输是指远洋运输企业的船舶在国际航线上航行，往来于国内外港回之间；内河运输是指内河运输企业的船舶航行于江河航线之间，往来于江河港口之间。

1. 成本核算的特点

(1) 成本核算对象。水上运输以客、货运输业务作为成本核算对象，为加强成本管理，还必须分别以航线、航次、船舶类型（客轮、货轮、油轮、拖轮等）和单船作为成本核算对象。单船成本是基础，计算了单船成本，就可以进一步据此计算客运成本、货运成本、航线成本、船舶类型成本，将单船成本按航次进一步分析，就得出航次成本。内河运输企业由于航行时间较短，一般不以航次作为成本计算对象。

（2）成本核算期。水上运输企业可以按月、按季、按年计算成本。

（3）成本核算单位。沿海、远洋运输企业的成本核算单位具体为：客运成本是千人·海里；货运成本是千吨·海里；客货运输综合成本是换算为吨·海里。客货周转量的换算，以1个吨·海里等于1个铺位·人·海里或3个座位·人·海里计算。

内河运输企业的成本核算单位具体为：客运成本是千人·公里；货运成本是千吨·公里；客货运输综合成本是换算为吨·公里。客货周转量的换算，以1个吨·公里等于1个铺位·人·公里或3个座位·人·公里计算。

（4）成本项目。沿海、远洋运输企业的成本项目包括航次运行费用、船舶固定费用、集装箱固定费用、船舶租费和营运间接费用等。

内河运输企业的成本项目一般包括船舶航行费用、船舶维护费用、集装箱固定费用、船租费用、营运间接费用。

企业行政管理部门为组织和管理生产经营活动而发生的费用记入“管理费用”账户，不得记入“营运间接费用”账户。

2. 水上运输企业的成本核算

水上运输企业所发生的航次运行费用、船舶固定费用、船舶租费、集装箱固定费用和营运间接费用，构成了沿海运输企业的运输总成本。运输总成本除以周转量，即为单位成本。

（1）航次运行费用、船舶固定费用、船舶租费的归集。沿海运输企业所发生的这三项费用是在“劳务成本”账户中进行核算和归集的，并按各成本核算对象进行归集，即按客运、货运、单船和船舶类型进行归集，所发生的费用能直接分清由客运和货运分担的，应直接分别计入客运成本和货运成本，凡不能直接计入客运、货运的共同性费用，应采用一定的方法分配计入客运和货运成本。其分配方法有以下几种：①按客货轮核定的客、货定额收入的比例分配。②按客货轮核定的客位定额的人·天和载货定额吨·天的比例分配，以1个铺位·人·天或3个座位·人·天等于1个吨·天计算。③按客位和货运所占航舱容积的比例分配。④按客货轮实际完成的客货运换算周转量的比例分配。

（2）集装箱固定费用和营运间接费用的归集和分配。沿海运输企业所发生的这两项费用，先通过“集装箱固定费用”和“营运间接费用”两账户进行归集，月末将所归集的集装箱固定费用和营运间接费用采用一定的方法进行分配，转入“劳务成本”账户，并计入各成本计算对象，可按船舶数、船舶吨位、营运吨天数或船舶费用进行分配。

（三）港口业务成本的核算

港口企业包括海港、河港企业，主要经营货物装卸、堆存和其他业务。

1. 港口业务成本核算的特点

（1）成本核算对象。港口企业的成本核算对象为港口的货物装卸业务和堆存业务，其成本核算就是计算装卸业务的成本和堆存业务的成本。装卸业务成本可以按主要货种（煤、矿、石油、木材等）和责任部门（装卸队等）作为成本核算对象。堆存业务的成本可以按港口仓库、堆场等作为成本核算对象。

（2）成本核算期。港口企业成本核算均采用按月定期计算。

（3）成本核算单位。港口企业中，装卸业务的成本核算单位为千吨，堆存业务的成本核算单位为堆存吨·天。

（4）成本项目。装卸业务的成本项目划分为装卸直接费用和作业区费用。堆存业务的成本项目划分为堆存直接费用和作业区费用。

①装卸直接费用，指海河港口企业为装卸货物而提供的作业所发生的直接费用，包括职工薪酬、燃料费、材料费、低值易耗品摊销、动力费、折旧费、修理费、租费、外付装卸费、劳动保护费、事故损失、保险费等。

②堆存直接费用，指海河港口企业库场等堆存设备因堆存保管货物而发生的直接费用。具体项目参见装卸直接费用。

③作业区费用，指海河港口企业所属作业区的管理费用和业务费用，包括作业区服务和管理人员的职工薪酬、材料费、燃料费、动力费、折旧费、修理费、劳动保护费、办公费、通信费、差旅费、票据印刷费及其他费用等。

2. 装卸成本和堆存成本计算

港口企业的装卸直接费用、堆存直接费用加上作业区费用，即构成装卸成本和堆存成本。将装卸成本和堆存成本分别除以装卸工作量（千吨）和堆存量（吨·天），即为装卸单位成本和堆存单位成本。

（1）装卸、堆存直接费用的归集。装卸直接费用通过“劳务成本——装卸支出”账户进行归集，堆存直接费用通过“劳务成本——堆存支出”账户进行归集。

（2）作业区费用的归集。作业区费用通过“营运间接费用”账户进行归集，月末再将这些费用按装卸、堆存支出的直接费用比例进行分配，分别记入“劳务成本——装卸支出”和“劳务成本——堆存支配”账户，计入各成本计算对象。

（四）铁路运输企业成本的核算

铁路运输的主要生产任务是运送旅客和货物，由于运输距离远近不同，消耗的费用差别很大，因而采用复合单位如换算吨·公里、旅客人·公里、货运吨·公里作为成本计算单位。铁路运输往往是跨铁路局，由几条铁路共同完成的，因此对发生的一些由各铁路局共同负担的费用，需要进行合理的分配。铁路的固定设备大多是客货运部门共同的，所发生的客货共同费用所占比重较大，在分别计算旅客运输和货物运输成本时，需要按一定的分配标准进行分配。由于不同种类的货物在不同运距时其运输成本不同，旅客乘坐不同种类的车辆、不同铁路区段、不同运输方向的运输成本也不同，因此，除了定期计算成本外，还要进行非定期的、不同条件下的运输成本计算，如分别计算软席、硬席客运成本等。

铁路运输企业的成本计算是指一定时期内的运输支出。应设置“劳务成本”账户核算各项费用，并在该账户下设置“客运支出”和“货运支出”账户进行明细核算。凡是能够直接分清客运支出或货运支出的，直接将该项支出列入“客运支出”和“货运支出”账户，不能直接列入的营运间接费用，应采用适当的标准分配计入客运和货运的支出成本。

铁路运输生产是由许多部门共同协作完成的，其成本的核算分别由各铁路局、分局，基层站、段分级进行，逐级汇总，计算出运输总成本、复合单位成本。

（五）航空运输企业成本的核算

航空运输企业的主要业务是实现社会产品空中位移和进行空中作业，吨·公里、通用航空飞行小时或作业面积就是航空企业的产品成本计算单位。由于各种型号飞机的经济技术性能不同，所计算出来的成本差异也很大，因而航空公司的成本核算必须以每种机型为成本计算对象来归集和分配各类费用，在此基础上，进一步计算任务成本和航线成本。成本计算单位是吨公里。货物周转量和旅客周转量按一定比例换算。

航空运输的成本主要有：飞行费用和飞机维修费及经营业务费。设置“劳务成本”账户，核算航空运输业务中所发生的各项费用，在该账户下，按费用项目或按机型机号设置明细账户，设置“飞机维修费”账户，核算飞机、发动机维护检修所发生的费用及零附件的修理费用，包括人工费、材料费、间接维修费，月末再分配计入各机型成本。费用应按照各机型完成的运输周转量比例进行分配，计入各机型成本。期末，按机型编制运输成本计算表，计算运输总成本和单位成本。

本章总结

本章介绍了商品流通企业、施工企业、房地产开发企业、交通运输企业的成本核算方法。由于各行业具有不同的经营特点，涉及的经营范围不同，成本核算对象不同，在成本核算上也具有不同的特点。

商品流通企业是指从事商品流通的独立核算企业。按其在社会再生产过程中的作用，商品流通企业可分为批发企业和零售企业。商品流通企业的经营特点要求核算商品的采购成本、商品销售成本、商品流通费用等成本费用。批发企业商品销售成本的计算，可采用个别计价法、加权平均法、先进先出法、毛利率法。零售企业商品销售成本的计算，可采用进销差价率法、实地盘存差价法。

施工企业是指从事建筑安装工程施工的生产性企业，施工企业成本核算的特点主要表现为：以单位工程为成本计算对象，定期计算工程成本，工程成本需要在已完工程和未完工程之间进行分配。施工企业的工程成本由人工费、材料费、机械使用费、其他直接费用和间接费用组成。施工企业按建造工程项目进行成本核算时，其收入的确定和成本、毛利的确定客观地反映了工程项目的进展情况和结算情况。

房地产开发企业是指从事房地产开发和经营的企业。房地产开发企业的开发成本由土地征用及拆迁补偿费、前期工程费、基础设施费、建筑安装工程费、公共配套设施费和开发间接费用六个部分组成。其成本核算的特点主要表现为：以单项开发工程为成本计算对象，按月定期计算成本；对土地开发成本和房屋开发成本分别进行核算；发生的各项费用，分别按出包方式和自营方式进行核算。

交通运输企业是指从事旅客运输和货物运输等活动的企业。其成本核算的特点主要表现为：成本计算对象具有多样性，根据营运业务特点确定营业成本的构成内容，采用复合计量单位，按月定期计算成本。月末一般没有在产品，不需将运输过程中发生的成本费用在完工产品和在产品之间进行分配。交通运输企业的营运成本由实际耗用的燃料、材料、工资费、折旧费等组成。

重要概念

数量进价核算　　数量售价核算　　毛利率法　　分类进销差价率

综合进销差价率　　建造合同　　工程成本项目　　开发成本　　复合计量单位

精选案例

随着物质文化生活的不断提升，旅游成为我们休闲娱乐的一个重要方式，我们希望出行高效率、低价格，这样打折机票就成为我们比较关注的内容。但是机票的价格体现了航空公司的营运成本，如何使机票价格降低而又要保证航空公司获利？下面我们看一下春秋航空公司的发展模式：

春秋航空在激烈的航空市场竞争中，分析了我国的市场，提出的发展战略是“两高两低两单两减”，即高客座率，高飞机利用率；低营销费用，低管理费用；单一机型，单一舱位；减少非必要成本，减少日常费用。公司在对成本控制方面的做法是能省则省：(1) 航班为旅客免费提供的仅仅是一小瓶矿泉水；(2) 空乘人员自己打扫机舱；(3) 空乘人员的一套服装大概不到千元（不到有些航空公司服装费支出的1/5）；(4) 航班上是清一色的经济型座位，并没有头等舱（这使同样一架飞机能够多载10%的顾客）……

另外，公司采用空客A320单一机型；大量选择非主流的二类机场，减少机场设备的使用（每年能够节约5 000万元左右）；缩短机场停靠时间；航空公司租用办公楼，董事长的办公室面积只有12平方米；夏天每次乘客下了飞机，哪怕机舱里达到50度，机长也会关掉给空调供电的发动机；采取各种节油措施（每年省下来的燃油费就有3 000多万元）；提高飞机利用率；采用自己开发的系统，不进入中国民航信息网络有限公司的销售系统（光此一项就能省下票面价值的5%左右，通过网上和电话预订，则又能在销售费用上节省5%）……

低成本、低价格，使这个民营的航空公司达到国内单机盈利的最高水平。两年来，总营业收入15.2亿元，上缴国家税收4 782万元，实现企业利润6 700万元。

虽然春秋航空公司想尽各种办法节省成本，但对保证安全上的成本却从不“吝啬”。比如最新租赁的3架新飞机，每个月都要多付出4～5万美元的代价。

要求：根据上述春秋航空的案例资料，请分析一下航空公司的成本计算对象应该是什么？上述费用支出中，哪些是航空的成本？哪些是经营过程中的耗费？哪些属于直接成本，哪些属于间接成本？在成本控制方面，你如何看待春秋航空公司的做法？

思考练习题

（一）讨论题

1. 商品流通企业在成本核算上有哪些特点？
2. 进价核算分为几种？各有哪些特点，适用于哪些商品流通企业？
3. 如何计算商品零售企业的成本？
4. 施工企业生产经营的特点是什么？
5. 施工企业成本核算的特点有哪些？
6. 建造合同的收入确定与成本结转有哪些特点？
7. 房地产开发企业成本计算对象如何确定？
8. 房地产开发企业的主要成本项目有哪些？

9. 交通运输企业成本核算有哪些特点？

10. 交通运输企业成本计算对象有哪几类？各有何特点？

（二）单选题

1. 商品采购成本是指（　　）。

A. 进货原价　　B. 进货原价及相关税费

C. 进货原价及各项采购费用　　D. 进货原价及进货手续费

2. 进价金额核算法适用于（　　）。

A. 零售企业的鲜活商品　　B. 零售企业的日用工业品

C. 基层批发商店　　D. 大中型批发企业

3. 实行分柜组售价金额核算法的企业，年终决算计算已销商品进销差价时，应采用（　　）。

A. 综合差价率法　　B. 分类差价率法

C. 毛利率法　　D. 实际差价法

4. 企业采用进价金额核算法时，各月商品销售后（　　）。

A. 不结转销售成本，待年末一并结转

B. 按售价结转销售成本，月末调整

C. 不结转销售成本，定期盘点后，以存计销，倒挤出销售成本

D. 按毛利率法估计并结转销售成本

5. 某商业批发企业采用毛利率法计算期末存货成本。某年 5 月，甲类商品的月初成本总额为 2 400 万元，本月购货成本为 1 500 万元，本月销售收入为 4 550 万元。甲类商品 4 月的毛利率为 24%。该企业甲类商品在某年 5 月末的成本为（　　）万元。

A. 388　　B. 392　　C. 442　　D. 650

（三）多选题

1. 商品流通企业的成本包括（　　）。

A. 商品采购成本　　B. 商品存货成本

C. 商品销售成本　　D. 其他业务成本

E. 商品流转成本

2. 采用数量进价金额核算法对商品销售成本进行核算时，可采用（　　）。

A. 先进先出法　　B. 综合差价率法

C. 个别计价法　　D. 毛利率法

E. 后进先出法

3. 售价金额核算法下，已销商品进销差价的计算方法有（　　）。

A. 毛利率法　　B. 综合差价率法

C. 分类差价率法　　D. 实际差价法

E. 加权平均法

4. 商品销售成本包括（　　）。

A. 已销商品负担的销售费用

B. 已销商品采购成本

C. 小规模纳税人已销商品应负担的进项税额

D. 按规定计提的存货跌价准备

E. 增值税销项税额

(四) 判断题

1. 在会计实务中，采购商品的费用和销售商品的费用应计入销售费用。 ( )

2. 商品批发企业已销商品的进价成本可以分散结转，也可以综合结转。 ( )

3. 采用数量进价金额核算法时，企业可根据具体情况，采用个别计价法、毛利率法、先进先出法和实际差价法等方法确定已销商品的单位进价成本。( )

4. 数量金额核算法只能用于批发企业，无法用于零售企业。 ( )

5. 零售企业结转已销商品进价成本的方法有分散结转和集中结转两种。( )

6. 售价金额核算法下，商品出售后，应以售价暂时反映商品销售成本，待计算出已销商品进销差价后，再对其进行调整。 ( )

7. 建造合同分为固定造价合同和成本加成合同。 ( )

8. 房地产开发企业主要业务包括土地开发和经营、房屋开发和经营、城市基础设施和公共配套设施开发以及代建工程开发等。 ( )

9. 交通运输企业的运输成本，一般采用复合成本。 ( )

10. 工程预算成本就是工程实际成本。 ( )

(五) 计算与核算题

1. 某批发公司第一季度末实际毛利率为15%，4月份商品销售收入为16万元，5月份销售收入18万元。

要求：计算这两个月的销售毛利和销售成本。

2. 某零售商店采用综合差价率法计算已销商品进销差价，本月末结账前“商品进销差价”账户贷方余额为60 000元，月末“库存商品”账户借方余额为100 000元，月末“受托代销商品”账户借方余额为50 000元，本月“商品销售成本”账户借方发生额为350 000元。

要求：计算该商店本月综合差价率。

3. 某零售企业经营A、B、C三大类商品，6月末有关账户的明细余额如下：

有关明细账户余额 单位：元

商品类别	“商品进销差价”账户余额	“商品销售收入”账户余额	“库存商品”账户余额
A类商品	53 100	122 000	173 000
B类商品	26 400	84 000	136 000
C类商品	44 800	205 000	75 000

要求：

(1) 计算三类商品的分类差价率；

(2) 计算三类商品应分摊的进销差价。

CHAPTER

9 第九章 成本报表的编制与分析

本章概要

本章主要介绍成本报表的作用、种类、编制要求和成本报表分析的方法。通过本章的学习，要求理解成本报表的作用、种类和编制要求。掌握成本表的内容、一般格式和编制方法，掌握成本报表分析的基本原理，并能利用相关信息对成本升降的原因进行因素分析与评价。了解费用报表的内容、编制和分析方法。

第一节 成本报表概述

一、成本报表的作用

成本报表是根据日常成本核算资料，按照成本管理的要求编制，用以反映企业产品成本水平，考核和分析一定时期内成本计划或预算执行情况的书面报告。

随着我国社会主义市场经济的建立、完善和政府部门经济管理职能的转变，国家对企业成本状况直接考核、监督指标逐渐减少，会计准则中已不将企业成本、费用类报表列入对外报送的财务报表进行直接考核。但在市场经济条件下，企业内部为加强成本的管理和考核各岗位、各部门的业绩，提高产品市场竞争能力，为经营管理者提供必要的信息资料，仍需要编制成本、费用类报表作为经营管理和决策的信息来源和依据。其主要作用表现在以下几个方面：

（1）成本报表是企业编制成本计划、进行成本预测和决策的重要依据。成本报表是对企业一定时期内成本水平所作的详细、具体的书面总结。通过对成本、费用报表中提供的信息资料进行分析和总结，既能为计划期企业制定成本计划和其他经营计划提供重要的信息资料，也能为预测和决策提供重要的参考数据。

（2）成本报表内容是对财务报表具体信息的补充。企业根据会计准则规定定期编制对外统一财务报表，提供的是一定会计报告期企业财务状况的总括信息资料，而详细具体信息资料则通过编制成本、费用报表以补充列示详细信息和不便公开的信息，满足管理者的使用需要。

(3) 成本报表是经济活动分析的主要信息来源。成本报表可按使用者的需要设计，提供企业本年度实际成本、计划定额和历史资料以及同行业资料。通过对所提供的资料信息分析，可以揭示企业不同时期成本、费用升降变动情况，便于分析差异，查找原因，总结经验和检查有关指标及计划、预算的执行情况。

(4) 成本报表是企业加强成本管理，明确经营责任的必要手段。成本报表可以提供某一具体部门，岗位或产品等成本、费用项目详细资料，这些资料是生产者和管理者业绩的具体反映。通过成本报表的编制和分析，可以帮助生产管理者改进工作中存在的问题和制定管理策略，提高管理者的素质和水平。

二、成本报表的特点

企业成本报表与对外报送的财务报表相比，因服务和使用对象不同，其目的、种类、格式、编制时间和报送对象也不相同。企业成本报表的特点主要表现在以下方面：

(1) 从编制目的看，成本报表主要是满足企业管理者的需要，便于其掌握企业内部和外部的成本信息，制定相应管理策略。同时，成本报表也可以为国家宏观调控提供信息资料。

(2) 从反映的内容和格式看，成本报表具有较大的灵活性。成本报表不受会计制度限制和上级主管部门的制约，可以根据管理上的需要，有选择地编制，确定报表的种类和内容。如考核分析制造费用时，企业可设计和使用“制造费用明细表”，表中所列示的项目、内容可按制造费用项目全部列示，也可遵循重要性原则合并项目后列示。

从报表的格式上看，成本报表既可参照财政部示范格式，也可根据内部管理、分析的需要自行设计。如需反映成本计划执行情况，可设计“计划数”栏和“差异数”栏；如需与企业外部对比分析时，还可设计“国内外同行业企业数”栏目。

(3) 从提供的指标上看，成本报表具有多样性，它既可提供以货币为单位的价值指标，也可提供实物数量指标。如主要产品单位成本表中，既可提供成本项目不同时期的价值指标，也可提供成本项目中主要技术经济参数的实物量指标。

(4) 从成本报表编制时间上看，成本报表具有较大的机动性，其编制时间不受统一规定限制，既可按会计年度、月（季）度编制，也可遵循“及时性原则”按旬、日或报表使用者的需要不定期编制。

(5) 从报送对象上看，成本报表属于经济情报，不是对外公开和报送的报表，仅在一定范围内参考和使用。

三、成本报表设计与编制要求

为了强化企业内部的经营管理，适应社会主义市场经济发展的需要，充分发挥成本报表在企业经营管理中的作用，企业成本报表在设计和编制过程中要做到：

(1) 设计、编制企业成本报表在指标内容上要具有专题性和实用性。成本报表应按使用者的需要设计，编制专题性的项目和内容报表，以突出重点。某些表格不需要全面、系统，其指标内容和口径，应以满足管理需要为准。如产品生产成本明细表项目中，可设置主要产品成本项目，但对非主要产品成本项目则可设可省。

（2）设计、编制企业成本报表在实物计量和填报方法上要具有一致性。成本报表在资产计量，项目设置和填报方法上要保持前后一致，不可任意改变，各项目的指标前后各期应有可比性和相互衔接。

（3）设计、编制企业成本报表在信息上要具有客观性和真实性。成本报表中的各项实际数字绝大部分来自当期的成本账簿记录，某些数据虽不要求绝对精确，但对报表提供的信息必须是客观的、真实的，而不是无根据任意估计和弄虚作假形成的。

（4）设计、编制企业成本报表在格式上要具有直观性和清晰性。成本报表虽然没有统一规定格式，但要求内容简明扼要，便于报表编制者和使用者阅读与分析。

四、成本报表的种类

成本报表属于内部报表，主要是为满足企业内部经营管理的需要而编制，并不对外公开。因此，成本报表的种类、格式、项目和内容由企业根据其生产特点和管理要求自行决定。

成本报表按其所反映的内容可分为以下几种。

（一）反映产品成本情况的报表

产品成本表主要反映企业为生产一定种类和一定数量产品所支出的生产费用的水平及其构成情况，并与计划、上年实际、历史最好水平或同行业同类产品先进水平相比较，反映产品成本的变动情况和变动趋势。属于此类成本报表的有产品生产成本表、主要产品单位成本表等。

产品生产成本表是反映企业在报告期内生产的全部产品总成本的报表，该表一般分为两类：一是按产品种类编制全部商品成本表，反映企业在报告期所产全部产品的总成本和各种主要产品（含可比产品和不可比产品）单位成本及总成本。利用此表可以定期、总括地考核和分析企业全部产品成本计划的完成情况和可比产品成本降低计划的完成情况，对企业产品成本工作从总体上进行评价，并为进一步分析指出方向。二是按成本项目编制全部商品成本表，汇总反映企业在报告期发生的全部生产费用（按成本项目反映）和全部产品总成本，利用此表可以定期、总括地考核和分析企业全部生产费用和全部产品总成本计划的完成情况，对企业成本工作从总体上进行评价，并为进一步分析指出方向。

主要产品单位成本表是反映企业在报告期内生产各种主要产品的单位成本的构成及其变动情况的会计报表。该表按主要产品分别编制，是按产品种类反映的商品成本表中某些主要产品成本的进一步反映。

（二）反映各种费用支出的报表

费用支出报表主要反映企业在一定时期内各种费用总额及其构成情况的报表，并与计划（预算）、上年实际对比，反映各项费用支出的变动情况和变动趋势。属于此类成本报表的有制造费用明细表、销售费用明细表、管理费用明细表和财务费用明细表等。

制造费用明细表是反映企业在报告期内发生的全部制造费用及其构成情况的报表。

管理费用明细表、财务费用明细表和销售费用明细表是分别反映企业在报告期内发生的全部管理费用、财务费用和销售费用及其构成情况的报表。

（三）其他成本报表

由于成本报表是内部报表，所以其在设置上有较大的灵活性、多样性。以上介绍的是企业常见的几种报表，企业还可以根据本企业的生产特点和管理要求，编制其他有利于成本控制和考核的报表，如生产情况表、材料成本考核表、人工成本考核表等。

第二节　成本报表编制

为了满足企业加强经营管理、降低成本耗费、贯彻经济责任、提高经济效益的需要，工业企业一般应设置与编制以下成本报表。

一、产品生产成本表

产品生产成本表是反映企业本年度生产和销售产品的生产成本的报表。通过该表的编制和分析，可以了解主要产品单位生产成本升降变动和企业产品品种结构变动情况，分析企业产销之间的比例关系和销售合同计划执行情况，为合理安排产销计划和采取降低成本措施提供信息。

产品生产成本表的一般格式如表 9-1～表 9-3 所示。

产品生产成本的编制方法：

（1）该表可分为可比产品、不可比产品，也可分为主要产品、非主要产品进行编制。

（2）“实际产量”栏的数据，可根据生产计划和产量统计资料填写。

（3）“单位成本”栏数据，可根据本年成本计划和产品成本计算单或生产成本明细账中有关上年实际、本年计划、本年实际资料填写。

（4）“本月总成本”栏数据，可根据该表“实际产量”、“单位成本”计算填写。

表 9-1　　**产品生产成本表**

（按产品种类反映）

编制单位：　　年　月　　单位：元

产量	规格	计量单位	实际产量		单位成本				本月总成本			本年累计总成本		
			本月	本年累计	上年实际平均	本年计划	本月实际	本年累计实际平均	按上年实际平均单位成本计算	按本年计划单位成本计算	本月实际	按上年实际平均单位成本计算	按本年计划单位成本计算	本年实际
			①	②	③	④	⑤=⑨÷①	③=⑫÷②	⑦=①×③	⑧=①×④	⑨	⑩=②×③	⑪=②×④	⑫
可比产品														
合计														
其中： A 产品 B 产品														

续表

产量	规格	计量单位	实际产量		单位成本				本月总成本			本年累计总成本		
			本月	本年累计	上年实际平均	本年计划	本月实际	本年累计实际平均	按上年实际平均单位成本计算	按本年计划单位成本计算	本月实际	按上年实际平均单位成本计算	按本年计划单位成本计算	本年实际
			①	②	③	④	⑤=⑨÷①	③=⑫÷②	⑦=①×③	⑧=①×④	⑨	⑩=②×③	⑪=②×④	⑫
不可比产品合计														
其中：C产品														
全部商品产品工厂成本														

表 9-2　　　　产品生产成本表

（按成本项目反映）

企业：　　　　年　月　　　　单位：元

项 目	上年实际	本年计划	本月实际	本年累计实际
生产费用				
直接材料费用				
直接人工费用				
制造费用				
生产费用合计				
加：在产品、自制半成品期初余额				
减：在产品、自制半成品期末余额				
产品生产成本合计				

表 9-3　　　　产品生产成本表

产品：　　　　年　月　　　　单位：元

成本项目	本年实际产量（台）	上年实际实本		本年计划成本		本年实际成本	
		平均单位成本	总成本	平均单位成本	总成本	平均单位成本	总成本
变动成本：							
直接材料费							
直接人工费							
变动制造费用							
小计							
固定成本：							
固定制造费用							
产品制造成本							

二、主要产品单位成本表

主要产品单位成本表是反映企业在会计月度、年度内生产的各种主要产品单位成本构成情况的报表。该表的作用是考核各主要产品单位成本计划执行情况，分析各成本项目和有关技术经济指标消耗水平的变化和原因，以便企业找出差距，降低单位成本，增加产品市场竞争力和提高单位产品经济效益。

主要产品单位成本表格式如表 9-4 所示。

表 9-4　　主要产品单位成本表

编制单位：　　　　年　　月　　　　金额单位：元

产品名称		A 产品	本年计划产量		5 000	
规　格			本月实际产量		1 250	
计量单位		台	本年累计实际产量		6 000	
销售单位						
成本项目	行次	同类企业先进水平（年）	上年实际平均	本年计划	本月实际	本年累计实际平均
直接材料		612	640	592	588	596
直接工资		70	64	64	70	72
制造费用		316	356	330	314	332
合计		998	1 060	986	972	1 000
主要技术经济指标	计量单位	用量	用量	用量	用量	用量
1. 甲材料	千克/台	560	570	500	510	530
2. 乙材料	千克/台	37	42	40	39	38
3. 工时	小时/台	235	291	50	276	288
⋮						

注：设同类企业 A 产品生产有关技术经济指标相同。

(1) 产量栏数据，可根据生产计划和成本计划资料提供数据填写。

(2) 销售单价栏数据，可根据销售部门提供产品计划价格或市场平均价格填写。

(3) 成本项目栏数据，可根据成本计划和产品成本计算单或产品成本明细账提供的数据填写。

(4) 主要技术经济指标数据，可根据技术部门提供计划（定额）资料和成本计划等资料填写。

三、制造费用明细表的编制

制造费用明细表是企业会计报告期内发生的制造费用及其构成情况的报表。利用制造费用明细表提供的信息，可以分析制造费用本期实际与上期、预算相比的增减变动情况；考核制造费用本期实际与上期预算相比的增减变动情况；考核制造费用预算的执行情况。通过分析查找超支或节约的原因，提供采取措施的途径，控制制造费用各项的支出，从而达到降低成本的目的。

“制造费用明细表”格式如表 9-5 所示。

表 9-5　　制造费用明表

编制单位：　　年　月　　单位：元

费用项目	预算数 ①	实际数 ②	差异 ③=②-①
工资			
福利费			
折旧费			
运输费			
修理费			
办公费			
水电费			
⋮			
其他费用			
合计			

制造费用明细表编制的主要依据是制造费用明细账、制造费用预算等。其中，“预算数”栏数据根据企业制造费用预算中 数据填写；“实际数”栏数据根据制造费用明细账中的有关数据填写。

第三节　成本报表分析

一、影响产品成本变动的因素

影响产品成本变动的基本因素有两类：一类是来自企业外部的因素；另一类是来自企业内部的因素。外部因素属于市场经济的因素，内部因素属于企业经营管理的因素。这两类因素在一定条件下是相互制约的，而在一定条件下又是相互促进的。因此，在进行成本分析时，应注意对影响产品成本变动的因素加以区分，只有这样才有利于划清责任，考核效益，评价质量，挖掘潜力。

（一）影响产品成本变动的外部因素

1. 企业所处的地理位置和资源条件

企业所处的地理位置和资源条件是影响产品成本水平的一项外部因素。由于企业距离原材料、燃料和动力的供应地点远近不同，企业距离产品销售的市场远近不同，因而其购入价格、运输费、保险费、包装费等就有所不同，这些必然影响材料采购成本和产品销售成本。由于气候条件的不同，也会影响企业的资产结构和生产工艺，进而影响企业的费用水平。对于采掘工业和农产品加工工业来说，企业所处的自然资源条件也是影响成本水平的一项重要因素。

2. 企业的生产经营规模和技术装备水平

企业生产经营规模的大小，产品结构、技术结构、企业组织结构是否合理，也会决定和影响企业的成本水平。一般来说，随着企业生产规模的扩大，就会相对降低单位产品成本中的固定费用，从而降低单位产品成本水平。同时，为进一步降低产品成本，提高企业生产的经济效益，还应为采取更先进的产品设计和工艺创造有利的条件。对于同样规模的企业来说，由于其技术装备水平和由此决定的机械化、自动化程度的不同，因而其成本水平也会有所不同。

3．企业专业化和协作的水平

企业进行专业化生产，与其他企业协作与联合，有利于高新技术的采用，有利于先进的专用设备和加工工艺的推广和应用。专业化与协作的结果会简化企业生产管理工作，提高企业产品质量和劳动生产率，最终降低企业的产品成本。因此企业按专业化、协作与联合经营的原则组织工业生产，是实现资源优化配置，发展规模经济的唯一出路。

此外，产品市场需求的变动、生产资料市场价格的变动、国家的产业政策、国民经济的增长速度、宏观调控目标、固定资产投资规模、货币供应量与信贷规模、流通体制、社会保障体制，以及宏观管理体制的改革、宏观决策的正确与否等，都会对企业成本的变化产生直接或间接的影响。

分清以上影响产品成本变动的外部因素，有利于正确地考核和评价企业的成本管理工作，并努力采取各种措施，以适应客观经济条件的变化，达到降低产品成本的目的。但是外部因素不属于企业成本分析的重点，企业成本分析的重点是对内部因素的分析。

（二）影响产品成本变动的内部因素

1．劳动生产率水平的高低

劳动生产率水平的高低，既受市场供求的影响，又受企业经营管理好坏的影响。提高劳动生产率不仅可以降低单位产品成本中的计时工资费用和固定费用，而且还可以连带地促进对固定资产、原材料、动力利用的改善，进而降低单位产品成本中的物化劳动消耗。随着科学技术的进步，先进的科学技术工艺和装备的广泛采用，必将大幅度地提高劳动生产率，从而降低产品成本。因此，企业应从实际出发，综合考虑市场需求，具体分析劳动生产率水平高低对产品成本的影响。

2．材料、燃料和动力的利用效果

由于材料、燃料和动力的消耗在企业产品成本中占有较大的比重，降低单位产品的材料、燃料和动力的消耗，提高其利用效果，就能达到降低产品成本的目的。因此，材料、燃料和动力的利用效果是影响产品成本升降的一项重要的内部因素。

3．生产设备的利用效果

提高生产设备的利用率，改善其对工时的利用情况，就能在一定时间内促进原材料加工量和产品产量，从而相对降低单位产品成本中的固定资产折旧费、维修费、计时工资和制造费用等。因此，生产设备的利用效果，也是影响产品成本的一项重要的内部因素。

4．产品质量水平

产品质量水平常用合格率、返修率和废品率等指标反映。提高产品的合格率，降低其返修率和废品率，就意味着提高了产品的质量水平。而产品质量水平的提高，必然使产品的修复费用、废品损失和停工损失以及不合格品的降价损失、三包损失与索赔损失等减少，从而使有效产品的产量增加，降低产品成本。因此，产品质量水平的高低，也是影响产品成本的主要内部因素之一。

5. 工资水平与制造费用水平

在产品产量一定的情况下，工资总额越高，制造费用越大，单位产品成本就会越高。因此，严格控制工资总额，提高工时利用率，合理简化生产部门管理机构并控制有关费用，就能控制产品成本并使之逐步降低。

此外，企业经营管理水平，经营决策的正确与否，材料、燃料和动力的管理体制，产品开发与科研工作的进展，信息网络的建设情况，职工人员的素质等，均对企业产品成本水平有着直接或间接的影响。

二、产品生产成本表分析

产品总成本分析，主要是对全部产品成本计划的完成情况和可比产品成本降低目标的完成情况进行分析。分析一般是在月份、季度或年度终了，根据产品生产成本表，结合其他有关的成本资料，采用指标对比法进行分析。首先将全部产品的实际总成本与按实际产量调整计算的计划总成本相比较，确定本期产品实际总成本比计划总成本的节约或超支额；其次，分别计算可比产品成本和不可比产品成本的节约或超支额；最后，根据以上计算结果，进行节约或超支额情况的因素分析等。

（一）对全部产品成本计划的完成情况进行总括评价

通过总括评价，一是对企业全部产品成本计划的完成情况有个总括的了解；二是由对影响计划完成情况因素的初步分析，为进一步分析指出方向。

【例 9-1】

某企业 20××年 12 月份的产品生产成本表如表 9-6 所示。要求对企业年度产品成本进行分析。

表 9-6　　　　产品生产成本表

编制单位：××　　　　20××年 12 月　　　　单位：元

产品名称	计量单位	产量		单位成本			成本计划		本年总成本		
		计划	实际	上年实际平均	本年计划	本年实际	按上年实际平均单位成本计算	按本年计划单位成本计算	按上年实际平均单位成本计算	按本年计划单位成本计算	实际成本
		①	②	③	④	⑤	⑥=①×③	⑦=①×④	⑧=②×③	⑨=②×④	⑩=②×⑤
1. 可比产品											
甲产品	件	200	300	210	200	190	42 000	40 000	63 000	60 000	57 000
乙产品	件	200	200	110	100	90	22 000	20 000	22 000	20 000	18 000
可比产品合计							64 000	60 000	85 000	80 000	75 000
2. 不可比产品											
丙产品	件	100	100		100	110		10 000		10 000	11 000
不可比产品合计								10 000		10 000	11 000
全部商品产品成本								70 000		90 000	86 000

根据表 9-6 资料编制分析表，如表 9-7 所示。

表 9-7　　本年累计全部产品成本计划完成情况分析表

编制单位：××　　20××年 12 月　　单位：元

产品名称	计划总成本	实际总成本	降低额	降低率
1. 可比产品				
甲产品	60 000	57 000	3 000	5%
乙产品	20 000	18 000	2 000	10%
小计	80 000	75 000	5 000	6.25%
2. 不可比产品				
丙产品	10 000	11 000	−1 000	−1%
合计	90 000	86 000	4 000	4.44%

表中数字计算：

本年全部产品成本降低额＝计划总成本－实际总成本

$$\text{本年全部产品成本降低率}=\frac{\text{本年全部商品产品成本降低额}}{\sum(\text{各种产品计划单位成本}\times\text{实际产量})}\times 100\%$$

计算表明，企业全年全部产品总成本比计划总成本降低了 4 000 元，降低率为 4.44%。其中可比产品成本降低额为 5 000 元，不可比产品超支额为 1 000 元。由于可比产品是企业长期生产的主要产品，应对其成本升降原因进行进一步的分析，找出影响成本升降的因素及影响程度。至于不可比产品，由于本期初始生产，因而无法对其进行因素分析。但是，如果不可比产品占全部产品的比重较高，或实际与计划相差较大时，应进一步查明其超支的原因。

（二）分析可比产品成本降低计划的完成情况

企业通常在制定成本计划时，规定了可比产品成本比上年成本降低的任务，即计划降低额和计划降低率。因此，对可比产品成本的分析，首先要计算出实际降低额和降低率，以便与计划降低额和降低率相比较，从而了解可比产品降低任务的完成情况。可比产品成本降低计划指标和计划完成情况的资料，分别反映在企业的成本计划和成本报表中。相关的计算公式如下：

$$\text{计划降低额}=\sum\left(\text{全部可比产品计划产量}\times\text{上年平均单位成本}\right)-\sum\left(\text{全部可比产品计划产量}\times\text{计划单位成本}\right)$$

$$\text{计划降低率}=\frac{\text{计划降低额}}{\sum(\text{全部可比产品计划产量}\times\text{上年平均单位成本})}\times 100\%$$

$$\text{实际降低额}=\sum\left(\text{全部可比产品实际产量}\times\text{上年平均单位成本}\right)-\sum\left(\text{全部可比产品实际产量}\times\text{本年实际单位成本}\right)$$

$$\text{实际降低率}=\frac{\text{实际降低额}}{\sum(\text{全部可比产品实际产量}\times\text{上年平均单位成本})}\times 100\%$$

【例 9-2】

根据上述公式及表 9-6 中的相关数据，该企业可比产品成本降低任务完成情况如下：

计划降低额＝64 000－60 000＝4 000(元)

计划降低率＝4 000÷64 000×100%＝6.25%

实际降低额＝85 000－75 000＝10 000(元)

实际降低率＝10 000÷85 000×100%＝11.76%

实际和计划的差异如下：

降低额差异＝10 000－4 000＝6 000(元)

降低率差异＝11.76%－6.25%＝5.51%

从以上计算中可以看出，可比产品成本实际降低额和实际降低率都超额完成了计划，其中，实际降低额比计划多 6 000 元，实际降低率比计划多 5.51%。

(三) 分析影响可比产品成本降低计划完成情况的因素和各因素的影响程度

影响可比产品成本降低计划完成情况的因素，概括起来有三个：

(1) 产品产量。成本降低计划是根据计划产量制定的，实际降低额和降低率都是根据实际产量计算的。因此，产量的增减必然会影响可比产品成本降低计划的完成情况。但是产量变动影响有其特点：假定其他条件不变，即产品品种结构和产品单位成本不变，单纯产量变动将会使成本降低额同比率变动，而不影响成本降低率。

(2) 产品品种结构。由于各种产品的成本降低程度不同，因而当产品品种结构发生变动时，就会使可比产品成本降低额和降低率升高或降低。成本降低程度大的产品比重增加会使成本降低额和降低率增加；反之则减少。在分析中之所以要单独计量产品品种结构变动影响，目的在于揭示企业取得降低产品成本真实成果的具体途径，从而对企业工作作出正确评价。

(3) 产品单位成本。单位成本的降低会使成本降低额和降低率增加；反之会减少。产品单位成本的降低意味着生产中活劳动和物化劳动消耗的节约。因此，分析时应特别注意这一因素的变动影响。

按照连环替代法的计算程序，在确定各因素变动对成本降低计划完成情况的影响程度时，应以计划产量、计划品种结构和计划单位成本下的成本降低计划为基础，然后用各个因素的实际数逐次替换计划数。

【例 9-3】

根据表 9-6 资料及例 9-2 的相关计算结果，确定各因素变动的影响程度。

(1) 产品产量变动的影响。

产量变动是指实际产量与计划产量的差异。产量变动只影响降低额，而不影响降低率。产量变动的影响程度可按下列公式计算：

$$\begin{aligned}\text{产量变动后的计划降低额} &= \text{成本计划降低率} \times \sum\left(\text{全部可比产品实际产量} \times \text{上年平均单位成本}\right)\\ &= 6.25\% \times 85\,000\\ &= 5\,312.50(\text{元})\end{aligned}$$

$$\frac{产量变动对成}{本降低额的影响}=\frac{产量变动后}{计划降低额}-\frac{产量变动前}{计划降低额}=5\,312.50-4\,000=1\,312.5(元)$$

(2) 产品品种结构变动的影响。

产品品种结构变动是指产品各品种在总产量中所占比重的变动。为了确定产品品种结构变动的影响，必须求得在实际产量、实际品种结构情况下，以本年计划单位成本计算的总成本与按上年实际平均单位成本计算的总成本相比较的降低额和降低率。产品品种结构变动的影响程度可用下列公式计算：

$$\begin{aligned}\frac{产品品种结构变动}{后的计划降低额}&=\sum\left(\frac{全部可比产}{品实际产量}\times\frac{上年平均}{单位成本}\right)\\&\quad-\sum\left(\frac{全部可比产}{品实际产量}\times\frac{本年计划}{单位成本}\right)=85\,000-80\,000\\&=5\,000(元)\end{aligned}$$

$$\begin{aligned}\frac{产品品种结构变动}{对成本降低额的影响}&=\frac{产品品种结构变}{动后的计划降低额}-\frac{产量变动后的}{计划降低额}\\&=5\,000-5\,312.50\\&=-312.5(元)\end{aligned}$$

$$\begin{aligned}\frac{产品品种结构变动}{对成本降低率的影响}&=\frac{产品品种结构变动}{对成本降低额的影响}\div\sum\left(\frac{全部可比产}{品实际产量}\times\frac{上年平均}{单位成本}\right)\\&\quad\times100\%\\&=-312.5\div85\,000\times100\%\\&=-0.37\%\end{aligned}$$

(3) 产品单位成本变动的影响。

产品单位成本变动就是实际单位成本高于或低于计划单位成本的数额。为了确定产品单位成本变动的影响，必须求得在实际产量、实际品种结构情况下，以本期实际总成本与按上年实际平均单位成本计算的总成本相比较的降低额和降低率。单位成本变动的影响程度可用下列公式计算：

$$\begin{aligned}\frac{产品单位成本变}{动后计划降低额}&=\sum\left(\frac{全部可比产}{品实际产量}\times\frac{上年平均}{单位成本}\right)-\sum\left(\frac{全部可比产}{品实际产量}\times\frac{本年实际}{单位成本}\right)\\&=85\,000-75\,000\\&=10\,000(元)\end{aligned}$$

$$\begin{aligned}\frac{产品单位成本变动}{对成本降低额的影响}&=\frac{产品单位成本变动}{后的计划降低额}-\frac{产品品种结构变动}{后的计划降低额}\\&=10\,000-5\,000=5\,000(元)\end{aligned}$$

$$\begin{aligned}\frac{产品单位成本变动对}{成本降低率的影响}&=\frac{产品单位成本变动}{对成本降低额的影响}\div\sum\left(\frac{全部可比产}{品实际产量}\times\frac{上年平均}{单位成本}\right)\\&\quad\times100\%\\&=5\,000\div85\,000\times100\%\\&=5.88\%\end{aligned}$$

经过上述计算和分析，可以得出成本降低额超计划 5 000 元的原因是：

产量变动影响的降低额	1 312.5 元
产品品种结构变动影响的降低额	−312.5 元
产品单位成本变动影响的降低额	5 000 元
合计：	5 000 元

成本降低率超计划 5.51%的原因是：

产品品种结构变动对成本降低率的影响	−0.37%
产品单位成本变动对成本降低率的影响	5.88%
合计：	5.51%

三、主要产品单位成本分析

对企业全部产品成本降低情况进行总结分析可以得出企业产品成本及其升降的总括情况。但仅有这些分析信息还不够，因为这些信息会在某种情况下掩盖个别产品、个别项目的升降情况。因此需要对产品单位成本进行分析。

单位产品成本分析就是对成本变动较大的主要产品单位成本进行各方面的深入分析，这样做的主要意义在于揭示各种产品单位成本及其各个成本项目的变动情况，尤其是各项消耗定额的执行情况；确定产品结构、工艺和操作方法的改变，以及有关技术经济指标变动对产品单位成本的影响，查明产品单位成本升降的具体原因，从而有利于针对成本升降的具体原因采取措施，达到降低产品成本的目的。

单位产品成本分析主要依据主要产品单位成本表、成本计划和各项消耗定额资料，以及反映各项技术经济指标的业务技术资料等。分析的程序一般是先检查各种产品单位成本实际比计划、比上年实际、比历史最好水平的升降情况；然后，按成本项目分析其增减变动，查明造成单位成本升降的具体原因。为了在更大的范围内找差距、挖潜力，在可能的条件下，还可以组织厂际间同类产品单位成本的对比分析。因此，单位产品成本分析主要包括两个方面的内容：主要产品单位成本变动情况的分析和主要成本项目的分析。

（一）主要产品单位成本变动情况分析

这是对主要产品单位成本所作的一般分析。分析时依据主要产品单位成本表及有关技术经济指标，查明单位实际成本与基准的差异，确定单位成本是超支还是降低，以便克服缺点，吸取经验，更有效地降低产品的单位成本；然后按成本项目进行对比分析，分别确定每个成本项目的消耗定额差异和价格差异；必要时还要进一步分析产品产量变动、产品质量水平变动等对单位产品成本的影响。

【例 9-4】

以例 9-1 的产品总成本分析中的可比产品甲为例，其单位成本表如表 9-8 所示。

表 9-8　甲产品单位成本表

20××年度

单位：元

成本项目	历史先进水平	上年实际	本年计划	本年实际
直接材料	76	85	82	77
直接人工	55	65	66	60

续表

制造费用	49	60	52	53
成本项目	历史先进水平	上年实际	本年计划	本年实际
生产成本	180	210	200	190
主要经济技术指标				
1. 主要材料的消耗	3.5千克	4.2千克	4.1千克	4千克
2. 人工工时	4.8小时	6.5小时	6小时	5小时

从表9-8可知，甲产品本年实际单位成本比本年计划、比上年实际平均都降低了，但高于历史先进水平。说明企业成本控制水平总的情况是好的，但还是需要进一步努力。为了查明产品单位成本及其成本项目变动的原因，还应进一步对各个成本项目，特别是重点项目，即变动影响大的项目做具体分析。

（二）主要成本项目分析

一定时期产品单位成本的高低，是与企业该时期的生产技术、生产组织的状况和经营管理水平，以及采取的技术组织措施效果相联系的。因此，紧密结合企业技术经济方面的资料，查明成本升降的具体原因，是进行产品单位成本各个成本项目分析的重点。

下面以直接材料、直接人工和制造费用几个主要成本项目为例，说明分析的一般方法。

1. 直接材料成本的分析

直接材料成本的变动主要受单位产品原材料消耗量和原材料价格两个因素的影响，其基本关系式为：

$$直接材料成本=直接材料消耗量\times直接材料单价$$

$$\begin{aligned}直接材料成本差异额&=直接材料实际数-直接材料计划成本\\&=\begin{matrix}直接材料消耗\\数量变动的影响\end{matrix}+\begin{matrix}直接材料价格\\变动的影响\end{matrix}\end{aligned}$$

$$\begin{matrix}直接材料消耗\\数量变动的影响\end{matrix}=\left(\begin{matrix}实际单位\\耗用量\end{matrix}-\begin{matrix}计划单位\\耗用量\end{matrix}\right)\times\begin{matrix}直接材料\\计划单价\end{matrix}$$

$$\begin{matrix}直接材料价格\\变动的影响\end{matrix}=\begin{matrix}单位产品直接\\材料实际耗用量\end{matrix}\times\left(\begin{matrix}直接材料\\实际单价\end{matrix}-\begin{matrix}直接材料\\计划单价\end{matrix}\right)$$

【例9-5】

承例9-1，甲产品直接材料分析资料如表9-9所示。

表9-9　　单位甲产品消耗直接材料成本表

项　目	材料消耗数量（千克）	材料价格（元/千克）	直接材料成本（元）
本年计划	4	20.5	82
本年实际	3.5	22	77
直接材料成本差异	－0.5	1.5	－5

从上表可以看出，单位产品的直接材料成本实际比计划节约了5元。现用因素分析

法，计算这两种因素的变动对直接材料成本的影响：

材料消耗数量变动的影响＝(3.5－4)×20.5＝－10.25(元)

材料价格变动的影响＝(22－20.5)×3.5＝5.25(元)

从以上分析可以看出，甲产品的直接材料成本虽然节约了5元，但分析结果表明，于材料消耗量的降低，使材料成本降低了10.25元；材料价格的提高，则使材料成本提高了5.25元，两者相抵，净节约5元。由此可知，甲产品材料消耗的节约掩盖了绝大部分材料价格提高所引起的材料成本超支。

材料消耗的节约只要不是偷工减料的结果，一般都是生产车间改革工艺、加强成本管理的成绩。材料价格的提高，则要看是由于市场价格上涨或者国家调升价格等客观原因引起的，还是由于材料采购人员不得力，致使材料买价偏高或材料运杂费增加导致的结果等。其具体分析如下：

(1) 影响单位产品原材料消耗数量变动的因素：

①材料质量的变化。实际购入和消耗的材料质量有高有低。当材料质量较低时，就会影响产品质量，造成材料消耗量增加，同时也会引起工废增加。因此，必须加强材料质量管理，严把材料的采购、收发关，使生产所用材料的质量得到保证。

②产品或产品零部件结构的变化。由于结构的改进，将使产品质量更高而使体积缩小，重量减轻，从而减少原材料消耗，降低原材料费用。同时，产品或产品零部件结构的改进也会使通用件、标准件用量增加，从而减少材料消耗。

由于改进产品设计，减轻产品重量对单位产品原材料费用的影响，可按下式计算：

$$\begin{array}{c}\text{产品重量变动对单位}\\\text{产品原材料成本的影响}\end{array}=\left(1-\frac{\text{变动后产品重量}}{\text{变动前产品重量}}\right)\times\begin{array}{c}\text{变动前单位}\\\text{产品原材料成本}\end{array}$$

③产品生产工艺和操作方法的改变。在产品生产过程中，不断改进产品生产工艺，改进加工的操作方法，就会不断地提高各种材料的利用率，降低材料的消耗。当然，在采用新工艺、新技术方法的开始阶段，也不排除由于工人操作不熟练而造成材料消耗量的增加。

原材料利用率是反映原材料有效利用程度的指标，其计算公式为：

原材料利用率＝产品有效重量÷投入生产的原材料重量×100%

原材料利用率变动对单位产品原材料成本的影响，可按下列公式计算：

$$\begin{array}{c}\text{原材料利用率变动}\\\text{对单位产品原材料成本影响}\end{array}=\left(1-\frac{\text{变动前的原材料利用率}}{\text{变动后的原材料利用率}}\right)\times\begin{array}{c}\text{变动前单位}\\\text{产品原材料成本}\end{array}$$

④代用材料的使用。在保证产品质量的前提下，用廉价的普通材料代替价格高昂的贵重材料，就会使材料消耗量和材料价格发生很大的变化，并降低材料成本。对直接材料成本差异变动因素可做如下分析：

当产品产量也发生变化时，代用材料的使用引起的直接材料成本差异由两部分组成：产量差异和材料代用差异。其中材料代用差异又可分为计划代用材料差异和生产差异两部分。

⑤配料比例的变化。配料比例的变化，对各种材料的消耗量都有直接的影响。通过科学实验，在产品质量得到保证和提高的前提下，采用降低相对贵重原材料用量的配方，将会使材料成本得到降低。

配料比例引起的直接材料成本差异可用下式计算：

$$\text{直接材料结构差异}=\sum\left[\left(\text{按实际比例计算的材料实际消耗量}-\text{按原比例计算的材料实际消耗量}\right)\times\text{材料计划价格}\right]$$

⑥原材料综合利用。有些工业企业在利用原材料生产主产品的同时，还生产副产品，开展原材料的综合利用，就可以将同样多的原材料费用分配给更多品种和数量的产品，从而降低主产品的原材料费用。具体计算可参阅本书相关章节副产品成本的计算。

此外，生产工人的劳动态度、技术操作水平，机械设备性能，以及材料节约奖励制度的实施等，都会影响原材料消耗数量的增减。

（2）影响直接材料价格变动的因素：

①材料采购价格变动。材料的采购价格，大多数在市场采购时就已经确定。采购材料时，如果所购材料市场平均价格上涨，则购买的材料价格也必然升高，从而引起直接材料价格的升高。这种升高属于与企业无关的因素。除此之外的材料采购价格变动，是与企业或企业内部人员有关的因素。如因采购地点或供应商选择不当而提高了采购价格，采购员或企业有关负责人员因获得好处而采购高价材料或质量低劣的材料。对于材料采购价格的变动，要结合市场供求、材料价格变动、材料质量等认真查明原因，明确具体责任归属。

②采购费用的变动。当采购地点发生变动，或运输方式、装卸费用等发生变动，或采购的材料需要增加挑选整理工作时，都会引起采购费用的变化。

总之，当直接材料成本发生变动时，要结合定量方法与定性方法，对企业内外的实际情况进行认真分析，以便总结经验教训，采取适当措施，使产品成本中的直接材料成本降到最低。

2. 直接人工的分析

分析产品单位成本中直接人工成本的变动应结合具体的工资制度和工资费用计入产品成本的具体方法来进行。在计件工资制度下，由于计件单价不变，单位成本中的工资费用一般不会放生变化。在计时工资制度下，若企业只生产一种产品，则影响单位成本工资费用高低的因素不外乎生产工人工资总额和产品产量两个因素；如果企业生产多种产品，产品成本中的工资费用一般是按生产工时比例分配计入的，这时产品单位成本中工资费用的多少，取决于生产单位产品的工时消耗和小时工资率两个因素。

在计时工资条件下，单位产品直接人工费用与劳动生产率（单位产品工时消耗）、工资水平（小时工资率）的基本关系为：

直接人工费用＝单位产品工时消耗×小时工资率

直接人工费用变化＝直接人工实际费用－直接人工计划费用

＝单位产品所耗工时变动影响＋小时工资率变动影响

其中，

$$\text{单位产品所耗工时变动影响}=\left(\text{单位产品实际工时}-\text{单位产品计划工时}\right)\times\text{计划小时工资率}$$

$$\text{小时工资率变动影响}=\text{单位产品实际工时}\times\left(\text{实际小时工资率}-\text{计划小时工资率}\right)$$

从以上公式可以看出，劳动生产率越高，单位产品的生产工时消耗就越少，单位产品直接人工费用就越低；工资水平越高，小时工资率越高，单位产品直接人工费用也就越高。一般劳动生产率的提高将导致单位产品直接人工费用降低，但往往同时工资水平提高，这又使单位产品直接人工费用增加。因此，只有劳动生产率的提高速度超过工资水平的增长速度时，才会使单位产品中的直接人工费用降低。

【例 9-6】

承例 9-1，甲产品有关直接人工的资料如表 9-10 所示。

表 9-10　　甲产品单件工时耗费

项目	单位产品所耗工时（小时）	每小时工资费用（元）	直接人工费用（元）
本年计划	6	11	66
本年实际	5	12	60
直接人工费用差异	－1	1	－6

实际与计划对比，甲产品单位成本中工资及福利费本年实际比本年计划降低 6 元。采用因素分析法计算各因素影响程度如下：

单位产品所耗工时变动影响＝－1×11＝－11(元)

每小时工资费用变动的影响＝1×5＝5(元)

两因素影响程度合计＝－11＋5＝－6(元)

以上分析计算表明，甲产品单位直接人工费用节约 6 元，完全是由于单位工时消耗大幅节约的结果，而单位产品每小时的工资费用是超支的，它抵销了一部分由于单位工时消耗节约所产生的直接人工费用的降低额。所以，应该进一步查明单位产品工时消耗节约和每小时工资费用超支的原因。

单位产品所耗工时的节约，一般是生产工人提高了劳动熟练程度，从而提高了劳动生产率的结果，但也不排斥是由于偷工减料造成的。应该查明节约工时以后是否影响了产品的质量，如果通过降低产品质量来节约工时，是不允许的。

小时工资率是以生产工资总额除以生产总工时计算得出的。在工资总额固定的情况下，非生产工时控制得好，减少非生产工时，增加生产工时总额会使每小时工资费用节约，否则会使每小时工资费用超支。因此，除查明每小时工资费用变动的原因外，还应对生产工时的利用情况进行分析研究。

四、技术经济指标对产品成本影响的分析

技术经济指标是指那些与企业生产技术特点具有内在联系的经济指标。由于各类工业企业生产技术特点不同，因而用来考核企业经济活动的技术经济指标也不一样。如果按技术经济指标与成本的关系分类，可以分为：直接影响产品产量、间接影响产品成本的指标；对产量和成本都有直接影响的指标和只对成本有直接影响的指标。企业的技术经济指标从不同的角度反映着企业生产经营活动的效果，其完成的好坏必然会直接或间接地影响产品成本水平。

技术经济指标变动对产品成本的影响主要表现在对产品单位成本的影响。需要指出的是，各项技术经济指标变动对产品单位成本影响的途径是不相同的，因而分析其变动影响的方法也不一样。

下面分别举例说明各类技术经济指标变动对产品单位成本影响的分析方法。

（一）产品产量变动率的影响分析

在产品成本中既有变动费用，也有固定费用。产品产量变化时，单位产品的变动费用没有变化，单位产品分摊的固定费用却发生了变化，因此使单位产品成本发生了变化。测定产量变动对单位产品成本的影响，在其他条件不变的情况下可利用下式计算：

$$\text{单位产品成本降低率} = \text{产量增长率} \div \left(1 + \text{产量增长率}\right) \times \text{基期固定费用占单位产品成本的比重}$$

单位产品成本降低额＝单位产品成本×单位产品成本降低率

对于上述计算公式要作如下说明：第一，当产量降低时，产量增长率以负数表示，相应计算出的单位产品成本降低率则为增长率；第二，从公式可以看出，产量增长率与单位产品成本降低率并不是成正比例关系，这恰恰是一般定性分析得到的假象。

【例 9-7】

假设甲产品计划单位产品成本为 200 元/件，其中固定制造费用为 63 元/件，设产品产量计划为 200 件，实际完成 210 件，其他因素实际与计划相同。

要求：分析产量变动引起的单位产品成本变动。

产量增长率＝(210－200)÷200＝5%

单位产品成本降低率＝5%÷(1＋5%)×(63÷200)＝1.5%

单位产品成本降低额＝200×1.5%＝3(元)

有一个与产品产量变动密切相关的技术经济指标，就是设备利用率。设备利用率变动不直接影响产品总成本，而是通过产量发生变动来影响单位产品成本。设备利用率指标与产量的关系是，假定其他条件不变，设备利用率指标的变动，将使产量同比例地增加或减少。那么，设备利用率提高对产品单位成本的影响为：

$$\text{设备利用率提高影响产品单位成本降低率} = \frac{\text{单位产品成本中变动费用所占比重} + \text{单位产品成本中固定费用所占比重}}{1 + \text{设备利用提高率}} - 1$$

（二）材料利用率变动的影响分析

材料利用率就是反映原材料有效利用程度的指标。它的变动，直接影响到单位产品的材料成本，进而影响到单位产品成本。提高材料的利用率就是通过降低单位产品的材料消耗率，降低产品成本中的材料成本，从而降低产品的单位成本。要提高材料的利用率，就必须减少材料在切割过程中的边角余料、废料、提高材料质量、改进产品生产工艺和操作方法等，无论采取什么措施，都是为了提高材料利用率。材料利用率变动对成本的影响可用公式表示为：

$$\text{材料利用率变动的影响}=\left(\text{本年实际材料利用率}-\text{上年实际材料利用率}\right)\div\text{本年实际材料利用率}\times\text{上年材料成本占单位产品成本的比重}$$

单位产品成本变动额＝计划单位产品成本×材料利用率变动的影响

（三）劳动生产率变动的影响分析

劳动生产率水平在一定程度上代表了企业生产力水平和经营管理的成效。劳动生产率的提高意味着生产单位产品所耗用的时间比以前减少。这一方面会使单位产品所负担的工资成本减少，另一方面又会因工资率的增长，使单位产品成本提高。因此，要降低产品成本，必须使劳动生产率的提高大于工资率的提高。它们之间的关系可用下列公式表示：

$$\text{劳动生产率变动对单位产品成本的影响}=\left(1-\frac{1+\text{平均工资增长率}}{1+\text{劳动生产率增长率}}\right)\times\text{计划直接人工费用占单位产品成本的比重}$$

（四）产品质量变动的影响分析

在生产消耗水平不变的前提下，产品质量提高必然会影响到单位产品成本的降低。产品质量变动对成本影响的分析主要是利用成品率这一指标研究企业生产的合格品对单位成本的影响程度。成品率是反映原材料投入量与制成合格品数量之间比例关系的一项技术经济指标，成品率提高意味着用同样数量的原材料可以生产出更多的合格产品，既降低了单位产品的原材料消耗，又增加了产量。而产量的增加反过来又会使产品单位成本降低。因此，分析成品率指标变动对产品单位成本的影响，应同时从原材料消耗变动和产量变动两个角度确定其对产品单位成本的影响程度：由于成品率提高，使单位产品原材料消耗降低，从而降低了产品单位成本；由于成品率提高，使产品产量增加，从而降低了产品单位成本中的固定费用。

实际上，在大多数情况下，原材料投入量和成品率指标是同时发生变动的。这时，就需要将二者的变动结合起来分析，并分别计算其对产品单位成本的影响程度。

五、制造费用和期间费用的分析

（一）制造费用的分析

制造费用是一种综合费用，在生产两种以上产品的企业，应对制造费用进行分配，属于间接计入费用，所以对制造费用的分析就不像直接材料成本分析和直接人工分析那样直接。对制造费用首先应对其构成进行分析，对占比重较大的费用进行重点分析，并找出成本的动因。对于与材料消耗相关的制造费用，可以比照直接材料成本的分析进行；对于与人工小时相关的制造费用，则可以比照直接人工费用的分析进行。

制造费用因项目较多，各单位发生的制造费用内容差别较大。所以，制造费用的分析可采用不同方法进行。如采用对比分析方法，可将本期实际数与预算数相比较，计算差异，找出影响较大的因素。也可以采用结构分析方法，将制造费用各项目数据与制造费用合计数比较，计算其所占百分比，找出影响的主要因素。但采用结构分析时，应注意产量、产品结构变动对其所产生的影响。还可以采用因素分析法，分析制造费用各项目实际数与预算数产生差异的原因等。

总之，对制造费用，应选择较重要和所占数额比重较大的项目进行分析，要求突出重点，说明问题和能为成本管理提供信息的方法均可采用。

（二）期间费用的分析

期间费用是指企业在生产经营过程中，为组织和管理生产经营活动所发生的管理费用、财务费用和销售费用。对期间费用，应依据期间费用报表，并结合企业生产经营的具体情况进行分析。

1. 期间费用预算完成情况的分析

对期间费用预算执行情况的分析应根据各期间费用报表提供的资料，以本年实际与本年预算相比较，确定实际脱离预算的差异，并分析产生差异的原因。由于各种费用所包括的费用项目具有不同的经济性质和用途，因此，进行分析时应按各个项目分别进行，而不能只检查各种费用总额的完成情况，以防止一些费用项目的节约掩盖了另一些费用项目的超支。同时，在分析时还应注意不同费用项目支出的特点，对具体问题要作具体分析，不能简单地将所有超过预算的费用支出都看做不合理的，当然也不能将一切费用支出的减少都作为工作的成绩。

另外，由于费用项目较多，进行分析时要抓住重点，如费用支出占总支出比重较大的、脱离预算差异较大的、非生产性的存货盘亏毁损等。因为这些费用的发生，与企业生产经营管理的有效性具有直接的关系。

2. 各项期间费用变动情况分析

根据期间费用报表中的资料，将本年实际与上年实际进行对比，以便从动态上观察比较各费用项目，特别是一些主要的、重点的费用项目的变动情况和变动趋势，以了解企业工作改进情况，并将这一分析与经济责任相结合，与检查有关管理制度的执行情况相结合，以推动企业改进经营管理，降低和杜绝不合理的费用支出。在进行比较时应注意，前后期的费用指标口径是否一致，如不一致，应设法加以调整，而后再进行比较。进行各项费用变动情况的分析，可以使企业吸取教训，总结经验，不断改进企业经营管理，降低各项费用支出。

本章总结

成本报表的编制要求是：数字真实、计算准确；内容完整，说明清楚；编制及时。成本报表分析的方法有：比较分析法；比率分析法：相关指标比率、构成比率和动态比率；因素分析法：连环替代法和差额分析法。

可比产品成本降低计划的完成情况分析是指企业在制定成本计划时，规定了可比产品成本比上年成本降低的任务，即计划降低额和计划降低率。因此，对可比产品成本进行分析，应先计算出实际降低额和降低率，以便与计划降低额和降低率相比较，从而了解可比产品降低任务的完成情况。

影响可比产品成本计划降低额完成的因素有三个：产品产量、产品品种结构和产品单位成本。影响可比产品成本计划降低率完成的因素有两个：产品品种结构和产品单位成本。

主要产品单位成本变动情况分析是按照产品成本项目，采用差额分析法进行逐项分析，找出单位产品变动的原因。

重要概念

成本报表　　可比产品成本降低额　　可比产品成本降低率

精选案例

如家酒店的战略三级跳

从1997年中国第一个真正意义上的经济型连锁酒店品牌诞生至今，已经形成了三大阵营：第一大阵营就是全国性的经济型酒店品牌，如如家、锦江之星；第二大阵营是一些区域性的经济型酒店品牌，如上海的莫泰168、广州7日酒店连锁、南京的金一村等；第三大阵营就是国际酒店管理集团，如法国雅高的Ibis（宜必思）和美国Super8（速8）。

经济型酒店剥离了高星级酒店的大量非核心功能，只为消费者提供安全卫生的客房服务（床十卫浴），从而使顾客花较少的钱就能享受良好的睡眠。行业人士普遍认为，中国高星级酒店太贵，低星级酒店和社会招待所价格低但是卫生、服务没有保障，这为经济型酒店特殊的产品定位留下了巨大的市场空间。然而，再好的产品如果没有被消费者知晓就无法与需求对接。

(1) 起步

2001年，携程创始人季琦看到网上经常有人抱怨预订的酒店价格偏高。经过调查，他发现中国酒店业当时的状况是：豪华的酒店不够经济，便宜的酒店又不够卫生。他开始设想搞一个既经济又卫生的酒店。2002年6月，携程联手首旅集团出资成立了如家。成立初期，如家把消费人群定位在中低层商务人士和休闲游客，客户可以通过网络和电话查房、订房，方便快捷，而且居住环境舒适，价格适中，很受消费者欢迎。如家创建半年就跻身行业前列。

(2) 创新

如家由携程与首旅集团共同创建，是“小酒店，大产业”的胜利。如家在传统的酒店业中增加干净、舒适、经济等价值观，把传统的建造酒店改为连锁租赁。同时，如家快捷地走出了与传统酒店集团不同的发展模式，突破区域限制，进行全国布局，建立了由点及面的酒店网络。并且在软件、硬件上实施网络标准化。

(3) 上市

经过5年布局，2006年10月，如家成功登陆纳斯达克，成为中国第一个海外上市的经济型连锁酒店。而锦江之星作为中国的第一家经济型酒店，上市日期比如家晚了两个月。

(4) 扩张

“在充裕现金流的驱动下，如家以惊人的速度迅猛扩张，以直营店、特许经营、管理合同、市场联盟四种方式同步布点。2007年10月22日，如家以3.4亿元人民币的价格成功收购“七斗星”100%股权。至此，如家的酒店数量已经超过330家。2006年，如家在美国纳斯达克上市成功融资1.09亿美元，“上市融资就是用于继续扩张”，如家CEO孙坚的豪言壮语已经变成现实。

全球金融危机后，经济酒店均加速扩张。如家财务总监吴亦泓在分析师会议上曾表示，至2009年全年新增65家直营店、65～80家加盟店；初步计划在2010年，分别新增至少80家加盟店和直营店。

要求：分析如家或其他经济型酒店在成本控制方面的举措，结合企业的低成本、差异化和集中化战略来分析如家的战略成本管理之道，分析其面对的机遇和挑战，讨论如家酒店如何将成本信息更好地运用于企业战略，帮助企业获取长期竞争优势。

思考练习题

（一）讨论题

1. 成本报表的作用是什么？可以分为哪几种？
2. 成本报表编制的要求是什么？
3. 成本分析的基本内容是什么？
4. 什么是因素分析法？如何运用因素分析法进行成本分析？
5. 为什么要进行可比产品成本分析？如何对可比产品进行成本分析？
6. 如何分析主要产品单位成本？
7. 成本考核具有什么作用？

（二）单选题

1. 制造费用明细表反映工业企业（　　）。

A. 基本生产车间的制造费用　　B. 辅助生产车间的制造费用

C. 所有生产车间的制造费用　　D. 各生产单位的制造费用

2. 下列各项中，属于产品生产成本表（按成本项目反映）不能提供的资料是（　　）。

A. 本年发生的全部生产费用

B. 本年全部产品生产成本

C. 本年全部产品按上年单位成本计算的总成本

D. 上年全部产品生产成本

3. 可比产品计划降低率的计算公式为（　　）。

A. $计划降低率=\frac{计划降低额}{\sum(全部可比产品计划产量\times本年计划单位成本)}\times100\%$

B. $计划降低率=\frac{实际降低额}{\sum(全部可比产品计划产量\times上年平均单位成本)}\times100\%$

C. $计划降低率=\frac{计划降低额}{\sum(全部可比产品实际产量\times上年平均单位成本)}\times100\%$

D. $计划降低率=\frac{实际降低额}{\sum(全部可比产品计划产量\times本年计划单位成本)}\times100\%$

4. 某企业生产的某产品上年实际总成本140 000元，实际总产量1 400件；本年实际总成本120 000元，实际总产量1 500件。本年可比产品成本降低率为（　　）。

A. 25%　　B. 20%　　C. 14%　　D. 21%

5. 技术经济指标变动对产品成本的影响主要表现在对（　　）的影响。

A. 产品质量　　B. 产品总成本
C. 产品单位成本　　D. 产品生产数量

（三）多选题

1. 成本报表一般包括（　）。
A. 产品生产成本表　　B. 主要产品单位成本表
C. 制造费用明细表　　D. 期间费用明细表
2. 下列科目中，属于编制成本报表依据的有（　）。
A. 制造费用　　B. 生产成本
C. 管理费用　　D. 营业外支出
3. 下列属于影响产品成本变动的内部因素有（　）。
A. 产品质量和劳动生产率水平
B. 生产经营规模和技术装备水平
C. 材料、燃料、动力和生产设备的利用效果
D. 工资水平与制造费用水平
4. 根据产品生产成本（按成本项目反映）表，可以计算（　）。
A. 直接材料成本比率　　B. 制造费用比率
C. 可比产品成本降低额　　D. 可比产品成本降低率
5. 下列各项中，属于产品生产成本（按产品种类反映）表能够提供的资料有（　）。
A. 按品种反映的上年实际单位成本
B. 按品种反映的本年累计总成本
C. 按品种反映的上年累计总成本
D. 按品种反映的本年实际单位成本

（四）判断题

1. 工业企业的成本报表是对内公布的报表。（　）
2. 不可比产品是指上年正式生产过，且有上年成本资料可供比较的产品。（　）
3. 由于不可比产品是本期初始生产，无法对其进行相关的因素分析，所以在进行成本分析时，不需考虑或查明不可比产品成本变化的原因。（　）

（五）计算与核算题

1. 某企业本年生产产品 A，其各个指标的计划和实际相关资料如下表所示：

指标	单位	计划数	实际数
产品产量	件	500	550
单位产品材料消耗量	千克	40	35
材料单价	元	15	16
材料费用总额	元	300 000	308 000

要求：分析各因素对材料费用的影响程度。

2. 某企业本年成本计划和实际执行情况如下表所示：

产品名称	计量单位	产量		单位成本			成本计划		本年总成本		
		计划	实际	上年实际平均	本年计划	本年实际	按上年实际平均单位成本计算	按本年计划单位成本计算	按上年实际平均单位成本计算	按本年计划单位成本计算	实际成本
1. 可比产品											
甲产品	件	500	600	120	110	100					
乙产品	件	300	200	200	190	180					
小计											
2. 不可比产品											
丙产品	件	100	120		300	280					
小计											
合计											

要求：

(1) 分析本年全部商品成本计划完成情况。

(2) 分析可比产品成本降低计划完成情况及其各因素的影响程度。

3. 某企业生产甲产品，产品单位成本的相关资料如下表所示：

主要产品单位成本表

成本项目	上年实际平均	本年计划	本年实际
原材料	3 000	2 800	2 880
工资及福利费	1 200	1 600	1 800
制造费用	2 200	2 100	2 000
合计	6 400	6 500	6 680

单位甲产品耗用原材料的情况如下表所示：

	上年实际平均	本年计划	本期实际
原材料消耗量（千克）	300	250	240
原材料单价（元）	10	11.2	12

要求：

(1) 分析甲产品单位成本变动情况。

(2) 分析影响原材料费用变动的因素和各因素对变动的影响程度。

4. 某企业本期生产甲产品，计划单位产品耗用工时 8 小时，计划每小时工资费用 11 元，投产后发现单位产品实际耗用工时 7.5 小时，实际每小时费用 12.5 元。

要求：计算并分析各影响因素对人工成本的影响程度。

第四篇　现代成本会计发展新领域

CHAPTER

10 第十章 作业成本法

本章概要

本章主要介绍作业成本法的计算方法及基本流程，作业成本法理论及实践发展进程，以及作业成本法未来的发展方向和趋势。通过对作业成本的计算和有效控制，克服传统的以交易或数量为基础的成本系统中间接费用责任不清的缺陷，为管理提供相对准确的成本信息。

通过本章学习，要求对比说明传统成本法与作业成本法对制造费用分配方法的差异；理解现代环境下传统成本系统的不适应性；了解作业成本法产生的时代背景；掌握作业成本法的分配思想、程序和相关术语；掌握作业成本法的计算；了解作业成本法理论及实践发展的进程；思考作业成本法未来的发展方向及趋势。

第一节 传统成本系统在现代环境下面临的困境

一、传统成本法所适合的企业制造环境

（一）传统成本系统的基本程序

传统的成本会计系统使用两阶段的程序将生产费用分配到产品中：第一阶段，将费用分配到生产部门。会计系统确认各生产和服务部门的间接成本，然后将所有服务部门的成本分配到生产部门。第二阶段，将生产部门的费用分配到产品中。会计系统将生产部门所归集的间接成本按照预定的部门成本驱动率分配到个别生产批次或产品中。制造费用是一种间接费用，其分配是以业务量为基础的（Volume-based）成本分配方式，通常按一个分配基础分配制造费用，常用的分配基础有直接人工工时、直接人工成本、机器加工工时等。

（二）传统成本系统对制造费用的分配

成本核算所提供的产品成本信息是成本管理的第一手资料，其准确性对成本管理的

整体效果起着至关重要的作用。当企业的生产制造是劳动力密集型或机械密集型的连续加工的生产作业时，大部分的生产成本都体现为直接成本。间接成本，包括工厂管理等都与人工或工时有密切的联系，因此企业是按照科学且经济的方法，以人工工时或机器工时来分配间接成本的，这也就是传统的成本法。在以直接人工占产品成本主要部分的传统成本核算中，除直接材料、直接人工外，其余的都归入制造费用，然后采用单一的分配标准，按各产品所用的直接人工小时或机器工作小时的比例进行分配，形成各种产品应负担的制造费用成本。

(三) 传统成本系统所依赖的制造环境

这种传统的分配方法在传统的生产环境中是比较合适的。因为传统生产工艺流程较为简单，间接制造费用所占比例不大；市场对产品的个性要求不明显，产品结构品种较为单一，差别较小。所以采用单一的分配基础不会对成本计算结果造成太大的歪曲，成本计算提供的信息能够满足决策和控制的要求。

二、现代企业社会经济环境的变化

20 世纪 70 年代以后，市场由卖方市场向买方市场转变，产品的更新换代加快，企业的生产特点由大规模、单一品种生产向多品种、小批量生产模式发展，以计算机技术为代表的信息技术，使企业的生产设备、生产环境、技术工艺等发生了重大的变化。主要表现在：(1) 充分应用和吸收当今世界先进制造技术，紧跟信息化的步伐，并呈现出制造业与服务业既分工又融合的特点；(2) 建立起与现代技术相适应的生产方式和企业组织形式；(3) 具有与全球化相适应的资源配置方式；(4) 利用现代信息技术，改造和集成业务流程，形成以价值链为基础的分工协作模式。

技术的发展使得企业的固定资产投资增加，生产的复杂化以及现代管理技术的运用使得管理作业增多，而直接的生产活动相对减少，这一切使得生产的间接费用呈急剧上升的趋势。在技术不断进步及产品品种日益多样化的新制造环境下间接费用的发生更主要是受生产多样化影响，人工成本占全部产品成本的比重很小，制造费用的数额急剧上升。在 20 世纪初，制造费用所占比例约为 10%。与此相应，直接人工成本在产品成本的比例从 40%上升到 50%。70 年代以前，间接费用仅为人工成本的 50%～60%，而现在很多企业的间接费用已上升为人工成本的 400%～500%。20 世纪 80 年代，间接费用在生产成本所占的比重，美国为 35%，日本为 26%；两国的电子与机器工业的这一比重，日本为 50%～60%，美国高达 70%～75%

三、传统成本系统在现代环境下的缺陷

(一) 传统制造费用所依赖的基本假设受到冲击

传统的成本核算建立在“业务量是影响成本的唯一因素”这一假定基础之上，在过去高度人工密集型的企业里，将较少的间接制造费用以人工成本为分配标准进行分配是基本合理的。然而，在间接费用比例不断上升的新的制造环境下，企业产品的生产量或直接人工工时并无直接联系。如果采用与制造费用不存在因果关系的直接人工工时作为标准去分配这些费用，与工时无关的制造费用的增加必定会产生虚假的成本信息，如设备的调整准备费用、设备维护费用、工模具费用等，如果把这些与产品生产工时无关的费用采用人工

工时分配，并计入产品成本，必然造成扭曲的分配结果。例如，某一种产品需很多工具模具费用，但对它加工的时间很短，在传统成本计算方法下，分配到该产品成本中的工具模具费用会很少。

（二）在企业内部发生成本转移，造成产品成本的被高估或被低估

随着经营复杂性的增加，产品、服务的多样化也随之增加，要求更为精确地对资源消耗进行定量，产品组合、定价和其他决策也都需要更为准确的成本信息。如果继续沿用传统的会计系统，用在产品成本中占有越来越小比重的直接人工去分配占有越来越大比重的制造费用，分配越来越多与工时不相关的作业费用，以及忽略不同批量产品实际耗费的差异等，将会过高地估计高产量、低复杂度产品的成本，过低地估计低产量、高复杂度产品的成本。这类成本转移主要表现在以下几方面：

（1）批量差异的成本转移。小批量产品成本转移到大批量产品成本中，从而造成小批量产品成本被低估，大批量产品成本被高估。

（2）工艺差异的成本转移。如果公司生产多种产品的加工工艺不同，即使同批量的差异类似，也会造成成本转移。一般来讲会造成资本密集型产品成本向劳动密集型产品成本转移、复杂工艺产品成本向简单工艺产品成本转移、多工艺流程产品成本向少工艺流程产品成本转移。

（3）品种规格差异的成本转移。同一公司生产不同品种规格产品，也会造成成本转移。

（4）其他因素的成本转移。

（三）造成产品成本信息的扭曲

传统成本计算法对企业的经营管理和培育企业的竞争优势所起的作用不明显，并且可能导致产品成本信息的严重扭曲，出现产生以下不合理的现象：第一，以在产品成本中占越来越小比重的直接人工去分配占有越来越大比重的制造费用；第二，分配越来越多与工时不相关的作业费用（如质量检验、试验和机器调整准备费用等）；第三，忽略不同批量产品实际耗费的差异。以这种错误的产品成本信息为导向进行成本控制、经营决策必将导致产品成本信息严重失真，从而引起经营决策失误、产品成本失控，必将产生反功能的行为，会造成企业错误选择经营方向甚至失去扩大市场份额、提高竞争优势的机会。传统的成本核算系统已不适应自动化生产的要求。

四、作业成本法所适用的企业

当企业出现以下难以解释的现象时，需要审视所采用的传统成本系统的是否适用，并考虑是否有条件采用改进的成本体系：投标结果难以解释，竞争对手的价格看起来出奇的低，难以生产的产品显示出很高的盈利水平，业务经理们想停产那些看似盈利的产品，销售利润率难以解释，会计部门花费大量时间来提供特殊项目的成本数据等。

在现代经济环境下，使用作业成本法的企业特征为：（1）间接生产费用在产品成本结构中比重较大。（2）企业规模大，产品种类繁多；产品工艺过程复杂，作业环节多且容易辨认；生产调整准备成本较高，每次投产数量相差较大；计算机应用水平较高等。

第二节 作业成本法的计算方法及基本流程

20 世纪 80 年代和 90 年代的环境变化导致了作业成本法的产生，从 1985 年正式理论系统形成，到如今“时间驱动作业成本法”的新成果，作业成本法与平衡计分卡一起被视为 20 世纪成本管理方面最重要的创新。

一、作业成本法的概念及基本思想

（一）作业成本法的概念

作业成本法的概念有多种解释，一般来说，作业成本法（activity-based costing, ABC），是以作业（activity）为核心，确认和计量耗用企业资源的所有作业，将耗用的资源成本准确地计入作业，然后选择成本动因，将所有作业成本分配给成本计算对象（产品或服务）的一种成本计算方法。作业成本法的概念也随时间在不断地改进。

（二）作业成本法的基本思想

作业成本法的基本思想是：成本对象消耗作业，作业消耗资源。

资源──→作业──→成本对象(产品、服务等)

其核心是对间接费用的分配。是一种以作业为基础，以成本动因理论为基本依据，通过分析成本发生的动因，对构成产品成本各种主要间接费用采用不同的间接费用率进行成本分配的计算方法。企业的产品成本是指制造和运送产品所需所有作业的成本之和。

二、作业成本法的相关术语

（一）作业

作业是组织为了某种目的而消耗资源的活动或事项。其是为提供一定产量产品或劳务所消耗的人力、技术、原材料、方法和环境的集合体。企业是一个为最终满足顾客需要而设计的“一系列作业”的集合体。作业消耗资源，产品消耗作业，强调成本的直接和动因追溯。在这个作业集合体中，各种作业之间存在着逻辑关系。某些后续的作业是其先行作业的“顾客”，作业之间彼此互为顾客，从而形成一个由此及彼、由内到外的链条，叫做作业链。

（二）作业链

作业链具体是指从产品设计开始，到物料供应，从生产工艺流程的各个环节、质量检验包装到发运销售的全过程，包括产品设计、订单处理、采购储存、材料、搬运、机器调试设备运行、质量检验、包装、销售、开发货单、发货装运、收账、售后服务及人员培训在内的一整条作业链。

（三）作业中心

以主要作业为标志，将类似的作业归集在一起便构成了作业中心。一个作业中心就是生产程序的一部分。

（四）成本库

成本库是指同一或同质成本动因导致的费用项目归集在一起的成本类别，即相同成本动因的作业成本集。成本库的建立把间接费用的分配与产生这些费用的原因——成本动因联系起来，不同的成本库选择不同的成本动因作为分配标准。这样只需要一个动因即可分配成本库的成本。

（五）成本动因

成本动因是指引起成本发生变动的原因，一般统称为分配基础。成本动因就是导致成本发生的原因；再通俗一点说成本动因就是分配各种成本的标准。这是一种直观的理解，其实不仅仅是“分配标准”，而是追踪导致成本发生的最根本的原因。

作业成本法的理论基础就是成本动因理论，这种理论认为费用的分配应着眼于费用发生的原因，根据产品生产或企业经营过程中发生和形成的产品与作业、作业链和价值链的关系，对成本发生的动因加以分析，选择“作业”为成本计算对象，归集和分配生产经营费用的一种成本核算方式。如：

代表性作业中心	作业成本动因
操作机器	机器小时
机器调整	调整小时或次数
采购材料	采购次数
产品设计	产品种类
质量检查	检查次数或小时

三、作业成本法计算的基本流程及计算步骤

传统的成本会计系统不是按照作业而是按照产品和服务将成本信息进行区分。这种传统的成本分类将成本按账户的相关性和成本发生的地点进行归集。而作业成本法是按作业进行归集，这种分类是将成本归集到一个和所执行的作业相关的成本库中。在这一方法下，重点在于成本为什么发生，而不是在哪里发生。

（一）作业成本法的基本流程

作业成本法是一个分两阶段进行的过程，其分两个阶段将间接成本分配到作业、产品、服务或其他成本对象上。

1．第一阶段

首先需识别重大的经济作业，企业需要挑出重要的作业活动，然后根据作业消耗资源的思想，将制造费用分配到作业成本库中，具体的分配方法是将间接成本以成本发生的具体原因——成本动因作为标准分配到这些作业上。企业资源可以分为货物资源、材料资源、人力资源、动力资源、厂房设备资源等。

2．第二阶段

依据产品生产线所消耗的成本动因所占比例，将制造费用从每一个成本库再分配到每一条产品生产线上。

（二）作业成本法的计算步骤

作业成本法计算的一般步骤为：依据不同成本动因分别设置成本库，再分别以各种产

品所耗费的作业量分摊其在该成本库中的作业成本，然后，分别汇总各种产品的作业总成本，计算各种产品的总成本和单位成本。其具体步骤如下：

（1）确认主要作业，确认作业中心。将类似的作业归集在一起便构成了作业中心。一个作业中心就是生产程序的一部分。

（2）根据各作业所消耗的资源，将各作业中心汇集的成本分配到各作业成本库。即以作业中心为成本库汇集成本。每一个作业库所代表的是它那个中心所执行的作业。

（3）确定各作业的成本动因，再根据每个成本动因计算相应的作业动因分配率。

（4）根据各项作业所消耗的成本动因数将各作业成本库成本分配计入有关产品或劳务成本计算，计算完工产品或劳务成本。

【例 10-1】

某企业生产 A、B 两种产品，本期制造费用 10 000 元，请将制造费用分配至各产品中去。作业库划分和成本动因确认如下：

作业库	作业成本动因	产品 A	产品 B
采购材料	采购次数	3 次	7 次
检验中心	检验小时	100 小时	500 小时
机器调整	调整次数	5 次	3 次
流程设计	产品种类	1 种	1 种

解：根据作业库资源耗费情况及成本动因进行多分配率的计算，制造费用的分配结果如下：

作业库	作业成本动因	产品 A	产品 B
采购材料	采购次数	3 次	7 次
（2 000 元）	10 次	600 元	1 400 元
检验中心	检验小时	100 小时	500 小时
（3 000 元）	150 小时	2 000 元	1 000 元
机器调整	调整次数	5 次	3 次
（2 000 元）	8 次	1 250 元	750 元
流程设计	产品种类	1 种	1 种
（3 000 元）	2 种	1 500 元	1 500 元
制造费用合计		5 350 元	4 650 元

四、作业成本法运用的综合举例

【例 10-2】

某公司本月所投产的 A、B 两种产品当月全部完工，有关资料见表 10-1。

表 10-1　　A、B两种产品的生产及成本资料

项　目	A产品	B产品
产量	100件	8 200件
单位产品机器小时	3小时/件	2小时/件
单位产品直接人工成本	50元/件	55元/件
单位产品直接材料成本	95元/件	90元/件
制造费用总额	395 800元	

1. 以传统成本计算方法计算A、B两种产品的单位成本。

我们以机器小时为制造费用分配标准，计算上述A、B两种产品的单位成本：

A产品机器小时＝3×100＝300(小时)

B产品机器小时＝2×8 200＝16 400(小时)

制造费用分配率＝395 800÷(300＋16 400)＝23.70(元/小时)

A产品的制造费用＝23.70×300＝7 110(元)

B产品的制造费用＝23.70×16 400＝388 680(元)

所以，

A产品单位成本＝95＋50＋7 110÷100＝216.10(元)

B产品单位成本＝90＋55＋388 680÷8 200＝192.4(元)

2. 以作业成本法计算A、B两种产品的单位成本（关键是作业成本动因分析和制造费用的重新分配）。

其中假设制造费用的发生是由四种作业所引起的，具体资料见表10-2。

表 10-2　　制造费用资料

作业	作业动因	作业成本（元）	作业动因数		
			A产品	B产品	合计
机器调整准备	调整准备次数	16 000	10次	6次	16次
生产订单	订单份数	62 000	15份	10份	25份
机器运行	机器小时数	233 800	300小时	16 400小时	16 700小时
质量检验	检验次数	84 000	30次	20次	50次
合计	—	—	—	—	—

根据表中资料，首先计算各项作业动因分配率，然后再分别计算A、B两种产品消耗作业量的成本。有关结果分别列于表10-3及表10-4。

表 10-3　　作业动因分配率的计算过程

作业	作业成本（元）	作业动因数	作业动因分配率
机器调整准备	16 000	16次	1 000元/次
生产订单	62 000	25份	2 480元/份
机器运行	233 800	16 700小时	14元/小时
质量检验	84 000	50次	1 680元/次

表 10-4　　A、B 两种产品消耗的作业量成本

作业	作业分配率	作业动因数		费用分配	
机器调整准备		A 产品	B 产品	A 产品	B 产品
生产订单		10 次	6 次	10 000	6 000
机器运行		15 份	10 份	37 200	24 800
		300 小时	16 400 小时	4 200	229 600
质量检验		30 次	20 次	50 400	23 600
		—	—	101 800	294 000

所以，

A 产品的单位成本＝95＋50＋101 800÷100＝1 163(元)

B 产品的单位成本＝90＋55＋294 000÷8 200＝180.85(元)

本例说明，在传统成本的计算法下，产量高、生产过程简单的产品成本计算结果显著高于作业成本法的计算结果。而产量低、生产过程复杂的产品的计算结果则恰恰相反。造成这种结果的根本原因在于，A 产品每件所消耗的间接费用显著高于 B 产品，而传统成本计算法却无法对此进行反映。

第三节　作业成本法理论与实践的发展历程

一、作业成本概念的提出与 ABC 的产生（1940—1980 年）

（一）科勒首次提出作业会计概念

最早从理论和实践上探讨作业会计的是美国会计学家埃里克·科勒（Eric Kohler）教授。科勒教授曾任教于美国的西北大学、俄亥俄州立大学和明尼苏达大学，并担任《会计评论》主编达 15 年之久。科勒的作业会计思想，主要来自对 20 世纪 30 年代的水力发电活动的思考。在水力发电生产过程中，直接人工和直接材料（这里指水源）成本都很低廉，而间接费用所占的比重相对很高，这就从根本上冲击了传统的会计成本核算方法——按照工时比例分配间接费用的方法。1941 年，科勒在《会计论坛》发表论文，首次提出“作业”和“作业会计”，这些概念后被编入 1952 年的《会计词典》。

（二）作业成本思想的再次提出

第二位研究作业会计的是乔治·斯托布斯（George. J. Staubus）教授。在他撰写的会计文献中，“Activity Accounting”和“Activity Costing”经常混用。他坚持认为：会计是一个信息系统，作业会计是一种和决策有用性目标相联系的会计。研究作业会计首先应明确“作业”、“成本”和“会计目标——决策有用性”三个概念。1971 年，斯托布斯提出“作业成本”、“作业会计”和“作业投入产出”等概念，并于当年出版《作业成本计算和投入产出会计》一书。

尽管 ABC 的概念早在 40 年代首次提出，但当时并未引起人们的广泛关注，因为在当时的环境下，大多数企业仍然是以人工密集型为特征的，产品品种比较单一，所以 ABC 方法未能引起人们的兴趣。

二、早期的理论模型形成——ABC 方法的兴起（始于 20 世纪 80 年代）

80 年代初期及中期，先进制造系统日益推广普及，管理方法与技术发生了巨大变革。适时制（JIT）由日本兴起转而对整个西方公司经营管理思想的冲击，传统管理思想和管理方法技术的巨大变革，促使大批西方会计学者对传统的成本会计系统进行了重新审视，作业成本法成为会计学界研究的热点问题。

罗宾·库珀（Robin Cooper）和罗伯特·卡普兰（Robert. S. Kaplan）于 80 年代发起的系列探讨引起了 ABC 的研究高潮。Robin Cooper 在《成本管理》上四论作业成本：《一论 ABC 的兴起：什么是 ABC 系统》；《二论 ABC 的兴起：何时需要 ABC 系统》；《三论 ABC 的兴起：需要多少成本动因并如何选择》；《四论 ABC 的兴起：ABC 系统看起来到底像什么》。1988 年两人在《哈佛商业评论》合作撰写：《Measure costs right：make the right decision》。这几篇著名的论文，对 ABC 的现实意义、运作程序、成本动因选择、成本库的建立等重要问题进行了全面深入的分析，奠定了 ABC 研究的基石。

三、ABC 运用的热潮期——ABC 神话的形成（20 世纪 90 年代初、中期）

20 世纪 90 年代初，会计学界对 ABC 的兴趣迅速上升，从美国权威期刊杂志上发表的 ABC 论文数量可见一斑，从 1988 年发表的三篇迅速增长到 1995 年的 152 篇，而 1995 年也是 ABC 论文发表数量最多的一年。这期间发表的作业成本法论文都是集中研究传统成本会计体系如何歪曲了产品成本，而作业成本法又是如何解决这一分配问题的。该期间论述作业成本法思想的理论层出不穷，各有侧重，并且与企业的管理相结合，形成了作业成本管理的战略思想。作业成本法的产生被称为管理会计最重要的改革之一。

英国成本与管理会计师协会（CIMA）于 1990—1994 年对 1 000 家大公司作了两次调查，于 1994 年对英国 60 家最大的金融企业作了一次调查，1996 年美国的管理会计师协会（IMA）的成本管理组（CMG）也进行了一次调查，调查结果均显示企业对 ABC 的实施效果和运用前景较为乐观，运用 ABC 的企业期望通过 ABC 的实施来降低成本并帮助企业进行战略实施。人们普遍认为 ABC 除了能更准确地反映产品和劳务成本信息以外，还能提供作业和成本动因的财务和非财务信息，形成了“ABC 成功实施的神话”。

四、ABC 探讨的冷淡期——对 ABC 的质疑和反思（20 世纪 90 年代后期起）

1995 年以后，人们对 ABC 和作业基础管理的兴趣开始减少，1995—2000 年，美国商业信息数据库所列出的专业期刊上关于 ABC 的文章数量从 120 篇降到了 40 篇。对 ABC 方法的质疑声日益增加，包括曾被掩盖在 ABC 兴起热潮之中的少量论文所提出的观点重新被提起重视。最早的质疑由 Nanni et al（1988）提出，其认为 ABC 对间接费用的分配并不一定与企业战略目标的实现相关；Merchant & Shields（1993）则认为，成本数据在大致准确和相关时，管理层可以使用不太精确的成本信息，这并不影响决策的大局；

Johnson（1990）也提出，ABC 不能告诉管理者怎样使其企业更具有竞争力，更盈利；Noreen（1991）探讨了 ABC 得以实施的三种必要假设；Bromwich & Hong（1999）则说明 ABC 不能被分配的某些情形，并且这些情形会导致成本的失真。

人们对 ABC 的实践热情也逐渐变得理性和客观，人们在 ABC 的实践中发现，ABC 的传播过程并不像人们预期的那样顺利，其在实施过程中也障碍重重，而且很多原先已实施了 ABC 的企业因高昂的使用成本、烦琐的运用程序或员工的不满等因素最终放弃了 ABC 的实施。世纪交替之时澳大利亚和爱尔兰的调查报告显示，企业对 ABC 的成功实施抱一定的保留态度。美国于 2003 年进行的调查以及英国再次进行的调查也得到了相似的结果。调查揭示，ABC 在实施的过程中出现了很多困难，许多原先采纳了其的企业放弃了使用 ABC 项目。对 ABC 方法的质疑声日益清晰起来，包括曾被掩盖在 ABC 兴起热潮之中的少数观点重新被提起重视。2000 年以后，企业对 ABC 的运用热情继续减少。研究者分别在美国、英国、澳大利亚、芬兰、挪威、爱尔兰、新西兰以及日本进行了大型的调查，以大量的数据说明 ABC 在实践运用中的反复及研究热情的逐渐消退。

五、ABC 运用的艰难突破——ABC 必要性之争（2000 年以后）

2000 年以后，ABC 的没落在继续。不少研究者试图从不同的视角来揭示这一谜团，但到目前这仍未找到清晰的解释。卡普兰早年提出的四个解释或许可作为探寻之一，即缺乏足够的角色模型、电算化会计系统的盛行、过于重视财务会计和高层的不重视。Kennedy 和 Affleck Graves（2001）也为 ABC 之谜提出了三个可能的答案，即其并不适用于每个企业；ABC 只和其他真正增加价值的动因变量相关，其自身并不能增加企业价值；几乎没有证据表明 ABC 方法的使用能提高企业绩效和所有者权益。那么 ABC 的存在到底只是昙花一现，最终被证明不必要存在呢，还是在经过实践检验之后能完善发展并能持续运用下去呢？这个问题困扰着 ABC 的研究者，大家纷纷试图从新的视角来突破 ABC 运用的瓶颈，2000 年之后，ABC 的研究出现了跨领域整合的趋势，学者们纷纷试图通过改进 ABC 来适应诸如预算、平衡计分卡、TQM、EVA、战略、目标成本法、生命周期成本法、供应链管理等方法，以期适应会计和管理上的创新。

六、对 ABC 之谜的可能性解释

现在，经济合作与发展组织（OECD）所提供的大多数成本管理课程，以及各国的成本管理教材都吸纳了 ABC 的内容。各国会计师协会也为其成员普遍提供 ABC 的管理培训。既然使用和实施 ABC 的方法没有问题，那么，为什么 ABC 的传播和实施却阻碍重重？既然 ABC 有这么多优势，为什么现在没有更多的公司在实际上应用它呢？这就是所谓的 ABC 之谜的本质。不少学者也提供了一些可能的解释，具体有以下几种：（1）ABC 也许不适合每个公司；（2）ABC 也许并不能增加企业价值，而仅仅和其他真正增加价值的动因变量相关；（3）几乎没有证据表明，使用 ABC 系统可以提高所有者权益或者公司盈利水平。

也有解释说，ABC 得以实施需要满足一些假设，比如：（1）总成本可以被分配至成本库中，每一成本库都仅仅取决于一项作业；（2）每一成本库中的成本必须和该成本库中的作业水平严格配比；（3）每一项都能分配到不同的动因，这些动因仅仅取决于产品。而在实际中，这些重要的假设在大多数情况下并不能被满足。也许，这能够解释为什么发展ABC模型的管理者在应用它来做决策时总会遇到麻烦。

第四节 作业成本法理论研究与实践运用的突破方向

作业成本法作为一个创新的方法，不只是一个改进了的成本计算方法，而且还能更好为企业管理和企业内部各项消耗活动服务。正因为ABC的理念是如此的诱人，因此，于20世纪80年代后期开始在欧美国家掀起了理论探讨和实践运用的高潮。但是，如果ABC真如理论上所阐述的有那么多的优势，为什么现在没有更多的公司去实际运用它呢？既然ABC对管理层具有如此之大的吸引力，可为其提供决策相关的成本信息并能改善管理，但是为什么即便在90年代积极实施了ABC的许多企业也最终选择了放弃呢？这也就是所谓的ABC之迷的本质（Gosselin，1997；Kennedy&Affleck Graves，2001）。ABC陷入了一个理论上看似诱人，但实践上举步维艰的尴尬境地之中。

一、权变视角下ABC与组织环境的结合

在权变理论下，组织环境的不确定性、组织的规模、组织的类型、组织的管理层级以及组织的文化背景都会对ABC的实施产生重要影响，并且在企业运用ABC的不同阶段，竞争、与管理者决策的相关性、兼容性等环境因素还会随运用阶段的不同而对ABC的实施产生不同程度的影响。除此之外，战略也是影响ABC实施的决定因素。Krumw iede和Charles（2006）在对调查报告的分析中指出，ABC在以产品聚焦和成本聚焦为战略的公司中得到更多的应用（通常产品聚焦战略的公司非常充分地运用ABC来获得更加精准的产品成本分析，而成本聚焦战略的公司大多将ABC用于辨认成本动因和非增值作业来帮助减少成本，ABC在这类公司中最为流行。

二、时间驱动ABC

近年来，时间作为企业竞争战略的一个要素备受学术界重视，管理会计界也开展了一系列以时间为对象的研究。将时间引入管理会计之中能够提供有关时间的营运信息和财务信息，从而有助于企业的相关经营决策。在ABC方面引入时间概念的基本思想是将ABC领先时间与成本驱动因素融合，从而提升决策的有效性。Kap lan和Andson（2004）的时间驱动作业成本法（Time-driven ABC）即体现了此思想，其核心是在ABC的应用中嵌入一个“时间等式”，以最基本的业务流程耗时量为基数，列出各种复杂情况下所需追加的工时，并据此按照具体情况改变每一项具体作业所耗时间的估计数，从而降低划分作业的难度与工作量，使作业划分的可操作性大大增强。其是将一个责任中心的成本分割为若干个作业，放弃成本追溯的方法而采用经理人员的估计，这样，经理人员能够算出各项作业上所耗费的时间和成本，并加以分析。此方法的优点是容易实施且易于推广，其在解决复杂的业务问题时，远比传统ABC法简单。但这一方法似乎还难以解决ABC的概念性问题，并且时间驱动ABC看起来似乎是回到了标准成本法的起点上，因此，时间驱动ABC法到底是不是一项创新还有待实践的检验，国外一些论文也在探讨其究竟是“新酒”还是

"新瓶装老酒"，这些尚待时间的证明。

三、ABC 与预算的结合

虽然 ABC 实际上是用于分配已发生的成本，是对过去数据的计算和分析，但是近年来不少企业尝试将 ABC 用于预算目的。首先，企业根据 ABC 模型计划编制预算（Blekker，2001；Hansen & Torok，2004；Stevens，2004），这种以 ABC 的信息作为编制预算基础的方法，可使预算建立在真实的数据上；其次，报告的实际成本与预算成本采用同一种方法，增强了实际成本与预算成本的可比性，从而有利于将成本控制落到实处。与传统预算所进行的各职能部门或支出类别的成本预算相比，作业基础预算是完成各种作业的成本预算。传统预算的重点在于成本的构成要素，而作业基础预算则强调完成各种作业的预计成本。编制作业基础预算时所需的作业的需求、作业的效率、支出和供应模式、可提供的资源等数据亦能为管理决策提供有用的信息。但是目前，以作业为基础的预算除了少量的案例研究以外，理论研究文章还很少。

四、顾客驱动 ABC

顾客关系管理（CRM）是目前管理界的重要议题，企业管理层需要知晓每笔客户交易和维持顾客关系所发生的相应成本信息。ABC 软件系统能提供将顾客交易信息和 ERP 及 CRM 方面的财务信息联系在一起的整体框架，这样，计算单个顾客的盈利性信息的直接操作性增强。由顾客战略导向、渠道和单个顾客成本构成的 ABC 层级，能使企业管理层对由单个顾客盈利组合而成的企业毛利和成本—服务的构成部分有个清晰的了解。

五、资源消耗会计与 ABC 的整合

资源消耗会计（Resource Consumption Accounting，RCA）是以资源为基础，将资源成本按一定的因果关系分配给成本对象，RCA 并不一定强行使用以作业为基础的分配，而是基于必要的逻辑来进行成本分配，用于成本分配的动因或者是传统的动因（如人工工时），或者是基于作业的动因。RCA 是一个对企业资源和作业分析进行整合的成本管理系统，其对 ABC 方法的融合为管理会计提供了新的思路。Keys（2002）提出利用 RCA 原理可以弥补 ABC 对控制缺乏关注的局限，从而设计出能对实际结果进行及时评价的衡量指标，获取业绩及其差异的信息来修正企业行为。

本章总结

本章对现代成本管理的一个重要创新——ABC 方法作了阐述与介绍。作业成本法从思想的开始出现，到探讨运用的如火如荼，再到理性的反思和冷谈，直至现在的艰难探索与突破，都是在现代经济环境变化的推动下，人们所做的探索和努力。ABC 不只是对传统成本计算方法的改进，其更大的意义是和企业的管理实践结合在一起，试图帮助企业在战略环境下提供与管理决策更相关的成本信息，并形成竞争优势。本章学习重点是理解作业成本法的基本思想、分配流程和计算步骤，更重要的是通过了解其理论与实践发展的历程，理解任何成本管理理论的发展与突破，都是与经济环境的发展紧密相连的，任何一种

新的方法和新的理论都是实践探索的需要，并且在实践中接受检验。

重要概念

作业　作业链　价值链　作业中心　成本库　成本动因

精选案例

邯郸钢铁股份有限公司（以下简称“邯钢”）因其成本管理战略而闻名。邯钢的价值链由内部后勤、生产作业、外部后勤、市场销售、售后服务构成。具体如下：

内部后勤（含采购部门、仓储部门、车辆调度部门）⟶生产作业（含炼铁、炼钢、轧钢等生产部门）⟶外部后勤（含对外调度、货物发运部门）⟶市场销售⟶售后服务。

邯钢上述价值链各环节的具体运作为：

1. 内部后勤。是指与接收、储存和分配相关的活动，如原材料采购、仓储、库存控制、车辆调度和向供货商退货。在这一价值链中原材料价值是关键，邯钢抓住这个关键环节，在采购上严把原材料、燃料进货关。为了降低成本，采购供应部门下达最高采购限价（经预测的市场价格），只准低买不许高进，同时严格质量和数量检验，堵住管理上的漏洞，与奖惩紧密挂钩，对降低采购成本给予嘉奖，超支惩罚，把进货成本压到最低。

2. 生产作业。是指与将投入转化为与最终产品形式相关的各种活动。在价值链的这个环节上，邯钢通过全员、全过程的全面成本管理，把降低成本的重点首先放在充分挖掘现有设备潜力上，使主体设备从烧结机、高炉到炼钢转炉、连铸机、轧钢机等的利用效率都达到和超过设计能力。其次放在技术改造上，如邯钢三轧钢，1993 年下半年投资 46 万元对线材生产线进行改造，轧钢的产量从 1993 年的 15 万吨提高到 1994 年的 22 万吨，比目标成本降低了 510 万元。邯钢自建 60 万吨的棒材生产线，除主体设备外，辅助设备全用原有的设备改造而成，既保证了质量又不影响生产效率，同样的生产线有的钢厂投入 6 亿元，邯钢只投入 2 亿元，赢得了成本优势。第四放在工序环节的投入上，邯钢把烧结、焦化、炼铁、炼钢、轧钢按炉、机型号分类，以全国同行业、同炉、同机的主要技术经济指标的前三名为目标。经过两年的努力，在 43 项可比的主要技术经济指标中，邯钢有 40 项进入前 10 名，其中 9 项指标进人前三名。同时，在生产过程中，人们从节约一度电、一升油、一个螺丝钉做起，全面节约，杜绝浪费，在生产工艺上保证低成本。

3. 外部后勤。是指与集中、存储和将产品发送给买方有关的各种活动。在价值链的这个环节上，邯钢人通过加强库存管理，及时调度、发运，降低产品成本。

4. 市场销售。是指与提供一种买方购买产品的方式和引导他们进行购买有关的各种活动，如报价、定价、渠道选择、渠道关系、销售队伍、促销等。邯钢在这方面严把产品销售关，建立集体定价制度，确定最低销售价格，任何人无权降价，鼓励在不降低市场占有率的前提下尽可能以较高的价格出售，从而使低成本的价格溢出转化为企业纯收入。

要求：讨论分析邯钢在成本方面的成功之处是什么。邯钢的价值链构成要素有哪些。

思考练习题

1. 传统成本会计在现代经济环境下有哪些不适应性？会出现什么现象？对企业的管理会产生什么样的影响？

2. 传统成本法与作业成本法在成本分配方法的计算上有何不同？

3. 作业成本法的成本分配思路是什么？

4. 作业成本法尽管在理论上如此美好，为什么在实践中难以实施，并且很多企业实施后又予以放弃？

5. 什么是作业成本法之谜？作业成本法现代的突破方向在哪里？

CHAPTER

11 第十一章 战略成本管理

本章概要

本章主要介绍战略成本管理的特点、构成要素及战略成本管理的主要分析方法。战略成本管理是为适应战略管理需要而逐渐形成的，其强调企业战略问题，拓展成本管理范围，运用财务信息与非财务信息帮助企业制定卓越的战略，是企业取得持久竞争优势的一种手段。

通过本章学习，要求理解传统成本管理的缺陷，以及战略成本管理兴起的原因；掌握战略成本管理的特点和构成要素；理解战略成本管理的主要分析方法。

第一节 新经济环境下传统成本管理的缺陷

20 世纪以前成本会计的发展均同事后的实际成本有关，企业不重视有效的成本控制，对于生产中出现的实际耗费情况，只有事后通过计算实际成本才知道。随着 1911 年泰罗《科学管理原理》的出版，泰罗的科学管理学说在第二次世界大战前的美国风靡一时，并在世界范围内广泛推广。泰罗科学管理方法的要点，就是通过对各环节、各步骤乃至工人具体动作的研究，事先制定相应的工作标准以对生产进行管理。这种在制造业中发展起来的科学管理思想，对成本会计的发展产生了深刻的影响。此时，美国会计学家提出的标准成本制度脱离实验阶段，为生产过程成本控制提供了条件。成本管理方法和成本计算方法发生了巨大的变化，逐步形成了包括成本预测、成本决策、成本计划、成本控制、成本核算、成本分析与成本考核七个环节在内的完整体系。构建了传统的成本管理方法体系。

传统成本管理追求的是“效率”，它强调的是把事情做好，有关企业管理的全局、企业与外界的关系等问题并没有在其体系中得到应有的反映。因此，其无法满足现代企业管理的需要，在日益激烈的竞争中，传统管理体制的缺陷越来越明显，

一、成本管理的理念陈旧

传统成本管理理念是在泰罗的科学管理学说的基础上发展起来的，其主题是控制，即

根据企业经营目标和经济效益的要求，对各项资金耗费进行事前预计，确定控制的标准或目标；然后进行事中或事后核算，并在事后对实际成本与标准成本的差异，进行分析、评价、考核，并采取相应的措施，旨在保证企业经济效益目标的顺利实现。但传统成本管理赖以存在的基础——泰罗的科学管理学说本身就存在缺陷。在当今的社会经济中，企业面临的竞争日趋激烈，所处的环境日益复杂，面对这些新的情况和环境，泰罗的科学管理学说就显得非常被动，其着眼于对生产过程进行科学管理，把重点放在通过对生产过程的个别环节、个别方面的高度标准化，为生产和工作效率的提高创造条件。但是，其对企业管理的全局、企业与外部的关系则很少考虑。在新情况下其理论重局部、轻整体的缺陷暴露无遗，不能与现代的管理要求相适应。大量实践表明，企业的盛衰、成败、生存和发展，首先取决于企业采取的战略、方针、决策是否正确，所定的目标是否与外界的客观经济情况相适应。如果战略、方针、决策错误，经营目标定错了，企业的个别环节效率再高也无济于事，甚至还会在激烈的竞争中被淘汰。

二、成本管理的内容片面

传统成本管理的对象主要是企业内部的生产过程，对企业的产品的研制环节、供应与销售环节、售后服务环节的成本则考虑不多。因此，传统的成本管理把降低产品成本作为决定企业生存和发展的重要因素。企业若过分关注内部因素，而对于外部的价值链视而不见，易造成视野狭隘，很难对外部环境的变化做出迅速反应。

三、成本信息扭曲

在产销比正常的情况下，传统企业成本费用的构成是制造成本高、期间费用低。因此，传统成本管理特别注重对制造成本的核算与控制，甚至将其视同为产品成本。强调产品成本由直接材料、直接人工以及制造费用三项成本项目构成，而对企业的产品研制成本、售后服务上的较大投入则不作为产品成本，只作为期间费用计入当期损益。这不仅由于制造成本是企业在材料采购过程和产品生产过程中各项费用汇集的结果，而且还由于它在企业的总费用构成中占据了举足轻重的地位，因此，在决定企业生存与发展的各种决策当中所需求的成本形态也集中体现为制造成本。即使在市场条件、技术水准、管理制度和管理方式已今非昔比的情况下，传统成本管理仍然把对制造成本的核算放在最重要的位置。传统成本管理一般仅使用制造成本法提供的不完全的或是过于粗糙的成本信息来进行成本管理，即仅仅从原材料、人工、制造费用的数量及成本差异的角度来考察影响成本的因素，因此不可能考虑这些管理行为的目的，以及对企业竞争地位的影响。

但除了制造成本之外，现代企业一方面在产品的研究开发、中间试验和小批试制方面有相当大的投入，另一方面又在产品的售后服务上有较大的投入，同时还要承担比传统工业企业更高的产品降价风险，因此，研究开发费用与销售费用使用的合理性，往往决定着现代企业的整体竞争实力。企业的产品成本在相当大的程度上是由设计所决定，而其产品销售状况又在相当大的程度上取决于技术服务。所以，按传统成本管理方式来计算产品成本，就会扭曲产品成本信息，使产品的相关成本内容不全，因而不能正确地评价产品在寿命周期全过程的经济效益，不利于企业谋求竞争优势。

四、忽视了无形的成本动因

成本动因是指引起产品成本变动的原因。在传统成本管理的观念中，只有材料、人工和制造费用才是构成产品成本的主要因素，因而企业往往将生产数量作为主要的成本动因。

传统成本管理的动因分析属于微观层次，即侧重于企业内部，责任中心的影响成本因素，与企业的具体生产经营作业有关，如作业链、作业量、资源消耗水平等。往往忽视了企业的产品开发、市场的开拓、内部结构的调整等活动对成本的影响，从而未能考虑诸如企业的规模、整合程度、地理位置、时机选择、机构因素，甚至于厂房的布局规划、企业的管理制度等宏观上无形的成本动因。事实上，对企业而言，一些有形的成本动因往往并不是影响成本的最主要因素，而那些无形的成本动因却会对成本影响很大，因为这些成本动因需要长期积累才能形成，且一经形成就难以改变，所以更需要从战略上予以综合考虑。

五、成本费用控制不力

在传统企业，尤其是经营稳定的大型工业企业，所耗的资金与产生的回报之间，能够建立人们容易把握的函数关系，因而传统成本管理对成本的控制主要采用标准成本系统、目标成本和费用预算管理（包括零基预算与弹性预算）。尽管其控制范围有弹性，控制过程中也有许多不确定的因素，但是总能够通过对成本形成原因的分析和对成本费用发生规律的掌握来不断地促使其标准、目标和预算符合实际，以此来引导企业健康发展。现代企业对成本的控制不能简单地搬用上述的方法。虽然标准成本、目标成本和费用预算等形式依然可以利用，但实际上由于其控制过程中的不确定因素更多，所以对成本动因的分析和对成本费用发生规律的掌握更为困难。

第二节　战略成本管理兴起的时代背景及成本信息的应用

一、战略成本管理产生的时代背景

战略成本管理兴起的 20 世纪 90 年代，正是知识经济给社会带来了前所未有的巨大发展的时代。科学技术突飞猛进，新兴产业层出不穷，顾客需求个性化和多样化趋势不断增强，企业外部环境不确定性程度加深。

（一）时代特征

（1）消费者需求结构发生根本性的变化。一方面消费者对基本消费品的需求在数量上已基本饱和，消费者越来越关注消费质量的提高；另一方面新的需求不断地产生，以个性化和多样化为代表的消费倾向不断加强。

（2）生产技术和制造工艺的发展，使社会需求不断地得到满足，并导致了新的需求不断地产生。

（3）经济的全球化进一步加深，全球性竞争日益激烈，资本输出、跨国公司的迅猛发展，既给企业提供了新的机遇，也给企业带来了巨大风险，企业所面临的外部环境日趋复杂化，不确定性因素增多。

(4) 信息技术的发展给传统的生产方式和生活方式带来了巨大的冲击，在社会的许多领域中，基本的思想和方法发生了深刻的变革。

(二) 企业经营环境的变化

企业经营环境的变化主要体现在以下四个方面：(1) 大多数产品供过于求，从而造成市场竞争日趋激烈；(2) 产品需求多样化，而且顾客对产品质量也越来越苛求；(3) 国际化潮流势不可挡，国际分工合作日趋密切，国际竞争也趋于残酷激烈；(4) 新技术、新工艺的创造蔚然成风。(5) 企业技术与管理呈现集成化趋势，如弹性制造系统（FMS），电脑辅助设计（CAD）、电脑辅助工程（CAE）及电脑辅助制造（CAM）系统，制造资源规划（MRP Ⅱ）和电脑整合制造系统（CIM）纷纷出现。当代商业环境与以往商业环境的对比如表 11-1 所示。

表 11-1　　以往与当代商业环境比较

以往的商业环境		当代的商业环境
生产环节		
竞争基础	规模经济，标准化	质量，功能，顾客满意度
生产过程	大量，长期生产，在产品及产成品的库存	少量，短期生产，关注降低存货和其他非价值增值活动及成本
生产技术	自动化生产线，分离的技术应用	机器人，柔性制造系统、网络连接的集成技术应用
需劳动技能	机器操作，低水平技能	独立而有团队意识，高水平技能
质量	允许正常的次品	零缺陷
营销环节		
产品	几乎无产品差别，生命周期长	许多差别产品，生命周期短
市场	大多为国内市场	全球市场

二、战略环境下成本信息的运用

罗伯特·卡普兰将成本管理系统做了以下划分：第一阶段：成本管理系统是基础的交易报告系统；第二阶段：当发展到底这一阶段时，成本管理系统关注对外财务报告，其目标是财务报告的可靠性，相应地，成本管理的有用性是有限的；第三阶段：成本管理系统追踪关键的经营数据，并生成更加相关和精确的成本信息供决策使用，成本管理信息建立起来了；第四阶段：战略相关性成本管理信息成为成本管理系统不可缺少的部分。

(一) 战略视角下成本信息的侧重点

成本会计师们首先需了解何为企业的战略，需洞悉企业的战略目标和战略意图，从管理层的视角来帮助企业获取战略优势，从而帮助企业形成适合长期发展的核心竞争力。

在战略思考的指导下，成本会计师关注使企业成功的因素，而非仅仅计算成本和其他财务指标。就如一位苏格兰农民总有优质羊出售，当被问到为什么他的羊总比邻居的好时，他回答："当他们在称羊体重时，我却在给它们增肥。"同样地，成本管理本质上也不是关注成本，而是要注意识别那些企业成功的关键因素。表 11-2 列示了在几个关键成功因素上领先的企业，表 11-3 是一些公司的使命宣言。

表 11-2　　在几个关键成功因素上领先的企业

客户服务	革新和产品开发	质量	企业的社会责任	劳动关系和员工再培训
比恩邮购	3M	艳田	默克	福特
联邦快递	苹果计算机	摩托罗拉	强生	IBM
沃尔玛	惠普	IBM	通用电气	强生
诺茨托姆	索尼	施乐	福特	朗讯
家成货栈	诺基亚	福特	本杰利	惠普
亚马逊				

表 11-3　　一些公司的使命宣言

福特（www. ford. com）	成为低成本高质量产品的制造者，并为顾客提供最好的价值。
联合包裹服务公司（www. ups. com）	与商业世界同步。
通用电气（www. ge. com）	在公司涉足的市场中位居第一或第二，成为世界上最具竞争力的公司。
迪士尼（Disney. com）	为人们带来欢乐。
IBM（www. ibm. com）	成为全世界最成功的信息科技企业。
Sara Lee（全球食品公司）（www. saralee. com）	成为全球领先的食品和包装消费品公司，在关键消费品市场上占据主要地位。
摩托罗拉（www. motorla. com）	足不出户，阅尽天下——无线技术与宽带的完美结合。
强生（www. jnj. com）	病痛无忧。

（二）成本信息对企业战略的支持

企业开始利用成本管理支持战略目标，成本管理也不再是小小的“管家婆”角色——成本核算和财务报告，它关注的焦点是促进管理——制定成本及其他信息以支持企业的管理。实现战略目标。生产流程变化之前，关注部门层次成本核算和控制的详细方法适于大规模、标准化且少有变化的生产程序；现在，成本管理系统必须更具动态，以应付快速变化的环境和产品及生产流程的多样性，成本管理系统必须通过促进战略管理来支持这种动态环境中的企业管理。

当代商业环境将关注关键成功因素，包括财务与非财务两个方面。以往企业倾向于关注财务业绩指标销售与利润增长、现金流、股价。当代环境中的企业战略管理关注成功的战略指标，其中很多是非财务指标。非财务指标的一些关键成功因素如下：顾客指标、市场份额与市场份额增长、顾客服务、准时送货、顾客满意度、品牌认知、在有利市场中的地位、内部业务程序、产品的高质量、生产创新、高生产率周期产出、产出与废品减少、创新与学习（人力资源）、管理者的能力、正直品德、士气和企业文化、教育培训、新产品和生产方法的创新等等。

财务指标反映了企业经营政策对财务状况及股东回报的影响，而非财务指标则从三方面反映了企业当前和潜在的竞争地位：顾客、内部程序、创新与学习（如人力资源）。其他包括社区和社会影响、政府关系、管理者职业行为与成功的战略性财务或非财务指标也常被称为关键要素。没有战略成本信息，企业便可能远离竞争优势，做出战略上失误的生产或营销决策，如选择错误的产品和顾客。

第三节 战略成本管理的内涵及作用

战略管理以不确定、不连续的经营环境为前提，注重监控企业外部环境的变化，制定有效的战略计划，利用有限的经营资源，保证企业在动荡的环境中生存和发展。战略管理的核心是要寻求企业持之以恒的竞争优势。

战略成本管理是为适应战略管理需要而逐渐形成的，其强调企业战略问题，拓展成本管理范围，运用财务信息与非财务信息帮助企业制定卓越的战略，是企业取得持久竞争优势的一种手段。

一、战略管理的含义及内容

（一）战略管理的含义

"战略"一词原属军事术语。战略是对全局的发展目标和发展趋向所作的谋划。将战略观念用于企业管理便形成了企业战略管理。企业战略管理的理念最初由美国学者安索夫（Ansoff）在其 1976 年所著的《从战略计划走向战略管理》一书中提出，其定义为：企业的高层领导为了保证企业的不断发展，根据对企业内部条件和外部环境的分析，对企业的全部生产经营活动所进行的根本性和长远性的谋划和指导。这种谋划和指导是一种动态的过程，是一种连续不断的决策流，也是一种从计划到实现的行为流。

（二）战略管理的重点

在激励竞争的环境条件下，能否取得竞争优势关系到企业的生死存亡，取得竞争优势是影响企业全局发展的核心的问题，企业战略的重点自然是确定企业的竞争优势。当竞争的强度不足以影响到企业的生存发展，或者竞争均势已经形成，竞争者相互都无法击败竞争对手时，企业战略管理的重点自然转向根据外部环境的变化合理配置企业资源，谋求企业资源的有效利用。

（三）战略管理的内容

战略管理以不确定、不连续的经营环境为前提，注重监视企业外部环境的变化，制定有效的战略计划，利用有限的经营资源，保证企业在动荡的环境中生存和发展。它主要涉及企业的方向性问题，如经营领域的选择、产品方向的变更、企业规模的扩大、发展多角经营等，是有关企业未来发展全局性谋划和策略。近年来，战略管理通常被视为将企业的战略规划、战略实施、战略控制与调整过程中相关战略要素综合而成的一种经验管理方法；是在对企业环境全面分析的基础上，确立企业长期和短期目标，进而开发和实施导向目标的企业战略的全过程。一般而言，战略管理过程包括企业环境分析、确定业务范围、建立战略目标、制定战略、评价战略业绩和进行战略调整等阶段。

二、战略成本管理的含义及作用

（一）战略成本管理的含义

战略成本管理是指在企业选择与确定竞争战略中，利用成本资料从战略角度来分析、选择和优化企业战略的过程。即在企业战略的制定、选择和实施过程中，以成本为手段优化企业的战略，利用成本战略为企业赢得成本优势和竞争优势。具体来讲，是指企业成本管理人员应用专门方法提供企业本身及其竞争对手的分析资料，帮助管理者形成和评价企业战略，从而创造竞争优势，达到企业有效地适应外部持续变化的环境的目的。其是以企业战略为轴心展开，是对未来成本发展态势的分析与选择，最终决定未来成本的基本构架。

（二）战略成本管理的实质

战略成本管理强调企业战略问题，拓展成本管理范围，运用财务信息与非财务信息帮助企业制定卓越的战略。在战略思想指导下，战略成本管理关注成本管理的战略环境、战略规划、战略实施和战略业绩，可表述为"不同战略选择下如何组织成本管理"。成本管理服务于企业战略的开发和实施，实质上就是将成本管理会计信息贯穿于企业战略管理，将成本分析与成本信息放置于战略管理的广泛空间。与影响战略的相关要素结合在一起，从战略高度对企业的成本结构和成本行为作全面的了解、控制与改善，以寻求长久的竞争优势。毫无疑问，战略成本管理是成本会计发展史上的一次飞跃，它具有更加开阔的视野和超前的意识，更加注重普遍联系的观点，并能从根本上抓住企业经营中的主要矛盾，因而在很大程度上弥补了传统成本管理的不足，更加适应了竞争经济的要求。在英、美、日等发达国家，战略成本管理已经成为许多企业取得竞争优势的有力武器，为企业的发展注入了全新的活力。

（三）战略成本管理在企业战略管理中的地位及作用

战略成本管理从属于企业战略管理。按照现代竞争理论，企业竞争的基本战略有三种：成本领先战略，差异化战略和目标聚集战略。从成本战略与这三种基本战略的关系可看出战略成本管理的重要性。

成本战略与企业基本竞争战略之间是密切联系的，实行成本控制是实现企业战略目标的主要手段。实施成本领先战略的核心是降低成本，实施差异化战略和目标聚集战略不仅不排除降低成本的战略，而且还需要借助成本战略来予以强化。成本战略是企业战略的组成部分，企业所采取的各种成本控制措施首先要受到企业所实施的基本战略的制约，降低成本以不影响企业的基本战略的实施为前提，不能因为成本降低的需要而牺牲企业的战略，降低成本是在保证既定的质量标准和时间进度前提下的成本降低，不应当损害既定标准。

第四节　战略成本管理的核心、构成要素及基本模式

一、战略成本管理的核心

战略成本管理的首要任务是关注成本战略空间、过程、业绩，可表述为"不同战略选择下如何组织成本管理"，即将成本信息贯穿于战略管理整个循环过程之中，通过对公司成本结构、成本行为的全面了解、控制与改善，寻求长久的竞争优势。相对于传统成本管理以实现降低成本为目标，战略成本管理以成本优势为核心。"降低成本"与"成本优势"

是两个有着不同内涵的概念，有着本质的区别。战略成本管理的一切活动是以保证战略目标的实现为前提的。

二、战略成本管理的构成要素

战略成本管理的产生一方面是为了适应企业战略管理的需要，另一方面则是企业传统成本管理体系自身存在缺陷，进行变革的需要。战略成本管理提供并分析与企业战略相关的资料，特别是实际成本业务量、市场占有率以及对总资源的需求等方面的相对水平和趋势。战略成本管理包括以下三大要素。

（一）环境审视

任何一个企业都是在一定的外部环境中利用一定的内部条件来开展经营活动的，因而企业实施战略管理，首先必须深入分析企业的外部环境，同时客观地评价企业自身。

企业外部环境是指处于企业实体之外但对企业发生影响的因素。实施战略成本管理，首先必须深入分析企业的外部环境。企业外部环境可分为总体环境和特定营运环境。对企业影响较大的总体环境因素主要有政治、法律、经济、科技、社会文化和自然环境等各个方面，其中经济因素对企业经营活动的影响更为直接。特定营运环境最主要的体现是市场，它是企业经营具体的服务对象，是与企业提供的产品（或服务）直接相关的环境因素。企业外部环境的分析重在“知彼”。

企业内部条件的分析重在“知己”。企业内部条件是企业组织、人力、物力资源配置、企业文化和管理水平等多种因素的总和。

（二）考虑竞争对手的目标和战略

企业的产品（或服务）应具有吸引潜在顾客的特性和特点，并应包括价格、质量、营运和售后服务等要素。

（三）以战略眼光看待内部信息

短期获利能力的降低可能是由于企业提高股票市价和获得相对成本优势而采取措施引起的。一家企业如果过于注重短期获利能力，可能不愿在改变竞争状况方面进行投资；相反，短期获利能力的提高可能与其战略状况恶化有关。

三、战略成本管理的基本模式

战略成本管理经十多年的研究和应用，目前已形成三种主要的模式。

（一）克兰菲尔德模式

该模式是由欧洲著名的克兰菲尔德工商管理学院 1995 年倡导的。其特点是将战略成本管理作为一种工具来分析企业的竞争地位，发现问题，做出选择，解决问题。该模式把战略成本管理的工具运用于问题的诊断并提出有争议的选择方案，并根据成本效益分析，对方案进行评估和规划，然后予以执行，并通过对执行结果进行评价以及不断学习，再开始新一轮的循环。这一模式的始创者托尼·格兰边认为，战略成本管理工具应包括如下主要内容：（1）竞争战略的制定：确定企业是以差异化战略，还是以成本领先战略取胜；（2）竞争者分析和目标瞄准：分析竞争者的战略状况，评估其竞争地位，从与竞争对手的经营管理差距中发现问题；（3）进行行业分析，了解自身所在行业的情况；（4）进行成本动因分析，包括硬性成本动因和软性成本动因；（5）评估组织面临的挑战，确定自身目标。

（二）罗宾·库珀模式

罗宾·库珀是作业成本法的热心倡导者之一。1998 年，他在美国《管理会计》杂志上发表了为期一年的连载文章，详细介绍了由其所设计的战略成本管理模式。该模式的重要思想是把由他本人以前极力倡导的作业成本法推向战略运用。他认为作业成本法的重点应该是战略上的运用，是协助企业形成最优的战略，并为实施这一战略提供全方位的服务。因此，罗宾·库珀模式的特点是全面运用作业成本法，以更准确、更全面的成本核算资料向不同部门的人员展示一幅更广阔的企业成本竞争地位的图景，使企业管理者和全体员工把自身的工作与企业的战略地位联系起来，以达到在降低成本的同时提高企业竞争力的目的。

（三）桑克模式

1993 年美国管理会计教授桑克在迈克尔·波特教授所著的《竞争优势》一书的基础上进行了深入研究，并出版了专著《战略成本管理》。该书构建并详细阐述了当今应用最为广泛的战略成本管理模式，使战略成本管理更加具体化。该模式利用一系列的分析工具为企业的成本管理提供了战略透视。其内容包括战略价值链分析；战略定位分析和战略成本动因分析。

综上所述，克兰菲尔德模式的实质是把战略成本管理作为企业制定竞争战略的工具以提高企业的竞争力。罗宾·库珀模式的实质是在传统的成本管理体系中全面引入作业成本法，并关注企业竞争地位的变化，从而构成一种战略管理会计系统。而桑克模式则以战略价值链分析、战略定位分析和成本动因分析三种基本战略成本管理工具构成了一个相互联系，密不可分的体系，并具有内在的逻辑关系。

第五节　战略成本管理的主要分析方法

一、价值链分析

价值链分析法由波特首先提出。波特在《竞争优势》一书中指出：企业每项生产经营活动都是创造价值的经济活动。企业的一切互不相同但又相互关联的生产经营活动，形成了创造价值的动态过程，这一过程称为价值链。这个价值链反映出企业经营活动的历史、重点、战略、实施战略的方法，以及未来发展趋势。企业反映在价值链上所创造的价值，如果超过成本便有盈利，如果超过对手便有竞争优势。

（一）价值链的含义

所谓价值链，就是指企业为了给顾客提供有价值的产品或劳务而发生的一系列创造价值的活动。价值链列示了总价值，并且包括价值活动和利润。它包括以下三个含义：第一，企业各项活动之间有密切的联系；如原材料的供应与企业的生产制造有密切的联系；第二，每次活动都有可能为企业降低成本，如严格的质量检验可以降低售后服务成本；第三，价值链不仅包括企业内部各项活动，而且还包括企业外部活动，也就是要注意行业价值链，如企业与顾客、供货商之间的活动。

(二) 价值链分析的主要内容

价值链分析的第一步是确定行业的、企业的价值链并将收入与资产分摊到价值链的各种活动中；第二步是确认各活动的成本动因. 也即分析导致各价值活动（作业）的成本元；第三步是通过控制成本动因或重新优化价值链，构建具有自身特色的价值链，以取得竞争优势。企业除分析自身价值链外，还要分析竞争对手的价值链。因此，价值链分析可从企业内部价值链、行业价值链和竞争对手价值链等三个方面进行。

1. 企业内部价值链分析

企业的每一项业务都是由一系列活动组成的：设计、生产、市场营销、发货、产品和服务的支持，这其中的每一项活动都会带来成本，所有这些活动的成本之和就构成了企业的内部成本。而且，每一项活动的成本都会影响企业与竞争对手的整体相对成本地位是否有利这样一个问题。因此，企业内部存在许多价值链，既有各业务单元（如各分厂和车间）之间的价值链，也有各业务单元内部的价值链。每个价值链都会产生价值，同时也要消耗资源。它们之间相互依存、相互制约。企业内部价值链分析的目的，就是找出最基本的价值链，然后分解为单独的作业，并根据其战略目标进行价值作业之间的权衡、取舍、调整。

企业价值链往往可以揭示企业内部开展的各项活动和功能。以机械制造厂为例，其内部价值链如下：

采购部门—→原材料仓库—→模具锻造车间—→电镀车门—→装配车间—→包装车间—→产成品仓库—→销售部门。

价值链中的每一项活动都承担一定的成本，都会占用企业的一部分资产。将企业的经营成本和资产在价值链的每一项活动中进行分配可以估测出每一项活动的成本。一般来说，活动之间都有联系，所以这项活动的展开方式往往会影响另一项活动展开的成本。通过企业内部价值链分析，对比单元价值链上的成本与效益，从而发现在企业内部价值链上哪些是不增值的链接，是否可通过重构价值链作为降低相对成本地位的战略。如果企业价值链上的所有活动的累计总成本小于竞争对手时，就具有了战略成本优势。

2. 行业价值链分析

一个企业的成本竞争力不仅取决于该企业的内部活动，而且还取决于一个更大的活动体系。在这个更大的体系中，包括企业的上游供货商的价值链，以及涉及将产品送至最终用户的下游客户或联盟的价值链。行业价值链分析就是从战略上明确企业在行业价值链中的位置，分析自身与上游（供应商）、与下游（分销商和顾客）价值链的关系，充分利用上游与下游价值链活动，促进成本的降低，调整企业在行业价值链中的位置与范围，把握成本优势。因此，在战略成本管理中，往往突破企业自身价值链，将企业价值链的分析延伸到企业之外，向上延伸到与供应者协作，向下延伸到与顾客协作。企业本身即位于这一行业价值链的某个阶段。把企业置身于行业价值链中，从战略高度进行分析，是否可以利用上、下游价值链进一步降低成本或调整企业在行业价值链中的位置及范围，以取得成本优势。

仍以机械制造厂为例。机械制造厂的行业价值链可以采用纵向分析的方法，通过追踪物质实体的运动轨迹得到：

金属矿山—→金属冶炼公司—→机械制造厂—→批发商—→零售商—→消费者。

从上面的行业价值链中，我们可以弄清楚机械制造厂在行业价值链中的位置，并以此为起点分析上下游价值链，从而有助于企业调整其价值链结构，提高整体的盈利能力。例如，我们可以从上图中发现，在机械设备从厂家到消费者的过程中间，经历了批发和零售两个环节，每一个环节都是一次价值增值活动，这样就抬高了市价，削弱了竞争力。如果我们跳过批发商，直接将机械设备供应给零售商，价格显然就降低了。再进一步，如果我们跳过这两个环节，实行直销，把零售商也甩开，那么，产品的价格竟直一体化。兼并零售商，也能起到优化价值链的作用。这个例子说明，单个企业的相对成本地位和整体竞争力既和整个行业的价值链体系相关，也和客户的价值链相关。因此，企业应注重所在行业的价值链分析。

3. 竞争对手价值链分析

在行业中往往存在生产同类产品的竞争者，它们或者与企业处于同一价值链，或者跨越价值链的几个环节。竞争对手的价值链和本企业价值链在行业中处于平行位置。通过对竞争对手价值链的分析，测算出竞争对手的成本水平、成本构成与成本支出情况，并与企业产品成本一一进行比较，揭示决定竞争优势的差异所在，从而根据企业不同的战略，确定扬长避短的策略，争取成本优势。

一个企业的价值链以及各项活动展开的方式往往反映出企业业务及内部运作、公司的战略、公司执行战略的途径以及各项活动的基本经济特性的演变。因此，竞争对手之间价值链往往存在差异，有时，这种差异还可能是巨大的，这种差异既可能是由于竞争对手垂直一体化程度的不同而产生的，也可能来自其上游供货商所开展的活动，或将产品送至最终用户的前向渠道联盟所开展的活动。这是因为，供货商前向渠道联盟的成本结构或利润空间可能过高或过大，即使该企业的内部活动成本具有竞争力，也会危及它的成本竞争力。因此，从最终消费者的角度往前看，评价一个企业的价格和成本是否具有竞争力，除了要考察企业内部的成本之外，还需要考察对企业的竞争力有重要影响的供货商和前向渠道联盟的活动和成本。

二、成本动因分析

（一）成本动因理论

成本动因就是引起产品成本变动的原因。那么，什么是影响企业成本最重要的因素呢？库珀和卡普兰教授曾于 1987 年在合写的一篇题为《成本会计怎样系统地歪曲了产品成本》的文章中提出了“成本驱动因素”，即成本动因理论，为战略成本管理的实施奠定了十分有力的理论基础。库泊与卡普兰两教授对在传统成本管理方式下，仅仅是分配了间接成本，却没有关注这些成本究竟从何而来的做法进行了批评。他们认为，战略成本管理是要把间接成本与隐藏其后的“推动力”联系起来。这种隐藏在间接成本之后的推动力，就是他们所称的“成本动因”。成本动因理论的提出，完善了流行已久的成本会计中的成本性态理论。传统的成本管理通过假定数量是唯一的成本动因，因而过分地简化了成本的产生过程。在生产单一产品的企业中，生产的数量可通过生产的单位数来计算；而生产多产品的企业中，直接人工小时数或直接人工成本，甚至机器小时数则通常被作为单位数的替代品。在过去人工高度密集型的企业里，对成本动因所作的这种假定不会重大地歪曲产品的成本。因为在生产中涉及的主要成本是材料和人工，两者均可直接追溯至生产的单位数，而制造费用作为生产成本中的“杂项集合体”则并不重要（仅有极少的机器需要折旧和极低的服务成本）。然而，随着新制造环境的出现，情况则大大不同了。由于自动化意味着更高的折旧费用、动力和其他与机器有关的费用。大多数制造成本均落入制造费用的范畴。在这种情况下，再假定人工“驱动”制造费用将导致不准确的产品成本计算。

（二）战略成本动因的分析

成本动因可分为两个层次：一是微观层次的与企业的具体生产作业相关的成本动因，如物耗、作业量等；二是战略层次上的成本动因，如规模、技术多样性、质量管理等。传统的成本分析，多侧重于从企业内部、责任中心等影响成本的因素分析成本升降的原因。而战略成本动因则在成本计算中常常被传统的成本管理所忽视。战略成本动因对成本的影响比较大，可塑性也大。从战略成本动因来考虑成本管理，可以控制住企业日常经营中大量潜在的成本问题。美国学者瑞利（Ri-1ey）将战略成本动因分为结构性成本动因（structural cost driver）与执行性成本动因（execution cost driver）。

1. 结构性成本动因分析

结构性成本动因是指决定企业基础经济结构的成本动因，其形成需要较长时间，而且一经确定往往很难变动，同时，这些因素往往发生在生产开始之前，必须慎重行事，在支出前进行充分评估与分析。另外，这些因素既决定了企业的产品成本，也会对企业的产品质量、人力资源、财务、生产经营等方面产生极其重要的影响，因此，对结构性成本动因的选择可以决定企业的成本态势。结构性成本动因通常包括以下内容：

（1）规模经济。价值链上某项具体的活动往往会受到规模经济的约束。规模经济是指在价值链活动规模较大时，活动效率的提高或活动成本因可分摊于较大规模的业务量而使单位成本降低，即增加使用企业的共享资源的规模和频率，就可以降低产品成本。企业在已经开发、制造、营销等主要价值活动方面都存在规模经济的情况。如在全球市场上，如果为每一个不同国家的市场生产不同的产品，而不是在全球范围内销售标准产品，往往会提高产品的单位成本。规模经济与横向一体化相关联。横向一体化联合，又称水平一体化联合，它是指同行业企业之间的联合，可以使企业的技术、市场、专利、商标、资金等优势充分发挥，易于开拓新市场，减少竞争对手，迅速提高市场占有率，但有可能存在经营规模过大的风险。

（2）整合程度。整合程度指的是垂直一体化程度，就是在同一个行业中扩大公司的竞争范围。整合是指企业为了让自己所负责的业务领域更广泛、更直接，将公司的活动范围后向扩展到供应源或前向扩展到最终产品的消费者。如对机械制造企业来讲，既可以只投资建一个总装厂，也可以再建一系列的零部件生产厂，实际上，该机械制造企业依然没有超出原来行业的界限，唯一的变化是在行业的价值链体系之中企业的业务单元跨越了两个阶段。垂直一体化可以是全线一体化（参与行业价值链的所有阶段），也可以是部分一体化（进入整个行业的某些阶段），这完全取决于企业和市场对垂直整合程度的要求。如果合并或协调行业价值链中紧密相关的活动能够带来重大的成本节约，前向或后向一体化就有很大的潜力。加强整合能够带来竞争优势，整合可以若干种方式降低成本。然而，整合也可能因为提高了退出壁垒，从而提高了成本。垂直一体化的最大劣势是：它将一家企业深深地陷入某一个行业之中。因此，企业必须详细评估整合的优点和缺点，视实际情况决定各价值活动的整合程度。企业既可以选择整合的策略，也可以选择解除整合的竞争策略，而解除整合的策略往往被企业领导者所忽视。

（3）学习与溢出。企业价值链活动可以经过学习的过程提高作业效率从而使成本下降。成本节约的来源不仅仅是企业职工学会了如何更有效地完成任务及使用和调试新的技术，学习还会给企业带来一些有价值的源泉：找到改善工厂布局和工作流程的方式，找到修改产品设计以提高制造效率的途径，找到改进零配件以简化装配的途径。学习的作用因时而异，因而企业的学习策略也不同。首先，处于不同的生命周期的企业，其学习效应会有很大区别。学习的效应在企业刚建立时表现突出，而在企业发展非常成熟的阶段可能不太明显。其次，对于价格比较敏感的行业，学习的作用会更加显著。此外，学习还存在一个溢出的问题，即学习的成果可以通过咨询顾问、新闻媒体、前雇员和供货商等渠道从一个企业流到另一个企业。例如，获取一个竞争对手的样品，然后让设计师研究其产品制造的方式；以其他公司类似活动的业绩为参照对公司的活动进行标杆学习；采访供货商、咨询人员和竞争对手的退休职员以利用他们的智能。开展学习的溢出对保持成本优势至关重要。

（4）地理位置。企业的地理位置可以若干种方式影响成本。由于地区与地区之间经常存在工资水平、税率、能源成本、入厂和出厂装运及运输成本等方面的区别，地理位置几乎对所有价值活动的成本均有影响。所以企业应在进行厂址的选择、工业布局活动中慎重行事。企业还可以通过重新布置生产工厂、基层办公室、仓储或总部的运作地点，找到降低成本的机会。

（5）技术。这里的技术是指企业在每一项价值链活动中所运用的技术处理方式。任何企业都涉及大量的技术，只有那些能保持其成本领先地位或将技术变革能力转变为率先行动者优势的技术才能为企业带来持久的成本优势。事实上，技术变革并非总能降低成本。首先，技术的开发或引用本身要支付较高的成本。其次，技术变革可能带来较大的风险。例如，在技术革新迅速、产品日新月异的行业，新技术的采用者可能因过早行动而面临所引用的技术迅速被淘汰而又无力更新的窘境。

2. 执行性成本动因分析

执行性成本动因是指与企业执行作业程序相关的成本驱动因素，它是在结构性成本动因决定以后才成立的，而且这些成本动因多属非量化的成本动因，其对成本的影响因企业而异。这些动因若能执行成功，则能降低成本，反之则会使成本提高。执行性成本动因通常包括以下内容：

（1）生产能力运用模式。生产能力运用模式是价值链的一个很重要的成本驱动因素，因为它本身附带了巨大的固定成本。因此，生产能力运用模式主要通过固定成本影响企业的成本水平。在既定的工厂规模选择的前提下，提高生产效率和采取强化措施，如进行技术改造以及采用先进的生产管理方法等。当企业的生产能力利用率提高、产量上升时，单位产品的固定成本相对较低，从而引起单位成本的降低。业务资本密集度越高或固定成本占总成本的比重越高，成本驱动因素的重要性就越明显，因为生产能力利用不足就会大大提高产品的单位成本。在这种情况下，寻找生产运作接近年度满负荷运转的途径是获取成本优势的一个重要源泉。

（2）联系。联系是指各种价值活动之间的相互关联。这种关联可分为企业内部联系和垂直联系两类。企业内部各种价值活动之间的联系遍布整个价值链。垂直联系反映的是企业与供货商和销售渠道之间的相互依存关系。如果一项活动的成本受到另一项活动的影响，那么，在确保相关的活动以一种协调合作的方式开展的情况下，就可以降低成本。例如，当一个企业的质量控制成本或材料库存成本同供货商的活动相关时，就可以通过零配件的设计、质量保证程序、及时送货，以及一体化材料供应等方面与关键供货商合作来降低成本。因此，有效地协调相联系的活动具有降低成本的潜力。

（3）全面质量管理。全面质量管理主要强调质量管理的范围应是全过程的质量控制，企业的每一名员工都要承担质量责任。其宗旨是以最少的质量成本获得最优的产品质量，并且最低的质量成本可以在缺点为零时达到，因为对错误的纠正成本是递减的，所以总成本会保持下降的趋势，直至最后的差错被消除。故全面质量管理的改进总是能降低成本，对于质量成本较高的企业来说，它是一个重要的成本动因，能给企业带来降低成本的重大机会。

（4）员工对企业的向心力。企业的行动是众多具体个人行动的总和，因而，员工对企业的向心力因两个原因而非常重要：第一，它有助于提升员工满意度，在一个团结的团队中，成员相互之间交流和友好相处；第二，员工的向心力对绩效有重要影响。企业各部门的每一名员工都与成本直接相关，只有依靠全体员工的相互配合，共同努力，企业才能将成本置于真正的控制中，实现成本管理的目标。传统的成本管理以可计量的、按照成本核算制度计算的成本为核心内容，以物治人；战略成本管理则要求重视人的因素，强调以人为本，以人治物，充分调动员工的积极性和创造力，提高员工对企业投入的向心力，从而达到充分降低成本，取得竞争优势的目的。

对执行性成本动因来讲，加强全员参与全过程进行的全面质量管理和全面成本管理都对持续降低成本有利；提高生产能力利用效率、协调整个价值链等，都会增加产出，提高效率。所有这些，对企业来讲，当然投入力度越大越好。可见，这是业绩目标对成本态势的战略性强化。

3. 两类战略成本动因之间的关系

上述两种战略成本动因的最主要区别是，对于结构性成本动因而言，并不是程度越高越好，而是存在一个适度的问题。例如，企业的规模应适应其发展的需要而并非越大越好，整合程度也并非越高越好。但对于执行性成本动因而言，一般认为程度越高越好。例如，应尽量加强和鼓励员工的全面参与，健全全面质量管理体系。从以上分析还可以看出，执行成本动因与结构性成本动因有着不同的性质。结构性成本动因分析所要求的战略性选择针对的是怎样才是“最优”的问题，而执行性成本动因分析所要求的战略强化则针对“最佳”的效果目标。前者解决资源优化问题，是前提；后者解决绩效的提高问题，是其持续。

从企业微观层次看，结构性成本动因分析主要是解决决策层的问题；而执行性成本动因分析主要是解决管理层（执行层）的问题，应对目标的实现起到基础保证作用。两类成本动因分别从基础经济结构和作业程序两方面影响企业总成本态势，为企业改变其成本地位提供选择。在企业基础经济结构既定的条件下，通过执行性成本动因分析，可提高各种生产执行性因素的能动性及优化它们之间的组合，从而使价值链活动达到最优化而降低价值链总成本。

三、战略定位分析

战略定位分析就是指企业在赖以生存的市场上如何选择竞争武器，以抗衡竞争对手的分析方法。企业实行战略成本管理，首先要确定战略目标。企业战略目标的确定即可通过战略定位分析来进行。战略定位分析的过程就是对企业所处的外部环境、竞争对手以及企业的自身条件进行分析，从而制定出企业战略目标的过程。战略定位分析的具体方法有以下几种。

（一）结合企业外部环境分析——SWOT 分析

企业结合外部环境分析自身战略定位，可采用 SWOT（强势—弱势—机会—威胁）的分析方法。

1. SWOT 分析法的含义

SWOT 分析法，是一种综合考虑企业内部条件和外部环境的各种因素，进行系统评价，从而选择最佳经营战略的方法。这里，S 是指企业内部的优势（strengths），W 是指企业内部的劣势（weaknesses），O 是指企业外部环境的机会（opportunities），T 是指企业外部环境的威胁（threats）。

企业内部的优势和劣势是相对于竞争对手而言的，一般表现在企业的资金、技术设备、职工素质、产品、市场、管理技能等方面。判断企业内部的优势和劣势一般有两项标准：一是单项的优势和劣势。例如，企业资金雄厚，则在资金上占优势；市场占有率低，则在市场上占劣势。二是综合的优势和劣势。为了评估企业综合的优势和劣势，应选定一些重要因素，进行评价打分，然后根据其重要程度加权确定。企业外部的机会是指环境中对企业有利的因素，如政府支持、高新技术的应用、良好的购买者和供应者关系等。企业外部的威胁是指环境中对企业不利的因素，如新竞争对手的出现、市场增长率缓慢、购买者和供应者讨价还价、技术老化等。这是影响企业当前竞争地位或影响企业未来竞争地位的主要障碍。

2. SWOT 分析的具体步骤

SWOT 分析基本步骤为：（1）分析企业的内部优势及弱点，既可以是针对企业目标而言的，也可以是相对竞争对手而言的；（2）分析企业面临的外部机会与威胁，可能来自与竞争无关的外环境因素的变化，也可能来自竞争对手力量与因素的变化，或二者兼有，但关键性的外部机会与威胁应予以确认；（3）将外部机会和威胁与企业内部优势和弱点相匹配，形成可行的备选战略。

3. SWOT 分析的四种组合方式

通过将面临的市场机会与威胁与企业的优势与劣势相比，得出四种组合方式：优势—机会（SO）组合，弱势—机会（WO）组合，优势—威胁（ST）组合，弱势—威胁（WT）组合。

（1）优势—机会（SO）战略。这是一种发展企业内部优势与利用外部机会的战略，是一种理想的战略模式。当企业具有特定方面的优势，而外部环境又为发挥这种优势提供有利机会时，可以采取该战略。如良好的产品市场前景、供货商规模扩大和竞争对手有财务危机等外部条件，配以企业市场份额提高等内在优势可成为企业收购竞争对手、扩大生产规模的有利条件。

(2) 弱点—机会（WO）战略。这是利用外部机会来弥补内部弱点，使企业改劣势为优势的战略。存在外部机会，但由于企业存在一些内部弱点而妨碍其利用机会，可采取措施先克服这些弱点。例如，若企业弱点是原材料供应不足和生产能力不够，从成本角度看，前者会导致开工不足、生产能力闲置、单位成本上升，而加班加点会导致一些附加费用。在产品市场前景看好的前提下，企业可利用供货商扩大规模、新技术设备降价、竞争对手财务危机等机会，实现纵向整合战略，重构企业价值链，以保证原材料供应，同时可考虑购置生产线来克服生产能力不足及设备老化等缺点。通过克服这些弱点，企业可能进一步利用各种外部机会，降低成本，取得成本优势，最终赢得竞争优势。

(3) 优势—威胁（ST）战略。这是指企业利用自身优势，回避或减轻外部威胁所造成的影响。例如，竞争对手所用新技术大幅度降低成本，给企业很大成本压力；同时材料供应紧张，其价格可能上涨；消费者要求大幅度提高产品质量；企业还要支付高额环保成本，等等。这些都会导致企业成本状况进一步恶化，使之在竞争中处于非常不利的地位。但若企业拥有充足的现金、熟练的技术工人和较强的产品开发能力，便可利用这些优势开发新工艺，简化生产工艺过程，提高原材料利用率。从而降低材料消耗和生产成本。另外，开发新技术产品也是企业可选择的战略，新技术、新材料和新工艺的开发与应用是最具潜力的成本降低措施，同时它可提高产品质量，从而回避外部威胁影响。

(4) 弱点—威胁（WT）战略。这是一种旨在减少内部弱点，回避外部环境威胁的防御性技术。当企业存在内忧外患时，往往面临生存危机，降低成本也许成为改变劣势的主要措施。当企业成本状况恶化，原材料供应不足，生产能力不够，无法实现规模效益，且设备老化，使企业在成本方面难以有大作为，这时将迫使企业采取目标聚集战略，以回避成本方面的劣势，并回避成本原因带来的威胁。

SWOT 分析运用于企业成本战略分析可发挥企业优势，利用机会克服弱点，回避风险，获取或维护成本优势，将企业成本控制战略建立在对内外部因素分析及对竞争势态的判断等基础上。而若要充分认识企业的优势、机会、弱点及正在面临或即将面临的风险；价值链分析和标杆分析等均能为其提供方法与途径。

（二）结合竞争对手分析

分析了企业外部环境之后，对企业的发展方向有一个初步的思路，但这还远远不够，还应结合竞争对手分析，通过对竞争对手的分析，才可有的放矢地进行有效的成本控制，以降低所有价值活动的累计总成本，取得成本竞争优势，而这种竞争优势若能有效地加以保持，才具有战略上的意义。下文将结合波士顿矩阵和产品生命的四个周期进行分析。

1. 波士顿矩阵的应用

相对市场份额是反映企业与竞争对手实力对比的一个重要指标，因此企业可以用波士顿矩阵来分析，该矩阵又称产品组合矩阵。它以相对市场份额为横轴，以市场增长率为纵轴，具体如图 11 1 所示。

市场增长率	(1) 问题类产品 现金消耗者 “创业”使命	(2) 明星类产品 现金生存者或现金消耗者 “维持”使命
高		
低	(4) 瘦狗类产品 大量现金生存者 “收获”使命	(3) 金牛类产品 少量现金消耗者或生存者 “撤退”使命
	低	高
	相对市场份额	

图 11-1　波士顿矩阵

其中，

$$\text{市场增长率}=\frac{\text{本企业某年度产品销量}-\text{本企业上年度该产品销量}}{\text{本企业上年度该产品销量}}\times 100\%$$

市场增长率代表了企业的现金耗用。这是因为，高市场增长率需要大量的资产投入和资金支持，从而消耗大量的现金。

$$\text{相对市场份额}=\frac{\text{本企业该产品的市场份额}}{\text{除本企业外的该产品市场份额最大的企业的市场份额}}$$

相对市场份额代表了企业的盈利水平和生成现金的能力，这是因为根据经验曲线效应，较高的相对市场份额意味着企业是市场的领先者，应该具有最低的成本，因此会产生大量的现金流入。如果企业的产品处于图区域（1）中，我们称之为问题类产品，这类产品是现金的消耗者，此时，企业以“创业”为使命，增加现金投入，使其迅速占领市场，以达到更高的市场份额为战略目标，从而使其上升为明星类产品乃至金牛类产品。如果企业的产品处于区域（2）中，我们称之为明星类产品，这类产品需要大量的现金投入，但它们强有力的竞争地位可以自行产生所需的资金，对这类产品以“维持”为使命，以保持现有市场份额为主要战略目标。假使企业的产品在区域（3）中，则称之为金牛类产品，由于其很高的市场份额产生了规模效应，单位成本低，因此该产品在市场上占统治地位；又由于市场增长率不高，不需要再投入大量的营销费用，因此，这时会产生大量的现金净流入，故须继续保持市场份额，不失时机抓紧收获，并尽量延长收获期，即金牛类产品应以追求短期利润最大化或现金净流入最大化为目标。若企业的产品处于区域（4）中，则要执行“撤退”使命，尽早将其逐出企业的经营范围，而以开发新产品为主要战略目标。

2. 结合产品生命四个周期进行分析

如上所述，采用产品组合矩阵可初步确定企业战略目标。但为了确保战略目标的合理性，我们通常还可以根据产品生命周期进行分析。产品生命周期是指某种产品自从投放市场到从市场上消失为止的整个时期，这一过程可以分为导入期、成长期、成熟期和衰退期四个阶段。在不同的阶段，企业会面向不同的机会和挑战，因而需采取不同的阶段战略。

产品生命周期战略可以很好地指导企业的战略成本管理。

（1）导入期。消费者对产品知之甚少，销售量增长缓慢，必须花费大量销售费用，致使利润几乎不存在，因此此时应执行“创业”使命，以扩展市场份额为主要战略目标。

（2）成长期。产品被市场迅速接受，销售量和利润都直线上升，前景一片光明。在成长后期，高额利润促使竞争者不断加入，竞争日益激烈。为了确保龙头地位，此时仍应以继续扩大市场份额为主要战略目标，乘胜追击。

（3）成熟期。由于大多数潜在购买者已购买了此产品，故销售增长缓慢，但销量和利润仍然很大，可采用困守战略。为了对抗竞争，企业不能一劳永逸，必须执行“维持”使命，增加营销费用，努力保持现有的市场份额和竞争优势；同时由于此时营业费用上升，所以利润稳中有降。

（4）衰退期。销售额和利润下降的趋势不断增强，可采用收获与撤退战略，尽量延长衰退期，抓紧收获，以预期利润和现金流入的最大化为战略目标，甚至不惜牺牲部分市场份额。

由此可见，随着产品从导入期逐渐成长并走向成熟，企业所面临的外部环境和内部条件越来越稳定，企业所采取的成本管理系统也相应地变化。产品生命周期战略充分体现了战略成本管理的长远性思想，不仅适用于产品的生命周期，同样也适用于企业的生命周期直至产业的生命周期。

四、标杆分析

标杆分析法是通过将企业的业绩与已存在的最佳业绩进行对比，以寻求不断改善企业作业活动、提高业绩的有效途径和方法的过程。其主要目的是找出差距，寻找不断改进的途径。标杆分析法是对同类活动或同类产品生产中效益最为显著的组织或机构进行研究，以发现最佳经营实践，并将它们运用到自己公司。最佳业绩通常有三类：内部标杆、竞争对手标杆和通用标杆。比较理想的是与竞争者比较，即使用竞争标杆来确认竞争者中最佳实务者，判断其取得最佳实务的因素，以资借鉴。这实质上是进行竞争对手分析。

（一）标杆法进行竞争对手分析的步骤

利用标杆法进行竞争对手分析的步骤为：（1）明确企业的真正竞争对手；（2）明确竞争对手所采用的基本竞争战略；（3）分析竞争对手的价值链和成本动因。

（二）标杆分析在成本控制中的用途

1. 是企业进行优势与弱点分析的有效手段

它能确定竞争者中的最佳实务及其成功因素，并且通过价值链和成本动因分析，能认识企业自身的优势与威胁，是 SWOT 分析方法的基础。

2. 可改进企业实务

通过与最佳实务相比，明确企业需改进的方面，并提供方法与手段。

3. 可为企业的业绩计量提供新基础

它以最佳实务为标准计量业绩，使各部门目标确定在先进水平的基础上，使业绩计量具有科学性并起到指针作用。

综上所述，战略成本管理的四种分析方法并非独立，而是紧密联系的。它们都具有战略成本管理长期性、全局性、外向性和竞争性的特点。其中价值链是战略成本管理的基本概念，也是其他方法的基础；SWOT 法适宜对企业进行环境分析，从成本动因考虑成本管理，可以控制企业日常生产经营中大量潜在的成本问题；而标杆分析法旨在改善企业日常经营活动的效率，落实成本规划。

第六节 战略成本管理在我国实施的关键因素分析

目前，我国很多企业还是以制造成本的计算为成本管理的重心，很少从战略高度考虑全局性、决策性的成本管理问题。随着我国从计划经济模式转为市场经济模式，企业之间的竞争更加激烈，以往凭借物美价廉就能在竞争中获胜的简单模式，已经被多层面的竞争所取代，不少国内企业竞相投入大量资金更新技术、更新设备、更新产品、引进人才以及改变经营方式和改革内部组织结构。只有优秀的企业才能主导竞争的潮流。同时，我国已加入 WTO，企业经营的国际化趋势不断发展，世界范围内的经济一体化已成为必然趋势。因此，在我国目前的经济环境下，企业实行战略成本管理的迫切性日渐增长，条件日益成熟。

一、实行战略成本管理时应注意的几个问题

（一）明确成本管理的目的

很多企业往往为降低成本而降低成本，而并未与市场密切结合。往往只注重在执行决策的过程中如何提高生产效率，追求的是用较少的原材料、人工的投入换取较多产品的生产。但企业要取得竞争优势必须时刻注重生产出来的产品是否能在市场上实现较好的销售，是否能赢得顾客的青睐，从而赢得较高的顾客满意度。因此，企业不应以降低成本为成本管理的全部内容，应注重产品价值在市场的实现，应明确成本管理的目的是为了提高企业的核心竞争力，从而获取长久的竞争优势。

（二）注重产品研制成本和售后成本对产品成本的影响

即不应只看重原材料、人工、制造费用对产成品成本的影响，或只简单地将这三项成本之和作为产品成本的全部，而忽视了产品投产之前的研究试制成本和产品销售之后的售后服务成本。在现代企业激烈竞争的环境下，研究开发费用和销售费用的比重越来越大，其往往决定着现代企业的整体竞争实力。所以，在进行成本管理时，企业应获取足够的成本信息，避免采用单一的成本计算方法，完整地计算产品成本。

（三）应具备开阔的管理视野

即不要过分关注企业内部因素，而对外部环境变化的反应不够迅速。应注重企业、行业及竞争对手的价值链。

二、战略成本管理实施中的关键因素

（一）注重企业价值链上各环节的衔接与管理

企业应将成本管理一方面向前延伸至研究开发、设计环节、采购环节，另一方面，向后延展到售后服务环节。既要重视与供货商的联系，也应重视与客户和经销商的联结。除注重企业内部价值链之外，还要注重行业价值链和竞争对手价值链。

（二）成本动因的分析

特别应注重分析引起产品成本变动的“隐藏原因”。即除了将生产数量作为成本动因之外，还应重视无形的成本动因。如产品质量、人力资源、规模经济、企业整合程度、企业学习与溢出能力等方面因素对产品成本的影响。

（三）建立战略绩效评价制度

即建立起以财务、顾客、企业内部业务流程以及企业学习与成长能力这四个方面来综合评价企业的绩效。这就可将结果（如利润或现金流量）与原因（如顾客或员工满意）联系在一起，可弥补我国国有资本金传统的只从财务效益、资产营运、偿债能力及发展能力四方面来进行绩效评价，与市场联系不紧密的缺陷。

（四）推广以作业为核心的作业成本制度

即依据不同成本动因分别设置成本库，再分别从各种产品所耗费的作业量分摊其在该成本库中的作业成本，然后，分别汇总各种产品的作业总成本，计算各种产品的总成本和单位成本。

（五）全面的质量管理

全面质量管理包括对设计质量和一致质量两个基本方面的管理。设计质量是指产品或服务的功能符合顾客需求的程度。进行设计质量管理就需要企业时时关注市场的动态，根据市场的需求随时调整自己的产品。一致质量是指根据设计和生产规格来生产产品或提供服务的程度。一致质量管理主要是对企业内部生产环节产品质量的管理。目前，国内企业对一致质量管理重视较多，而对设计质量管理认识程度不够，以后应注重加大对设计质量管理的力度。

（六）人力资源管理

员工的向心力对绩效有重要影响。企业中每一员工都与成本直接相关，因此，企业应以人为本，以人治物，从而达到充分降低成本，取得竞争优势的目的。

（七）成本会计人员的综合素质

成本会计人员除具备扎实的会计专业知识之外，还应较好地掌握管理学的基本原理与思想，在现代企业中，成本计算不是目的，其最终是为管理服务的，成本会计人员不应只是核算人员，其应通晓企业的整个业务流程及基本管理方法。因此，企业应更注重成本会计人员的综合能力、综合素质的培养和提高。

综上所述，在后金融危机时代，国内企业应尽快转变成本管理观念，将成本管理与战略相结合，实施战略成本管理，提高企业整体管理水平，从而获取长久的竞争优势。

本章总结

传统成本管理在当今经济环境下显现出成本管理观念陈旧、成本管理内容片面、成本信息扭曲、忽视无形的成本动因及成本控制乏力等诸多缺陷，战略成本管理兴起是时代的必然性，在当今竞争日趋激烈的环境下，成本不只局限于内部的生产环境，而是更多地与外部环境存在着错综复杂的关系，因此，成本管理和控制不能再局限于企业内部，而是需要将其放在一个更为广阔的背景中，以权变的视角来加以考察。战略成本管理是指在企业选择与确定竞争战略中，利用成本资料从战略角度来分析、选择和优化企业战略的过程。其具有可提高企业适应外部环境变化的能力、有助于提高企业的核心竞争力、有助于推动企业的组织变革、能更好地提供各种决策信息等作用。战略成本管理具有观念创新、管理开放、对象全面、目标具长期性、策略具抗争性、信息多样性等特征，其具备如下三要素：环境审视、充分考虑主要竞争对手的目标和战略，用战略眼光看待内部信息。战略成本管理目前基本有克兰菲尔德模式、罗宾·库珀模式和桑克模式，主要的分析方法为：价值链分析、成本动因分析、战略定位分析和标杆分析等诸多方法。

重要概念

战略　战略管理　战略成本管理　战略定位分析　价值链分析　标杆分析

精选案例

案例一

在新经济的激烈竞争中，亚马逊书店无疑是较为成功的。有人说亚马逊创造了网上零售业的模式，令其他网络公司竞相效仿。亚马逊深刻理解培养和维持顾客忠诚度的战略（商业模式）——它是网上零售业成功的核心，并有效实施了该战略！《华尔街日报》的科技评论家沃尔特·莫斯伯格这样说：“当亚马逊公司有价格竞争力时，仅靠时时刻刻所有产品都以最低价出售并不能使亚马逊成为拥有 2 300 万顾客的网上最大零售商。亚马逊的价格并不一定比别的地方便宜许多，相反，亚马逊通过建立友好的、令顾客信任和有归属感的网店来赢得顾客的忠诚。人们信赖亚马逊，部分原因是亚马逊了解他们的喜好，能够履行自己的承诺。对我和其他许多人来说，为省几美元不值得把网络翻个遍。”

亚马逊的过人之处在于：在没有先例可以模仿的时候能够创造出成功的电子商务模式。

要求：分析亚马逊公司如何从战略视角出发来创造自己的竞争优势。亚马逊的成功仅仅是低价位吗？其战略定位和目标是什么？为了实现目标其需要哪些成本会计信息？

案例二

拥有汰渍洗涤剂和佳洁士牙膏等知名品牌的宝洁公司是世界领先的日用品企业，它通过“产品卓越”和“持续”获得成功。为了达到目标，宝洁使用了以下概念：复杂的产品和流程对总成本的影响。20 世纪 90 年代，宝洁有 50 个不同的品牌，包括不同包装及香型等。除此之外，类型各异的促销、折扣、回扣和优惠券等都影响公司产品净价，从而使问题变得非常复杂。花样繁多的产品和形色各异的产品都影响了定价策略，增加了公司生产成本、存货成本、销售和分销成本、服务成本、费用和其他经常费用。经过 5 年的努力，宝洁精简产品种类至一半，而利润却大幅增长。宝洁给日用品厂家带来的启示是：用最好的产品进行竞争，同时对产品和流程的复杂性，以及所引起的额外成本要密切关注。最近宝洁公司放弃与制药公司美国家庭用品公司（Erican Home Products Corp）和华纳-兰伯特（Warn-unbert Co.）的合并。从这一事件侧面也可看出产品简化的重要性。

要求：分析宝洁公司的战略定位，其在成本方面提供了哪些供管理决策所用的信息？宝洁公司放弃了强强合并的战略出于什么考虑？其执行的是怎样的企业战略？

思考练习题

1. 相对传统的企业环境，现代企业所处的环境背景是怎样的？传统成本管理体系在当今经济环境下面临哪些困境？

2. 战略成本管理的主要方法有哪些？

3. 我国目前实施战略成本管理的条件如何？实施现状如何？在实施过程中应注意哪些问题？

CHAPTER

12 第十二章 质量成本管理

本章概要

本章主要介绍质量成本的特征、质量成本测量体系的内容构建、质量成本的核算、计量和控制。质量成本管理在如今竞争激烈的市场环境中，日益得到企业管理层的高度重视。

通过本章学习，要求理解质量的定义和特征；理解质量成本的分类；掌握质量成本测量体系的内容构建；理解隐性质量成本的衡量方法；了解战略质量成本的发展动态和趋势。

第一节　质量成本管理的历史演进及意义

一、质量成本管理的发展阶段

（一）传统阶段

对质量成本进行管理的传统活动已历经了三个发展阶段。

第一阶段开始于19世纪与20世纪之交，一直持续到20世纪30年代，以质量成本聚焦于质量缺陷的检验为其基本特征。

第二阶段持续到20世纪50年代中期，质量成本管理的焦点由检验转为控制，统计工具的运用和技术的发展在这个阶段十分显著。

第三阶段以实现更高水平的质量保证为特点，强调质量成本在整个组织中的应用并把重点放在产品质量的构建上。这些传统的质量成本活动的共同特点是着眼于企业内部，强调质量成本的焦点是如何满足更高的质量要求。

（二）战略阶段——战略性质量成本管理

战略质量成本管理是以战略定位分析为核心、成本动因分析为导向、价值链分析为重点的质量成本管理体系。与传统质量成本管理相比，其具有如下特点和优势。

1. 具有外向型、长期性和全局性的特点

战略质量成本管理注重企业外部环境的影响，关注产业价值链和竞争对手价值链分析，重视协调与供应方和购买方的关系，把质量成本置于外部市场环境中，具有明显的外向型特点。在质量成本控制方面，战略质量成本管理把成本控制置于设计、开发、生产、销售的整个价值链之中，具有全局性的特点。

2. 具有以战略定位分析为核心的特点

战略质量成本管理站在战略的高度，把质量成本置于战略管理的框架下，通过战略定位的合理选择，以保持竞争的战略优势。在明确总体战略的前提下，企业在市场竞争中通过不同方式开发持久的竞争优势。

3. 具有以成本动因分析为导向的特点

从战略的角度上看，影响企业成本的态势主要来自企业的经济结构和企业执行的作业程序，由此形成结构性成本动因和执行性成本动因。这两类成本动因分析对企业战略决策具有重要的导向意义，结构性动因优化企业基础资源的战略配置能力，执行性动因加强企业内部管理、完善战略保证体系的能力。把握成本动因分析的导向性特点，在实施战略质量成本管理中充分发挥其导向分析的作用，是确保成本管理方向正确无误的重要方法。

4. 具有以价值链分析为重点的特点

战略质量成本管理注重企业外部环境的影响，关注产业价值链和竞争对手价值链分析，重视协调与供应方和购买方的关系，把质量成本置于外部市场环境中。

战略质量成本管理注重企业外部环境的影响，关注产业价值链和竞争对手价值链分析，重视协调与供应方和购买方的关系，把质量成本置于外部市场环境中。战略质量成本管理更多是对质量管理前几个阶段的扩展而不是否定，质量成本管理的战略方法比前几个阶段更加全面，与盈利能力和基本的商业目标联系更紧密，对于竞争需求和顾客的看法更加敏感，更紧密地与持续改进相联系。

二、企业对质量成本管理的重视

（一）质量意识从无到有

全球竞争给消费者带来大量的选择，消费者变得更具成本和价值意识，他们需要高质量的产品和服务。对产品质量的忽视，不仅使经营利润锐减，而且还直接威胁到企业的持续经营。几十年来，包括爱德兹·戴明（W. Edwards Deming）和约瑟夫·朱兰（Joseph Juran）在内的美国管理专家都敦促生产商们在生产伊始就把握质量，而不要等到完工才来检查质量。面对专家们提高质量的强烈呼吁，美国厂商无动于衷，但是日本非常重视。30 多年前朱兰预测，对质量的重视使日本成为经济强国。在 20 世纪 70 年代和 80 年代，日本优质廉价的产品抢占了大量市场，他们使用戴明和朱兰的思想来削减质量成本，使质量成本只占生产成本的 5%。而美国则高达 50%，是日本公司的 10 倍。事实证明朱兰的预测是正确的。

（二）在质量方面设立各种奖项

很多国家纷纷设立具权威性的质量奖项，以鼓励和引导企业重视质量成本管理。如美国国会设立的国家质量奖，通过提高质量意识强化美国企业的竞争力，表彰美国各行业（如制造业、小企业、服务业及 1999 年薪增的教育和医疗保健业等）在质量和业绩上的成就，推行这些组织成功的业绩战略。主要评价标准涵盖以下七个方面：领导能力、战略计划、对顾客和市场的关注、信息和分析、关注人力资源、流程管理和经营业绩。经过研究发现，拥有有效的全面质量管理（TQM）项目的企业拥有更高的股价、销售收入和利润。

长期采用 TQM 比刚刚采用 TQM 的公司拥有更好的财务业绩。

许多跨国公司同时还想到 ISO 9000 认证，以获得对其产品和服务质量的认可标志。

ISO 9000 是一系列质量管理和质量标准的指南，由总部位于瑞士日内瓦的标准化国际组织制定，90 多个国家采用了这一标准。自 1987 年修订生效以来，ISO 9000 成为质量的保证。许多企业和组织要求其供应商通过 ISO 9000 认证。不符合质量标准会造成成本上升，而提高服务的质量则带来高收益，认识到这一点将促使高其产品与服务的质量。

质量成本可能很高。对美国市场来说，质量成本可达销售额的 20%～25%。有管理顾问估计，服务经营成本中的 40%是由低质量造成的。另一方面，高质量产品和服务的公司可凭此增加销售额，获取实现高质量及产品和服务的持续改进，已成为营业组织（即使不是全部的话）的生存方式。追求质量变成一种全球性革命，并影响到经济生活的各个方面。

第二节　质量的定义及特征

一、质量的定义

字典中关于质量的普遍定义是指“品质优秀的程度或等级”，在这种意义上，质量是计量产品优良度的一个相对指标。把质量定义为优良度，这种定义太普通，并没有提供任何实质性内容。我们如何为质量建立一个经营性定义？答案应是“从顾客角度”对其进行定义。从经营角度来说，优质产品或服务可以满足或超出顾客期望。实际上，优质就是顾客满意。

二、质量的特性

顾客期望可以用质量特性，即经常所说的“质量因素”来描述。因此，一个优质产品或服务是那些在以下八个方面满足或超出顾客期望的产品或服务，前四个方面描述的都是重要的质量特性，但是它们很难计量。

（1）性能。性能是指一个产品功能的稳定性和优良性如何。对服务来说，不可分离原则是指服务必须面对顾客提供。因此服务的性能方面可以进一步用反应、保证和关怀等特性来定义。反应就是指愿意帮助顾客，为顾客提供快速和一贯的服务；保证指员工的知识和良好的服务态度以及他们取得顾客信任的能力；关怀指给予顾客体贴、个性化的关注。

（2）美观。美观指有形产品的外观（例如，时尚和美丽）以及与服务相联系的工具、设备、人员和沟通材料的外观。

（3）易维修。易维修性是指产品易于维护或修理。

（4）产品特征。产品特征（设计质量）是指产品功能上区别于其他类似产品的特性。例如，汽车的功能是运送。然而一辆汽车可能有四个汽缸发动机，一个手工传动系统，乙烯基座位，可供四个人舒服就座的空间，以及前面的方向盘；另一辆车可能有六个汽缸发动机，一个自动传动系统，皮革座位，可供六个人舒服就座的空间，以及防抱死制动系统。类似地，头等舱的空中旅行和经济舱的空中旅行反映了不同的设计质量。例如，头等舱的空中旅行提供更多的放置双脚的空间，更可口的饭菜和更豪华的座位。明显地，在两个例子中产品特征是不同的。更高的设计质量通常意味着更高的生产成本和更高的销售价格。设计的质量决定了公司的市场。既有四汽缸汽车的市场，又有六汽缸汽车的市场；同样，既有经济舱的市场，又有头等舱的市场。

(5) 可靠性。可靠性是指产品或服务在一个特定的时期内按预定的功能运行的可能性。

(6) 耐用性。耐用性是指一个产品发挥作用的时间长度。

(7) 符合规格特性。符合规格特性是指产品符合设计规格。例如，一个机器配件的设计规格是在它上面钻一个直径 3 厘米、误差范围±1/8 厘米的洞。钻孔直径在该范围内的配件被认为是符合设计规格的配件。

(8) 适用性。适用性是指产品本身的功能是否适用。如果有一个基本的设计缺陷，产品即使符合设计规格也可能不能使用。产品回收经常是因为产品不适用。

因此，改进质量是指在保持其他方面不变的情况下，改进产品八个质量因素中的一个或多个方面。提供比竞争对手更高质量的产品是指本企业产品至少有一个方面优于竞争对手，而在其他方圆旗鼓相当。尽管产品的这八个方面都很重要，都能影响顾客满意度，但是那些可计量的质量因素会受到更多的关注。尤其是产品的符合规格特性受到很大的关注。实际上，许多质量专家相信，质量就是符合规格，是质量最好的操作性定义。这种观点符合一定的逻辑性。在设计产品规格应该明确地考虑到可靠性、耐用性、适用性和性能等各个方面。一个产品如果符合规格，就直接地表明了它的可靠、耐用、适用和性能良好。产品应该按设计的规格进行生产；应该符合设计规范要求。符合规格特性是定义不合格产品或次品的基础。次品是不符合规格的产品。

三、零缺陷与严格质量管理

零缺陷意味着所有的产品都符合规格。但是‘符合规格’意味着什么？根据产品合格的传统观点，每一个规格或质量特性都存在一个接受的范围。确定目标值，设定上下限，以描述产品的一个特定的质量特性，来采纳相对于设计偏离的目标值。质量特性在范围之内的任何产品都被视为是无缺陷的。例如，一块手表，在一个月跑快或跑慢零分钟是目标值，任何在一个月内跑快或跑慢不超过两分钟的手表都被认定为可接受的。另一方面，对于严格质量观点下的产品合格定义强调适用性。严格是指质量特性正好落在目标值上，不容许任何对目标值的偏离。在“严格”观点定位下，一块零缺陷手表应该是在两个月内既不会跑快也不会跑慢一分钟的手表。由于有证据表明产品质量特性偏离目标值会导致极高成本，因此，对于产品合格的“严格质量”定义优于传统的定义。

从传统意义上讲，如果一个产品的某个质量特性落在目标值外，就被视为次品。按照这种观点，只有当产品不符合设计规格时，失败成本才会发生，其和控制成本之间存在一个最优的平衡点。可接受质量水平（AQL）允许并且实际上鼓励企业生产一定数量的次品模型在质量管理界曾经很流行，直到 20 世纪 70 年代后期零缺陷模型出现。零缺陷模型最基本的主张是：把不合格产品数量降到零是符合成本效益原则的。那些不合格品少的公司相对于那些继续使用传统的 AQL 模型的公司更有竞争力。在 20 世纪 80 年严格质量模型对传统的次品定义提出挑战，又把零缺陷模型推进了一步。按照严格质量模型观点，质量特性偏离目标值就会导致损失，偏离越大，导致的损失就越大。而且，即使偏离是在规定范围内，也会发生损失。换句话说，偏离是有代价的，规格极限的规定没有任何用处，实际还具有欺骗性。零缺陷模型少报了质量成本，因而也少报了更多改进质量的努力。可是严格质量模型强化了次品的定义，端正了我们的质量成本观点，使质量竞争更加激烈。

对在高度紧张的竞争环境中经营的公司来说，质量能提供重要的竞争优势。如果严格质量观点是正确的，那么公司可以利用它，在降低全面质量成本的同时，降低次品（严格定义的）的数量。那些正努力达到产品的严格零缺陷状态的公司正在实现这一点（严格的零缺陷状态不容许一个次品）。质量成本的最优水平是按目标值生产产品。

关于零缺陷方法和严格质量方法的区别，可以用索尼公司的两个工厂的不同情况作为例子。东京和圣迭戈的两个工厂都生产彩电。彩电的一个重要质量指标是色密度。索尼为色密度设定一个目标值，同时也规定了上限和下限。色密度落在规格范围外的电视被认为是有缺陷的。这是否意味着任何色密度落在规格范围内的电视都是可接受的？对此，两个工厂有不同的观点。圣迭戈工厂从传统的意义上强调零缺陷，在评价彩电色密度的质量时，任何色密度落在规格范围内的电视都被认为是可以接受的，并交付给顾客。东京索尼工厂则采用一种严格质量观点，努力使色密度正好达到目标值。图 12-1 说明了从这两个工厂发出的电视色密度指标的分布情况。

当索尼评估顾客满意时，发现顾客偏爱东京索尼工厂生产的色密度误差较小的电视。这些顾客表现出更多的满意，发出的维修要求较少。

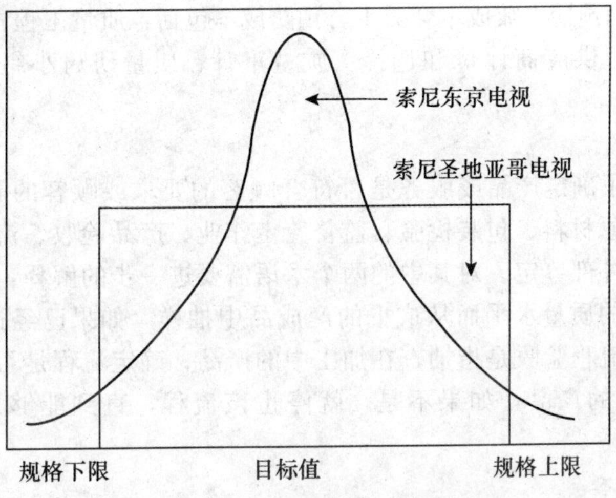

图 12-1　索尼电视色密度指标的分布

第三节　质量成本的分类及动态本质

与质量相关的作业，是指由于质量可能或者确实低劣而实施的作业。实施这些作业的成本称为质量成本。因此，质量成本是由于质量可能或者确实低劣而存在的成本。这个定义说明质量成本与两类质量相关的作业关联。

一、与质量相关的作业

控制作业和失败作业。控制作业是组织为防止或检查有无劣质产品（由于可能存在劣质产品）而实施的作业。因此，控制作业由预防作业和鉴定作业构成。控制成本是实施控制作业发生的成本。失败作业是为了对劣质产品作出反应（劣质产品确实存在）而由组织或顾客实施的作业。如果对劣质产品的反应发生在次品（不合格、不可靠、不耐用等）交付顾客手中以前，则这些作业属于内部失败作业，否则，它们属于外部失败作业。失败成本是组织为执行失败作业而发生的成本。注意失败作业和失败成本的定义间接说明顾客对劣质产品的反应会导致组织成本的发生。

二、质量成本的分类

质量成本是指与预防、鉴定、维修和修复次品相关的成本，还包括因浪费生产时间和销售次品而导致的机会成本。

（一）按质量作业进行的质量成本分类

质量成本可分为四类：（1）预防成本；（2）鉴定成本；（3）内部失败成本；（4）外部失败成本。

1. 预防成本

预防成本是在产品或服务提供过程中为防止出现劣质产品或服务而发生的成本。当预防成本增加时，我们预期失败成本会减少。预防成本包括：质量工程、质量培训项目、质量计划、质量报告、供应商评价和选择、质量审计、质量研讨小组、实地试验和设计审查。

2. 鉴定成本

鉴定成本是为了确定产品或服务是否符合顾客的要求或顾客的需要而发生的成本，包括：检验和测试原材料、包装检验、监督鉴定作业、产品验收、流程验收、检测（检查和测试）设备和外部鉴定。对其中的两个术语需要进一步的解释：产品验收是指为确定是否达到可接受的质量水平而从成批的产成品中抽样，如果已经达到了可接受水平，就接收这批产品。流程验收是指抽查在加工中的产品；确定流程是否处于控制之下、是否正在生产无缺陷的产品，如果不是，就停止该流程，直到能够采取纠正性的措施为止。

3. 内部失败成本

内部失败成本是由于产品和服务不符合规格或顾客需要而发生的。不合格产品在发货或送达外方以前就被发现，是这种失败成本发生的原因。内部失败是由鉴定作业发现的失败。内部失败成本包括废品、返工、停工（由于产品缺陷）、重新检验、重新测试和设计变更。如果产品没有缺陷，这些成本就不会发生。

4. 外部失败成本

外部失败成本是产品和服务发送到顾客以后，由于不符合要求或不能满足顾客需要而发生的。在所有的质量成本中，这一类可能是最具有破坏性的。例如，回收成本可能会达到上亿元。其他的例子包括：由于产品性能不好而丧失的销售额，由于劣质而导致的产品退回和折扣、担保、修理、对产品质量的责任、顾客不满意、丢失的市场份额和顾客投诉处理。和内部失败成本一样，如果产品没有缺陷，外部失败成本就不会发生。

表 12-1 对这四类质量成本进行了总结，并列出这些成本的具体例子，例中的每一种成本都是某一类质量相关作业成本，如确定供应商的成本、验收入库材料的成本、顾客投诉处理成本等等。

表 12-1　　分类列示的质量成本举例

预防成本	鉴定成本
质量设计 质量培训 招聘 质量审计 设计审核 质量研讨小组 市场调查	原材料检验 包装检验 产品验收 流程验收 实地测试 持续的供应商确认 原型检验
内部失败成本	**外部失败成本**
废品 返工 停工（缺陷相关的） 重新检验 重新测试 设计变更 修理 敌意	丢失的销售额（性能相关的） 销售退回/折扣 保修 由于缺陷导致的折扣 由于产品导致的责任 顾客投诉受理 产品回收

（二）按是否易见进行的质量成本分类

质量成本还可分为显性质量成本或隐性质量成本。

显性质量成本是那些可以从组织的会计记录中得知数额的成本。

隐性质量成本是由劣质产品导致的机会成本（机会成本在会计记录中通常不予以确认）。例如，考虑前面列出的所有的质量成本的例子。除了丢失的销售额、顾客不满意和失去的市场份额外，所有质量成本都是显性的，都能从会计记录中得知。隐性成本都列在外部失败成本类别中。这些隐性质量成本数额可能非常巨大，难以估计。可考虑采用专门的方法进行衡量。

三、质量成本的动态本质

企业发现，对各类别质量成本之间的权衡可以不同于上文所描绘的各类别质量成本之间的关系。这个发现的本质是：如果企业增加其预防和鉴定成本并降低失败成本，则随后预防和鉴定成本也能够得到削减。最初看来，各类别质量成本的关系好像是一种此消彼长的关系。而现在，实际情况表明质量成本可以实现永久的降低。它表示了一个与上面描述的质量成本关系一致的全面质量成本函数。它与传统的质量成本有几个重大的区别。首先，当接近严格零缺陷状态时，控制成本并没有无限地增加。其次，在接近严格零缺陷状态的过程中，控制成本可能先增加，然后再降低。第三，可以努力把失败成本变为零。

例如，假设一个公司决定通过一个供应商选择项目，改进它的原材料质量，目标是要识别和利用愿意满足特定质量标准的供应商。当公司努力实施该项目时，可能发生一些额外的成本（如供应商审查、与供应商沟通、合同谈判等等）。最初，其他的预防和鉴定成本可能维持在当前的水平。然而，一旦该项目完全实施后，就会有证据表明失败成本正在降低（如更少的返工、更少的顾客投诉和更少的产品修理），那时公司就可以作出决定，减少购入原材料的检验，降低产品验收作业水平，等等。最后的结果是所有质量成本都降下来，而且产品质量也提高了！如图 12-2 所示。

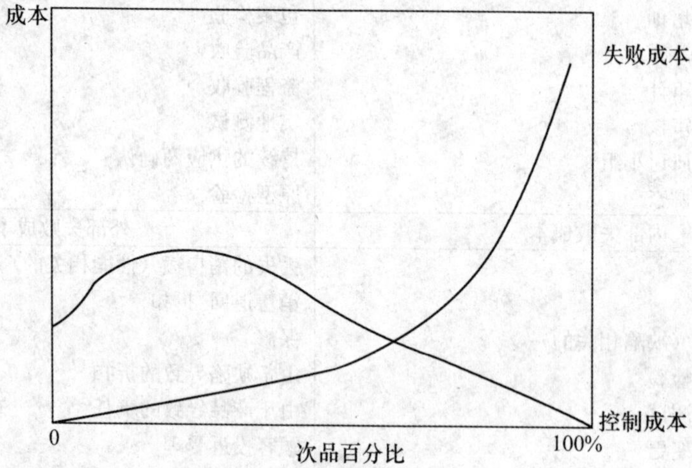

图 12-2 零缺陷质量成本图

第四节 质量成本测量体系的构建

在组织的总体运行中，每一个主要产品或服务线和成本中心均应建立质量成本测量方法。这些测量成为质量测量系统中不可分割的组成部分，而且通过测量识别和消除引发缺陷的动因，从而为质量改进的潜力和改进目标提供有力的支持。因此，企业高层对主要质量成本的测量和控制非常重要。

一、显性质量成本测量体系的构建

质量数据的分析方法多种多样，除具备统计学的基础知识和解决问题的技巧，还需企业有关的运行和过程的知识予以支持。理想的质量成本应该是每一质量成本都有自己的账户，这样测量成本的信息很容易被预测，而不会隐藏在几个账户之间，这些质量成本账户就成为质量成本信息的来源。

国外的质量成本科目的划分基本相同，细目略有不同。美国的质量管理专家菲根堡姆提出质量成本应由内部损失成本、外部损失成本、鉴定成本和预防成本等四个科目和 23 个细目组成；瑞典的桑德霍姆在美国瓦德瓦尔的基础上提出供应商评价费、推进质量管理费、质量审核费、降低损失费和废品分析费用等，共 24 个科目；法国的戈格把质量成本分为预防成本、检验成本、亏损成本三个科目 14 个细目；日本的市川龙三氏在菲根堡姆的基础上提出预防成本、鉴定成本和损失成本三个科目 13 个细目。我国的质量成本科目为预防成本、鉴定成本、内部损失成本和外部损失成本，与国外的质量成本科目的设置基本相同，但不同行业如有色冶金、机械、航空仪表，企业根据实际设置的细目不尽相同，特别是内部损失成本细目，由于生产结构的差别，差异较大。企业应结合实际情况恰当地设置质量成本科目和细目，以便核算和进行战略视角的管理，并在运作中逐步完善质量成本科目。

二、质量成本测量的难点——隐性质量成本的测量

（一）隐性成本测量的重要性

任何组织不可避免地存在隐性成本，包括顾客的不满意、未来商机的损失、市场份额的减少、额外工程费额外管理成本以及额外库存等，也称为无形成本。在某些情况下，无形成本有可能超越单纯的经济问题，其产生的影响很难使企业进行有效质量改进管理。这些隐性成本若不能得以准确的识别和确认，对衡量企业由于不良质量导致的非增值活动和浪费活动，对持续谨慎地证明质量和盈利能力之间的因果关系，都会带来很大的困难和阻碍，从而不能有效地选择项目以改进财务绩效和非财务活动，影响判断使用同样财务指标的质量过程的有效性。

（二）隐性成本识别和量化的方法

这些隐性成本对企业很重要，但对其识别和量化较为困难，主要有如下三种方法可用来测算和计量。

1. *乘法倍数法*

乘法倍数法设定总的损失成本是所测量的损失成本的简单倍数，即总的外部损失成本＝K×可测量的外部损失成本。这里，K 的价值根据经验而设定，如某企业的 K 值位于 3～4 之间。这样，如果可测量的外部损失成本是 2 000 000 元，则整个的实际外部损失成本位于 6 000 000 元～8 000 000 元之间。评估包括隐藏成本在内的外部损失成本的总额，可以使管理层对的经济活动所耗费的资源程度做出更准确的决策。重要的是，随着损失成本的增加，管理层将增加其在成本控制方面的投资。

2. *市场调研法*

正式的市场调研法被用于评估不良质量对销售收入和市场份额的影响。由企业销售部门员工所做的顾客调研和面谈，能提供对企业大量隐藏成本的重要内部洞察。市场调研法一般被用于测算因不良质量所带来的项目的未来经济损失。

3. *Taguchi 质量损失函数*

传统的零缺陷定义属于区间性符合，即企业通常设定一个可容忍误差范围，同时设定一个目标值，该目标值是实现一作业流程计划的理想值。如果生产过程中所有产品都在围绕目标值的这个变动范围内，产品则达到了零缺陷符合。该假定认定隐藏的质量成本只存在于该区间性符合的限值以外的区域，即认为企业质量只要落在规定的限值内就不会发生质量失败的成本。

而 Genichi Taguchi 和 Y. Wu 建议把绝对质量符合方法替代区间质量符合方法，作为一种线外质量控制法。该方法也被称为强制性质量方式，即要求所有产品或服务准确符合

目标值，没有一点误差。该方法更多关注于那些能促进产品生产或提供服务的作业，如设计或制造流程。Taguchi 认为，在生产之前这些方面都应该达到理想状态，并且，质量如果与精确特定要求之间存在任何差异，都会给企业带来成本或损失，这个成本或损失可以用一个二次函数来描述。

Taguchi 质量损失函数描述了由于质量缺陷给企业造成的全部损失和质量缺陷之间的关系。总的来说，对质量特性目标值的任何偏离都会导致隐藏质量成本的增加，并且，实际值与目标值的背离程度越大，隐藏成本增加就越剧烈，像二次函数。

一般用 $L(y)$ 表示损失函数，则：$L(y)=K(y-T)^2$，其中，y=质量特征的实际值，T=质量特征的目标值，K=根据企业外部总损失成本确定的一个合适的成本常数，L=质量损失。例如，设 K=400 元，目标值 T=10 寸（直径），则下面显示了四种产品质量损失的计算：

产品	实际直径（y）	$y-T$	$(y-T)^2$	$K(y-T)^2$
1	9.9	0.10	0.010	4.00 元
2	10.1	0.10	0.010	4.00 元
3	10.2	0.20	0.040	16.00 元
4	9.8	0.10	0.040	16.00 元
总计			0.100	40.00 元
平均值			0.025	10.00 元

从产品 2 到产品 3 时，实际与目标值的差异增至 2 倍，而成本增加的是其平方，并且，标准方差和每件产品的平均成本都能被计算出来，这些平均数可被用来计算某个产品的总体隐性成本。另外，为了应用 Taguchi 质量损失函数，K 的估算很关键。K 的价值可以用下面这个关系式来确定：

$$K=c/d^2=\text{区间性符合上下线之间的总损失}/\text{可容忍误差}^2$$

质量、成本和时间是企业所有成功战略中的三个关键因素。战略性质量成本管理可帮助在差异化基础上竞争的企业拥有低成本和高质量的产品，以更低价格向顾客提供同等质量或更优质的产品，从而成为真正的成本领先者。

第五节　质量报告体系构建的关键环节

如果组织对改进和控制质量成本非常重视，那么建立质量成本报告系统是最基本的。在构建质量报告体系时应注意如下关键环节。

一、建立一个评估当前实际质量成本的系统

分类详细表示实际质量成本能够洞察两个重要的方面：（1）它可反映每一类质量成本的数量，使管理者可以评估它们的财务影响；（2）它分类别反映质量成本的分布，使管理者可以评估每类质量成本的相对重要性。下文将列示某公司的质量成本报告样板。

表 12-2　　　　质量成本报告

	天一公司产品质量成本报告 2001 年 3 月 31 日		
	质量成本（元）		销售百分比
预防成本：			
质量培训	35 000		
可靠性设计	80 000	115 000	4.11%
鉴定成本：			
材料检验	20 000		
产品验收	10 000		
流程验收	38 000	68 000	2.43%
内部失败成本：			
废品	50 000		
返工	35 000	85 000	3.04%
外部失败成本：			
顾客投诉	25 000		
保修	25 000		
修理	15 000	65 000	2.32%
全面质量成本		333 000	11.90%

1. 实际销售收入为 2 800 000 元。
2. 333 000/2 800 000＝11.89%，差异是由于四舍五入造成的。

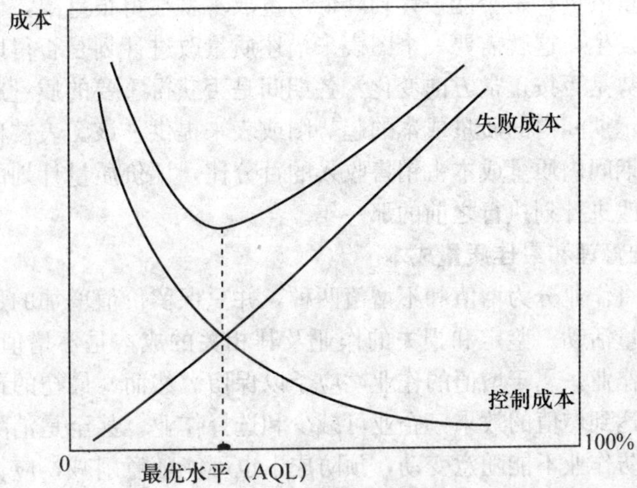

图 12-3　AQL 质量成本图

二、注意识别质量问题

（一）控制图法

控制图法是指在固定的间隔中对某项经营活动进行连续规划。经营活动可以是机器设备、车间、单个工人、工作小组或一部分影响质量的工艺。间隔可以是时间段、批次、生产周期或其他作业界线。典型的控制图，其横轴代表时间间隔、批次或生产周期，纵轴表示符合质量特定要求的量度。纵轴的量度同样有一个特定的、可容忍的偏差范围。控制图有助于建立统计上的质量状况、监督生产过程，以及辨认质量偏差原因。假如样本观测值没有超出设定界限，所有观测值没有随机分布成明显的模型或轨迹，并且绝大多数点都接近中心线，中心线上下点的数目大致相等，这样的工序就是统计上的质量控制。如果观测值显示出某种趋势、循环、团簇或在中心线、控制界限临近处突然中断，该生产工序可能出现失控。复杂的统计技术可以帮助判断工序是否失控。

（二）帕累托分析

帕累托分析是一项将少数举足轻重的因素从大量微不足道的因素中分离出来的技术。在一项成本或价值中，20%～30%的项目占用了70%～80%的成本或价值。管理者可用帕累托分析来决定在哪一方面着重进行质量成本管理活动。该项技术是根据某一个具体目标所对应的价值，将其在生产过程中所出现问题的原因进行分类。一个愿意致力于全面质量管理和持续改进的企业应该分别记录和报告其质量成本，这样，管理层就可以对产生这些成本的作业进行计划、控制和评估并作出决策。然而只拥有可用的质量成本信息不能提高质量，管理人员和生产工人还应该积极持续地使用此信息，以创造性和智慧性地降低成本。机会成本，包括未来销售额的损失和企业名誉受损的计量，虽然是真实存在的并且有可能被计算出，但因其不是个别交易所引起，所以并不在会计账户中被反映出来，在质量成本管理中，应将其和不良质量相联系。

（三）趋势分析法

作业成本报告揭示出质量成本的重要性和四种分类的区别，从而也揭示出改进的机会。如果实施了质量改进，是否能按计划降低质量成本就显得很重要，但质量成本报告没有揭示出改进是否发生，这就需要一个图表来描述质量改进计划是否得以实施。质量成本中各期间的总体趋势是否按正常方向变化？各期间是否获得重要的质量成果？这些问题的答案可以由一个显示期间内的质量成本的趋势图或表来提供，该图表被称为多期间质量趋势报告。通过标注期间内质量成本占销售收入的百分比，评价质量计划的整体趋势。所标注的第一年是质量改进计划执行之前的那一年。

（四）作业基础管理和最佳质量成本

作业基础管理将作业分为增值和不增值两种，并只保留价值增加的那类作业。这一原则被用于相关的质量活动。鉴定和损失的作业及其相关的成本是不增值的，应该被删除。被高效执行的预防作业，属于增值的作业，应予以保留。然而，最初的预防作业可能不被高效的执行，为了达到增值的效果，企业可减少和选择作业，甚至是消除某些作业。但对一个企业来说，预防作业不能随意变动，预防成本也不能随意削减，应长期跟踪分析，较少比例的质量预防成本的减少可能带来较大比例的外部缺陷的增加。

一旦作业被明确划分成各个类别，资源驱动因素将被用来改进成本的分配至每个具体的作业。成本动因同样可以被辨认，特别是对于失败的作业，首先，这将帮助管理者理解各个作业产生成本的原因，然后，这些信息被用来选择减少各层级作业成本的路径。实际上，作业基础管理反映的是质量成本的零缺陷视角，在控制成本和损失成本之间没有权衡，损失成本属于不增值作业，应该被彻底消除。而控制活动是增值作业，但有可能执行效率不高，这一部分执行效率不高的作业所引起的成本也不会给企业带来增值。因此，控制成本也有余地降到更低的层次。通过作业基础管理，企业能更轻易地识别和消除非增值的和无成本效益的作业，这样就可以更有效地进行周期性质量成本的改进。

（五）标杆分析法

标杆分析法是将本企业的产品、工艺或服务与所认为的本领域的竞争者或伙伴进行比较。如此比较可以让企业理解其他企业的生产和业绩衡量的方法，以便于确定自己的优势和劣势。每个企业有自己自身唯一的理念、产品和人员，完全“复制”既不合适也不可行。因此，一个企业应该试图模仿那些容易移植且比较重要的思想，以更新改进方法，提高自身的效益。标杆分析法可分为两种：结果标杆和过程标杆。在结果标杆中，用“逆工艺”的方法来检验最终产品和服务，聚焦在产品或服务的个性或业绩结果。而过程标杆则是关注一流企业如何实现其目标的。通过标杆分析，企业从产品生产和顾客感受的视角，着力于提高生产高质量产品的能力，这一过程将囊括全面质量管理系统中所涉及的所有员工。

（六）头脑风暴法

头脑风暴法源于古希腊，20 世纪 40 年代被亚历克斯·奥斯本重新提出，它是在很短的时间从一组人员中集思广益的一种方法。头脑风暴法能够发现问题，找到根源，并针对质量问题寻求解决之道。成员背景不同，轻松但不失严谨的小组会议气氛利于提高头脑风暴的效率。头脑风暴法的一些基本原则是：（1）对任何人的观点不用言语或行为进行评判；（2）一旦观点提出，除非是补充说明，不必再深入讨论；（3）没有所谓愚笨的观点；（4）每一位成员一次只提一种观点；（5）一直进行到大多数成员都发表过一种观点，否则任何成员都不能继续提更多的观点；（6）过程不应由某个人控制；（7）在会议期间不应该出现任何谴责之声。

在目前的竞争市场上，企业以质量为中心的管理活动可以拓展市场机会、降低竞争成本。那些今天是市场和产业领导者的企业，较早认识到了在不断改变的竞争环境中，需要超越传统的质量战略和实践，需要不断地更新质量战略和结构化的质量管理实践，企业的成功必须聚焦于提高盈利能力和持续竞争优势的质量改进的方法，强调消除由于不良质量导致的非增值活动和浪费，从而实现提高劳动生产率、企业盈利能力和顾客满意度。

本章总结

质量成本管理在如今激烈竞争的市场环境中，日益得到企业管理层的高度重视。传统质量成本管理历经了三个阶段，如今已发展到以战略的角度来建立质量成本管理体系。战略质量成本管理主要以“战略定位”和“价值链”分析为核心，将质量成本管理深入到战略成本管理的每一个层次和环节，使传统的质量成本管理提高到一个新的水平。首先对质量的特性、动态本质和重要分类应有清晰的界定。其次在构建质量成本测量体系方面，分别针对显性质量成本和隐性质量成本进行构建，目前，对显性质量成本已有较为成熟的计量体系，而质量成本测量的难点在隐性成本的测量问题，目前一般可用乘法倍数法、市场调研法和 Taguchi 质量损失函数。最后在构建质量报告体系时应注意两个关键步骤：第一步是建立一个评估当前实际质量成本的系统；第二步，在对质量问题进行分析时可以根据情境选择控制图法、帕累托分析法、趋势分析法、作业基础管理的最佳质量成本法、标杆分析法和头脑风暴法等诸多方法来进行。基于战略管理理论的质量成本管理体系研究与传统成本管理具有耦合性的一面，只不过战略质量成本管理更强调在企业内部营造一种有利于成本持续降低的环境。

重要概念

质量　预防成本　鉴定成本　内部失败成本　外部失败成本
显性质量成本　隐性质量成本

精选案例

美国汽车制造商在20世纪70年代的时候就发现日本制造商卖出的汽车比美国制造的性能更好、缺陷更少、价钱更低，同时能获得高额的利润。20世纪80年代惠普测试了30多万张芯片，其中日本制造的芯片不合格率为0%，而美国制造的不合格率在11%～19%之间，经1 000小时的使用后，美国所产芯片的损坏率是日本所产芯片的27倍。美国许多工业和政府的高层们在日本企业参观时，都看到了企业的墙上写着“抓住质量，否则会输掉”。

而摩托罗拉公司1994年通过质量改进方案节省约20亿美元，占全年收入（222亿美元）的9%。Dell公司通过改进计算机质量增加了顾客满意度，收入增长5 740%，利润增长了7 963%，截至2001年9月底，股票价格增长了7 762%。

要求：通过资料理解分析：什么是质量？质量成本受哪些因素影响？质量成本管理对企业的竞争力和战略发展到底能起多大的作用？如何通过质量成本管理帮助企业的核心竞争力的提升？

思考练习题

1. 什么是质量？什么是质量成本？质量成本包括哪些内容？
2. 估计隐性质量成本的常用方法有哪些？